Leo Smolle

Fünf Jahrzehnte auf Habsburgs Throne, 1848-1898

Festschrift aus Anlass des fünfzigjährigen Regierungsjubiläums Seiner Majestät des Kaisers

Franz Josef I.

Leo Smolle

Fünf Jahrzehnte auf Habsburgs Throne, 1848-1898
Festschrift aus Anlass des fünfzigjährigen Regierungsjubiläums Seiner Majestät des Kaisers Franz Josef I.

ISBN/EAN: 9783743611634

Hergestellt in Europa, USA, Kanada, Australien, Japan

Cover: Foto ©ninafisch / pixelio.de

Manufactured and distributed by brebook publishing software (www.brebook.com)

Leo Smolle

Fünf Jahrzehnte auf Habsburgs Throne, 1848-1898

Fünf Jahrzehnte auf Habsburgs Throne.

1848—1898.

Festschrift

aus Anlass des fünfzigjährigen Regierungsjubiläums Seiner Majestät des Kaisers Franz Josef I.

Von

Dr. Leo Smolle,

k. k. Schulrath.

Mit einem Farbendruckbild Sr. Majestät und 43 Illustrationen im Text.

Wien, 1898.

Verlag von A. Pichlers Witwe & Sohn.

V. Margaretenplatz 2.

K. u. k. Hofbuchdruckerei Karl Prochaska in Teschen.

Gott erhalte, Gott beschütze
Unsern Kaiser, unser Land!

Aus dem Geiste heraus, den die Verse unserer lieben Kaiserhymne athmen, ist dieses Buch hervorgewachsen. Es will im Jubeljahre unseres Kaisers Einkehr halten in die österreichische Familie, in alle Schichten der Bevölkerung unseres schönen Vaterlandes, und die Erinnerung wachrufen an all das Große und Segensreiche, das während der verflossenen fünf Jahrzehnte unter dem milden Scepter unseres Kaisers entstanden ist; es will Glück und Schmerz, Leid und Freud noch einmal vorübergleiten lassen, die unser verehrter Herrscher und sein erhabenes Haus in diesem halben Jahrhundert erlebt haben.

Vor allem aber wendet sich das vorliegende Buch an die empfänglichen Herzen der Jugend, denen es in dem Lebensbilde unseres Kaisers ein leuchtendes Vorbild der Pflichttreue und Vaterlandsliebe darstellen will.

Wenige Herrscher haben in demselben Maße, wie Kaiser Franz Josef I., während einer so langen Epoche ihrer Regierung und in so stürmischen und schwierigen Lagen sich ununterbrochen nicht nur die treue Liebe ihrer Unterthanen bewahrt, sondern sie vielmehr stets wärmer und lebhafter zu gestalten gewusst. Das beweisen deutlich die unzähligen festlichen Veranstaltungen, welche aus Anlass des bevorstehenden fünfzigjährigen Regierungsjubiläums unseres Kaisers getroffen werden. Allenthalben, in allen Theilen unseres schönen weiten Vaterlandes rüstet alt und jung, vornehm und gering, um den fünfzigsten Gedenktag der Thronbesteigung Seiner Majestät mit inniger Freude mitzufeiern.

Alle Bürger unseres Vaterlandes sind eben von dem Bewusstsein durchdrungen, dass es dem Herrscher Franz Josef I. heiliger Ernst mit der schweren, verantwortungsreichen Aufgabe ist, die er vor fünfzig Jahren auf seine Schultern geladen hatte, als er den Rosenreif des Jugendglücks mit dem drückenden Golddiadem der Herrscherwürde vertauscht hatte.

Was sich der Herrscher damals im Frühlinge seines Lebens gelobt hatte: seinen Völkern ein gerechter und gütiger Fürst zu sein — er hat es gehalten durch die lange Reihe der Jahre hindurch. Die edlen Züge seines Charakters sind ein strahlendes Vorbild für jeden, der dem Staate in irgend einem Berufe dient oder der zu solchem Amte erzogen werden soll.

Daher wurden im vorliegenden Lebensbilde des Kaisers die persönlichen Eigenschaften und Charakterzüge in den Vordergrund gerückt. Das Buch suchte festzuhalten, was unter dem milden und segensreichen Scepter Franz Josefs I. in allen Zweigen menschlicher Thatkraft Großes und Neues geschaffen wurde.

Man vergleiche das Österreich vor fünfzig Jahren mit dem heutigen, und der Kranz der Liebe und Verehrung, den die Völkerstämme Österreich-Ungarns ihrem Herrscher zu seiner Jubelfeier darreichen, kann nicht reich und voll genug sein.

Und so möge unser bescheidenes Buch, das sich an alle wendet, die gern am Ende eines so langen Zeitraums unseres Kaisers segensreiches Walten rückschauend sich vergegenwärtigen wollen, auch seinerseits einen kleinen Zoll der Liebe und Dankbarkeit abstatten, die wir alle freudigst unserem Kaiser entgegenbringen.

Möge das Buch nach Kräften beitragen, dass im Jubeljahre unseres geliebten Herrschers Millionen Herzen noch inniger und andächtiger zum Himmel emporsenden jenes einfache und doch so rührend schöne Gebet:

Gott erhalte, Gott beschütze
Unsern Kaiser, unser Land!

Einleitung.

Bald werden fünfzig Jahre im Zeitenstrome verrauscht sein seit jenem Tage, an welchem der gegenwärtige Herrscher Österreich-Ungarns den Thron seiner Ahnen bestieg.

Allenthalben im weiten schönen Vaterlande rüstet man schon seit langem, diesen hohen Fest- und Freudentag würdig zu begehen. In schlichter Alpenhütte, wie im stolzesten Palast der Kaiserstadt, in der einsamen Heideschenke der ungarischen Pußta, wie im Bretterhäuschen des Erzgebirges oder des Böhmerwaldes, an den Fluten der Adria und in den rauschenden Forsten des Nordens: allüberall wird mit gleicher aufrichtiger Begeisterung der Tag gefeiert werden. Wenige Herrscher sind von ihren Völkern so geliebt und verehrt, wie unser Kaiser Franz Josef. Es ist nicht bloß das Band der Treue, das sich fester als in anderen Staaten bei uns zwischen Fürst und Volk schlingt; es sind die ganz besonders liebenswürdigen und ausgezeichneten Eigenschaften unseres Monarchen, sowie die vielen erhebenden und schmerzlichen Ereignisse während seiner Regierung, in denen der Grund für die beispiellose Innigkeit und Wärme der dynastischen Gefühle liegt.

Wenige Herrscher gibt es wohl, deren Charakter solche Züge von Seelengröße und Herzensgüte aufweisen würde, wie der des Kaisers Franz Josef, die solch unverdrossenen Pflichteifer und solch unermüdliche Arbeitslust mit so gewinnender Leutseligkeit und wahrhaft ritterlichem Edelsinn vereinigten. Eben deshalb fliegen ihm aber auch die Herzen aller zu, derjenigen sowohl, die irgend einmal das Glück hatten, ihm näher treten zu dürfen, wie auch jener, die von allen Lippen einmüthig sein Lob verkünden hörten. — Was aber vor allem ganz besonders beigetragen hat, den Namen unseres Kaisers verehrt und gefeiert zu gestalten, das ist die ehrliche Entschlossenheit, mit welcher sich der Kaiser den politischen Ideen der Neuzeit zugewendet hat und die ausdauernde Beständigkeit, mit der er dieselben jederzeit vertritt und hochhält. Er ist durchaus constitutioneller Regent und wahrt mit eifersüchtiger Genauigkeit die Einhaltung aller Formen, die mit einem fortschrittlich eingerichteten Staatswesen verbunden sind.

Welche Fülle der Ereignisse drängt sich in dem Leben und der Regierungszeit unseres Monarchen zusammen seit dem Sturmjahre 1848 bis auf unsere Tage! Was bedeuten im Strome der Geschichte fünf Decennien, aber welche geradezu beispiellose Fülle von Begebenheiten, von düsteren und heiteren, beglückenden und ängstigenden Erlebnissen entrollt sich vor unserem Geiste, wenn wir an die Jahre zurückdenken, die seit dem Jahre 1848 verflossen sind! Eine andere Welt scheint es, in der wir jetzt leben, mit anderen Anschauungen, anderen Wünschen, anderen Bedürfnissen.

Und wie groß erst ist der Unterschied zwischen der Monarchie, wie sie jetzt ist und der, wie sie war, ehe Franz Josef das Scepter ergriffen hatte! Zum erstenmale verjüngte sich unsere Monarchie, als dem alten Habsburgischen Stamme das frische, blühende lothringische Reis aufgepfropft ward. — Maria Theresia, die Erbin Karls VI., die im Jahre 1736 ihre Hand dem Herzoge Franz Stephan von Lothringen gereicht hatte, schuf an Stelle des alten absterbenden ein neues Österreich. Auf dem Gebiete der auswärtigen Politik, wie in allen anderen Zweigen des Staatslebens, in der Verwaltung, Rechtspflege, im Schul- und Heerwesen fanden die umfassendsten Reformen, die eingreifendsten Verbesserungen statt. Dabei entzückte die Monarchin durch die Anmuth und Würde ihrer Erscheinung und riss durch die männliche Ausdauer und Entschlossenheit ihres Geistes zur Bewunderung hin.

Den Staat, der am Beginne ihrer glorreichen Regierung am Rande des Abgrunds geschwebt hatte, hinterließ sie vergrößert und in jeder Weise gekräftigt ihrem großen Sohne Josef II. Dieser Monarch wollte den ihm anvertrauten Staat nach den Grundsätzen der aufgeklärten Alleinherrschaft verwalten. Doch sein rastloser Geist erwartete dort schon Früchte, wo eine ruhigere Hand erst langsam die Keime gepflegt hätte. Aber die Aufhebung der Leibeigenschaft und die Gewährung religiöser Duldung bilden die leuchtendsten Edelsteine in der Krone von Herrschertugenden, die das Haupt dieses edlen Fürsten umflicht. Sein Wirken charakterisiert schlicht, aber schön die Inschrift, die das Reiterstandbild des Unvergesslichen auf dem Josefsplatze zu Wien schmückt: Non diu vixit rei publicae, sed totus. „Er lebte dem öffentlichen Wohle nicht lange, aber ganz."

Ihm folgte in den österreichischen Landen als Herrscher Leopold II. Lange bereits, ehe er Kaiser wurde, hatte dieser Fürst mit weiser Milde in Florenz als Großherzog von Toscana regiert. Nur kurze Zeit, von 1790 bis 1792, war es ihm vergönnt, an der Spitze eines viel größeren Staates zu stehen. Er schien berufen, den Sturm zu bannen, der von Frankreich aus die ganze Welt zu ergreifen drohte. Nach seinem frühzeitigen Tode blieb diese Aufgabe seinem ältesten Sohne, Franz II., vorbehalten.

Dieser entsagte dem leeren Schimmer der römisch-deutschen Kaiserwürde und verzichtete auf eine Krone, die schon lange ein bedeutungsloser Schein gewesen. In den unaufhörlichen blutigen Wirren der Franzosenkriege nahm er den Titel eines Kaisers von Österreich an, und während Napoleons Übermuth ganz Europa in knechtischer Unterwürfigkeit hielt, kämpfte der österreichische Kaiser zuletzt ganz allein und von allen verlassen für Freiheit und Recht, die der Corse mit Füßen trat.

In Wien versammelten sich die Fürsten und Staatsmänner Europas, um über die Wiederherstellung der alten Ordnung zu berathen. Österreich, welches seit den Tagen Maria Theresias so viele Stunden schwerer Gefahren und Bedrängnisse erlebt hatte, wurde nun der Hüter und Beschirmer des Überlieferten und Hergebrachten selbst dann, als dem alten Staatswesen, das so viele Stürme kräftig überdauert hatte, neue Lebensformen zum Heile und Gedeihen nöthig waren.

Erst Franz Josef schuf den modernen Staat, er hauchte dem alternden Körper einen frischen belebenden Geist ein und vollendete so das Werk, das mit Maria Theresia begonnen hatte.

Auf die Franzosenkriege, in denen sich der Heldengeist des österreichischen Heeres auf manchem Schlachtfelde erprobt hatte, besonders auf jenem Felde von Aspern, wo Erzherzog Karl mit hochgeschwungener Fahne den Seinigen voranstürmte, waren lange Jahre der Ruhe und der Sammlung gefolgt. Österreichs Völker, vor allem die Wiener, hiengen mit Liebe an dem „guten Kaiser Franz", der so prunklos, so einfach, so leutselig und herablassend, den Klagen und Wünschen der geringsten seiner Unterthanen ein wohlwollendes Gehör schenkte. In diese Zeit der Ruhe und des Glückes fällt die Jugend unseres Kaisers, dessen Lebensbild diese Blätter füllen soll.

Es war die Ruhe vor dem Sturme, und das Glück der Jugend sollte schnell verfliegen.

I.

Die Jugendzeit.

Das anmuthig gelegene, waldumrauschte Laxenburg mit seiner alterthümlichen Ritterburg, seinem von mächtigen Baumkronen umkränzten Weiher war es, wo Kaiser Franz am Abende seines Lebens in schöner Frühlings- und Sommerzeit am liebsten zu verweilen pflegte. Hier verlebte auch unser Kaiser Franz Josef die ersten goldenen Kinderjahre.

Am 18. August des Jahres 1830 verkündeten in den Vormittagsstunden 101 Kanonenschüsse, die von der Burgthorbastei niederdonnerten, die Geburt eines Prinzen des Habsburgischen Kaiserhauses. Dem zweiten Sohne des Kaisers Franz, dem Erzherzoge Franz Karl, war ein Sohn geschenkt worden, der in der Taufe den Namen Franz Josef erhielt; die Namen von Herrschern, welche das österreichische Volk am meisten liebte, wurden dem neugeborenen Prinzen beigelegt. An Güte und Vaterhuld sollte er dem einen, an hellem Geiste und rastloser Thatkraft dem anderen gleichen.

Erzherzog Franz Karl, geboren am 7. December 1802, hatte sich am 4. November 1824 mit Prinzessin Sophie, der Tochter des edlen Bayernkönigs Maximilian, vermählt. Die Tugenden der Eltern vererbten sich auf die Kinder. Wie viele Arme verehren dankbaren Herzens das Andenken des milden, leutseligen, gütigen Erzherzogs Franz Karl, der immer mit vollen Händen spendete, wenn es galt, irgendwo ein Unglück zu lindern oder Bedürftige und Bedrückte zu trösten.

Ihrem Gatten ebenbürtig an Adel der Gesinnung und Zartheit des Herzens war Erzherzogin Sophie. Sie glühte für Österreichs Ruhm und für die Größe und Macht des Kaiserhauses.

Als Feldmarschall Radetzky nach den Feldzügen der Jahre 1848 und 1849 die Feinde Österreichs in Italien niedergeworfen hatte, wurde er an seinem Namenstage, dem 19. März, durch eine kostbare, sinnvolle Spende überrascht und beglückt. Er fand auf seinem Arbeitstische eine prachtvolle Gabe: einen silbernen

Adler mit ausgebreiteten Schwingen, der auf einem Marmorpostamente ruhte, das bronzene Kriegstrophäen aller Art umgaben. In einem seiner Fänge hielt er das wohlgetroffene Miniaturbild des Kaisers Franz Josef. Daneben lag ein Blatt, das folgende Verse enthielt:

„Der du gedeckt den Kaiseraar,
Du gottesstarker Heldenschild,
O werd' der Mutter Dank gewahr
In ihres Herrn und Kaisers Bild.

Dein Vateraug' sich dran erfreu',
Bis dass, vom Reich beweint, es bricht,
Und dir der Herr für deine Treu
Ums Schwert den ew'gen Lorbeer flicht."

Laxenburg.

Die schönen Verse und die sinnige Gabe rührten von der Mutter Franz Josefs, Erzherzogin Sophie, her.

Was für ein Bild, an die glänzendsten Zeiten des Ritterthums gemahnend, war es, als Erzherzogin Sophie dem greisen Helden Radetzky, als dieser in Wien eingetroffen war, über die Treppe der Hofburg entgegenschritt und einen Kuss auf seine Wange drückte.

Mit innigster Liebe hatte der kaiserliche Großvater sein Enkelkind Franz Josef ins Herz geschlossen Der kleine „Franzi", wie Großväterchen ihn immer nannte, weilte fast stets an seiner Seite. Unter seiner Anleitung machte der kleine Prinz in den schattigen Laubgängen und auf den Kieswegen des Parkes von Laxenburg die ersten Geh- und Marschversuche. Der hochbetagte Kaiser leitete auch die frühesten Spiele seines Enkels, die natürlich oft einen militärischen Anstrich hatten.

Wie lieb und rührend ist folgender oft erzählte Zug aus der Kindheit unseres Kaisers. Es war sein vierter Geburtstag, der 18. August 1834; in hellem Jubel beschäftigte sich der kleine Franz mit all den herrlichen neuen Sachen, die das Geburtsfest beschert hatte. Da fesselte auf einmal die Aufmerksamkeit des Kindes die Schildwache, die gravitätisch vor der Glasthüre des Pavillons auf und niederschritt.

„Nicht wahr, Großpapa, der Mann ist wohl recht arm?“ fragte der Prinz plötzlich den Kaiser, der an der Seite seiner Gemahlin, der Kaiserin Karoline Auguste, mit glücklichem Lächeln den Spielen des Kindes zugesehen hatte.

„Woher vermuthest du dies, mein Kind?“ entgegnete der Kaiser.

„Nun, weil er Wache stehen muss.“

Da reichte der Kaiser dem Prinzen ein Goldstück, um es dem Soldaten zu geben. Doch dieser präsentierte mit dem Gewehre, machte aber keine Miene, etwas zu nehmen. Verlegen blickte der Prinz bald auf den Soldaten, bald auf den Kaiser, bis dieser ihm erklärte, ein wachestehender Soldat dürfe nichts nehmen, er solle das Goldstück in die Patrontasche stecken. Da war freilich guter Rath theuer, denn mit den kurzen Ärmchen reichte der Kleine nicht so hoch. Welche Freude, als der Kaiser endlich das Enkelkind emporhob und der kleine Prinz den Deckel der Patrontasche aufmachte und die Münze hineinschob. „Nicht wahr, jetzt wird der Soldat nicht mehr arm sein?“ fragte nun der wissbegierige Kindermund. „Wir wollen's schon machen,“ entgegnete heiter der Kaiser, welcher auch wirklich für den Soldaten, der ihm als der Bravste des Regiments bezeichnet wurde, väterlich sorgte.

Hübsch und kennzeichnend ist auch ein anderer Vorfall, der aus der Kindheit des Kaisers erzählt wird.

Es war in der Hofburg zu Wien, wo eines Abends im Vorsaale der kaiserlichen Gemächer zwei Garden Wache hielten, ein graubärtiger Alter und ein schmucker junger Kriegsmann mit kühnem, feurigem Blick. Da öffneten sich plötzlich die Flügelthüren, und heraus hüpft ein fünfjähriger Knabe, dem eine Dame, Gräfin Lažansky, und der dienstthuende Kämmerer, Graf Paß, folgen. Der Knabe ist niemand geringerer als Erzherzog Franz Josef. Er scheint große Freude zu haben an den Ehrenbezeigungen der beiden Krieger, denn plötzlich geht er auf den jüngeren derselben zu und lässt sich die eben gesehenen Säbelhandgriffe zeigen. Nun will er aber auch den Säbel haben; sein inständiges Bitten überwindet das Sträuben des Gardesoldaten. Kaum war der Knabe im Besitz der Waffe, als er auch den Säbel zum Steckenpferde und das Portepée zum Zügel machte und spornstreichs in die kaiserlichen Gemächer zurückgaloppierte.

Der Gardist, nun ohne Waffe, war in nicht geringer Verlegenheit, es konnte ja jeden Augenblick jemand kommen und ihn zur Rede stellen; seine Angst wuchs, als schon eine Viertelstunde verstrichen war, ohne dass der kleine Reiter sich wieder gezeigt hätte. Endlich nach langem, langem Harren kam der Prinz wieder und brachte die Waffe zurück, aber die Miene des Knaben mochte etwas schuldbewusst gewesen sein, denn das Portepée war in einem gar üblen Zustand, es sah recht zerfranst und zerrissen aus.

Der Gardesoldat, der mit seiner Waffe wieder seine ganze gute Laune zurückerhalten hatte, meinte nun scherzend: „Es bleibt jetzt nichts anderes übrig, als den Papa zu bitten, ein anderes Portepée kaufen zu lassen.“ Da sieht der Prinz den Gardisten mit großen verwunderten Augen an und ruft so stolz und würdevoll er kann: „Das werde ich Ihnen kaufen, wenn ich einmal Kaiser bin,“ drauf dreht er sich um, und, sein Köpfchen recht erhoben, schreitet der Kleine gravitätisch der Thüre zu.

Schon damals also brachte der Prinz die Begriffe Großmuth und Freigebigkeit mit der Würde eines Herrschers in Verbindung. Er hat diese Eigenschaften als Fürst immerdar bethätigt. Das Bild von seiner Herrscherthätigkeit, das wir entrollen wollen, wird dies in allen Zügen bekräftigen.

Erzherzog Franz Carl.

Die Zeit ungetrübter seliger Kinderlust verfloss wohl schnell genug.

Früher als an anderer Leute Kinder tritt an die Sprossen des Herrscherhauses die ernste, strenge Pflicht heran, und Erziehung und Unterricht legen ihnen noch viel schwerere Bürden auf als den Kleinen der bürgerlichen Gesellschaft.

Großvaters Bruder, Oheim Erzherzog Ludwig, wendete schon frühe, besonders seit dem Tode des Kaisers Franz, dem Erzherzoge Franz Josef seine liebevolle Sorge zu. Seine Wahl eines Erziehers für den jungen Prinzen fiel auf den Grafen Heinrich Bombelles, der, altfranzösischem Geschlechte entstammend, das ritterliche Wesen eines Bayard oder Bertrand du Guesclin mit der feinsten Vornehmheit einer gediegenen, ausgezeichneten Bildung harmonisch verknüpfte.

Graf Heinrich Bombelles war der vierte Sohn des Marquis Bombelles, Botschafters bei der Republik Venedig. Graf Heinrich trat in österreichische Dienste und begann, fast noch als Knabe, eine militärische Laufbahn. Er focht in der Schlacht bei Caldiero am 29. und 30. October 1805 gegen den französischen Marschall Massena, wurde bei Aspern schwer verwundet und nahm auch theil an der Völkerschlacht bei Leipzig. Hierauf widmete sich Graf Bombelles der diplomatischen Laufbahn und vermählte sich in Lissabon mit der Tochter des englischen Generals Fraser. Als er im Jahre 1836 nach Wien zurückkehrte, traf ihn der ehrenvolle Auftrag, die Erziehung der Söhne des Erzherzogs Franz Karl zu leiten.

Graf Bombelles verfügte über eine reiche, durch viele Reisen ausgebreitete Erfahrung, er kannte die Welt und die Menschen, war von hellem Verstande und scharfem Urtheile, stolz auf die Vorzüge, die Geburt und Talent verleihen, doch aufgeklärt und freidenkend genug, um auch die Wünsche und Bedürfnisse des Volkes zu erkennen und zu würdigen. Ein mehrjähriger Aufenthalt in England, sowie seine Vermählung mit einer Engländerin lehrten ihn englische Zustände und Sitten kennen. Er war keineswegs ein Feind liberaler Verfassungen, aber er hielt es für nothwendig, dass solche freie politische Einrichtungen aus dem innern Leben des Staates selbst hervorwüchsen.

Das schwierige und verantwortungsreiche Erziehungswerk lag daher in sicheren, wohlbewährten Händen. Wie ganz anders, wie viel schwerer ist doch die Aufgabe des Erziehers, dessen Händen ein Sprosse anvertraut ist, welcher dereinst die Stufen eines Thrones zu besteigen berufen ist.

Ernste, goldene Worte sind es, die Kaiser Josef II., der ja selbst die Erziehung seines Neffen, des nachmaligen Kaisers Franz, geleitet, darüber ausgesprochen hat: „Ein jeder einzelne Bürger kann sagen, dass, wenn sein Sohn geräth, er auch nutzbar sein wird, und wenn er nicht geräth, er doch, da er kein Amt oder Dienst alsdann überkommen wird, dem Staate nicht nachtheilig werden könne. Ein Erzherzog aber, ein Thronfolger ist nicht in diesem Falle; da er das wichtigste Amt, die Leitung des Staates, einst auf sich hat, so ist nicht die Frage, ob er geräth; er muss gerathen, weil bei jedem Theile der Geschäftsleitung, den er nicht hinlänglich kennen lernt, über den er nicht echte Grundsätze annimmt, und zu dessen Ausführung und Feststellung er sich nicht die Seele und den Leib stark genug bildet, er schon dem allgemeinen Besten nachtheilig und schädlich ist.“

Erzherzog Franz Josef machte in allen Zweigen des Unterrichts außerordentliche Fortschritte; die lebhafte Auffassung und ein bewunderungswürdiges Gedächtnis unterstützten ihn in jeder Art von Studien. Mit Leichtigkeit eignete er sich die Idiome des vielsprachigen Reiches an, und als Monarch konnte er fast mit jedem Unterthan seines Staates in der Sprache seiner Heimat verkehren. Mit welch überraschender Treue unser Kaiser auch in späteren Jahren selbst unbedeutende Züge früherer Erlebnisse im Gedächtnisse behielt, wie er selbst manchen schlichten Mann aus dem Volke, dem er einmal eine huldreiche Gnade gewährt hatte, oder manchen ergrauten Krieger, der das Ehrenzeichen der Tapferkeit auf seiner Brust trug, nach vielen Jahren wieder erkannte, ist in allen Schichten der Bevölkerung bekannt und oft erzählt worden.

Ein Theil der Erziehung des jungen Erzherzogs war auch dem Grafen Johann Coronini anvertraut. Er war der Stellvertreter des Grafen Bombelles und verließ den Erzherzog vom Jahre 1836 bis zum Frühjahre 1848 fast keinen Tag. Hochherzigkeit der Gesinnung und strengste Pflichterfüllung waren hervorstechende Eigenschaften des Grafen, welche dieser auf seinen hohen Zögling übertrug. Dessen Sohn Graf Franz Coronini, sowie die Söhne des Grafen Bombelles, Markus und Charles, waren die vertrautesten Spiel- und theilweise auch Unterrichtsgenossen des Erzherzogs. Die einzelnen Unterrichtszweige waren hervorragenden Männern der Wissenschaft anvertraut; den bedeutendsten Einfluss auf Geist und Charakter des überaus eifrigen und lernbegierigen Prinzen, der schon in frühester Jugend die größte Pflichttreue an den Tag legte, übte der damalige Oberst von Hauslab, in dessen Händen seit 1843 die militärische Leitung und Ausbildung des Erzherzogs Franz Josef lag.

Ritter von Hauslab, später Feldzeugmeister, war einer der gebildetsten und begabtesten Soldaten der kaiserlichen Armee, ein vorzüglicher Kenner der Kriegswissenschaften und ein geistvoller Geograph, der mit ganzer Seele seinen Studien ergeben war.

Erzherzogin Sophie.

Oberst Hauslab stand damals im 45. Lebensjahre; er hatte schon mit 17 Jahren die kriegerische Laufbahn betreten und sich besonders als Kartenzeichner und Militärgeograph einen ausgezeichneten, in ganz Europa gewürdigten Ruf erworben. Im Jahre 1837 war er von Kaiser Ferdinand mit einer Mission an den Hof des Sultans Medjid betraut worden und hatte auf dieser Reise auch die Krim, Griechenland und Kleinasien besucht; er kannte alle europäischen Hauptsprachen, auch die türkische, und war schon früher zum Erzieher der Prinzen Friedrich und Ludwig von Baden, sowie des Erzherzogs Wilhelm, eines Sohnes des Erzherzogs Karl, bestimmt worden.

Im November des Jahres 1843 übernahm er auf Wunsch des Kaisers die militärische Ausbildung des Erzherzogs Franz Josef. Wie tief und ernst er seine Aufgabe erfasste, beweist wohl am besten eine Stelle seines ausführlichen Unterrichtsplanes, den er aus diesem Anlasse verfasste und höchsten Ortes vorlegte:

„Das Ziel, welches durch den Unterricht bei einem Thronfolger erreicht werden soll, ist in vieler Rücksicht anders gestellt, als in gewöhnlichen Fällen. Alle Berufswissenschaften umfassend, soll ihm kein Zweig fremd bleiben, weil das Heil eines jeden von ihm ausgeht. Diese mehrseitigen Ansprüche lassen es als erste unvermeidliche Bedingnis der Aufgabe erscheinen, dass jedem Fach nur eine bestimmte, festbegrenzte Zeit zugetheilt werden kann. In diese müssen das Schema der Gegenstände und die Methode des Unterrichts eingepasst werden. Es ist nicht das viele Wissen, welches im Leben Nutzen gewährt. — Nicht bloß auf das Verstandesvermögen, sondern auch auf die Bildung des Charakters hat der Unterricht Einfluss, wenn dies auch seltener berücksichtigt wird."

„Ausgebreitete Kenntnisse geben Leichtigkeit und Muth, sich in der Welt zu bewegen; die Scheu verliert sich, wenn man weiß, nur Bekanntem zu begegnen. Klare, bestimmte Kenntnisse, übergegangen in innere Überzeugung, geben Festigkeit und Beharrlichkeit, schützen vor Täuschung und bewahren vor der Furcht, getäuscht zu werden, aus der dann Misstrauen entsteht."

Wahrhaft goldene Worte eines seinen Beruf in hochherzigster und edelster Weise erfassenden Erziehers! Oberst Hauslab achtete daher vor allem auf die Festigung des Charakters bei dem jugendlichen Erzherzoge, der schüchtern und zaghaft und ohne rechtes Selbstvertrauen war, und stellte die praktische Ausbildung in den einzelnen Waffengattungen voran. Erzherzog Franz Josef trug wie jeder andere Recrut die Montur eines Infanteristen, Uhlanen und Kanoniers und machte den Dienst wie die andere Mannschaft. Als Uhlane bekam er ein gewöhnliches Dienstpferd, und jetzt erst wurde er ein gewandter und muthiger Reiter, während er früher vor dem Pferde Scheu empfunden hatte.

Selbstvertrauen, entschlossener Muth und ritterliche Kühnheit traten gar bald an die Stelle des früheren scheuen und zaghaften Wesens. In der Josefstädter Kaserne legte der Erzherzog in der Charge eines Zugsführers vor seinem Vater die ersten Proben seiner militärischen Ausbildung ab. Er erbat sich von seinem erlauchten Vater damals die Erlaubnis, noch ein besonderes Kunststück auszuführen, und jagte in gestrecktem Laufe durch den ganzen langen Kasernenhof, im Fluge mit Kraft und Sicherheit die Lanze schwingend.

Ein ritterliches Schauspiel war es auch, wie er einige Zeit darauf, im Range eines Obersten, sechs Batterien commandierte, sie keck und schlagfertig herumwarf und die schwierigsten Manöver mit ihnen ausführte.

Wohl begreiflich war es daher, wie Helfert, der diese Züge erzählt, hinzufügt, dass sich der junge Prinz auf einem Gebiete gefiel, auf dem ihm die Kräfte im Lernen und Üben wunderbar gewachsen waren; dann war es aber auch begreiflich, dass bei solchem Anblick alten und jungen Soldaten das Herz im Leibe lachte, und sie sich sagen mussten: „Das ist unser künftiger Kriegsherr und Kaiser."

Zunächst begab sich der Erzherzog für einige Zeit nach Olmütz, wo damals die Stäbe des Mineur- und Sappeurcorps lagen. Auch hier musste der Prinz den Dienst von unten auf kennen lernen und selbst mit Krampe und Schaufel in den Minen arbeiten. Den technischen Zweigen des Militärwesens wurde die größte Sorgfalt zugewendet.

Neben dieser umfassenden, planmäßig geleiteten praktischen Ausbildung wurden die anderen Wissenschaften keineswegs vernachlässigt. Die juridischen

Studien leitete der geistvolle Rechtslehrer Josef Freiherr von Lichtenfels, eine Leuchte seiner Wissenschaft und einer der edelsten Patrioten, der später eine Zierde des österreichischen Herrenhauses wurde. Außerdem lagen verschiedene Zweige des Unterrichts in den Händen des Domherrn Columbus, des Prälaten, späteren Erzbischofs Othmar Rauscher, des Hofrathes Zaleski, sowie des ausgezeichneten Kenners der vaterländischen Geschichte, des Professors Albert Jäger. Es gab wenig freie Stunden des Tages, obwohl in den Sommermonaten bereits um sechs Uhr morgens mit dem Unterricht begonnen wurde. Unterbrach man die Lehrstunden, so wurden Museen und Sammlungen aller Art besucht. Der Eifer des Erzherzogs erlahmte nie, und gewiss ist selten einem Zöglinge aus dem Munde seines Lehrers ein schöneres Lob gespendet worden als dasjenige, welches einst ein Lehrer des Erzherzogs Franz Josef aussprach: „Ich habe nie wieder einen Schüler von gleich regem Pflichtgefühl gehabt.“

Die Studien wurden mit allem Eifer fortgesetzt trotz aller Wirren, welche bald über Österreich hereinbrachen und eine vollständige Zerrüttung aller inneren Verhältnisse dieses Reiches herbeiführten, und selbst in Olmütz, am 1. December 1848, als Erzherzog Franz Josef schon im Begriffe stand, die Stufen des Thrones hinanzusteigen, wurde noch die letzte Unterrichtsstunde abgehalten.

Die körperlichen Übungen wurden nicht minder eifrig betrieben, und schon als Knabe mit eilf Jahren traf der Erzherzog bei einem Scheibenschießen in Salzburg mitten ins Schwarze. Die begeisterte Schützengesellschaft ernannte den Prinzen sogleich zum Ehrenmitgliede. Zeit seines Lebens blieb unser Kaiser ein wackerer Weidgeselle, der mit fester Hand und sicherem Blick dem Rohre die Kugel entsendet, im dichten Wald der Fährte des Wildes nachspürt oder auf schroffer Höh' der scheuen Gemse auflauert und in edler Jagdlust von schwerer Sorge, welche die Krone mit sich führt, Erholung sucht, nicht unähnlich jenem Max, dem letzten Ritter, dem er überhaupt an fürstlich hohem Sinne und kühnem Muthe gleicht.

Das erste Hervortreten des Kaisers in der Öffentlichkeit fand statt anlässlich der Einsetzung des Erzherzogs Stephan, welcher ein Sohn des alten Palatins Ungarns, Erzherzogs Josef, war, zum Obergespan des Pester Comitates. Bei diesem feierlichen Acte vertrat Erzherzog Franz Josef den Kaiser Ferdinand. In der Uniform der Kaiserhusaren eröffnete der Erzherzog die Comitatsversammlung mit einer Anrede in ungarischer Sprache und drückte seine Freude aus, dass er seine erste Amtshandlung im geliebten Ungarlande vornehmen könne. Brausender Jubel folgte diesen Worten des ritterlichen Jünglings; die Versammlung sprang von den Plätzen auf; man klirrte mit den Säbeln, und feurige Eljenrufe durchhallten den Saal. Dies geschah am 16. October 1847.

Welch blutige Scenen sollten bald darauf in Ungarns Hauptstadt und auf den Triften und Fluren dieses Landes sich abspielen! Empörung und Krieg schwangen ihre Geißel über Ungarn.

Im Herzen des österreichischen Kaiserstaates, in Wien, hatte jene Bewegung des Sturmjahres 1848 begonnen, welche dem alten Österreich ein Ende bereitete und unter Blut und Greuel die Morgenröthe einer neuen Zeit aufleuchten ließ. Von der Eröffnung der Ständeversammlung im niederösterreichischen Landhause, am 13. März, angefangen, drängten einander die Ereignisse mit blitzartiger Schnelligkeit. Immer gewaltthätiger wurde der Charakter der Bewegung; am Abend des 15. Mai wälzte sich ein bewaffneter Volkshaufe gegen die Kaiserburg: zwei Tage darauf verließ der kaiserliche Hof die Residenz und begab sich nach Innsbruck.

Schon ward Erzherzog Franz Josef immer bestimmter von den eingeweihten Personen als zukünftiger Thronfolger angesehen, je mehr in so sturmbewegter Zeit den Schultern des gütigen Kaisers die Bürde der Herrschaft zu schwer geworden. Um den Erzherzog dem Getriebe der Parteien ganz zu entziehen, wurde beschlossen, ihn auf den Kriegsschauplatz nach Italien zu entsenden.

Am 29. April 1848 begab sich Erzherzog Franz Josef nach Italien und traf in Verona in Begleitung seines Oheims, des Erzherzogs Albrecht, den Feldmarschall Radetzky, an den Erzherzogin Sophie einige Tage zuvor, am 22. April, folgende herzliche Worte geschrieben hatte: „Mein Theuerstes, mein Herzblut übergebe ich Ihren treuen Händen! Leiten Sie mein Kind auf Ihrer Bahn — so geht es gut und mit Ehren! Seien Sie ihm ein guter Vater — er ist dessen wert, denn er ist ein braver, ehrlicher Junge!"

Es sind Blätter unverwelklichen Ruhmes im Buche unserer vaterländischen Geschichte, welche von den Thaten der tapferen österreichischen Armee in Italien in den Jahren 1848 und 1849 erzählen; und der vollste, reichste Kranz gebürt dem greisen Heerführer, der wie ein Jüngling an Muth und Thatkraft seine Soldaten von Sieg zu Sieg führte.

Feldmarschall Johann Josef Wenzel Graf Radetzky stand damals im 82. Lebensjahre. Geboren am 2. November 1766 zu Trebnitz in Böhmen, trat er 1784 als Cadet in das Kürassierregiment Nr. 2 ein, machte unter Lacy die Türkenkriege und unter Coburg, Beaulieu und Melas die Feldzüge in Frankreich und Italien mit. In der langen Friedenszeit widmete er sich ganz der Heeresverwaltung und der Verbesserung des Kriegswesens.

Im December des Jahres 1831 erhielt Radetzky das Generalcommando im lombardisch-venetianischen Königreiche, und im September 1836 ernannte ihn Kaiser Ferdinand in Anerkennung seiner ausgezeichneten Verdienste zum Feldmarschall. Radetzky hatte den Sturm kommen gesehen, der in den Märztagen des Revolutionsjahres alsbald auch in Oberitalien losbrach; er musste zwar Mailand räumen und sich hinter die Mauern von Verona zurückziehen, aber nur um desto sicherer den Feind in raschem Siegeslaufe zurückzuwerfen.

In Verona waren die Erzherzoge Franz Josef und Albrecht im Lager des Feldmarschalls eingetroffen. Die Anwesenheit des Thronfolgers und dessen sichtlicher Eifer, an den Kriegsunternehmungen theilzunehmen, erregten Radetzkys ungeheuchelte Besorgnisse. „Kaiserliche Hoheit," sprach er zu Erzherzog Franz Josef, „was sollen Sie hier? Ihre Gegenwart bereitet mir Schwierigkeiten. Trifft Sie ein Unglück, welche Verantwortlichkeit für mich! Werden Sie gefangen, so können alle Vortheile, die meine Armee erringt, verloren gehen!"

Von edelstem Stolze gibt die Antwort Zeugnis, welche Erzherzog Franz Josef dem Feldmarschall ertheilte: „Herr Feldmarschall, es mag eine Unvorsichtigkeit gewesen sein, mich hierher zu senden. Nun ich aber einmal da bin, verbietet es mir meine Ehre, unverrichteter Dinge zurückzugehen."

Am 6. Mai fand die Schlacht bei Santa Lucia statt, in welcher die Erzherzoge Franz Josef und Albrecht an der Seite des FML. d'Aspre im heißesten Kugelregen standen. Radetzky berichtete an den Kriegsminister:

„Ich selbst war Augenzeuge, wie eine Kanonenkugel auf kurze Distanz vor dem Erzherzog einschlug, ohne dass er die geringste Bewegung verrieth."

Feldzeugmeister Ritter von Schönhals erzählt darüber in seinen Erinnerungen eines österreichischen Veterans: „Zwar schien den Erzherzog damals noch eine lange Reihe von Jahren von dem Throne zu trennen, aber doch schlug dem alten Soldaten das Herz höher, wenn er so den kaiserlichen Jüngling über das mit Kugeln durchfurchte Feld reiten und ruhig im dichtesten Kugelregen halten sah, so dass die beiden Corps-Commandanten ihn bitten mussten, einigen Bedacht auf seine Erhaltung zu nehmen. In der Zeit, in welcher wir damals lebten, fühlten wir so lebhaft den hohen Wert eines kriegerischen Monarchen; was Wunder, wenn uns in der glänzenden Erscheinung des Thronerben auf dem Todtenfelde von Santa Lucia ein Stern der Hoffnung aufgieng."

Feldmarschall Graf Radetzky.

Auch Erzherzog Albrecht, der in den unruhigen Märztagen seine Stelle als commandierender General in die Hände des Kaisers zurückgelegt hatte, machte damals als Freiwilliger den Feldzug in Italien mit und stellte sich — gewiss ein Beispiel seltener Selbstverleugnung — unter das Commando des Feldmarschalls. Auch er bewies bei Santa Lucia unerschrockenen Muth; sein Waffenrock war ganz mit Erdschollen bedeckt, die eine Kanonenkugel unmittelbar zu den Füßen des Erzherzogs aufgewühlt hatte.

Im Juni des Jahres wurde Erzherzog Franz Josef an den kaiserlichen Hof nach Innsbruck zurückberufen, und Feldmarschall Radetzky fühlte sich in Hinblick auf die todesverachtende Kühnheit des Prinzen von schwerer Sorge befreit.

Am kaiserlichen Hoflager in Innsbruck nahm der Erzherzog die unterbrochenen Studien wieder auf, namentlich beschäftigte er sich lebhaft mit der tirolischen Landesgeschichte, die Professor Albert Jäger vortrug.

Der Ernst des Krieges hatte den Erzherzog gereift; er erschien mannhafter, sicherer, selbstbewusster. Wie gern zeigte er sich den Tiroler Landeskindern, die von fern und nah nach Innsbruck gezogen kamen, um den Kaiser zu sehen. In grauer Lodenjoppe, den Gemsbart auf dem grünen Hut, den Stutzen über die Schulter gehängt, so besuchte er häufig die Schießstätte auf dem Berg Isel und that manchen Kernschuss. Auch die Gemsenjagd im Hochgebirge ward mit Lust gepflegt.

Der kaiserliche Hof war mittlerweile wieder nach Wien zurückgekehrt, und auch Erzherzog Franz Josef trat am 8. August die Reise nach Wien an und nahm mit dem kaiserlichen Hofe seinen Aufenthalt in Schönbrunn.

Stürmische und erschütternde Ereignisse folgten bald rasch aufeinander. In Ungarn war der Aufstand in hellen Flammen ausgebrochen: Kossuth war die Seele der Bewegung. Der zügellose Pöbel ermordete am 27. September auf der Pester Donaubrücke den Grafen Lamberg, der als Militär-Commandant nach Ungarn geschickt worden war. Am 6. October kam es in Wien zu jenen gräslichen Scenen, welche mit der Ermordung des Kriegsministers Latour endigten.

Nunmehr verließ der kaiserliche Hof Schönbrunn, um sich nach Olmütz zu begeben. Der Tag rückte immer näher, an welchem der jugendliche Erzherzog Franz Josef das Scepter der Herrschaft ergreifen sollte, und mit ihm der Augenblick, in welchem der in der Blüte des Lebens stehende Thronfolger feuchten Auges und mit zuckenden Lippen sich zurief: „Lebe wohl, meine Jugend!“

II.

Die Thronbesteigung.

Am Morgen des 7. October trat der kaiserliche Hof die Reise nach Olmütz an. Ein kaiserliches Handschreiben vom 19. desselben Monats hatte den thatkräftigen und entschiedenen Fürsten Felix Schwarzenberg mit der Bildung eines neuen Ministeriums betraut. Dieser kluge und energische Staatsmann betrachtete die Abdankung des Kaisers, dessen weiches und gütiges Herz durch all das Vorgefallene tief verwundet war, als unerläßlich. Feldmarschall Fürst Windischgrätz, der sich lange gegen die Thronentsagung gesträubt hatte, stimmte endlich auch zu; immer mehr Persönlichkeiten von hervorragendster Stellung wurden ins Vertrauen gezogen; für Feldmarschall Radetzky, der bei der italienischen Armee zurückgehalten war, wurde ein kaiserliches Handschreiben vorbereitet, um den ruhmgekrönten Heerführer so rasch als möglich von dem geschehenen Wechsel in Kenntnis zu setzen.

Unter dem tiefen Eindrucke der letzten furchtbaren Ereignisse in Wien war Erzherzog Franz Josef in Olmütz anfänglich schweigsam, in sich gekehrt, über sein Alter ernst. Im November begrüßte er ein Bataillon des ungarischen 6. Regimentes Großfürst Michael, welches dem Kaiserhause treu geblieben war. Ein Zeitgenosse erzählt darüber: „Ich konnte meine tiefe Rührung nicht verhehlen, als diese einfachen Soldaten, stolz auf ihre Treue, mit lebhaften freudigen Zurufen den Souverän begrüßten, welchen sie in dieser Zeit der Verwirrung nicht verlassen gewollt, und die correct ungarische Ansprache, welche der Erzherzog Franz Josef mit eben so viel Würde als Wohlwollen an sie richtete, begleitet, unterbrochen, gefolgt von den Eljenrufen der Truppe, bewegte mich zu Thränen."

Da des Kaisers Entschluss, der Bürde der Regierung zu entsagen, unwiderruflich feststand, so wurden alle Vorbereitungen zu diesem feierlichen Acte getroffen. Der 2. December war hiefür auserſehen.

Schon am Vortage herrschte große Aufregung und Bewegung in Olmütz, am Abende waren Banus Jelačić und Fürst Windischgrätz aus Wien eingetroffen.

Alle Mitglieder des kaiserlichen Hauses, der gesammte Hofstaat, die Minister, der Gubernialpräsident (Statthalter) Graf Lažansky, Kreishauptmann Graf Mercandin, alle in Olmütz weilenden höheren Staatsbeamten und Militärs waren in die fürsterzbischöfliche Residenz beschieden worden. Die ordensgeschmückten schwarzen Staatskleider, die buntgemischten glänzenden Uniformen, die Soutanen und Talare der geistlichen Würdenträger boten ein fesselndes, lebhaftes Bild. Die wenigsten Anwesenden wussten, weshalb sie hieher beschieden worden waren, und es wird erzählt, dass selbst Erzherzog Ferdinand Max an den Kriegsminister die erstaunte Frage richtete: „Aber sagen Sie mir nur, was geht denn eigentlich hier vor, dass man uns schon um acht Uhr hieher beschieden hat?" — „Belieben sich Euere

Thronbesteigung in Olmütz.

kaiserliche Hoheit nur einen Augenblick zu gedulden, man wird es sogleich erfahren," war des Ministers Antwort.

In den sogenannten Thronsaal erhielten nur die Mitglieder des kaiserlichen Hauses, dann die Minister, Banus Jelačić, Fürst Windischgrätz, Graf Grünne und Legationsrath Hübner Einlass.

Bald nach 8 Uhr erschienen die Majestäten, Kaiser Ferdinand und Kaiserin Maria Anna, begleitet von ihrem Hofstaate, ferner Erzherzog Franz Karl, Erzherzogin Sophie, Erzherzog Franz Josef. Nun verlas Kaiser Ferdinand folgende Erklärung:

„Wichtige Gründe haben Uns zu dem unwiderruflichen Entschlusse gebracht, die Kaiserkrone niederzulegen, und zwar zu Gunsten Unseres geliebten Neffen, des durchlauchtigsten Herrn Erzherzogs Franz Josef, Höchstwelchen Wir für großjährig erklärt haben, nachdem Unser geliebter Herr Bruder, der durchlauchtigste Herr Erzherzog Franz Karl, Höchstdessen Vater, erklärt haben, auf das Ihnen nach den bestehenden Haus- und Staatsgesetzen zustehende Recht der Thronfolge zu Gunsten Höchstihres vorgenannten Sohnes unwiderruflich zu verzichten."

Jetzt las Fürst Schwarzenberg alle die auf den feierlichen Act bezugnehmenden Staatsschriften und Urkunden mit lauter Stimme vor, worauf der neue Kaiser vor seinen Oheim trat und, übermannt von den Gefühlen innigster Dankbarkeit, das Knie beugte, ohne dass im heißen Drange der sein Herz bestürmenden Empfindungen seine Lippen eines Wortes mächtig gewesen wären.

Kaiser Ferdinand beugte sich über seinen Neffen, um ihn zu segnen und schloss ihn dann in seine Arme. „Gott segne Dich, sei nur brav, Gott wird Dich beschützen!" so flüsterten, nur den Nächststehenden vernehmbar, die Lippen des gütigen Herrschers.

Es gab niemanden in der erlauchten, glänzenden Versammlung, der sich bei dieser ergreifenden Scene tiefer Rührung erwehren konnte. Thränen entquollen den Augen der Kaiserin Maria Anna und der Mutter des jungen Kaisers, deren Blicke mit unendlicher Liebe und Zärtlichkeit auf dem kaiserlichen Sohne ruhten. Auch vor der Kaiserin Maria Anna beugte Kaiser Franz Josef das Knie und empfieng ihren Segen. Das gleiche wiederholte sich bei den kaiserlichen Eltern. Er trat nun zu den anderen Mitgliedern des Kaiserhauses, die sich von den Sitzen erhoben, um ihr neues Oberhaupt in Ehrfurcht zu begrüßen.

Das vom Legationssecretär Baron von Hübner geführte Protokoll wurde hierauf von den anwesenden hohen Persönlichkeiten, mit Ausnahme der beiden Kaiser, unterzeichnet. Erzherzog Ferdinand Max, des Kaisers Bruder, behielt die Feder, mit der dieser denkwürdige Act vollzogen wurde, als kostbares Andenken für sich. Sein Bruder war nun Kaiser. Ahnte Erzherzog Maximilian, dass auch ihn einst eine Kaiserkrone schmücken werde, die aber Unheil und Tod über sein Haupt bringen sollte? Noch in Miramare, dem schimmernden Feenschlosse an der Adria, wo Erzherzog Maximilian am liebsten weilte, bildete diese Feder eine der kostbarsten Reliquien in den reichen Sammlungen, die der Erzherzog dort aufbewahrte.

Welch reine und wahre Frömmigkeit die Seele des neuen Herrschers erfüllte, beweist ein rührender Zug, der unmittelbar vor der Thronbesteigung sich ereignete. Schon am frühen Morgen dieses bedeutungsvollen, feierlichen Tages hatte Erzherzogin Sophie eine Messe angeordnet. Als sich die erlauchte Frau zum Kirchgange anschickte, trat ihr Erzherzog Franz Josef mit den Worten entgegen: „Mutter, ich komme schon aus der Kirche."

Schon zwei Stunden nach Mitternacht hatte am Tage der Thronbesteigung die in Olmütz garnisonierende Mannschaft den Befehl erhalten, zur Parade auszurücken. Festlich geschmückt harrten die Truppen auf dem Exercierfelde des Erscheinens des neuen Monarchen; mit brausendem Jubel wurde er empfangen, als er in der Uniform seines Dragonerregiments, von einem glänzenden Stabe begleitet, die Fronte der Regimenter abritt.

Sogleich wurde dem in Kremsier versammelten Reichsrathe die vollzogene Abdankung des Kaisers und die Thronbesteigung des neuen Herrschers mitgetheilt. Das Abschiedsmanifest Kaiser Ferdinands schließt mit den schönen Worten, die ganz die Herzensgüte des gewesenen Herrschers ausdrücken: „Möge der Allmächtige den Völkern Österreichs den inneren Frieden wieder verleihen, die versiegten Quellen der Wohlfahrt neuerdings öffnen und seine Segnungen über Unsere Länder in vollstem Maße ergießen — möge er aber auch Unseren Nachfolger, Kaiser Franz Josef den Ersten, erleuchten und kräftigen, damit er seinen hohen und schweren Beruf erfülle zur eigenen Ehre, zum Ruhme Unseres Hauses, zum Heile der ihm anvertrauten Völker."

Ernst und vertrauensvoll waren die Worte, mit denen sich der neue Kaiser an seine Unterthanen wandte: „Das Bedürfnis und den hohen Wert freier, zeitgemäßer Institutionen aus eigener Überzeugung erkennend, betreten Wir mit Zuversicht die Bahn, die Uns zu einer heilbringenden Umgestaltung und Verjüngung der Gesammtmonarchie führen soll. Auf den Grundlagen der wahren Freiheit, auf den Grundlagen der Gleichberechtigung aller Völker des Reiches und der Gleichheit aller Staatsbürger vor dem Gesetz sowie der Theilnehmer der Volksvertreter an der Gesetzgebung wird das Vaterland neu erstehen, in alter Größe aber in verjüngter Kraft!" Auf die eigene Kraft mit Zuversicht bauend und des Himmels Gnade erflehend, schloss der jugendliche Herrscher sein Manifest mit folgenden Worten: „Völker Österreichs! Wir nehmen Besitz von dem Throne Unserer Väter in einer ernsten Zeit. Groß sind die Pflichten, groß die Verantwortlichkeit, welche die Vorsehung Uns auferlegt. Gottes Schutz wird Uns begleiten."

Kaiser Ferdinand verließ noch an demselben Tage Olmütz, von seinem kaiserlichen Neffen am Bahnhofe nochmals bewegten Abschied nehmend. Thränen schimmerten in den Augen aller Anwesenden, als der Zug sich in Bewegung setzte, der den gütigen Monarchen nach Prag führte, wo er fortan seine Residenz aufschlug, ein Wohlthäter der Armen und Unglücklichen, an seiner Seite einen milden Engel der Barmherzigkeit, seine kaiserliche Gemahlin Maria Anna. Er starb am 29. Juni 1875, einundachtzig Jahre alt, beweint von allen, denen er Gutes gestiftet; — und wer wollte die Zahl derselben angeben?

In Olmütz drängten sich nach Kaiser Ferdinands Abreise Feste auf Feste dem neuen Herrscher zu Ehren. Abordnungen aus allen Ständen und aus allen Theilen des Reiches waren erschienen, um dem jugendlichen ritterlichen Monarchen ihre Huldigung darzubringen. Alle waren überzeugt, wie ein Mitglied einer aus Klagenfurt abgeordneten Deputation sich ausdrückte: „dass in diesem Fürsten ein heller Stern der Hoffnung am Horizonte Österreichs aufgegangen sei, und dass es nur des redlichen Mitwirkens seiner Völker bedürfe, um dem Gesammtreiche die ersehnte glückliche Zukunft zu bereiten."

Kaiser Franz Josef erfasste seinen Beruf sogleich mit dem ganzen Ernste, den die Heiligkeit und Würde desselben erheischte, und den die sturmbewegten Zeiten in so hohem Maße erforderten. Auf blutgetränkten Schlachtfeldern focht Österreichs sieggewohntes Heer in Italien, in Ungarn wogte ein erbitterter Aufstand, der das Band des Gesammtstaates zu zerreißen drohte; in chaotischer Verwirrung waren die inneren Zustände des Staates.

Wie wahr und treffend waren da die Worte, die damals geschrieben wurden: „Kaiser Franz Josef hat mit Österreichs Krone nicht den leichten schimmernden Schmuck, er hat die schwerste Last der Erde auf sein jugendliches Haupt genommen; und dass er die rosigen Freuden der goldenen Jugend mit den unübersehbaren Sorgen und Mühen der Regierung vertauscht, das allein muste ihm unseren Dank, unser Vertrauen gewinnen."

„Lebe wohl, meine Jugend!" Diese Worte sollen den Lippen des jungen Herrschers entglitten sein, als der Ruf an ihn ergieng, den Staat zu lenken. Und sogleich widmete er sich mit rastlosem Eifer den Staatsgeschäften. Ministerpräsident Fürst Felix Schwarzenberg äußerte damals über den jugendlichen, so ganz von seinem erhabenen Berufe erfüllten Herrscher: „Für Geschäfte könne er ihn immer haben, zu jeder Stunde, für jeden Anlass; die Pflichttreue, die strebsame Gewissenhaftigkeit, womit er seinem Berufe gerecht zu werden sucht, flößen täglich neues Staunen ein."

Noch heute ist unser Kaiser so, noch heute ist pünktlichste Gewissenhaftigkeit ein Hauptzug in dem Charakter des Herrschers.

Der Kaiser Franz Josef entbot sogleich nach seiner Thronbesteigung seinem treuen Heere seinen kaiserlichen Gruß. In Schönbrunn wurden am 6. December 40 goldene und 255 silberne Ehrenzeichen an jene Soldaten vertheilt, die sich in den jüngsten kriegerischen Ereignissen ausgezeichnet hatten. Von edelster Hochherzigkeit gibt jenes Schreiben Zeugnis, welches der Kaiser unmittelbar nach seiner Thronbesteigung an den greisen Feldmarschall Radetzky richtete, der damals sein Heldenschwert zum Ruhme Österreichs schwang:

„Von Meinem erhabenen Oheim" — heißt es in diesem kaiserlichen Handschreiben — „mit einem Vertrauen beehrt, das Ich bisher noch in keiner Weise zu rechtfertigen vermocht, verlangen Meine noch nicht erprobten Kräfte den Rath und Beistand erfahrener, um den Staat verdienter Männer. Sie zähle Ich zu den ersten derselben. — Mein lieber Graf! Ich lade Sie als Mann von Ehre ein, Mir mit festem Sinne und freiem Worte zur Seite zu stehen. Ich bedarf Ihren Rath und Ihre Unterstützung."

Schon der Name des Monarchen, der soeben die Stufen des Thrones bestiegen, muste die günstigsten Vorbedeutungen erwecken. Kaiser Franz hatte für den Ruhm und die Ehre seines Staates heiße Kämpfe geführt, und auf die Stürme des Krieges war unter ihm eine lange Zeit des Glückes und des Friedens gefolgt; Josef II., der „Schätzer der Menschheit", der Freund der Freiheit und der Aufklärung, war beseelt von dem Streben, seine Völker zu beglücken; zu diesen beiden Herrschergestalten blickte das Volk mit innigster Liebe und Verehrung empor, ihre Namen vereinte in schönem, verheißungsvollem Bunde der neue Kaiser.

Auch der Wahlspruch, den Kaiser Franz Josef am 12. Februar 1849 erwählt hatte, war bezeichnend für die Richtung seines Strebens: „Viribus unitis," mit vereinten Kräften! Diesem kaiserlichen Wahlspruche entspricht die Stelle in dem Manifeste, das der neue Herrscher an seine Völker richtete: „Fest entschlossen, den Glanz der Krone ungetrübt und die Gesammtmonarchie ungeschmälert zu erhalten, aber bereit, Unsere Rechte mit den Vertretern Unserer Völker zu theilen, rechnen Wir darauf, dass es mit Gottes Beistand und im Einverständnisse mit den Völkern gelingen werde, alle Länder und Stämme der Monarchie zu einem großen Staatskörper zu vereinigen."

Der neue Monarch entband die Truppen der Pflicht, ihrem obersten Kriegsherrn einen neuen Eid zu leisten und erinnerte seine Krieger nur an den Fahneneid, den sie bereits geschworen hatten. Kaiser Franz Josef übernahm am 6. Mai 1849 in feierlicher Weise durch Handschreiben an den Kriegsminister, Freiherrn von Cordon, den unumschränkten Oberbefehl über die Kriegsmacht des Staates.

Dass die Soldaten mit Stolz und Freude zu ihrem neuen Kriegsherrn emporblickten, ist begreiflich. Treffend sind die Worte, die ein neuerer Geschichtschreiber über diesen Geist in der Armee ausspricht. Er nennt den jugendlichen Herrscher „eine ritterliche achtunggebietende Erscheinung, mochte er nun, das jugendliche Haupt frei, doch ohne übermüthige Herausforderung erhoben, raschen, leichten Ganges dahin schreiten, oder, ein Reiter von gleicher Kühnheit und Gewandtheit als Eleganz, ein feuriges Ross unter seinem Leibe tummeln — es war begreiflich, dass ihm alle Soldatenherzen zuflogen, und dass eine erhebende Begeisterung bald das Gefühl wehmuthsvoller Trauer verscheuchte, das auch in militärischen Kreisen die Abdankung des guten Kaisers Ferdinand hervorgerufen hatte. Überall, wohin die Kunde von dem Thronwechsel kam, wurde sie von jubelndem Hurrah der Truppen begrüßt, die sich unter dem Gebote eines schon in so jungen Jahren im Heerlager und im Schlachtendonner erprobten Kriegsherrn von neuem Muthe beseelt fühlten. Die altbewährten Führer, deren ruhmgekrönte Häupter neue Lorbeern schmückten, die jüngeren Kräfte, die nach mehr denn dreißigjähriger Friedenszeit zum erstenmale Gelegenheit gefunden, ihre Kraft und Tüchtigkeit zu zeigen, sie alle brachten ihrem neuen Gebieter mit gehobenem Gefühle ihre opferwillige Huldigung dar. Aber auch er, nun der erste Soldat des Reiches, konnte mit gerechtem Stolze auf sie blicken."

Bald sollte das österreichische Heer Gelegenheit haben, seinen alten Waffenruhm zu erproben, denn mitten im tobenden Sturm war der neue Thron aufgerichtet worden. Auf Italiens blutgedüngten Schlachtfeldern und in Ungarn entbrannten heiße Kämpfe.

III.

Die ersten Herrscherjahre.

Der jugendliche Monarch konnte seinen Völkern nicht sogleich die Segnungen des Friedens spenden, die er ihnen zu bieten fest entschlossen war.

Wir haben von der Schlacht bei Santa Lucia schon erzählt. Das Gefecht von Goito, die Schlachten bei Somma Campagna und bei Custozza (am 23. und 25. Juli) folgten darauf. König Karl Albert von Sardinien war aufs Haupt geschlagen, das italienische Heer entmuthigt, zersprengt. Am 14. August 1848 stand Feldmarschall Radetzky mit seiner siegreichen Armee wieder vor den Thoren Mailands. So war der Feldzug des Jahres 1848 glorreich beendigt. Doch die Ruhe währte nur kurze Zeit; kaum war der Frühling des nächsten Jahres ins Land gezogen, als sich's in Italien von neuem zu regen begann. Am 16. März 1849 kündigte König Karl Albert den Waffenstillstand, den er mit Feldmarschall Radetzky abgeschlossen hatte.

Der jugendliche Kaiser, der sich so vertrauensvoll an seinen greisen sieggewohnten Heerführer gewendet hatte, konnte mit ruhiger Zuversicht den Ereignissen entgegensehen, die sich in Italien abspielen sollten.

Mit ungeheurem Jubel wurde in Mailand die Kündigung des Waffenstillstands aufgenommen. Als der Marschall aus seinem Gemache in der Villa reale, wo er eben den Abgesandten des Königs von Sardinien empfangen hatte, in den Vorsaal hinaustrat und die anwesenden Officiere mit den Worten begrüßte: „Meine Herren, man hat uns soeben den Waffenstillstand gekündigt," durchbrausten enthusiastische Hochrufe den Saal; man stürzte sich in die Arme und küßte sich gegenseitig. Musikcorps durchzogen mit klingendem Spiel die Straßen der Stadt, und im Theater della Scala wurde auf stürmisches Verlangen der Officiere die Volkshymne gesungen.

Am 21. März fand die Schlacht bei Mortara statt, in welcher auch Erzherzog Albrecht tapfer kämpfte, und die mit einer vollständigen Niederlage des

Feindes endete. Zwei Tage darauf erfolgte der glorreiche Sieg des Feldmarschalls bei **Novara**. Auf seinem historisch gewordenen Schimmel reitend lenkte der Marschall von einer kleinen Anhöhe die Bewegungen des Schlachtfeldes. So stellt ihn auch sein Reiterstandbild in Wien dar. Die berühmten Generale **Heß** und **Schönhals** waren an der Seite des obersten Heerführers; Erzherzog Albrecht errang in dieser blutigen Schlacht neue Lorbeeren.

Erst als die Nacht sich auf das leichenbesäete Schlachtfeld herabsenkte, fand das blutige Ringen ein Ende. Das feindliche Heer war vernichtet; König Karl Albert legte die Krone, die ihrer Ehre beraubt war, nieder: sein Sohn **Victor Emanuel** schloss am 6. August Frieden mit Österreich. Das lombardisch-venetianische Königreich blieb dem Kaiserhause erhalten.

In dem Schlachtberichte, den Radetzky an den Kaiser sendete, hieß es: „Jeder einzelne war ein Held. Ich wünsche Eurer Majestät Glück zu so einem Heere, Viribus unitis war der Wahlspruch dieser Schlacht.“ Der Kaiser aber schrieb an den Feldmarschall: „Sagen Sie Meiner tapfern Armee, dass sie sich in Meinem Herzen ein unvergängliches Denkmal der Liebe und Dankbarkeit errichtet hat. Aus dem Munde ihres würdigen Feldherrn wird sie diesen Ausspruch am liebsten vernehmen.“

Damals überbrachte im Auftrage des Kaisers Erzherzog **Wilhelm** dem Sieger den Orden des goldenen Vließes; überdies ließ der Kaiser dem ruhmgekrönten Feldmarschall zu Ehren eine Medaille prägen, welche die Umschrift trug: Josephus Comes Radetzky, Summus Austriae Dux (Graf Josef Radetzky, Österreichs oberster Heerführer).

Graf Grünne, des Kaisers Generaladjutant, überbrachte dem siegreichen Feldherrn je ein goldenes, silbernes und bronzenes Stück dieser kaiserlichen Ehrenmünze.

Nicht so schnell wie der Krieg in Italien sollte der Aufstand in Ungarn bewältigt werden. Dort wollte die revolutionäre Partei die geschehene Thronänderung nicht anerkennen, man arbeitete auf eine vollständige Loslösung vom Kaiserhause hin. Vom Winter des Jahres 1848 bis in den August des folgenden Jahres war Ungarn und Siebenbürgen der Schauplatz heftiger innerer Erschütterungen und blutiger Kämpfe. Nach einander befehligten Feldmarschall Fürst Alfred **Windischgrätz** und die Feldzeugmeister Freiherr von **Welden** und Freiherr von **Haynau** die kaiserlichen Truppen, ohne den Aufstand völlig niederwerfen zu können.

In diese Zeit fällt des Kaisers Abreise von Olmütz und seine Rückkehr nach Wien. Der Monarch wollte dem ungarischen Kriegsschauplatze näher sein, er erfüllte damit auch einen Herzenswunsch der Wiener, die sich schon lange darnach gesehnt hatten, den Kaiser wieder in ihrer Mitte zu begrüßen. Es war am 5. Mai, als sich in der Kaiserstadt plötzlich die Kunde verbreitete, der Kaiser sei am frühen Morgen in Schönbrunn eingetroffen. So war es auch; schon in den ersten Stunden des herrlichen Frühlingstages hatte der Kaiser sich im Parke des prächtigen Lustschlosses ergangen, nur von wenigen Gartenarbeitern bemerkt.

Am Nachmittage eilte ganz Wien nach Schönbrunn: alle Wege, die zum Schlosse führten, waren mit Wagen und Fußgängern bedeckt. Am nächsten Tage, an einem Sonntage, hielt der Kaiser auf dem Glacis eine Revue über die gesammte Garnison ab, wo seine ritterliche Erscheinung, als er hoch zu Ross vor die Fronte sprengte, allgemeine freudige Bewunderung erregte. Zum erstenmale nach langer Zeit erschollen in den Mauern der Kaiserstadt wieder die Jubelrufe einer loyalen, kaisertreuen Bevölkerung.

Hierauf empfieng der Monarch in Schönbrunn die Abgeordneten des Wiener Gemeinderathes, der durch den Mund seines Bürgermeisters Dr. Seiller dem neuen Herrscher die Gefühle ehrerbietiger Liebe entbot.

Schönbrunn.

„Bringen Sie der Residenz Meinen freundlichen kaiserlichen Gruß," so schloss die huldvolle Entgegnung, mit welcher der Kaiser die Ansprache des Bürgermeisters erwiderte.

Nunmehr kehrte auch das kaiserliche Elternpaar, von einer Deputation des Wiener Gemeinderathes eingeladen, nach Wien zurück. Man konnte nun öfter den Kaiser zwischen seinen Eltern, denen er mit der innigsten Sohnesliebe zugethan war, in den prächtigen Alleen Schönbrunns lustwandeln sehen. Anlässlich einer Festlichkeit im kaiserlichen Lustschlosse schrieb damals der Berichterstatter einer deutschen Zeitung: „Der junge Kaiser wandelt umher mit Vater, Mutter und

Geschwistern. Es ist eine seltene Erscheinung, dass ein gekröntes Haupt sich des Glückes erfreut, einen Vater am Leben und in rüstiger Gesundheit zu besitzen, und ich strenge mein Gedächtnis vergebens an, in der Geschichte des österreichischen Kaiserhauses ein früheres Beispiel solcher Art aufzufinden. Vermuthlich gibt es gar keines. Die hohen Herrschaften lustwandelten umher, freundlich begrüßt, huldvoll grüßend."

Doch des Friedens Glück konnte der Kaiser nur kurze Zeit genießen. Er war ja, um dem Kriegsschauplatze näher zu sein, nach Wien zurückgekehrt.

Am 18. Mai begab sich der Monarch nach Pressburg, um das dortige Lager zu besichtigen, und am 21. Mai fand die Zusammenkunft des österreichischen Herrschers mit dem russischen Kaiser Nikolaus zu Warschau statt, bei welcher die Zustände Ungarns unzweifelhaft den Gegenstand der Erörterung bildeten.

Am 20. Juni stand Graf Schlick, der Commandant des ersten Armeecorps, vor Raab, entschlossen, diese Stadt den Feinden zu entreißen. Sogleich wurde der Befehl zum Angriff ertheilt, da verkündeten brausende Hochrufe die Ankunft des Kaisers, welcher aus dem Hauptquartiere herbeigeeilt war.

„Meine Herren, wir müssen Raab nehmen," hatte Graf Schlick zu seinen Generalen gesagt, als diese auf die Stärke der feindlichen Besatzung hinwiesen. Der Kaiser kam gerade in dem Augenblicke an, als Graf Schlick sieben Batterien in einer Linie vorrücken ließ. Durch die Gegenwart des obersten Kriegsherrn angefeuert, verrichtete die Artillerie Wunder der Tapferkeit und fuhr bis auf 500 Schritte an die feindlichen Verschanzungen heran. Bald konnte General Schlick dem Kaiser melden, dass Raab in einer halben Stunde bezwungen sein werde. „Bravo! Schlick," antwortete der Kaiser, „ich bin hierüber umso mehr erfreut, als mehrere Personen mir gesagt haben, dass dies unmöglich sei."

Nun wollte der Kaiser an der Spitze des ersten Bataillons in die bezwungene Stadt einziehen; Graf Schlick bemerkte jedoch, im Hinblick auf die große Gefahr, der sich der Monarch möglicherweise in der kaum eroberten feindlichen Stadt aussetzen könnte, ehrerbietig: „Majestät, es ist das erste und gewiss auch das letztemal, dass ich mich in der Lage befinde, Eurer Majestät etwas verbieten zu können. Wenn Eure Majestät in die Stadt einziehen wollen, wage ich zu bitten, erst mit mir an der Spitze des dritten Bataillons einzudringen."

Hierauf trat der Kaiser zurück, aber seinem Einzuge von der Stelle, wo er sich befand, stellten sich neue Hindernisse entgegen, denn die beiden Brücken vor der Stadt waren durch Brand fast ganz zerstört worden, und es schien unmöglich, dieselben zu passieren. Graf Schlick, beruhigt darüber, dass der Kaiser wenigstens nicht sogleich in die Stadt dringen konnte, gab zwar sofort Befehl, die Brücken in brauchbaren Stand zu setzen, aber schon war der Kaiser vom Pferde gesprungen und näherte sich einer der halbzerstörten Brücken. Ohne zu zögern, schritt er über den schwankenden, wenig gestützten Längsbalken hinüber. In seiner Begleitung befanden sich nur die beiden Adjutanten Graf Grünne und Kellner, der Kriegsminister Graf Gyulai und Ministerpräsident Fürst Schwarzenberg.

Ohne Truppen, nur von den Officieren seines Stabes begleitet, durchschritt der Kaiser die Straßen der eroberten Stadt und traf in demselben Augenblicke auf dem Hauptplatz ein, als die Generale Liechtenstein und Reischach an der Spitze ihrer Truppen von der entgegengesetzten Seite her eingedrungen waren. Erst durch die jubelnden Rufe der Soldaten: „Es lebe der Kaiser!“ erfuhr die staunende Bevölkerung, dass ihr rechtmäßiger Herrscher das Vertrauen in sie gesetzt, sich in ihre Mitte zu begeben, nachdem kaum der Donner der Geschütze, der ihre Mauern niedergeworfen hatte, verstummt war. Die Gefühle des Hasses und der Empörung in den Herzen derer, welche Zeugen dieser Scene waren, wichen bald der Bewunderung des mannhaften Muthes, den der Kaiser zur Schau getragen. Die Zurufe der Bevölkerung mischten sich nun in die begeisterten Lebehochs der Soldaten, während sich des Kaisers Miene, auf der sich zugleich sichere Ruhe und lebhafte Aufmerksamkeit ausprägten, nicht einen Augenblick veränderte.

Auch an der Schlacht bei Komorn am 2. Juli nahm der Kaiser theil; hier tödtete eine feindliche Kugel das Pferd eines Officiers seiner Suite, der kaum dreißig Schritte von ihm entfernt stand.

Am 4. Juli kehrte Franz Josef nach Wien zurück, und am Vorabende seines 19. Geburtstages empfieng er die Nachricht, dass der Krieg in Ungarn beendigt, die Empörung niedergeworfen, das Land zum Gehorsam zurückgeführt sei. Kossuth war aus Ungarn geflüchtet, und der Dictator Görgey hatte am 13. August 1849 bei Vilagos die Waffen gestreckt; nur Komorn blieb noch bis zum 27. September in den Händen der Aufständischen. Auch der Krieg in Italien hatte sein Ende erreicht durch die Capitulation Venedigs am 24. August. Am 30. dieses Monats hielt Radetzky seinen Einzug in die einst so stolze Lagunenstadt, die nach den Leiden der letzten Belagerung einer verödeten Stätte des Elends glich.

Nunmehr dankte der Kaiser seinem tapferen Heere in einem schwungvollen Tagesbefehle, in welchem es hieß: „Söhne aller Stämme des Reiches haben den Bruderbund, der sie umschlingt, in den Reihen Meines glorreichen Heeres mit ihrem Blute neu besiegelt und im edlen Wetteifer Österreichs alten Kriegsruhm, äußeren und inneren Feinden gegenüber, glänzend bewährt. Soldaten! Euer Kaiser dankt Euch im Namen des Vaterlandes; Ihr werdet Euch stets gleich bleiben, der Stolz und die Zierde Österreichs, die unerschütterliche Stütze des Thrones und der gesellschaftlichen Ordnung.“

Nunmehr konnte der Kaiser sich mit mehr Hingebung der Ordnung der inneren Angelegenheiten widmen, auf welche gleich nach der Thronbesteigung sein Hauptaugenmerk gerichtet war.

Der Reichstag, der von Wien nach Kremsier übersiedelt war, hatte die kostbarste Zeit mit unfruchtbaren Verhandlungen zugebracht, er konnte sich nicht einmal über die ersten Grundlagen politischer Freiheit einigen. Er hatte überdies die Gefühle des Heeres verletzt, welches er aufgefordert hatte, drei Abgeordnete aus seinen Reihen zu wählen, ohne dass er für die Siege der italienischen Armee ein Wort des Lobes und der Anerkennung gefunden hätte.

In edler und stolzer Haltung wies das Heer diese Haltung der Abgeordneten zurück. Es hieß in der Adresse der Armee: „Als Varro auf dem Schlachtfelde von Cannä den Sieg und 80.000 römische Krieger ließ und, ein Flüchtling, nach Rom zurück eilte, da erhob sich der Senat in Masse und gieng dem überwundenen Consul bis vor die Thore der Stadt entgegen, um ihm zu danken, dass er nicht an der Rettung des Vaterlandes verzweifelte. — So dachte und handelte ein großer Freistaat, doch der Reichstag von Wien hatte nur Sympathien für unsere Feinde, kein Wort des Beifalls für die siegreiche, mit unzähligen Mühseligkeiten kämpfende Armee, kein Wort der Theilnahme für die Gefallenen, kein Wort des Trostes für die Hinterbliebenen."

Der Reichstag von Kremsier war in keiner Weise im Stande, seiner Aufgabe gerecht zu werden. Nirgends erregte daher die Auflösung desselben, die am 7. März erfolgte, Bestürzung oder Bedauern; auch im Auslande wurde sie mit Genugthuung aufgenommen und dies umsomehr, als der Kaiser schon am 4. März aus eigener Machtvollkommenheit eine Verfassung verlieh, die von wirklich freisinnigem Geiste getragen und erfüllt war. Dieselbe kam zwar insofern nicht zur Vollziehung, als die Bestimmung hinsichtlich der Reichsvertretung unausgeführt blieb, aber eine Reihe von Gesetzen, durch welche die kaiserliche Regierung die inneren Verhältnisse zu ordnen suchte, gieng aus dem Geiste dieser Verfassungsurkunde hervor.

Wir nennen von diesen Gesetzen vor allem die Bestimmungen, welche sich mit der Regelung des Verhältnisses zwischen der bäuerlichen Bevölkerung und den Grundherren beschäftigten. Durch das Robot-Ablösungspatent wurde die Aufhebung des Unterthänigkeitsverbandes eigentlich erst zur Wahrheit gemacht. Damit verbunden war auch die Aufhebung der sogenannten Patrimonialgerichte und die Einführung einer neuen Gerichts- und Strafprocessordnung, die am 1. Juni 1850 erfolgte. Hiemit wurde eine Quelle zahlreicher Härten und Willkürlichkeiten beseitigt und das Gerichtswesen in jene Bahnen gelenkt, auf denen es heute zu seiner freien und würdigen Entfaltung gelangt ist.

Ein neues Gemeindegesetz wurde erlassen, dessen erster Absatz die bezeichnende Stelle enthält: „Die Grundfeste des freien Staates ist die freie Gemeinde." Schon im Anfange des Jahres 1849 waren in Wien die neuen Handelskammern ins Leben getreten. Auf dem Gebiete des Unterrichtes, wie auf dem des Handels und der gewerblichen Thätigkeit fand ein erfreulicher Aufschwung, ein überraschender Fortschritt statt. Es war, als wenn sich nach den Stürmen des Krieges allenthalben ein neuer Frühling mit tausend Blüten zu regen begonnen hätte.

Noch in das Jahr 1849 fallen die Einrichtung des Ministeriums für Handel, Gewerbe und öffentliche Bauten, die Errichtung der geologischen Reichsanstalt, die Freigebung der Staatstelegraphen für die öffentliche Benützung und die umfassenden und gründlichen Neuerungen, welche sich auf das Schulwesen, besonders die Mittelschulen, bezogen. Die Hochschulen sollten fortan die ihnen gebürende Weihe höherer Würde erhalten, sie sollten nach des Kaisers Wunsche „Pflegestätten echter Wissenschaft und wahrer Charakterbildung" werden.

Unter den Räthen des Kaisers ragten damals besonders Fürst Schwarzenberg und Graf Stadion hervor. Es war daher ein wirklich schmerzlicher Verlust für den Staat und den Monarchen, als der erstgenannte Staatsmann am 5. April 1852 in der Vollkraft der Jahre plötzlich starb, aufrichtig beklagt von seinem Kaiser, dessen erste Schritte auf der dornenvollen Bahn des Herrscheramtes er mit so weiser Einsicht und patriotischer Festigkeit geleitet hatte.

Zur Erinnerung an den Jahrestag der Thronbesteigung stiftete der Kaiser am 2. December 1849 den neuen Orden, welcher seinen Namen trug, um, wie es in der hiebei erflossenen kaiserlichen Willensmeinung hieß: „diejenigen ohne Unterschied des Standes zu beehren, die sich durch unerschütterliche, thätig bewährte Anhänglichkeit an Kaiser und Vaterland in Krieg oder Frieden, durch besonders wichtige, für das allgemeine Wohl geleistete Dienste, durch wahrhaft nützliche Erfindungen und Entdeckungen oder Verbesserungen, durch eifrige und folgenreiche Beförderung und Hebung der Bodencultur, der einheimischen Industrie oder des Handels ausgezeichnet oder sich durch hervorragende Leistungen um Kunst oder Wissenschaft, durch aufopferndes Wirken um die leidende Menschheit oder auf irgend eine andere ausgezeichnete Weise um Thron und Reich verdient gemacht und sich gegründete Ansprüche auf den Dank des Vaterlandes und auf eine öffentliche Anerkennung erworben haben."

Bald darauf stiftete der Kaiser das Civil-Verdienstkreuz, nachdem bereits früher das Militär-Dienstzeichen für lange und gute Dienste, sowie das Militär-Verdienstkreuz eingesetzt worden waren.

Mit Beginn des Jahres 1850 schien der äußere Friede für lange Zeit gesichert. Österreich durfte einer glücklichen Zukunft entgegensehen, nur die Beziehungen zu Deutschland fiengen an, sich zu trüben, da Preußen schon damals eine Sonderstellung anstrebte und die Bundesverfassung nicht anerkennen wollte. Aber die Zusammenkunft, die Fürst Schwarzenberg mit dem preußischen Minister Grafen Manteuffel am 27. November in Olmütz hatte, verscheuchte die aufsteigenden Wolken und nöthigte Preußen, in die Absichten Österreichs einzulenken.

Trotz der umfassenden Thätigkeit, die der Kaiser schon in der allerersten Zeit seiner Regierung entfaltete, fand er auch zu mehreren Reisen Zeit, die theils dem Besuche auswärtiger Monarchen, theils den Ländern seines eigenen Staates galten. In Warschau war er mit dem Kaiser Nikolaus von Russland zusammengetroffen; bald darnach fällt die Reise nach Vorarlberg und die Zusammenkunft mit den Königen von Bayern und Württemberg in Bregenz; im September 1849 wurde das sächsische Königspaar in Teplitz besucht.

Italien, das Land ewiger Kunstschätze und unvergänglicher Naturreize, wurde in der Zeit vom Februar bis März 1852 bereist. Wie tief die Eindrücke dieser Reise auf den jugendlichen Herrscher waren, beweisen eine Reihe feinsinnig ausgeführter Zeichnungen, die damals des Kaisers Hand in seine Mappe eintrug. — Vom 5. Juni bis zum 14. August 1852 weilte der Kaiser in Ungarn, das zwar noch lange nicht all die Wunden einer sturmbewegten Vergangenheit verschmerzt hatte und bitteren Groll gegen die Wiener Regierung im Herzen trug, aber der

Person des Herrschers überall die begeistertste Aufnahme bereitete. Damals fand im Beisein des Monarchen am 10. Juli die feierliche Enthüllung des Hentzi-Denkmals in Ofen, sowie die Grundsteinlegung eines Denkmals für die im Jahre 1849 gefallenen Krieger in Temesvar statt.

Diese Reise war besonders anstrengend. Ein Berichterstatter eines französischen Blattes schrieb damals: „In wie hohem Maße die Reise ermüdend gewesen sein muss, kann man sich leicht vorstellen, wenn man erwägt, dass die ungarischen Straßen in dieser Zeit ebenso staubig sind als diejenigen der Provence. Man nehme zu dieser Unbequemlichkeit den Enthusiasmus der Edelleute und Bauern, welche allenthalben den Kaiser zu Pferde begleiteten und bisweilen eine Escorte von 3000 Reitern bildeten, und man wird sich eine genaue Vorstellung von einer solchen Art zu reisen machen können."

„Es ist öfter der Fall," äußerte sich damals der erste Küchenmeister des Kaisers, ein Franzose aus Tarascon, Herr Martin, „dass, wenn meine erste Division an dem Platze, wo gespeist werden soll, anlangt, sie nicht das Geringste in Bereitschaft findet. Das Geflügel sucht sich noch Körner im Felde, die Schafe grasen auf der Weide, und die Kälber fressen noch im Stalle. Vier Stunden nachher aber sind die Tische gedeckt, und unsere beiden Gänge sind fertig mit allem Luxus der Hauptstadt."

Der Kaiser, überhaupt kein Freund langen Tafelns, liebt dies auf Reisen schon gar nicht. Mehr als sonst ist Franz Josef auf Reisen haushälterisch mit den Minuten und geizt mit jedem Augenblicke, der den Geschäften entzogen werden soll.

Man darf überhaupt nicht glauben, dass unser Kaiser, welcher vielleicht mehr als irgend ein Fürst oder selbst irgend ein noch so vielgereister Privatmann auf Reisen ist, diese etwa zu seiner Erholung unternimmt oder sich auf denselben von den schweren Sorgen seines hohen Berufes zu zerstreuen und auszuruhen vermöchte.

Über die Art, wie der Kaiser reist, lesen wir in einem damals erschienenen Berichte Folgendes: Im Winter bei Frost und Regen, im Sommer bei Staub und Hitze reist der Kaiser bei Tag und Nacht nie anders als im offenen Wagen; auch bei seinen Eisenbahnfahrten arbeitet er gewöhnlich bei geöffnetem Fenster. Denn die Arbeit ist der Inbegriff seines Lebens, und auf der Reise arbeitet er eher mehr, denn weniger als sonst. Die Sorglosigkeit, mit welcher er sich allen Unbilden der Witterung aussetzt, ist die Ursache seiner Frische und Unermüdlichkeit; dadurch härtet er sich ab und vermag ohne Schaden für seine Gesundheit die größten Strapazen und den jähesten Temperaturwechsel zu ertragen. Dreißig Grad Hitze und sechzehn Grad Kälte üben auf seine geistige und körperliche Frische durchaus keinen störenden Einfluss aus. Wenn der Kaiser irgendwo ankommt, bringt er zunächst seinen Anzug in Ordnung, was immer nur wenige Minuten erfordert. Dann nimmt er die Deputationen und Petitionen der Bevölkerung entgegen. Die Vorstellungen dauern oft bis Mitternacht. Franz Josef schläft nie mehr als fünf Stunden, auf Reisen selten so lange. Dagegen kommt es im Verlaufe des Tages wohl vor, dass er sich erschöpft zurückzieht, alle Fenster und Thüren der von ihm bewohnten Zimmer schließen läſst und ſich auf ein Sopha wirft. Nach einer halben Stunde nimmt er dann ſeine Thätigkeit wieder auf und zwar mit einer Rüſtigkeit und Friſche, als ob er die ganze Nacht geſchlafen hätte. Voll unermüdlicher Ausdauer thut und ſieht er alles ſelbſt, entſcheidet kurz und entſchloſſen auf die ihm vorgetragenen Bitten, lieſt und erledigt jede Petition entweder ſelbſt ſofort oder verſieht ſie mit einer kurzen Entſcheidung, die er dann einem ſeiner Beamten zur Ausführung überträgt. So reiſt der Kaiſer, und ſo unterhält er ſich auf ſeinen Fahrten — wahrlich erſt auf einer ſeiner größeren Touren muſs man ihn geſehen haben, um zu wiſſen, was es heißt, ganz in ſeinem Berufe aufzugehen.

Dieſe Schilderung, obgleich aus einer ſchon lange vergangenen Zeit herſtammend, paſst in ihren weſentlichen Zügen auch noch für unſere Tage, wiewohl der Kaiſer ſeitdem ſchon ein hoher Sechziger geworden iſt.

Auf der italieniſchen Reiſe im März 1852 war es, daſs der Kaiſer eine Probe ſeiner beherzten Kaltblütigkeit und ſeines entſchloſſenen Muthes ablegte. Von Verona, wo der Kaiſer Heerſchau hielt, ſollte die Rückfahrt über Venedig zur See angetreten werden. Im Hafen der Lagunenſtadt hatte ſich eine Flotille eingefunden, um dem Monarchen das Geleite zu geben, doch das Wetter zeigte ſich ſo ſtürmiſch, daſs der Lotſe von Malamocco von dem Auslaufen abrieth. Der Kaiſer entſchied ſich desungeachtet für die Abfahrt, da ein Seemann vor den Stürmen ſich nicht fürchten dürfe. Die Flotte ſtach in See; der brauſende Sturm, das ſchäumende Meer boten ein furchtbar prächtiges Schauſpiel. Bis zur ſinkenden Nacht weilte der Kaiſer auf der Commandobrücke des Kriegsdampfers „Volta“. Früh morgens befand ſich das Schiff auf der Höhe von Salvore; die Bora machte es jedoch unmöglich, den Hafen von Pirano anzulaufen. Deshalb befahl der Kaiſer, nach **Rovigno** zu dampfen, da es ohnedies in ſeiner Abſicht lag, die treuen Bewohner Iſtriens mit einem Beſuche zu erfreuen. Von Rovigno aus wurde dann die Reiſe nach Trieſt zu Lande fortgeſetzt.

Am 15. December 1852 traf Franz Joſef zum Beſuche ſeines Oheims, des Königs Friedrich Wilhelm IV. von Preußen, in Berlin ein und weilte bis zum Weihnachtsfeſte in der preußiſchen Hauptſtadt. Im Mai des nächſten Jahres erwiderte Friedrich Wilhelm den kaiſerlichen Beſuch in Wien. Beziehungen freundſchaftlicher Innigkeit wurden auf dieſen Zuſammenkünften zwiſchen den beiden Herrſchern angeknüpft und manche drohende Miſshelligkeit geſchlichtet, wie denn im Februar 1853 ein Handelsvertrag zwiſchen Öſterreich und Preußen zum Abſchluſs gelangte.

Mannigfache Acte einer edelſinnigen Milde knüpfen ſich an die damaligen Kaiſerreiſen. In Ungarn wurden nach dem Beſuche dieſes Landes die Kriegsgerichte aufgehoben, und eine lange Reihe von Begnadigungen erfolgte unmittelbar darauf. Ebenſo hochherzig erwies ſich der Kaiſer damals Wien gegenüber, indem er eine bedeutende Summe anwies, um die empfindlichen Verluſte, welche die Bewohner der Reſidenz in den Octobertagen des Jahres 1848 erlitten hatten, wenigſtens theilweiſe zu erſetzen.

Auch Wiens Kunstleben, von dem wir an anderer Stelle erzählen werden, fieng in neuem Aufschwunge zu blühen an. Im October 1850 wurde auf kaiserliche Anordnung die Akademie der Künste umgestaltet und als höhere Kunstschule eingerichtet, bald darauf eine Centralcommission ins Leben gerufen, deren Zweck die Erforschung und Erhaltung alter vaterländischer Bau- und Kunstdenkmale sein sollte.

Immer mehr begannen so die Wunden zu vernarben, welche die stürmischen Ereignisse im Anfange der Regierung des Kaisers der Monarchie geschlagen hatten; immer fester knüpfte sich das Band der Liebe zwischen Herrscher und Volk, da erfolgte ein Ereignis, welches in allen Schichten der Bevölkerung die höchste Bestürzung hervorrufen musste, aber auch Veranlassung bot, die treue Anhänglichkeit des Volkes im hellsten Lichte zu zeigen.

Der Kaiser liebte es oft allein oder nur mit kleinem Gefolge auf den Basteien der damals noch eng umwallten Residenz zu lustwandeln. So unternahm er auch am 18. Februar 1853 in Begleitung des Grafen O'Donnel einen Spaziergang auf der Kärntnerthorbastei. Es war um die Mittagszeit, der Kaiser machte gerade in der Nähe des Kärntnerthors halt und sah in den Stadtgraben hinab, als plötzlich ein junger Bursche (wie später bekannt wurde, ein ungarischer Schneidergeselle aus Stuhlweißenburg) auf den Monarchen losstürzte und mit einem dolchartig zugespitzten Messer einen heftigen Stoß nach dem Nacken des Kaisers führte. Die Schnalle der Militärcravatte brach zwar die Wucht des Stoßes, doch drang die Spitze der Mordwaffe immerhin einige Linien ins Fleisch, und die Wunde erschien, wenn nicht tödlich, doch keineswegs ungefährlich.

Graf O'Donnel und der zufällig anwesende Wiener Bürger Ettenreich bemächtigten sich sofort der Person des Mörders und hinderten ihn so an einer Wiederholung des Stoßes, zu welcher der Ruchlose ausholte. Es war die That eines Wahnwitzigen, nur dem verderbten Herzen dieses einzigen Verbrechers entsprungen. Graf O'Donnel, den der Gedanke wie ein Blitz durchfuhr, dass das Messer, womit die unselige That verübt worden war, vergiftet sein konnte, beugte sich rasch über seinen kaiserlichen Herrn und sog mit den Lippen das Blut aus der Nackenwunde.

„Sagen Sie nur meiner Mutter nichts von der Sache, erschrecken Sie dieselbe nicht!" dies waren die ersten Worte, die sich den Lippen des Monarchen entrangen. Welch schönes Zeugnis rührender Kindesliebe! Als die bestürzte Menge den verwundeten Herrscher umdrängte, sprach er, den Schmerz mannhaft bekämpfend: „Beruhigen Sie sich, es ist nichts; ich theile nur das Schicksal meiner braven Soldaten in Italien."

Nahezu eines Monats bedurfte es, bevor der Kaiser das Zimmer wieder verlassen konnte. Mehr als die Wunde schmerzte den Fürsten diese unfreiwillige Muße. „Nur jetzt nicht ruhen, wo es so viel zu thun gibt!" rief er wiederholt aus.

Den Mörder ereilte die gerechte Strafe, obwohl der Kaiser selbst anfänglich entschlossen war, ihm das Leben zu schenken; der Monarch wich endlich

Der Stephansdom in Wien.

dem Drängen seiner Räthe. Seinen Lebensrettern blieb der Kaiser bis an ihr Ende dankbar zugethan. Graf O'Donnel erhielt das Commandeurkreuz des Leopoldordens, Ettenreich das Ritterkreuz des Franz-Josef-Ordens; der Magistrat schmückte den braven Bürger mit der höchsten Bürger-Auszeichnung, der großen goldenen Salvatormedaille.

Ein schöner Herzenszug des Kaisers war es auch, dass er der Mutter des wahnwitzigen Mörders eine Pension aussetzen ließ, da die Unthat ihres Sohnes sie um ihr Brot gebracht hatte.

Am 6. März konnte der Herrscher zum erstenmale das Krankengemach verlassen, und am 12. März erfolgte die erste Ausfahrt. Der Kaiser fuhr zum Stephansdome, um dem Allmächtigen den Dank für die Genesung darzubringen. Nicht Militär sollte das Spalier in den Straßen bilden, sondern die Bürger Wiens wollten beweisen, dass auch unter ihrem Schutze der geliebte Monarch vor jeder ferneren Unbill und Gefahr sicher sein könne. So bildeten denn auf dem Wege von der Burg bis zum Stephansdom Wiener Bürger in schwarzer Kleidung, mit den kaiserlichen Farben geschmückt, Spalier, während der Bürgermeister, seine Stellvertreter und die Gemeinderäthe zu beiden Seiten des kaiserlichen Wagens dahinschritten.

Der Kaiser war in Generalsuniform, an seiner Seite saß Erzherzog Franz Karl, hochbeglückt durch alle die Beweise ungeheuchelter Liebe und Treue, die seinem kaiserlichen Sohne dargebracht wurden. Ebenso freudig bewegt war der Kaiser selbst, der noch etwas leidend aussah und mit freundlichem Lächeln nach allen Seiten die jubelnde Menge grüßte.

Am Riesenthore des Stephansdoms angelangt, wurde der Kaiser von dem Fürsterzbischofe und der Geistlichkeit empfangen. Nach erhaltenem Segen betrat er den mit Teppichen geschmückten und von tausend Lichtern erleuchteten Dom, in welchem sich bereits eine große Zahl hoher Würdenträger versammelt hatte. Der jugendliche Herrscher verharrte während des ganzen Dankgottesdienstes in innigem Gebete, und seine Andacht übte auf alle Anwesenden einen mächtigen Eindruck aus. Eine glänzende Illumination, welche Wien — freilich noch nicht das neue, herrliche, wie es die Gegenwart kennt, — in einem Lichtermeer erstrahlen ließ, beschloss diesen Tag festlicher Freude.

Gleich erhebend wurde auch in der Provinz die Genesung des Herrschers gefeiert. Zum Andenken an des Kaisers Rettung wurden neun Kirchen erbaut und vierhundertzweiundachtzig milde Stiftungen begründet.

Doch die herrlichste aller Stiftungen war wohl diejenige, welche der hochherzigen Anregung des kaiserlichen Bruders, Erzherzogs Ferdinand Max, ihre Anregung verdankt. Zum ewigen Angedenken an die Lebensrettung des Monarchen sollte ein hehrer, prächtiger Dom sich himmelwärts erheben.

So entstand der Plan zur Heilands- (Votiv-) Kirche. Alsbald schritt man an die Verwirklichung, und nach fünfundzwanzig Jahren, an einem Glücks- und Freudentage des Kaiserhauses, zur Feier des silbernen Hochzeitsfestes des Kaiserpaares, konnte das neue Gotteshaus eingeweiht werden.

Wenn man von den waldigen Kuppen des Kahlen- oder Leopoldsberges Wiens Häusermeer zu Füßen liegen sieht, so haftet das Auge zunächst auf zwei lichten, schlanken Thürmen, die so feierlich und doch so heiter zum Himmel ragen. Wenn Sonnenschimmer den Bau überflutet, so sieht er wie eine köstliche, glänzende Agraffe aus, die einen prunkenden Gürtel, die Ringstraße, abschließt, vergleichbar auch einem blitzenden Juwel im goldenen Kronreife.

Dieser prächtige Kirchenbau, auf dem das Auge des Beschauers mit stolzer Freude weilt, ist ebenso das Wahrzeichen des neuen Wien, wie der altehrwürdige Stephansdom das der alten, vormärzlichen Kaiserstadt ist.

Mit fast märchenhafter Schnelligkeit entstieg der Riesenbau der Erde. Sie war nur möglich durch die Opferwilligkeit aller und durch die hochherzige Unterstützung, mit welcher sich das kaiserliche Haus, der Monarch an der

Die Votivkirche in Wien.

Spitze, an der Förderung des Werkes betheiligte. Als der Gedanke vom Erzherzoge Ferdinand Max angeregt worden war, wurden in Wien allein an einem einzigen Tage 400.000 fl. unterzeichnet.

Im Jahre 1855 wurden die Preise für die Entwürfe zum Dombau vertheilt; der damals erst siebenundzwanzigjährige Ferstel erhielt den ersten Preis.

Sein Werk entfaltete sich in der That auch zu einer Meisterschöpfung ersten Ranges. Die Votivkirche ist der erste Quaderbau rein gothischen Stiles in der Residenz, zugleich erhaben und auf Überirdisches weisend und doch wieder von feinster, zierlichster Anmuth. Nichts von der düsteren Schwere, der finsteren Romantik mittelalterlicher Münster! Das Licht flutet durch wunderbar bemalte Fenster in die hohe große Halle des Schiffes, in der ein schlanker Pfeilerwald zum Himmel strebt.

Die Kirche hat drei Schiffe, deren mittleres allein 11·4 Meter breit und 28·5 Meter hoch ist. Die Gesammtlänge misst fast 91 Meter. Hinter der fünften Traverse durchschneidet den Bau ein Querschiff von 48 Meter Länge. Alle Einzelheiten der inneren Ausschmückung sind von überraschender Schönheit, besonders der Hochaltar, die Kanzel, das Taufbecken und die majestätisch rauschende Orgel.

Einer der Seitenaltäre, ein wunderbares Meisterwerk der Plastik und Malerei, ist von eilf österreichischen Erzherzogen aus Anlass der Feier der silbernen Hochzeit gespendet worden. Die Wand- und Deckengemälde, mit denen das Innere verziert ist, stammen von Künstlern ersten Ranges, namentlich von Laufberger und selbst noch von Führich, der bei diesem Werke seinen Pinsel zum letztenmale dem Ruhme des Heiligen weihte. Er starb hochbetagt am 13. März 1876. Auch die Entwürfe zu den Malereien, welche nicht weniger als achtundsiebzig Fenster der Kirche schmücken, rühren von den berühmtesten Künstlern her.

Die Einweihung des Domes fand am 24. April 1879 morgens sieben Uhr durch den Cardinal-Erzbischof Kutschker unter Assistenz von neunundvierzig Bischöfen und eilf Prälaten statt. Um eilf Uhr erfolgte die Trauung der Majestäten zur silbernen Hochzeitsfeier. Eine unermessliche Menschenmenge erfüllte den großen schönen Platz vor der Kirche, das Kaiserpaar mit endlosen, begeisterten Zurufen begrüßend.

Doch unsere Phantasie hat uns zu rasch vorausgeführt. Das Band, das im Jahre 1879 vor dem Altare der Heilandskirche von neuem geknüpft wurde, es war noch nicht geschlossen, als der Plan zum Aufbau des Domes gefasst worden war.

Wohl aber sollte bald darnach die zarte Fessel geschmiedet werden, welche zwei Fürstenherzen in treuer Liebe an einander kettete. Wie gewöhnlich verbrachten die Eltern des Kaisers auch den Sommer des Jahres 1853 in Ischl, wo der Kaiser, wie er es meist zu thun pflegte, zur Feier seines Geburtsfestes — es war damals das dreiundzwanzigste nahe bevorstehend — am 16. August eintraf.

Damals weilte in dem reizenden Badeorte auch die Herzogin Ludovica Wilhelmine von Bayern mit ihren Töchtern. Herzogin Ludovica war die Schwester der Erzherzogin Sophie, und der Kaiser brachte seinen anmuthigen Cousinen manch ritterlich zarte Huldigung entgegen, vor allem der jüngeren, Elisabeth, die, eine eben erschlossene Knospe, von allem Zauber der Jugend umstrahlt war. Am Morgen des 19. August begab sich der Kaiser mit seinem Elternpaare, sowie mit der Herzogin Ludovica und ihren Töchtern zur Messe. Es musste auffallen, dass die Kaiserin-Mutter bei der Kirchenthüre ihrer jüngsten Nichte den Vortritt ließ. Nach der Messe führte der Kaiser die Prinzessin

Elisabeth zu den Stufen des Altars und sagte zu dem Geistlichen: „Herr Pfarrer, segnen Sie uns, das ist meine Braut.“ Es wird auch erzählt, dass der Kaiser bald darauf auf O'Donnel traf und ihn mit den Worten begrüßte: „Heute danke ich Ihnen wahrhaft dafür, dass Sie mir das Leben retteten.“

Freilich schienen gerade damals drohende Wolken am Horizonte aufzusteigen und den Genuss des neuen Glückes, das der jugendliche Kaiser im Herzen barg, trüben zu wollen. Es kam zu Verwickelungen zwischen Russland und der Türkei, die auch Österreich in Mitleidenschaft ziehen mußten. Der Krimkrieg warf seine Schatten voraus. Auch die inneren Verhältnisse erfuhren mancherlei Umwandlung. Durch kaiserliche Entschließung vom 1. Jänner 1852 wurden die einzelnen Bestimmungen der Märzverfassung aufgehoben, und eine Reihe von Gesetzen sollte den inneren Ausbau des Einheitstaates fördern und befestigen.

Wenige Monate nach dem Anschlag auf sein Leben erließ der Monarch das Gesetz, durch welches der Belagerungszustand, der noch über Wien und einige Städte Böhmens verhängt war, aufgehoben wurde.

Die Brücke des Vertrauens zwischen dem Herzen des Kaisers und seinen Unterthanen war wieder hergestellt; neue Gesetze, einer neuen Zeit entsprungen, herrschten in den verschiedenen Zweigen der staatlichen Verwaltung. Es war ein neues Österreich, auf welchem des Kaisers Blicke nach fünf Jahren der Herrscherthätigkeit ruhen konnten.

Bald sollte nun auch dem Kaiserliede die neue Strophe hinzugefügt werden:

„An des Kaisers Seite waltet,
Ihm verwandt durch Stamm und Sinn,
Reich an Reiz, der nie veraltet,
Uns're holde Kaiserin.
Was als Glück zu höchst gepriesen,
Ström' auf sie der Himmel aus:
Heil Franz Josef, Heil Elisen,
Segen Habsburgs ganzem Haus!“

IV.

Feste und Reisen.

Am Ufer des Starnbergersees im Bayerlande erhebt sich, fast ganz versteckt von den mächtigen Baumkronen des Parkes, ein altes Schloss. Nur die Zinnen der altersgrauen Ringmauern ragen aus dem Grün hervor. Vom Schloss aus schweift der Blick über die blauen Fluten des Sees, die von reizenden Landhäusern und Wäldchen umsäumt sind; aus der Ferne grüßt verlockend die blaue Kette der Alpen herüber, und die schroffen Zinken des Karwändelgebirges ragen drohend im Hintergrunde empor.

In diesem Schlosse, Possenhofen, weilte zur Sommerszeit mit Vorliebe Herzog Max in Bayern und seine erlauchte Gemahlin Ludovica; in diesem vom grünen Waldesgürtel und blauem Flutenspiegel umkränzten Schlosse ward Prinzessin Elisabeth Eugenie geboren, die erkoren werden sollte, an des Kaisers Seite den österreichischen Thron zu schmücken.

Am Christabende des Jahres 1837 begegnete Herzog Max in der Nähe des Schlosses einem alten abgehärmten Weiblein, das sich mit einem schweren Holzbündel mühsam fortschleppte. Auf die Frage des Herzogs, warum es denn gar so viel Holz auf einmal trage, antwortete das arme Mütterchen: „Na wissen's, herzogliche Gnaden, heut haben wir Christabend, und da 's Christkindel nit zu uns kommen wird, soll'n meine Kinder halt wenigstens ein warm's Zimmer haben.“ Gerührt sagte der Herzog: „Liebe Frau, bei mir ist das Christkindel schon eingekehrt, es wird — Liesl heißen, und weil ich darüber gar so glücklich bin, sollt Ihr heut auch einen frohen Christabend haben!“ — Bald darauf brachten zwei herrschaftliche Diener aus dem Schlosse zwei mächtige Körbe mit Esswaren und Leckerbissen aller Art, daneben lag ein verschlossenes Couvert; als es die alte Frau mit vor Aufregung zitternden Händen öffnete — lagen zwei Hundert-Guldennoten darin. So hatte sich zu Weihnachten 1837 das Christkindlein im Schloss und in der Hütte herrlich eingestellt.

Wir erzählten schon von der Verlobung der Prinzessin Elisabeth mit Kaiser Franz Josef in Ischl. Der Eindruck, den die Prinzessin auf des Kaisers Herz ausgeübt hatte, war sogleich tief und nachhaltig. Der Kaiser wollte, man solle die Prinzessin befragen, doch sich jedes Einflusses enthalten. Wie schalkhaft klingt es, wenn Prinzessin Elisabeth die erste Eröffnung ihrer Tante mit den ungläubigen Worten aufnahm: „Das ist unmöglich, ich bin ja ein gar so winziges Ding."

Die Kunde von der Verlobung des Herrschers wurde überall, besonders in der Kaiserstadt, mit lebhaftester Freude aufgenommen. Vor allem war man über die Wahl, die der Kaiser getroffen, glücklich. Seit alten Zeiten waren die Häuser Habsburg und Wittelsbach — vorübergehende Trübungen abgesehen — befreundet und eng verbunden. Drei ausgezeichnete Fürstinnen hatten Habsburgs Kaisersprossen dem Wittelsbachischen Stamme entnommen: die Kaiserin Karoline Auguste, Erzherzogin Sophie und Erzherzogin Hildegarde.

Stammverwandt an Mundart und Sitte ist das bayerische und österreichische Volk, und was man im Volke von den Eltern der hohen Braut, besonders von dem biederen, leutseligen Herzog Max erfuhr, erhöhte die Liebe, die man der Prinzessin Elisabeth entgegenbrachte und die Freude über die bevorstehende Verbindung.

Nicht das Cabinet des Fürsten, nicht die Arena parlamentarischer Debatten, nicht die Salons der Residenz bildeten das Lebenselement des Herzogs Max — die Felsen, Schluchten, Wälder und Seen des bayerischen Hochgebirgs sind es — jeder Ort, wo man Zither spielt, singt und fröhlich ist, überall, wo frische Luft, blauer Himmel und unverdorbene Menschen sind. — Nach dieser Sinnesart wurden auch die Kinder erzogen: frisch, gesund, natürlich. Eine deutsche Zeitung schrieb damals über die Prinzessin Elisabeth: „Sie ist hoch, schlank, leicht und anmuthig, ihr Wesen graziös, belebt, bestimmt, das tiefblaue Auge voll träumerischen Glanzes, die schönen Züge, aus denen das dichte braune Haar in vollen Wellen zurückgestrichen ist, reiz- und ausdrucksvoll und mit rosigem Teint überzogen, der Eindruck im Ganzen: milder Ernst und zarte Weiblichkeit."

Doch Prinzessin Elisabeth, die holde Kaiserbraut, war nicht bloß von entzückender Anmuth und Lieblichkeit, sie ist auch mit den schönsten Eigenschaften der Seele und des Geistes geziert; ein Herz voll wahrer Frömmigkeit und edelster Güte ist ihr eigen. Wir wollen nur eines Zuges gedenken, der sich kurz nach der Vermählung des Kaiserpaares ereignete:

Als die Kaiserin mit ihrem hohen Gemahl an einer Kaserne vorüberfuhr, tönte dumpfer Trommelschlag aus dem Thore derselben, welcher die furchtbare Execution des Spießruthenlaufens, das damals noch geübt wurde, begleitete. Die junge Fürstin fragte nach der Bedeutung dieser Signale und erbat sich nach erhaltener Aufklärung sogleich als Hochzeitsgeschenk die Aufhebung dieser entsetzlichen Strafe. Auch die Verbannung der Kettenstrafe aus den Gefängnissen war ein Werk der gütigen jungen Herrscherin.

Durch ihre ganze Lebenszeit blieb tiefe Frömmigkeit ein hervorstechender Zug im Leben der Kaiserin. Es ist noch nicht lange her, dass die erlauchte Frau zu einem ungarischen Kirchenfürsten die Worte sagte: „Wir alle sind im Leben der Tröstungen der Religion bedürftig."

Prinzessin Elisabeth war am 24. December 1837 geboren, sie stand also im sechzehnten Lebensjahre, als die Verlobung gefeiert wurde. Selbstverständlich weilte Kaiser Franz Josef im Winter des Jahres 1853—1854 öfter zu Besuche im Palais des Herzogs Max in München, vom Hofe und Volk der bayerischen Hauptstadt stets mit ungeheuchelten Zeichen der Sympathie und Verehrung aufgenommen.

Kaiserin Elisabeth.

Gerade damals — es war im März 1854 — stiegen mannigfache Kriegsbefürchtungen auf; die orientalische Frage hatte sich wieder einmal drohend gestaltet und war zu einem furchtbaren Brande emporgelodert. Es ist so anziehend, was in jenen Tagen eine Zeitung aus Bayerns Hauptstadt meldet: „Wir wollen es nicht behaupten, dass der Monarch in diesen Tagen viel an die orientalische Frage gedacht habe, aber ganz darüber hinwegsehen konnte er doch wohl unter keinen Umständen. Er hat in München daran denken müssen. Sobald die Lichter in den Sälen des Herzogs-Max-Palais gelöscht waren, wurden die Lampen im kaiserlichen Arbeitscabinet des österreichischen Gesandtschaftshotels angezündet; sie brannten oft bis in den Morgen hinein. Am Tage, bei seinem öffentlichen Erscheinen an der Seite seiner Braut aber, zu Fuße oder zu Pferde und zu Wagen war von der drückenden Schwere der Ereignisse, von den gewichtigen Gedanken, welche die Flottenfeuer des Ost und West in ihm aufrütteln mussten, keine Spur zu lesen. Der Kaiser schien während seines Aufenthaltes hier unendlich glücklich und heiter. Er war es wirklich; es war keine Maske. Im Gefühle des Volkes lebt dafür ein sicherer Grad- und Wärmemesser."

Der letzte Aufenthalt des Kaisers in der bayerischen Hauptstadt vor den Festlichkeiten der Vermählung währte vom 9. bis zum 17. März 1854. Am späten

Abend des letztgenannten Tages fuhr ein sechsspänniger offener Wagen aus dem Thore des herzoglichen Palais in der Ludwigsstraße, um die Richtung gegen Salzburg einzuschlagen. Da zeigte sich an einem der Fenster des oberen Stockwerks eine liebliche Mädchengestalt, um dem im Wagen Sitzenden die letzten Grüße zuzuwinken. Nochmals schwang der Kaiser seine Officierskappe, und seine Lippen bewegten sich, als wollten sie hinaufrufen: „Auf Wiedersehen in fünf Wochen drunten in Wien!"

Am 20. April trat Prinzessin Elisabeth in Begleitung ihrer Eltern und Geschwister die Reise von München in die altehrwürdige Kaiserstadt an der Donau an. In der Ludwigsstraße, vom herzoglichen Palais bis zum Siegesthore, stand die Menge dicht gedrängt, um der scheidenden Prinzessin die letzten Lebewohl darzubringen. Von ihren Gefühlen überwältigt, erhob sich die hohe Braut im Wagen und winkte, mit Thränen in den Augen, ihren Münchnern den Scheidegruß zu.

Die Reise von Bayerns Hauptstadt nach Wien glich einem wahren Triumphzuge. In Straubing wurde das Dampfschiff bestiegen; in Passau begrüßten Vertreter des Landes ob der Enns die liebliche Kaiserbraut. „Freundlich wie unsere Fluren," so lauteten die Worte der Ansprache, „nie wankend wie unsere Berge, ist in Biedersinn und Treue das oberösterreichische Volk; — tief empfunden in unseren Herzen ist das Willkommen, das Eurer königlichen Hoheit entgegenjauchzt." An der Grenze bei Engelhartszell war auf verankerten Schiffen eine großartige Triumphpforte errichtet worden, und die sagenumklungenen Ufer des stolzen Stromes prangten fast überall in prächtigem Festschmucke. Der Kaiser war seiner Braut bis Linz entgegengefahren, wo sie am Abende des 21. April eintraf. Am nächsten Morgen wurde die Fahrt nach Wien fortgesetzt; der Kaiser war vorausgeeilt, um noch die letzten Anordnungen zum Empfange in der Residenz zu treffen.

Der Frühling war ins Land gezogen, mit ihm die holdeste Blume, die fortan in unserem heimischen Erdreiche blühen und gedeihen sollte. In Wien erreichten die Empfangsfeierlichkeiten ihren Höhepunkt. Von Nussdorf, wo der Dampfer „Franz Josef" mit dem kostbarsten Kleinod, das die Fluten der Donau je getragen, am Nachmittage des 22. April landete, bis nach Schönbrunn, wo die Prinzessin vorläufig ihren Aufenthalt nehmen sollte, prangten alle Wege in überreichem Schmucke von Blumen und Fahnen. Man schritt wie durch eine Märchenwelt, und die altersgraue Metropole war mit Blüten wie überschneit. Von den Höhen des Leopoldsberges bot sich dem Beschauer ein geradezu einziges Bild dar. Alle Anhöhen, Landungsplätze, Stationen, Überfuhren und die Stromufer zu beiden Seiten waren mit Menschen überfüllt, durch welche eine Bewegung erwartungsvoller Ungeduld gieng, als der stattliche, mit den Flaggen Österreichs und Bayerns geschmückte Dampfer nach vier Uhr in Sicht kam.

Am Landungsplatze, der abgeschlossen worden war, erhob sich eine prächtige, von Säulen getragene und reich mit Gold verzierte Triumphhalle. Hier hatten sich schon außer dem Kaiser die Eltern desselben, seine Brüder, die Erzherzoge Ferdinand Max und Karl Ludwig, der Fürsterzbischof von Wien und andere hohe Würdenträger eingefunden. Als das Schiff sich der Landungsbrücke näherte, trat Prinzessin Elisabeth aus ihrer Umgebung hervor und winkte mit dem Tuche den am Ufer Harrenden Grüße zu. Nachdem das Schiff angelegt hatte, schritt der Kaiser rasch auf das Verdeck und umarmte seine Braut auf das herzlichste. Dem Monarchen folgten zu gleicher Bewillkommnung Erzherzog Franz Karl und Erzherzogin Sophie, und es war ein rührender Augenblick, als die Kaiserin-Mutter die jugendliche Braut, nachdem sie sie in ihre Arme geschlossen hatte, wieder ihrem kaiserlichen Sohne zuführte.

Die Fahrt von Nußdorf nach Schönbrunn wurde fortwährend zwischen dichtgedrängten jubelnden Menschenmassen zurückgelegt. In Schönbrunn selbst wetteiferten die ersten Boten des jungen Lenzes mit den reichen Schätzen des kaiserlichen Gewächshauses, um das Lustschloss in ein prächtiges Gewand zu kleiden. Mauern, Balustraden, Erker und Nischen verschwanden unter der Last von Blumen, die ihre berauschenden Düfte aushauchten.

Am nächsten Tage erst sollte der Einzug der Prinzessin in die Residenz stattfinden. Nach altem Gebrauche erfolgte derselbe vom Theresianum, der alten Favorita Karls VI., aus. Den Prachtwagen, in welchem die Braut mit ihrer Mutter saß, zogen acht milchweiße Schimmel in rothen, goldgestickten Geschirren, die Mähnen mit rothen und goldenen Schnüren durchflochten, auf den Köpfen der Pferde wehten hohe weiße Federbüsche; zu beiden Seiten des Wagens und der Pferde schritten kaiserliche Leiblakaien in glänzender Gala. Das Dach des ganz aus Gold und Glas verfertigten Wagens schmückte die Kaiserkrone, während ein mächtiger Reichsadler mit Scepter und Apfel sich zwischen den Hinterrädern erhob.

Als sich der Zug in Bewegung setzte, donnerten die Salven der Geschütze von den Basteien und erklang das Geläute aller Kirchenglocken. Neuntausend Bürger bildeten Spalier bis zum Kärntnerthor; in kurzen Entfernungen von einander waren Gruppen weißgekleideter Mädchen aufgestellt, welche der Kaiserbraut Rosen auf den Weg streuten. An der neuerbauten, jetzt wegen der Wienflußregulierung abgetragenen Brücke, die mit den Standbildern berühmter Österreicher geziert war und den Namen der neuen Kaiserin erhielt, erwarteten Bürgermeister und Gemeinderath der Hauptstadt die hohe Braut.

Prinzessin Elisabeth trug bei diesem Einzuge ein moiriertes Rosa-Atlaskleid mit weißem Aufputz, um den Nacken eine Spitzenecharpe, in den Haaren ein Diadem von Diamanten, das ein Kranz weißer und rother Rosen umflocht.

Besonders reich und sinnig war die der Vorstadt Wieden zugewendete Façade des damals noch bestehenden Kärntnerthors geschmückt. Oberhalb der Brüstung war, von einem Baldachin überwölbt, eine jugendliche Gestalt dargestellt, deren rechte Hand einen goldenen Kranz entgegenstreckte, während die linke die Wappenschilde der Stadt Wien hielt. Es war, als hätte sich der Genius der Stadt, auf Fittichen schwebend, hier am Eingange derselben niedergelassen, um der holden Kaiserbraut die sinnige Huldigung zu Füßen zu legen. In der Burg empfieng der Kaiser, von allen Mitgliedern seines Hauses und

Prag.

(Nach einer Photographie von Alois Beer, Klagenfurt.)

dem Allerhöchsten Hofstaate umgeben, die Braut und geleitete sie in das Haus seiner Väter.

Am 24. April um sieben Uhr abends fand in der Augustinerkirche die Trauung des Kaiserspaares statt, welche der einstige Lehrer des Kaisers, Fürsterzbischof Josef Othmar von Rauscher, vornahm.

Die gedankenreiche Ansprache, die der Erzbischof an das hohe Paar richtete, schloss mit den Worten: „Alles Reine, alles Schöne und Zarte finde an der Kaiserin Elisabeth ein Vorbild, eine Hüterin und Pflegerin. Neben Franz Josef, dem Retter und Helden Österreichs, dem Erneuerer durch gesetzgebende Weisheit, dem Vorkämpfer überall, wo es die Ehre Gottes und das Heil des Menschengeschlechtes gilt, glänze die kaiserliche Gemahlin als die erste der Frauen, nicht nur durch die Krone, welche ihre Stirn bekränzt, sondern mehr noch durch Tugenden, welche von den Höhen des Thrones herab ihren milden Schein einladend über die Völker verbreiten."

Einen überwältigenden Eindruck gewährte die Pracht der in höchster Gala erschienenen Versammlung, die das Kirchenschiff erfüllte; selbst Abgeordnete der österreichischen Unterthanen aus Smyrna, Salonichi, Alexandrien hatten sich eingefunden. Als das Kaiserpaar in die Burg zurückgekehrt war, wurden zunächst die Marschälle Graf Radetzky, Fürst Windischgrätz, Banus Jelačić vom Kaiser empfangen und Ihrer Majestät vorgestellt, dann erfolgte die Vorstellung anderer Persönlichkeiten des Allerhöchsten Hofstaates.

Doch der Kaiser wollte nicht allein durch äußeres Gepränge diese Tage der Feste verherrlicht wissen; seinem Herzen entsprach es, Gutes zu stiften und Wohlthaten auszustreuen. Er spendete damals 200.000 Gulden für die Armen, und die Kaiserin fügte von ihrer Morgengabe zu gleichem Zwecke 50.000 fl. hinzu. Überdies senkte Franz Josef damals auch in anderer Weise Trost und Frieden in manches kummervolle Herz. Ein kaiserliches Handschreiben schenkte allen noch wegen Majestätsbeleidigung und Störung der öffentlichen Ordnung Verurtheilten die Freiheit und die bürgerlichen Rechte wieder. Schon vor der Vermählung hatte der Kaiser gewünscht, wie dies sein Handschreiben an den Minister des Innern vom 8. April bewies, dass jene Mittel, welche auf Festlichkeiten und Freudenbezeugungen verausgabt würden, „den Werken der Mildthätigkeit zur Linderung unverschuldeten Nothstandes zugewiesen werden sollen".

Man kam den edlen Absichten des Herrschers auch in dieser Beziehung freudig entgegen. Der Gemeinderath von Wien hatte durch Aufforderung an die Bürger einen Betrag gesammelt, aus welchem vierzig würdige Brautpaare mit einer Aussteuer von je 500 Gulden bedacht wurden. Allenthalben wurden auch sonst wohlthätige Stiftungen zum Andenken an des Kaisers Ehrentag ins Leben gerufen, und aus der schlichtesten Hütte, wie aus stolzen Palästen stiegen Segenswünsche zum Himmel empor, die dem neuvermählten Kaiserpaare galten.

Am 25. April erstrahlte Wien im Lichtermeere, und es mochte keine leere Phrase sein, wenn ein damaliger Berichterstatter von der zu Ehren der jugendlichen Kaiserin veranstalteten Beleuchtung sagte: „sie habe an Großartigkeit alles hinter sich zurückgelassen, was man Ähnliches in Wien bisher gesehen hatte." Auch der den Wienern so liebe Kahlenberg hatte sich eine Feuerkrone aufgesetzt. Durch das Gewirre der Straßen, die einem Bilde aus einem Feenmärchen glichen, fuhren die Majestäten im offenen Wagen, umbraust von tausendstimmigem Jubel. — Ein Volksfest, das am 29. April im Prater abgehalten wurde, und der große Bürgerball, den die Gemeinde Wien veranstaltete, beschlossen die Reihe der Festlichkeiten, und das Kaiserpaar zog sich zunächst in das stille, waldumkränzte Laxenburg zurück.

Unter den vielen poetischen Gaben, die anläßlich der hohen Vermählung dargebracht wurden, ist besonders Moshammers „Gedenkblatt" zu nennen. Wir finden da manch sinnige Deutung und manchen anmuthigen Vers.

Wir wollen nur zwei hervorheben. Die altberühmten österreichischen Buchstaben A. E. I. O. U. wurden zu folgendem Spruche gedeutet: Austriam Elisabetha Imperator Ornavit Uxore. (Der Kaiser hat Österreich durch Elisabeth, seine Gemahlin, verherrlicht.)

Hübsch ist auch nachstehendes Akrostichon, dessen Anfangs- und Endbuchstaben die Namen „Franz Josef" und „Elisabetha" geben:

Frühling weht durch Östreichs weite Lande,
Ros' und Myrthe kost der Weste Flügel,
Aus dem Westen zieht er ja herbei,
Nektarduftend in die Feste Habsburgs
Zieht die Blüte Wittelsbachs: Elisa.
Jubel rauscht, wie Sturm von Blütenlaub,
Opferduft der Segnung durch die Lüfte,
Segne, Herr! so Bräutigam wie Braut,
Engel, schön wie sie kein Aug' noch sah,
Feiern Austria und Bavaria.

Nunmehr wollte der Kaiser der jugendlichen Herrscherin die reichen Schätze seiner Länder weisen. Mannigfache Reisen wurden angetreten, welche den treuen Bewohnern aller Theile des Reiches willkommene Veranlassung boten, ihrer Liebe und Verehrung für das Herrscherhaus ungeheuchelten Ausdruck zu geben. Schon im Juni 1854 unternahm das Kaiserpaar die Reise nach Brünn und Prag.

Hiebei ereignete sich in der Landeshauptstadt Mährens ein hübscher Zug. Ein großartiges Volksfest, einen Hochzeitszug aus der Hanna darstellend, war in Brünn veranstaltet worden. Um den Kaiserpavillon, der in der Mitte des Festplatzes errichtet worden war, hatte sich der Kreis des dichtgedrängten Volkes immer enger und enger geschlossen, immer mehr war die Menge angewachsen, und als nun die Majestäten den bereitgehaltenen Wagen besteigen wollten, schienen alle Bemühungen der Ordner und Wachmänner, die Menschenmauer zu durchbrechen, vergeblich. Schon standen der Kaiser und die Kaiserin an der Treppe des Pavillons, um sich zum Wagen zu begeben, und noch immer wollte sich der dichtgedrängte Knäuel der schaulustigen Menge nicht lösen. Da gab der Monarch der Kaiserin den Arm und trat dicht an den Zuschauerkreis heran. Wie durch einen Zauber öffneten sich jetzt die Reihen, und es bildete sich eine breite Gasse, durch die das Herrscherpaar zu seinem Wagen gelangen konnte.

Enthusiastisch war auch der Empfang, der den Majestäten in Prag bereitet wurde, und der Anblick der in einen förmlichen Garten verwandelten Moldaubrücke war allein schon überraschend und entzückend.

Am 5. März 1855 wurde die Bevölkerung der Residenz und bald auch die des ganzen Kaiserstaates durch die Nachricht von der Geburt einer Prinzessin erfreut. Sie empfieng in der Taufe den Namen der Kaiserin-Mutter; doch Erzherzogin Sophie verschied schon in frühester Kindheit. Sie starb an einer Kinderkrankheit im Schlosse zu Ofen, am 29. Mai 1857, gerade als das Kaiserpaar auf einer Reise durch Innerungarn begriffen war. Sogleich unterbrachen die Majestäten damals die weitere Fortsetzung der Reise und eilten tiefbekümmert nach Ofen zurück, von wo sie bereits am 31. Mai wieder in Laxenburg anlangten.

Im Sommer des genannten Jahres hatte der Kaiser in Teschen eine Zusammenkunft mit dem Könige von Preußen, denn schon warf der später ausbrechende Krimkrieg seine düsteren Schatten voraus. Hierauf begab sich Kaiserin Elisabeth nach dem väterlichen Schlosse Possenhofen, während der Kaiser Galizien und die Bukowina bereiste.

Bald schenkte der Himmel dem Kaiserpaare ein neues Unterpfand seines Glückes. Erzherzogin Gisela, Ludovica, Marie erblickte am 12. Juli 1856 zu Laxenburg das Licht der Welt, und auch dieses freudige Ereignis im Kreise seiner Familie ließ der Herrscher nicht vorübergehen, ohne den festlichen Tag zu einem allgemeinen Freudentage zu machen. Es wurde damals allen wegen Majestätsbeleidigung oder politischer Verbrechen verurtheilten Personen volle Amnestie gewährt und in Ungarn und Siebenbürgen vielen, die während des Aufstandes ihr Vermögen verwirkt hatten, dasselbe zurückerstattet.

Anfangs September des Jahres 1856 führte der Kaiser seine erlauchte Gemahlin in die österreichische Alpenwelt, um ihr die Wunder und Herrlichkeiten derselben zu weisen. Die Reise gieng zunächst über den Semmering und durchs Murthal nach Kärnten, diesem lieblichen Kleinod in Habsburgs Kaiserkrone. „Es freut mich, das schöne Land Kärnten wieder zu sehen, dessen Bewohner ihre Tapferkeit und Treue stets rühmlich bewährt haben.“ Mit diesen herzlichen Worten erwiderte der Monarch die huldigenden Begrüßungen bei seinem Eintritte ins Kärntnerland.

„Diese Worte,“ so schrieb damals ein Augenzeuge der Kaiserreise, „verbreiteten sich von Thal zu Thal, von Berg zu Berg, von Alpe zu Alpe bis zu unserem Altvater, dem Großglockner; sie waren uns ein beglückendes Zeichen, dass der Kaiser unser noch von dem Tage von Santa Lucia her gedachte, wo er als Prinz neben unseren heimatlichen Brüdern stand.“

Von hohem Interesse war der Ausflug, den der Kaiser damals von Heiligenblut auf den Pasterzengletscher unternahm. Am 6. September war das Kaiserpaar aus dem Möllthale aufgebrochen, um zunächst das mehr als 1200 Meter über dem Meeresspiegel gelegene Gebirgsdorf Heiligenblut zu besuchen. In der

Frühe des nächsten Tages — es war ein Sonntag — wurde der Aufstieg zum eigentlichen Gletscher angetreten. Von einigen bewährten Führern geleitet, stieg das Kaiserpaar aufwärts. Die Kaiserin und der größte Theil des Gefolges zu Pferde, der Kaiser fast immer zu Fuß, um nur ja keinen lohnenden Ausblick, keinen reizenden Punkt zu versäumen.

Bei einer etwa 1800 Meter hoch gelegenen Stelle machte der Führer den Kaiser aufmerksam, dass hier schönes Edelweiß blühe, und sogleich kletterte Franz Josef an einer ziemlich steilen Felswand empor, um eines dieser zarten Blümchen zu pflücken, das er dann der Kaiserin lächelnd mit den Worten überreichte: „Das erste in meinem Leben, das ich selbst pflücke."

Am sogenannten Ochsenbrette, einer steilen Platte am Rande eines abschüssigen Weges, wo die meisten Besucher vom Pferde steigen, ritten beide Majestäten unerschrocken aufwärts. Nach dreistündiger Wanderung erreichte das Kaiserpaar die Wallnerhütte am Rande des Gletschers. Hier wurde haltgemacht und das Frühstück eingenommen. Die Kaiserin blieb hier zurück, während der Kaiser noch den 2400 Meter hohen Glocknersattel bestieg. Die herrlichste Fernsicht lohnte das kühne Unternehmen. Zu Füßen das zerklüftete Eismeer der Pasterze, aus welchem die fast senkrecht aufragenden breiten zwei Felspyramiden des Großglockners emporragen; auf der einen Seite die drei Leiterköpfe, von welchen aus schwindelnder Höhe der Leiterbach tosend herabstürzt, auf der anderen Seite der im schimmernden Schneepanzer erstrahlende Johannisberg und darüber die klare, reine Luft, in die nun, als der Kaiser auf der Höhe des Sattels angelangt war, das Jauchzen der Begleiter hinaufdrang, während von der weit über 3000 Meter hohen Adlersruhe die kaiserliche Flagge grüßend geschwenkt wurde.

Wohl mochte der Kaiser, als er wieder bei seiner erlauchten Gemahlin angelangt war, freudig von dem prächtigen Rundblicke erzählen, den er dort oben genossen, und gern horchte das Kaiserpaar noch einige Zeit dem Jauchzen und Jodeln der frohen Älpler. Ein kleiner Bursche ließ es sich vor dem Abstieg nicht nehmen, der Kaiserin einen Strauß von Alpenblumen zu überreichen, indem er treuherzig meinte: „Euer Majestät, da haben's Edelweiß und Rauten, wann Sie a Liebhaber davon sein."

Zur immerwährenden Erinnerung erhielten die Punkte, wo Kaiser und Kaiserin verweilt, die Namen Elisabethruhe und Franz-Josefs-Höhe. Der Kaiser hatte sich, wie auch schon früher so häufig, als sicherer und kühner Bergsteiger gezeigt. Er hatte im einfachen grauen Jagdrocke, das Officierskäppchen auf dem Kopfe, den Hin- und Rückweg fast immer zu Fuß zurückgelegt, so rasch und gewandt, dass der beste Führer Mühe hatte, ihm zu folgen.

Überaus warm und herzlich war das Handschreiben, welches der Kaiser bei seinem Abschiede von Kärnten an den Statthalter richtete, und worin er nebst seinem kaiserlichen Danke aussprach, dass der mächtige Eindruck, den die Schönheit des Landes auf ihn ausgeübt, immer zu seinen angenehmsten Erinnerungen gehören werde.

Nun gieng die Reise nach Steiermark, zunächst nach Marburg, dann nach Graz. Am Abende des 11. September, an welchem Tage das Herrscherpaar eingetroffen war, erstrahlte die „Stadt der Grazien" im herrlichsten Lichterglanze, und auch rings umher auf Höhen und Bergen schimmerten Freudenfeuer durch die Schleier der Nacht.

Noch lebte der greise Erzherzog Johann, der Liebling der Älpler, der Wohlthäter der grünen Steiermark, und eine Jagd, welche derselbe dem Kaiser zu Ehren in den Revieren seines Jagdschlosses, des sogenannten „Brandhofes", veranstaltete, bildete damals den Abschluss all der mannigfaltigen Festlichkeiten, die der Aufenthalt des Kaiserpaares in der Steiermark mit sich geführt hatte.

Bald darauf, am 11. Mai 1859, verschied, fast achtzigjährig, Erzherzog Johann, von dem der Dichter einst gesungen:

„Tapfrer Weidmann, Sohn der Berge,
Mit dem Auge hell und frei,
Gott mit dir und deinem Werke,
Führ's mit dem aus fest und treu!"

Am 10. September des Jahres 1878 wurde das Standbild des unvergesslichen Erzherzogs auf dem Hauptplatze von Graz enthüllt. An dem Sockel des Denkmals prangen als Inschrift die schönen Worte Anastasius Grüns: „Unvergessen bleibt dem Volke, wer des Volkes nie vergaß." Die schönste Weihe gab dem Feste die Anwesenheit des Großneffen des gefeierten Todten, Kaisers Franz Josef I.

Im Winter des Jahres 1856 erfolgte die denkwürdige Reise der Majestäten nach Italien. Am 17. November führte der Monarch die Kaiserin nach den blühenden Gefilden des Südens, welche so häufig von dem Blute der treuen Heldensöhne Österreichs getränkt worden waren. Am 25. November war das Herrscherpaar in Venedig, wo der ganze December zugebracht wurde.

Es war, als hätte die alte Dogenstadt sich noch einmal ihres verblichenen Glanzes erinnert und die Vergangenheit auf kurze Zeit zurückbeschworen, so prächtige Feste wurden gefeiert, einen so blendenden Schmuck hatten die alten Steinpaläste angelegt. Besonders die große Regatta auf dem Canal grande war die Krone aller festlichen Veranstaltungen. Es war ein bezaubernder Anblick, die kostbar geschmückten und drapierten Gondeln durch die Fluten dahingleiten zu sehen, an finstern hundertjährigen Palästen vorüber, während fröhliches Lachen, Gesang und Musik von Erkern und Balkonen erschallte. Mit welcher Leichtigkeit und Anmuth senkten die malerisch gekleideten Gondoliere die Ruder in die Fluten! Es schien wie ein graziöses Spiel, nicht wie ernste Arbeit. Solche Bilder, solche Feste konnte eben nur Italiens Himmel und die „Königin der Adria" bieten.

Am 9. December fand in Pola in Gegenwart der Majestäten die Grundsteinlegung des großartigen Marinearsenals statt. Die schwungvollen und stolzen Worte der Urkunde, die bei diesem Anlasse ausgefertigt wurde, sagten zum Schlusse, „dass Kaiser Franz Josef mit eigener Hand den Grund gelegt habe zum Baue eines mächtigen Rüsthauses für die erstarkende Flotte seines Reiches, in ihm aber auch den segensvollen Keim zum Wiederaufblühen der einst beneideten Hafenstadt. — Unter der Leitung des Befehlshabers der österreichischen Flotte, Erzherzogs Maximilian, regen sich jetzt wieder Tausende von emsigen Händen, um ein Werk zu schaffen, das mit Ehren sich erheben wird aus den großartigen Trümmern der Vergangenheit, ein weithin glänzendes Bollwerk für die Seemacht Österreichs. Der Allmächtige schirme und segne wie den Anfang so das Ende."

Erzherzogin Gisela.
(Nach einer Photographie von B. Dittmar, München.)

Am 15. Jänner erfolgte der feierliche Einzug des Kaiserpaares in Mailand. „Ich habe alles Vergangene vergessen," dies waren die ersten Worte, welche der Monarch an den Podestà von Mailand richtete. Nun folgte eine Reihe kaiserlicher Gnadenacte: eine allgemeine Amnestie wurde ertheilt, der besondere Gerichtshof für politische Verbrecher in Mantua aufgehoben. Der Kaiser spendete ferner für die öffentlichen Anlagen — giardini publici — der lombardischen Hauptstadt 300.000 Lire und erhöhte die jährliche Staatsunterstützung für das Theater auf die gleiche Summe. Ein Mailänder Blatt schrieb damals „Mehr hatte man nicht wünschen können, der Jubel ist hier grenzenlos; hunderte von Familien weinen vor Freude — „Evviva Francesco Giuseppe!" ertönt es überall."

Einer der erhebendsten Momente dieser Kaiserreise war es wohl, als der greise Feldmarschall Radetzky seinen jugendlichen Herrscher und dessen in lieblicher Anmuth prangende Gemahlin in Venedig ehrfurchtsvollst begrüßte. In Mailand stattete der Kaiser dem ruhmgekrönten Heerführer in der Villa reale seinen Besuch ab.

Nunmehr war aber auch die Zeit gekommen, wo der neunzigjährige Marschall, nachdem er mit glänzender Treue zweiundsiebenzig Jahre dem Kaiserhause gedient hatte, den Kaiser um Enthebung von seinem Posten als Generalgouverneur des lombardo venetianischen Königreichs bat.

Franz Josef ernannte nun, um seinen italienischen Ländern ein neues Zeichen seiner Fürsorge für ihr Wohl zu geben, seinen Bruder **Ferdinand Max** im Vertrauen auf dessen bisher bewährte vorzügliche Umsicht zum General-Gouverneur des lombardisch-venetianischen Königsreichs. Zugleich richtete der Kaiser ein überaus huldvolles und schmeichelhaftes Handschreiben an den greisen Feldmarschall Radetzky, welches folgendermaßen lautete:

„Lieber Feldmarschall Graf Radetzky! Mit jenem tiefen Pflichtgefühl und der treuen Hingebung, womit Sie in dem Zeitraume von 72 Dienstjahren Meiner Armee als unübertroffenes Beispiel voranleuchten, haben Sie Mir auch nun bei Meinem Eintreffen in Meinem lombardo-venetianischen Königreiche mit edler Aufrichtigkeit die Bürde Ihres hohen Alters geschildert und zugleich die Bitte um Enthebung von dem Posten eines Armee-Commandanten und General-Gouverneurs unterlegt. Ich habe dieser Bitte mit dem tiefsten Bedauern nur aus dem Grunde nachgegeben, weil Ihre Befreiung von so großer Last der Geschäfte Mir allein die Hoffnung gewährt, Ihr Mir so theures und ruhmvolles Leben noch für eine Reihe von Jahren in ungetrübtem Wohlsein erhalten zu sehen."

„Ich befehle unter Einem alles an, was auf Ihre künftige persönliche Stellung Bezug hat. Sie werden stets in jedem Meiner Schlösser, sowohl zu Stra, Monza, in der Villa reale zu Mailand, als zu Wien in Meiner Burg, im Palaste des Augartens, dann zu Hetzendorf, nach Ihrer Wahl, mein herzlich gerne gesehener Gast und Ich dadurch in der Lage sein, Mich, so oft Ich es bedarf, Ihrer weisen Ansichten und Ihres erprobten Rathes erfreuen zu können."

„Und so mögen Sie noch lange Meiner Armee das lebendigste Vorbild unseres Ruhmes, geliebt und geehrt von allen österreichischen Herzen, in der dankbarsten Erinnerung Ihres Monarchen, wie in Ihren eigenen glanzvollen Erinnerungen den Lohn einer so thatenreichen Vergangenheit genießen."

Am 6. März 1857 nahm Radetzky in **Verona** von den Majestäten, welche Italien verließen, Abschied. Es war das letztemal, dass er seinen Kaiser sah; seine Heldenlaufbahn sollte sich einem raschen Ende zuneigen. Von Verona wollte der Marschall wieder nach Mailand zurück, um in der ihm liebgewordenen Villa reale den Abend seines thatenreichen Lebens zu beschließen. Kurz vor der Abreise hatte er das Unglück, im Zimmer zu fallen und sich den Oberschenkel zu brechen; eine vollständige Heilung war nicht mehr möglich, und wenige Monate nach seiner Übersiedlung nach Mailand verschied der Held, gefasst und gottergeben, am 5. Jänner 1858 um acht Uhr des Morgens.

Wohl wenigen Fürstendienern ward solche Ehre auch nach dem Tode erwiesen, wie sie Kaiser Franz Josef dem verblichenen Feldmarschall zutheil werden ließ. Der Armeebefehl, welchen der Kaiser noch am Todestage erließ, lautete:

„Dem Willen des Allmächtigen hat es gefallen, den ältesten Vertreter Meiner Armee, ihren sieggekrönten Führer, Meinen treuesten Diener, den Feldmarschall Grafen Radetzky, aus diesem Leben abzuberufen."

„Sein unsterblicher Ruhm gehört der Geschichte. Damit jedoch sein Heldenname Meiner Armee für immer erhalten bleibe, wird Mein 5. Husaren-Regiment denselben fortan und für immerwährende Zeiten zu führen haben."

„Um dem tiefen Schmerze Meines mit Mir trauernden Heeres Ausdruck zu verleihen, befehle Ich, dass in jeder Militärstation ein feierlicher Trauergottesdienst gehalten und von Meiner ganzen Armee und Flotte die Trauer vierzehn Tage hindurch angelegt werde; alle Fahnen und Standarten haben auf diese Zeit den Flor zu tragen."

Auch an den Sohn des verblichenen Helden, Generalmajor Grafen Theodor Radetzky, richtete der Kaiser ein überaus huldvolles Handschreiben, dessen Schlussstelle folgendermaßen lautete:

„Es wird Meine Sorge sein, das Andenken des großen Mannes in würdiger Weise zu ehren und die Erinnerung an seine Verdienste um Mich, Mein Haus und das Vaterland durch ein bleibendes Denkmal zu überliefern."

Die Leiche des dahingeschiedenen Helden wurde nach Wien überführt, wo sie am 17. Jänner eintraf und zunächst in die Kapelle des Arsenals gebracht wurde. Die Nacht über versah eine Ehrencompagnie beim Sarge die Wache. Am nächsten Tage — es war ein düsterer, unfreundlicher Wintertag — bewegte sich der Leichenzug aus den Thoren des Arsenals auf das Glacis, wo die gesammte Garnison und eine große Menge einheimischer und fremder Militärs aufgestellt war, um dem geliebten Feldherrn die letzte Ehre zu erweisen. Aber die höchste Auszeichnung widerfuhr dem Andenken des ruhmgekrönten Heerführers, als der Kaiser nächst der Brücke über die Wien gegenüber dem fürstlich Schwarzenbergischen Palais in eigener Person das Commando übernahm und den Zug in den Stephansdom, wo die Einsegnung stattfand, und von da auf den Praterstern geleitete.

Vor dem Nordbahnhofe hielt der Kaiser mit seinem Stabe und ließ den Leichenzug vorbeidefilieren. Als der Sarg vorübergetragen wurde, senkte der Monarch seinen Degen, und tief ergriffen blickte er lange dem Zuge nach. Die sterbliche Hülle des Feldmarschalls wurde sodann von Wien nach Stockerau und von da nach Wetzdorf überführt, wo sie auf dem sogenannten „Heldenberge" beigesetzt wurde. Es war des Marschalls Wunsch, an der Seite seines ihm schon vor einigen Jahren im Tode vorangegangenen Waffenbruders, des Feldmarschalls Maximilian von Wimpffen, die letzte Ruhestätte zu finden. Der Heldenberg von Wetzdorf wurde von seinem Besitzer, Ritter von Pargfrieder, dem Kaiser gewidmet, der diese Zueignung huldvollst annahm. In kaiserlicher Erde ruhen also die sterblichen Überreste des Feldmarschalls, der seines Kaisers treuester Diener gewesen.

Schön hat von ihm Graf Haugwitz einst gesungen:

Warm das Herz und treu der Pflicht,
Hell im Haupt des Geistes Licht,
Jugendfrisch zu rascher That,
Allen aber Greis im Rath,
Dem besiegten Feind gerecht,
Seinem Gott ein frommer Knecht,
Seinem Herrn ein fester Schild,
Seinem Heer ein Musterbild.

Nicht bloß des Kriegers, jedes Vaterlandsfreundes Auge leuchtet in muthigem Glanze, wenn die feurigen Klänge des Radetzkymarsches erschallen und den Österreicher an Tage des Ruhmes und Thaten der Ehre erinnern.

Ein schönes militärisches Fest, welches bald nach der Rückkehr des Kaiserpaares aus Italien in Wien stattfand, konnte Feldmarschall Radetzky nur mehr mit seinen heißesten Segenswünschen begleiten; dabei anwesend zu sein verbot ihm sein Gesundheitszustand. Wir meinen die hundertjährige Stiftungsfeier des Maria Theresien-Ordens, die im Juni 1857 in Wien glänzend begangen wurde, und an welcher des Ordens ältester Ritter, dessen Brust schon 58 Jahre das Maria-Theresienkreuz zierte, Feldmarschall Radetzky, nicht theilnehmen konnte. Bei dem Bankette im Schlosse zu Schönbrunn brachte der Kaiser den Trinkspruch aus: „Dem Andenken der erhabenen Stifterin des Ordens, der Kaiserin Maria Theresia! — Den Rittern Meines Maria-Theresien-Ordens! — Meiner tapfern Armee und ihren Führern!" Ein buntes Bild bot das Parterre vor dem Schönbrunner Schlosse, wo die Officiere tafelten, während andere Partien des Gartens, wo an offenen Ziegelherden für die Mannschaft abgekocht wurde, förmlichen Feldlagern glichen.

Bald nach diesen Ereignissen wurde das Glück des Kaiserpaares gekrönt durch die Geburt eines Thronerben. Am 21. August 1858 nachts erblickte in Laxenburg der ersehnte Kronprinz das Licht der Welt. Wie erzählt wurde, soll die Nachricht von diesem freudigen Ereignisse dem General-Adjutanten des Kaisers in Wien auf telegraphischem Wege nur mit den Worten mitgetheilt worden sein: „Einhundertundein Kanonenschüsse!"

Als nun in der Frühe die Kanonen zu dröhnen begannen, zählte man überall in der Kaiserstadt mit begreiflicher Spannung und jubelte auf, als mit dem einundzwanzigsten Schusse die Reihe der Salven noch lange nicht zu Ende war. — Noch an demselben Tage erließ der Kaiser einen Armeebefehl, in welchem er den eben geborenen Kronprinzen zum Oberstinhaber des 19. Linien-Infanterie-Regiments bestimmte. „Ich will," hieß es darin, „dass der durch Gottes Gnade Mir geschenkte Sohn von seinem Eintritte in diese Welt an Meiner braven Armee angehöre."

Die schönen Worte Halms in dem Prologe, der anlässlich der Festvorstellung im Burgtheater gesprochen wurde:

„Ein gleicher Klang aus Millionen Seelen,
Aus Millionen Augen nur ein Blick,
Der feucht zum Himmel dringt: er möge wählen
Für dieses Kind sein reichstes, schönstes Glück!"

diese Worte, sie gaben wirklich den innersten Gefühlen aller Völker des großen Vaterlandes Ausdruck, sie waren nicht bloß ein rednerischer Schmuck, welcher der Feder des Dichters entflossen war. Die „Wiener Zeitung" knüpfte an die Mittheilung der Geburt des Kronprinzen folgende tief empfundene Worte: „Gottes Schutz walte über dem kaiserlichen Kinde, das, bestimmt zu einer großen Aufgabe, das Licht der Welt erblickte; seine Gnade rüste es aus mit jenen Tugenden und Gaben, die, ein Erbe des Hauses Habsburg-Lothringen, von jeher die Träger der Krone in unserem theuern Vaterlande zierten, sie zu einem leuchtenden Beispiele für alle, zu einem Gegenstande der Verehrung für Mit- und Nachwelt machten und die eine unversiegbare Quelle des Segens für die Völker Österreichs sind."

Als gute Vorbedeutung wurde es auch angesehen, dass der Erbe der Krone den Namen des frommen und gerechten Stifters der Habsburgischen Kaisermacht führen und zu neuem Ruhme bringen sollte.

Wer konnte damals das furchtbare Verhängnis ahnen, dem der Kaiserspross in seines Lebens schönster Blüte erliegen sollte!

Die Taufe des Kronprinzen fand am 23. August zu Laxenburg statt. Taufpathe war des Kaisers Vater, Erzherzog Franz Karl. Cardinal Rauscher nahm den heiligen Act vor und hielt eine gedankenreiche Ansprache, in der die schönen Worte vorkamen: „Rudolf der Erste wird auf dem Throne seiner Ahnen nur zu wahren und zu erhalten haben, was der ruhmgekrönte Vater ihm festgegründet übergab."

Ungemein herzlich und eine neue glänzende Zukunft verheißend klangen die Worte, welche der Kaiser an die Vertreter des Wiener Gemeinderathes richtete, als diese die ehrerbietigen Glückwünsche der Residenz an den Stufen des Thrones niedergelegt hatten: „Der Himmel hat mir ein Kind gegeben," sprach der Monarch, „das einst ein neues größeres und eleganteres Wien finden wird; allein wenn auch die Stadt sich verändert, so wird der Prinz doch die alten treuen Herzen unverändert und daher auch die alten Wiener finden, die, wenn es nothwendig sein sollte, auch für ihn unter allen Verhältnissen eine erprobte Opferwilligkeit beweisen werden."

Vor allem sollten die Armen und Unglücklichen auch an der Freude aller über die Geburt des Thronerben theilnehmen. Des Kaisers Fürsorge galt diesmal den Siechen und Elenden. Durch Allerhöchstes Handschreiben vom 26. August 1858 ordnete er den Bau eines Krankenhauses an, und bald erhob sich auf kaiserlichem Grund und Boden das wohnliche und geräumige Rudolfinum, in dessen Räumen seitdem schon so viele Leidende Heilung und Linderung fanden.

Auch des Kaisers Worte von dem neuen und eleganteren Wien, welches der heranwachsende Thronerbe finden soll, giengen glänzend in Erfüllung. Wir werden noch später von den Prachtbauten Neu-Wiens erzählen; jetzt sei nur erwähnt, dass durch das kaiserliche Handschreiben an den Minister des Innern, Dr. Freiherrn von Bach, vom 1. December 1857 der Grund zur Erweiterung und Verschönerung der Residenz gelegt wurde. Die Umwallungen und Befestigungen sollten fallen und die Glacis zu Baugründen und theilweise auch zu Gartenanlagen verwendet werden. Schon am 1. März 1858 wurde das große Werk, welches der uralten Kaiserstadt neue, ungeahnte Reize verleihen sollte, mit der Demolierung des Rothenthurmthors in Angriff genommen, und am 1. Mai des genannten Jahres eröffnete der Kaiser die erste dadurch gewonnene Passage, den Franz-

Josefs-Quai. Der Plan der Stadterweiterung wurde in seinen Einzelheiten vom Kaiser am 1. September 1859 genehmigt, und überraschend schnell ward im Verlaufe der Jahre jener prächtige Gürtel geschaffen, der die eigentliche innere Stadt umschließt, wie um ein würdiges Herrscherhaupt sich der funkelnde Kronreif legt.

In diese Zeit fällt auch der Ausbau des Arsenals, eines Riesengebäudes, würdig der Streitmacht und des Waffenruhmes Österreichs. Es wurde in den Jahren 1849—1854 aufgeführt. Die der Stadt zugekehrte Hauptfronte hat eine mit vielen Bildwerken Hans Gassers gezierte, von einem mächtigen Thurm gekrönte Façade und gewährt den Zugang in den herrlichsten Raum des großen Baues, in die Ruhmeshalle, welche mit Schlachtgemälden von der Meisterhand des Malers Blaas geschmückt ist.

Hier tritt uns Österreichs Geschichte entgegen: die Trophäen und Fahnen, die Waffen und Rüststücke, die Bildnisse der Herrscher und Feldherrn, die Gemälde heißer und blutiger Schlachten, all die Siegeszeichen aus den Tagen der Ehre und des Ruhmes, sie sprechen eine beredtere Sprache als bändereiche Geschichtsbücher.

Wir haben noch andere großartige Werke des Friedens zu nennen, welche in diesem Zeitabschnitte unter des Kaisers hochherziger Ägide ins Leben gerufen worden sind.

Vor allem wurden dem Handel und Verkehr neue Bahnen erschlossen, neue kühne Wege eröffnet. Unsere Monarchie genießt den Ruhm, die erste Schienenstraße auf dem europäischen Festlande errichtet zu haben; ihr gebürt auch das Verdienst, die erste, ebenso großartig gedachte, als meisterhaft ausgeführte Alpenbahn vollendet zu haben. Am 17. Juni 1854 fand die Eröffnung der Semmeringbahn statt. Damit war dieses Riesenwerk der modernen Technik vollendet und die kürzeste Verbindung zwischen der Kaiserstadt an der Donau und dem Gestade der Adria ermöglicht.

Mehr als achthundertsiebenundfünfzig Meter über dem Meeresspiegel führt der Semmering-Tunnel in einer Länge von 1446·6 Meter durch den Hauptstock des Gebirges, nachdem die Schienenstraße sich über steile Hänge kühn emporgeschwungen und an gähnenden Abgründen vorübergewunden hat. Der Erbauer dieses Meisterwerkes, Karl Ritter von Ghega, hat sich damit unvergänglichen Ruhm erworben; sein Bildnis schmückt das würdig einfache Denkmal, welches am Eingange des Tunnels angebracht ist.

Der Kaiser eröffnete persönlich im Juli 1857 die Schlussstrecke der Südbahnlinie von Laibach nach Triest. „Mit lebhafter Befriedigung," sprach der Monarch bei seiner Ankunft in Triest, „lege Ich den Schlussstein eines Werkes, das, nach Überwindung der größten Schwierigkeiten, nunmehr vollendet und, wie Ich hoffe, mit Gottes Hilfe dazu bestimmt ist, die Wohlfahrt der Provinzen Meines Reiches und namentlich jene Meiner getreuen Stadt Triest zu vermehren."

Wie rasch schon in den ersten Jahren der Regierung Franz Josefs das Eisenbahnnetz unseres Staates an Ausdehnung zugenommen hatte, beweist der Umstand, dass im Jahre 1849 Österreich nur 1214 Kilometer Bahnen besaß, im Jahre 1854 dagegen bereits 1850 Kilometer ausgebaut, 1510 Kilometer im Bau begriffen waren.

Noch ein anderes großartiges Unternehmen, welches den Ruhm unseres Vaterlandes erhöhte und der Wissenschaft die ausgezeichnetsten Dienste leistete, fällt in die eben geschilderte Periode, es ist dies die Weltumsegelung der Fregatte „Novara“.

Eine Partie der Semmeringbahn. (Weinzettelwand)

Mit Freude folgte der Kaiser einer Eingebung, die von seinem erlauchten Bruder, Erzherzog Maximilian, der im Jahre 1854 Obercommandant der Marine geworden war, ausgieng, und so erschien denn am 28. April 1857 eine Allerhöchste Entschließung, der zufolge die k. k. Fregatte Novara eine Weltumsegelung unter dem Befehle des Commodore Wüllerstorf anzutreten habe.

Den Namen eines der stolzesten Siege der österreichischen Waffen trug das Schiff, das ferne Erdräume und Meere besuchen sollte, und noch stolzere Erinnerungen knüpfen sich seitdem an den für Österreich so ruhmreichen Namen. Bedeutende Künstler, berühmte Gelehrte, wie Dr. Karl von Scherzer, Hochstetter, Frauenfeld, Maler Selleny und viele andere Namen von Klang und Geltung betheiligten sich an diesem Unternehmen, das für alle Zweige menschlichen Wissens eine reiche Ausbeute lieferte. Die Länder- und Völkerkunde wurde durch neue, überraschende Entdeckungen gefördert, Thier- und Pflanzenwelt fremder Erdstriche genauer erforscht. Durch Höhen- und Tiefenmessungen, Bestimmungen der Luft- und Meeresströmung, durch zuverlässige meteorologische und Temperaturbeobachtungen wurden Ergebnisse von bleibendem Werte gewonnen und so der gelehrten Forschung neue und wichtige Quellen erschlossen.

Ebenso bedeutsam für unsere Monarchie waren die Handelsbeziehungen, welche durch diese Expedition angeknüpft wurden; neue Berührungspunkte mit fremden Völkerschaften wurden gewonnen. Wo immer nur an entlegenen Küsten die österreichische Fahne sichtbar wurde, ward sie von der Bevölkerung mit theilnehmender Achtung begrüßt; der Name des Kaisers wurde bald auch in den fernsten Zonen mit aufrichtiger Freude genannt.

Manche Züge geben hiefür einen deutlichen Beweis. Wir wollen aus den Erlebnissen der Mitglieder nur einige hervorheben. In Batavia auf Java, wo die Fregatte längere Zeit vor Anker lag, gab der Commodore mehrere Festlichkeiten auf dem Schiffe. Dafür veranstalteten die Bewohner der Stadt einen großen Ball, zu welchem sie auch die Officiere und Gelehrten der Expedition einluden. Als der Commodore mit seinen Begleitern in den Ballsaal trat, umbrausten sie die Klänge der österreichischen Volkshymne, und der Saal selbst bot ein überraschendes festliches Bild. Die Hauptwand schmückten die Gemälde des Kaisers und der Kaiserin, sinnig verziert und umkränzt von österreichischen Flaggen; die Festordner trugen weiß und rothe Schleifen, die Farben der Stadt Wien.

Schaurig und doch erhebend war auch die Feier des kaiserlichen Namenstages auf offener stürmischer See. Mitte August hatte die Fregatte die Küste Chinas verlassen. Die See war immer glatt und unbewegt; aber schon am Abende des 17. August wurde das Meer unruhig; der Himmel hüllte sich in ein düsteres, einfärbiges Grau, der Sturm fieng an zu toben, und das Meer warf gewaltige schäumende Wogen. Schon war alles zur Festtafel am Kaisertage vorbereitet, und trotz des heulenden Orkans, der das Schiff von einer Seite auf die andere warf, setzte man sich zur festlich geschmückten Tafel. Das Schwanken des Schiffes war so arg, dass jeder Gast Glas, Teller und Besteck festhalten und sich überdies noch an den Stuhl anklammern musste, wollte er nicht plötzlich von einem Ende des Schiffssalons zum anderen geschleudert werden. Dennoch harrte man aus, und es war ein seltsam ergreifender Augenblick, als sich Commodore Wüllerstorf erhob, um auf das Wohl des Kaisers zu trinken. Die Musik intonierte die Volkshymne, und die feierlichen Klänge Haydns mischten sich mit dem Heulen des Sturmes und dem dumpfen Brausen des empörten Meeres.

Achtundzwanzig Monate war die „Novara“ von der Heimat abwesend. Am 26. August 1859 langte sie wieder im Hafen von Triest an, begrüßt von

Erzherzog Maximilian, ausgezeichnet von dem Monarchen, welcher dem Befehlshaber der Expedition, Bernhard Ritter von Wüllerstorf, den Orden der eisernen Krone zweiter Classe und den Freiherrnstand verlieh. Auch Officiere und Mannschaft erfuhren die kaiserliche Huld; jeder Matrose, der an der Weltumsegelung theilgenommen hatte, rückte um einen Grad vor, die Cadetten am Bord avancierten zu Officieren.

Noch viele Maßregeln auf dem Gebiete der inneren Politik fallen in das erste Jahrzehnt der Herrscherthätigkeit des Kaisers. Sie galten meist der Förderung des Handels und Gewerbes, der Hebung der öffentlichen Wohlfahrt: so die Regelung des Passgesetzes, wodurch die drückendsten Bestimmungen, welche bisher besonders den Verkehr im Innern des Reiches erschwert hatten, beseitigt wurden; so die Donau-Dampfschiffahrts-Acte, durch welche den Schiffen die Freiheit des Verkehrs für Personen und Waren bis zum Schwarzen Meere gewährleistet wurde. Wir erwähnen ferner noch die Einführung eines einheitlichen Maßes und Gewichtes, während bisher fast jedes Kronland seine eigenen Maße hatte, sowie die Einsetzung einer neuen, für den Handel viel vortheilhafteren Geldwährung, welche in das Jahr 1858 fällt.

Manche Maßregeln der damaligen Regierung trugen indes nicht die Früchte, welche der Herrscher ohne Zweifel erwarten mochte, so der am 18. August 1855 mit dem päpstlichen Stuhle abgeschlossene Vertrag (Concordat), wodurch manche Rechte des Staates unter Theilnahme und Gutheißung der Kirche ausgeübt werden sollten. Eben diese schwankenden Grenzen beider Gewalten führten später zur Aufhebung dieses Vertrages auf dem Wege der Gesetzgebung.

Im allgemeinen weisen die Jahre des Friedens seit dem Jahre 1849 unverkennbar einen stetigen Aufschwung der Wohlfahrt des Volkes, eine Kräftigung des die einzelnen Länder einigenden Bandes, sowie ein sichtliches Emporblühen aller dem Handel und der Industrie dienenden Einrichtungen auf. Der Sturm, der das Staatsschiff umbrauste, als der jugendliche Herrscher das Steuerruder ergriff, hatte ausgetobt, man fühlte, wie eine sichere und kräftige Hand das Fahrzeug durch ruhigere Fluten lenkte.

V.

Äußere Stürme und innere Wandlungen.

Schon in dem eben geschilderten Zeitabschnitte der Regententhätigkeit unseres Kaisers schienen drohende Kriegswolken den mühsam errungenen Frieden alsbald wieder verscheuchen zu wollen. Die Verwickelungen im Oriente, welche zu dem Kriege zwischen Russland und der mit den Westmächten verbündeten Türkei führten, konnten naturgemäß auch auf Österreich nicht ganz ohne Einwirkung bleiben, liegen ja doch so viele unserer Interessen im Orient, und weist ja schon die völkerverknüpfende Donaustraße auf unsere Verbindung mit dem Osten hin.

Im März 1854 erklärten die mit der Pforte verbündeten Westmächte an Russland den Krieg, und am 2. December des genannten Jahres kam es zu einem Bündnisvertrage zwischen Frankreich, England und Österreich, in welchem letzteres sich verpflichtete, die Russen aus den Donaufürstenthümern zu vertreiben, falls sie den Versuch machen sollten, in diese einzurücken. Schon im Februar hatte der Kaiser ein Beobachtungs-Corps von 25.000 Mann an der serbischen Grenze aufstellen lassen, um sogleich jede Gefährdung der Staatsinteressen abzuwehren. Da Russland jede friedliche Beilegung der Streitpunkte ablehnte, so verstärkte Österreich seine Truppen an der Grenze. Österreich übernahm nun neuerlich die Vermittlung, die aber nunmehr von den Westmächten abgelehnt wurde, worauf es theilweise abrüstete und eine zuwartende Stellung einnahm. Mittlerweile entbrannte der Kampf um den Besitz der Festung Sebastopol; nach dem Falle derselben betrieb Österreich mit aller Macht den Abschluss des Friedens, der auch am 30. März 1856 in Paris zustande kam.

Kaiser Franz Josef hat in diesen kriegerischen Verwickelungen die Kräfte seines Volkes geschont und seinem Reiche ernste Opfer erspart. Vielleicht hätte Österreich an der Seite Russlands Erfolge errungen, vielleicht auch durch eine entschiedenere Theilnahme für die Westmächte. Wer mag das Würfelspiel des Krieges vorher berechnen? Jedenfalls war es der Entschluss eines hochherzigen

Fürsten, seinen Völkern den Frieden unter allen Umständen zu erhalten, so lange dies mit der Würde und Ehre des Staates vereinbar war. Dies hat Kaiser Franz Josef gethan, ihm ist auch die Beschleunigung des Friedensschlusses vor allem zu danken.

Der Kaiser war damals nicht gewillt, die Palme des Friedens mit dem blutigen Lorbeer des Krieges zu vertauschen, dafür drängte man ihm bald darauf das Schwert in die Hand, und er musste es — allein und ohne Bundesgenossen — in einem Kampfe führen, der für unser Vaterland ein unglückliches Ende nehmen sollte.

So sehr wir aber auch den Ausgang des Krieges vom Jahre 1859 beklagen müssen, die Tapferkeit der österreichischen Soldaten, die treue Anhänglichkeit der Völker unseres Vaterlandes hatte er dennoch aufs neue glänzend bewiesen.

In Italien war man Österreich, besonders seit Radetzkys Tode, immer drohender und feindseliger entgegengetreten. Schon unterm 10. Februar 1857 musste der österreichische Gesandte am sardinischen Hofe wegen verschiedener immer heftiger werdender Angriffe gegen die Person und Regierung des österreichischen Kaisers, die von den italienischen Zeitungen ausgiengen, Turin verlassen. Das Verhältnis zwischen Italien und Österreich gestaltete sich stets gereizter, wenngleich manche Ereignisse von einem festeren Bande, welches die italienischen Besitzungen Österreichs mit der Monarchie zu vereinigen schien, Zeugnis ablegten. So überreichte der Podestà von Venedig dem Gouverneur von Lombardo-Venetien, Erzherzog Maximilian, eine Dankadresse wegen verschiedener, für Handel und Industrie hochwichtiger Maßregeln, welche der Erzherzog angeordnet hatte. Dieser nahm die Adresse mit folgenden Worten entgegen: „Es freut mich, aus Ihrem Munde zu vernehmen, dass Venedig weiß, wie alle meine Gedanken darauf gerichtet sind, die materielle und moralische Entwickelung dieser geschichtlich so berühmten Stadt zu fördern; es ist meine Pflicht, während ich die Mittel zu künftigem Gedeihen vorbereite, die ruhmvolle Vergangenheit dieser Seemetropole nicht zu vergessen."

Aber alle Bemühungen des edlen Erzherzogs, die Wohlfahrt der ihm anvertrauten italienischen Besitzungen zu heben, konnten an der Thatsache nichts ändern, dass der König von Sardinien immer offener seine Feindschaft gegen unseren Staat hervorkehrte. Bald konnte es auch kein Geheimnis mehr bleiben, wer als Bundesgenosse an die Seite Italiens treten werde. Es war der französische Kaiser Napoleon III., der Österreichs Einfluss in Italien vollständig brechen und den Frankreichs an die Stelle setzen wollte.

Bei dem berühmten Neujahrsempfange in den Tuilerien, am 1. Jänner 1859, richtete Napoleon an den österreichischen Botschafter, Freiherrn von Hübner, die bedeutungsschweren Worte: „Ich bedauere, dass unsere Beziehungen zu Ihrer Regierung nicht mehr so gut sind, als sie es waren; aber ich bitte dem Kaiser zu sagen, dass meine persönlichen Gefühle für ihn sich nicht geändert haben." Dies war eine offene Drohung und wurde selbstverständlich auch so aufgefasst.

Der Kaiser schickte den Feldzeugmeister Grafen Franz Gyulai mit neuen Truppen nach Mailand und übertrug ihm die unumschränkte Civil- und Militärgewalt, nachdem Erzherzog Maximilian durch ein kaiserliches Handschreiben vom 26. April 1859 seines Amtes als General-Gouverneur enthoben worden war. Erzherzog Maximilian nahm nun seinen Aufenthalt im Schlosse Miramar.

In Deutschland regte sich für Österreich allenthalben die regste und wärmste Theilnahme, man war über Napoleons Drohungen entrüstet; nur Preußen blieb kalt, ja die Sendung des Erzherzogs Albrecht nach Berlin, um Preußen zu einer Änderung seines Verhaltens aufzufordern, blieb ganz erfolglos. Kaiser Franz Josef that alles, um den Krieg selbst im letzten Augenblicke noch hintanzuhalten; er war entschlossen, das Schwert wieder in die Scheide zu stecken und einem europäischen Congresse die Lösung der schwebenden Angelegenheiten zu überantworten, nur sollte Sardinien, welches die Rolle des Herausforderers gespielt hatte, mit der Abrüstung beginnen.

Als der König von Sardinien, Victor Emanuel, diese Forderung Österreichs ablehnte, erforderte es die Ehre unserer Monarchie, die Entscheidung den Waffen anheimzustellen. Gyulai überschritt auf Befehl des Kaisers den Ticino und rückte in Feindesland.

Am 29. April 1859 erließ der Herrscher ein Manifest an seine Völker, in welchem in edlen und schwungvollen Worten Österreichs Versöhnlichkeit, sowie der Schmerz des Kaisers über die neuen herben Prüfungen, die er seinem Reiche nicht ersparen könne, hervorgehoben werden.

„Ich habe Meiner Armee — so spricht in diesem Manifeste Kaiser Franz Josef — den Befehl gegeben, in Sardinien einzurücken. Ich kenne die Tragweite dieses Schrittes, und wenn je die Regentensorgen schwer auf Mir lasten, so ist es in diesem Augenblicke. Der Krieg ist eine Geißel der Menschheit. Ich sehe mit bewegter Brust, wie sie Tausende Meiner treuen Unterthanen an Leben und Gut zu treffen droht. Ich fühle tief, welch schwere Prüfung gerade jetzt der Krieg für Mein Reich ist, das auf der Bahn geordneter innerer Entwicklung fortschreitet und für diese der Fortdauer des Friedens bedarf. Allein das Herz des Monarchen muss schweigen, wo nur Ehre und Pflicht gebieten."

„Ernste Zeiten sind schon über die Krone hinweggegangen, die Ich von Meinen Ahnen fleckenlos ererbt; die glorreiche Geschichte unseres Vaterlandes gibt Zeugnis, dass die Vorsehung, wenn die Schatten einer die höchsten Güter der Menschheit bedrohenden Umwälzung über den Welttheil sich auszubreiten drohten, oft sich des Schwertes Österreichs bediente, um mit seinem Blitze die Schatten zu zerstreuen."

„Wenn Ich nothgedrungen zum Schwerte greife, so empfängt es die Weihe, eine Wehr zu sein für die Ehre und das gute Recht Österreichs, für die Rechte aller Völker und Staaten, für die heiligsten Güter der Menschheit. An Euch aber, Meine Völker, die Ihr durch Eure Treue gegen das angestammte Herrscherhaus ein Vorbild für die Völker des Erdkreises, ergeht Mein Ruf, Mir mit der altbewährten Treue, Hingebung und Opferwilligkeit in dem ausgebrochenen Kampfe zur Seite zu stehen; an Eure Söhne, die Ich in die Reihen Meines Heeres gerufen, sende Ich, Ihr Kriegsherr, Meinen Waffengruß; mit Stolz dürft Ihr auf sie hinblicken, in ihren Händen wird der Adler Österreichs hoch in Ehren sich schwingen. Mit Gott fürs Vaterland!"

Aus allen Theilen unseres Vaterlandes trafen denn in der That auch Kundgebungen treuesten Opfermuthes ein; von allen Seiten strömten Freiwillige zu den Waffen: in Pest beispielsweise war der Andrang derselben so groß, dass bald nicht mehr genug Gewehre vorhanden waren, um all die Kampflustigen damit zu versehen. Überall bildeten sich Vereine zur Labung der durchmarschierenden Soldaten, zur Pflege der Kranken und Verwundeten.

Anlässlich einer Recognoscierung entwickelte sich bei Montebello am 20. Mai zuerst ein größeres Gefecht, welches mit dem Rückzuge Gyulais endigte. Am 4. Juni 1859 fand die Schlacht bei Magenta statt, welche, trotz der selbst den Feind zur Bewunderung hinreißenden Tapferkeit unserer braven Soldaten, gleichfalls einen für unsere Waffen ungünstigen Ausgang hatte.

Nunmehr übernahm der Kaiser selbst das Obercommando der Armee. Bereits am 29. Mai war er nach Italien abgereist und hatte am 20. Juni sein Hauptquartier von Verona nach Villafranca verlegt. Zum Commandanten des 2. Armeecorps war Graf Schlick ernannt worden, derselbe, der sich bei der Erstürmung der Stadt Raab so ausgezeichnet hatte und der seinen ersten Armeebefehl mit den prächtigen, denkwürdigen Worten eingeleitet hatte: „Vorwärts Soldaten! Wir lieben unseren Kaiser, wir gehören zur braven österreichischen Armee, das übrige wird sich finden!" Die zweite Armee stand unter dem Befehle des Grafen Wimpffen.

Der Kaiser hatt die vortrefflichsten Dispositionen getroffen. Es sollten alle Heerestheile hinter dem Mincio vereinigt, dieser an vier Stellen überschritten und der Feind in seinen alten Stellungen an der Chiese angegriffen werden. Aber alle diese Bewegungen wurden nicht sorgsam und genau durchgeführt; vor allem erfolgte der Vormarsch nicht rechtzeitig genug. Überdies waren die Franzosen durch Kundschafter von allen Absichten der Österreicher aufs genaueste unterrichtet, und Kaiser Napoleon ließ außerdem noch den Luftschiffer Godard mit einem Ballon aufsteigen, um das ganze weite Schlachtfeld und die Stellungen des österreichischen Heeres zu recognoscieren.

So kam es, dass der Feind dem Vorstoße der Österreicher zuvorkam. Diese hatten in der Nacht den Mincio überschritten und waren entschlossen, den Feind um neun Uhr vormittags anzugreifen, aber bereits in den frühesten Morgenstunden griffen die Franzosen zwei österreichische Bataillone bei dem Dorfe Medole an und warfen sie mit ungeheurer Übermacht zurück. Nunmehr entbrannte die Schlacht bald auf verschiedenen Punkten. Im Süden blieb sie lange unentschieden; im Norden nahm sie eine für die österreichischen Waffen entschieden günstige Wendung. Hier stand Benedek der piemontesischen Armee gegenüber und behauptete trotz wiederholter furchtbarer Stürme des Feindes siegreich die Höhen von San Martino. — Doch die Entscheidung lag nicht in den Flügeln, sondern im Kern der beiderseitigen Heere. Hier waren die Österreicher sowohl in Bezug auf die Stellung, wie auf die Zahl dem Feinde gegenüber entschieden im Nachtheil; dennoch wurde mit geradezu beispielloser Tapferkeit gekämpft. Der Hauptkampf entbrannte um Solferino. Bis eilf Uhr vormittags hatten die Franzosen bereits neunmal Solferino genommen und waren ebenso oft zurückgeworfen worden, trotzdem dass unsere braven Soldaten, von dem feindlichen Feuer furchtbar gelichtet, der Hitze und Anstrengung beinahe erlagen.

Sowohl die Österreicher als die Franzosen zogen jetzt Verstärkungen an sich, und wiederum begann der mörderische Kampf um die heißumstrittene Höhe. Viermal waren die französischen Colonnen von einem Hagel österreichischer Granaten und Kugeln zurückgeworfen worden, als der französische General Forey sich neuerdings an die Spitze der zu Tode Ermatteten stellte und mit dem Rufe: „Vorwärts, meine Kinder, es gilt Frankreichs Ruhm!" sie nochmals zum Sturme führte. Zum fünftenmale gelang das unmöglich Scheinende; die Höhe von Solferino wurde erstürmt; aber jetzt entspann sich in den Straßen des Dorfes noch eines der blutigsten Gemetzel, welches die Kriegsgeschichte kennt. Jedes Haus war mit Schießscharten durchbrochen und musste den tapferen österreichischen Jägern erst nach heldenmüthigem Widerstande abgerungen werden.

Nun schien das Schicksal der Schlacht besiegelt; auch der rechte siegreiche Flügel unter Benedek musste sich zurückziehen. Ein furchtbares Gewitter war mittlerweile an dem bisher hellen Himmel heraufgezogen, von allen Seiten zuckten grelle Blitze nieder, während das Grollen des Donners das Dröhnen der Geschütze übertäubte; ein rasender Sturm hatte sich erhoben und peitschte den niederprasselnden Hagel und Regen den österreichischen Soldaten ins Gesicht. Eine heilige Scheu vor dem Zürnen des Himmels hatte plötzlich Freund wie Feind ergriffen, und für kurze Zeit ruhte das mörderische, gräsliche Ringen.

Der letzte Kampf fand im Centrum des österreichischen Heeres unter den Augen unseres Kaisers statt, der mit seinem Stabe auf der Anhöhe von Cavriana stand, von wo das Schlachtfeld wie ein großes, etwas unregelmäßiges Dreieck sich ausbreitete. Der Kaiser setzte sich hier wiederholt dem heftigsten Kugelregen aus und ritt im entscheidenden Augenblicke vor die Fronte eines zum Angriffe vorrückenden Grenzerbataillons, indem er es mit den Worten anfeuerte: „Vorwärts, Ihr Braven, auch ich habe Weib und Kind zu verlieren!"

Allein der aufopferndste Heldenmuth der Krieger, das glänzende Vorbild des Kaisers vermochten das Kriegsglück nicht mehr zu zwingen, die Entscheidung nicht mehr zu ändern. Bis in die sinkende Nacht blieben die Höhen in der Nähe des Schlachtfeldes von den Österreichern noch besetzt; am nächsten Morgen wurde der vollkommen geordnete Rückzug über den Mincio angetreten; der Feind hatte keinen Versuch der Verfolgung gemacht. Ein französischer General selber soll den Ausspruch gethan haben: „Noch einige solche Siege, und wir kehren ohne Armee nach Frankreich zurück," und ein Geschichtsschreiber äußert über die Haltung unserer Soldaten, dass die Österreicher „wie die Löwen fochten und trotz der Niederlage unsterblichen Ruhmes würdig und selbst vom Feinde hochgeachtet waren."

Unsere Armee hatte zwar eine Schlacht verloren, aber sie war keineswegs vollständig geschlagen oder unfähig, den Krieg fortzusetzen. Dennoch entschloss sich der Kaiser nach einigem Zögern, den Weg friedlicher Unterhandlung zu betreten. Bereits am 8. Juli wurde ein Waffenstillstand zu Villafranca abgeschlossen, und der französische Kaiser richtete an den österreichischen Monarchen ein Schreiben, worin es hieß: „Ich würde mich glücklich schätzen, wenn diese Waffenruhe ein größeres Blutvergießen verhindern könnte, denn wir haben die Tapferkeit und Entschlossenheit der Armee Eurer Majestät achten gelernt."

Am 11. Juli fand zu Villafranca die Zusammenkunft des Kaisers Franz Josef mit Napoleon statt, welcher am 10. November 1859 der endgiltige Friede folgte, der zu Zürich abgeschlossen wurde. Österreich trat die Lombardei, mit Ausnahme der Festungen Mantua und Peschiera, an Frankreich ab und gewährte unbedingte Verzeihung allen, die im letzten Kriege sich politisch irgendwie bloßgestellt hatten.

Der Kaiser richtete nunmehr einen Abschiedsbefehl an sein tapferes Heer, in welchem er die Gründe seines Verhaltens darlegte: „Gestützt auf Mein gutes Recht," so lautete das kaiserliche Manifest, „bin Ich in den Kampf für die Heiligkeit der Verträge getreten, zählend auf die Tapferkeit Meines Heeres und auf die natürlichen Bundesgenossen Österreichs. Meine Völker fand ich zu jedem Opfer bereit; die blutigen Kämpfe haben der Welt den Heldenmuth und die Todesverachtung Meiner braven Soldaten erneuert gezeigt, die, in der Minderzahl kämpfend, nachdem Tausende von Officieren und Soldaten ihre Pflichttreue mit dem Tode besiegelt, ungebrochen an Kraft und Muth, der Fortsetzung des Kampfes freudig entgegensahen."

„Ohne Bundesgenossen weiche Ich nur den ungünstigen Verhältnissen der Politik, denen gegenüber es Mir vor allem zur Pflicht wird, das Blut Meiner Soldaten, sowie das Opfer Meiner Völker nicht erfolglos in Anspruch zu nehmen."

Der Friede war geschlossen. Groß waren die Aufgaben, welche nunmehr im Innern des Reiches der ordnenden Hand des Herrschers harrten. Willig theilte der Kaiser mit seinen Völkern Vorrechte, die bisher die Krone ängstlich gehütet hatte; mit Entschiedenheit wurde die Bahn verfassungsmäßiger Einrichtungen betreten und zunächst der Grundstein zu dem stolzen Baue des österreichischen Verfassungsstaates gelegt.

Schon die neue Gewerbeordnung, welche im December 1859 erlassen wurde, räumte mit vielen drückenden und veralteten Bestimmungen auf und ließ ein frischeres Leben in allen Zweigen des Handwerks erblühen. Einen noch viel entschiedeneren Schritt that der Kaiser durch die Berufung des sogenannten verstärkten Reichsrathes. Derselbe sollte außer den zwölf ordentlichen Mitgliedern, aus denen diese Körperschaft bisher bestand, noch aus 38 Mitgliedern der Landesvertretungen, sowie aus anderen, vom Kaiser ernannten hohen Staatswürdenträgern zusammengesetzt sein.

Am 21. Mai 1860 wurde dieser Reichsrath vom Erzherzog Rainer eröffnet. Die Ungarn zeigten sich nicht völlig befriedigt, sie wollten die Herstellung ihrer alten Verfassung; auch die Berufung Benedeks als General-Gouverneur und commandierender General in Ungarn söhnte die Unzufriedenen nicht vollständig aus, obwohl Benedek in Ungarn, schon als Landsmann, — er war ein Ödenburger — außerordentlich beliebt war.

Das kaiserliche Diplom vom 20. October 1860 enthielt die hochherzige Verheißung, dass Se. Majestät sich entschlossen habe, die inneren Verhältnisse der Monarchie durch ein Staatsgrundgesetz zu regeln. Österreich sollte fortan ein constitutioneller Staat werden. Der Träger des absolutistischen Systems, Minister Bach, war schon im Sommer des Jahres 1860 zurückgetreten, an seine Stelle war Graf Agenor Goluchowski berufen worden. Durch eine Reihe von Einzelverordnungen wurden die Grundsätze des October-Diploms zur Ausführung gebracht. Die gesetzgebende Gewalt sollte fortan in dem Reichsrathe und den Landtagen der einzelnen Kronländer ruhen, doch wurden die wichtigsten Zweige der inneren Verwaltung den letzteren überlassen, wodurch das einheitliche Gefüge des Staates bedroht schien, weshalb diese Verfassung besonders in den deutschen Kronländern wenig Beifall fand; aber auch die Ungarn setzten ihren Widerstand gegen jede Verfassung, die nicht auf die Grundlage des Jahres 1848 zurückgieng, fort.

Ein schönes Beispiel ritterlicher Großmuth lieferte der Kaiser damals gegen einen ungarischen Magnaten, Grafen Teleki, der vom Kaiser begnadigt worden war. Trotz des von ihm freiwillig gegebenen Versprechens der Treue, setzte der Graf seine heimliche Verbindung mit der ungarischen Umsturzpartei fort. Von Paris aus lieferte man der österreichischen Regierung offenkundige Beweisstücke für dieses Verhalten des Grafen. Der Kaiser sandte sie demselben ohne ein Wort des Vorwurfs unter seinem Cabinetssiegel zu.

War durch das October-Diplom die Grundlegung des Verfassungsstaates vollzogen, das Schwergewicht aber in die einzelnen Theile des Reiches verlegt worden, so wurde der eigentliche Ausbau der Verfassung durch das Patent vom 26. Februar 1861 bewerkstelligt. Durch dieses erhielt der Reichsrath erst seine wahre Bedeutung und Stellung als gesetzgebende Körperschaft. Er sollte fortan aus dem Herrenhause und dem Abgeordnetenhause bestehen. Dem ersteren gehörten die Mitglieder des kaiserlichen Hauses, sowie die Sprossen der vornehmsten Adelsgeschlechter und eine unbestimmte Zahl vom Kaiser zu ernennender, hochverdienter, auf dem Felde des Krieges oder der Wissenschaft und des Staatsdienstes ausgezeichneter Männer an. Der Reichsrath sollte aus 343 Mitgliedern bestehen, von denen 203 auf die Länder der ungarischen Krone zu entfallen hätten. Es wurde so zwischen dem Gesammtreichsrathe und dem sogenannten engeren Reichsrathe unterschieden, der nur aus den Abgeordneten der österreichischen Erblande zusammengesetzt sein sollte, welche von den Landtagen der einzelnen Kronländer nach Wien entsendet wurden.

Dadurch wurde die gesetzgebende Gewalt in der That auf die vom Vertrauen des Volkes gewählten Männer übertragen, während sich der Kaiser selbst das Recht der Zustimmung zu den eingebrachten Vorschlägen und Anträgen, beziehungsweise deren Genehmigung, vorbehielt.

So hatte also der Kaiser in klarer Einsicht der veränderten Bedürfnisse des Staates wichtige Rechte der Krone mit seinen Unterthanen getheilt und die Vertreter derselben an die Stufen des Thrones gerufen, um mit ihnen gemeinsam an dem Gedeihen und Emporblühen des Gesammtreiches zu arbeiten.

Der Staatsmann, welchen der Kaiser damals an die Spitze seines Kronrathes berief, und an dessen Namen sich die Ausgestaltung des neuen Verfassungswerkes knüpft, war Anton Ritter von Schmerling. Am 1. Mai des Jahres 1861 fand unter den Salven der Geschütze und dem Geläute der Glocken in Gegenwart des Monarchen die feierliche Eröffnung des ersten Reichsrathes statt.

Die hochbedeutsame Thronrede, welche der Kaiser bei diesem Anlasse hielt, enthält folgende inhaltsreiche Sätze, welche Zeugnis geben von dem edlen und aufrichtigen Ernste, mit welchem der Kaiser entschlossen war, die neue Bahn verfassungsmäßiger Einrichtungen zu betreten:

Anton Ritter von Schmerling.

„Ich halte fest an der Überzeugung, dass freie Institutionen unter gewissenhafter Wahrung und Durchführung der Gleichberechtigung aller Völker des Reiches, der Gleichheit der Staatsbürger vor dem Gesetze und der Theilnahme der Volksvertretung an der Gesetzgebung zu einer heilbringenden Umgestaltung der Gesammtmonarchie führen werden."

„Ich erkenne es als Meine, im Angesichte aller Meiner Völker übernommene Regentenpflicht, im Sinne der im October-Diplom und im Februar-Patent zur Durchführung gelangten Idee, die Gesammtverfassung als das unantastbare Fundament des Kaiserreiches, dem in feierlicher Stunde geleisteten Angelöbnis getreu, mit Meiner kaiserlichen Macht zu schützen, und bin festen Willens, jede Verletzung derselben als einen Angriff auf den Bestand der Monarchie, auf die Rechte aller Meiner Länder und Völker nachdrücklich zurückzuweisen."

Schon am 2. October 1861 erhielt ein Gesetz die kaiserliche Sanction, durch welches die Unverletzlichkeit und Unverantwortlichkeit der Abgeordneten in Ausübung ihres gesetzgeberischen Berufes ausgesprochen und so erst die wahre Kräftigung des Verfassungslebens durchgeführt wurde. Ein neues freisinniges Pressgesetz befreite die Presse, diese Großmacht unserer Zeit, von vielen Fesseln, die sie bisher eingeengt hatten, und gewährte ihr genügenden Spielraum zu voller freiheitlicher Entfaltung. Durch das Gesetz vom 1. Mai 1862 wurde ein weiterer Schritt in der Befestigung verfassungsmäßiger Zustände gethan, indem dadurch die Räthe der Krone für alle ihre Entschlüsse und Maßnahmen gegenüber der gesetzgebenden Körperschaft verantwortlich gemacht wurden.

Während aber alle diese freisinnigen Einrichtungen, die eine Folge des Februar-Patentes waren, in den österreichischen Erbländern mit ungeheucheltem Jubel begrüßt wurden und man dem Herrscher, als dem Schöpfer der Verfassung, mit gehobenen Gefühlen huldigte, stand Ungarn noch immer grollend abseits, und es bedurfte erst eines neuen Umbaues der Verfassung, um auch die Länder der Stephanskrone vollständig auszusöhnen. Wir werden dieser wichtigen Veränderungen im Staatswesen, welche mit der prunkvollen Krönung des Monarchen zum Könige von Ungarn ihren Abschluss fanden, später gedenken. Früher müssen wir noch mancherlei Ereignisse, welche in die eben geschilderte Zeitspanne fallen, im Fluge berühren.

Nicht unerwähnt dürfen wir hiebei die besonders erhebende Feier lassen, mit welcher der hundertste Geburtstag Schillers auch in Österreich, besonders in Wien, festlich begangen wurde. Ein kaiserliches Handschreiben vom 24. October 1859 verfügte, dass einer der durch die Stadterweiterung gewonnenen neuen Plätze den Namen Schillerplatz erhalten und zur Aufnahme des Denkmals, welches dem Dichter in Wien gesetzt werden sollte, bestimmt sein möge; weiters wurde auch angeordnet, dass der Ertrag der Festvorstellung im Burgtheater der Schillerstiftung zufließen solle.

Am 10. und 11. November fand im Burgtheater die Aufführung eines Festspieles von Halm statt, an das sich Schillers „Demetrius" anreihte. Ein glänzendes Bankett vereinigte weit über sechshundert Personen und zwar nicht bloß Vertreter der Wissenschaft und Kunst, des Gewerbe- und Handelsstandes, sondern auch hervorragende Würdenträger des Staates und die Spitzen der Beamtenwelt. Der Höhepunkt der Festlichkeiten aber war der glänzende Fackelzug, der sich wie eine Feuerschlange, fast anderthalb Stunden lang, vom Praterstern bis zu jenem Platze bewegte, den jetzt des Dichters Standbild ziert.

Am 22. Mai 1860 fand die feierliche Enthüllung des Reiterstandbildes statt, welches von der Meisterhand Fernkorns geschaffen und bestimmt war, das Andenken Erzherzog Karls, eines der größten Heerführer Österreichs, zu ehren. Dem hochherzigen Entschlusse des Kaisers entsprungen, trägt dieses Denkmal, welches den Erzherzog auf dem sich bäumenden Rosse mit hochgeschwungener Fahne darstellt, die stolze Inschrift:

„Kaiser Franz Josef I.
dem Erzherzog Karl von Österreich.
Dem heldenmüthigen Führer der österreichischen Heere,
Dem beharrlichen Kämpfer für Deutschlands Ehre."

Schwere Sorge senkte sich gegen den Schluss des Jahres 1860 in das Herz des Kaisers und ergriff auch die Gemüther seiner treuen Völker. Die Kaiserin Elisabeth war nämlich schon vor längerer Zeit nicht unbedenklich erkrankt, so dass die Ärzte für den Winter einen längeren Aufenthalt unter einem südlichen Himmelsstriche anriethen. Die Insel Madeira wurde hiezu ausersehen, doch als die Kaiserin im Lenze wieder in die Kaiserstadt zurückkehrte, erwies sich leider der

Das Erzherzog-Karl-Denkmal auf dem äußeren Burgplatze in Wien.

schöne Dichtergruß, welchen Halm damals der hohen Frau zugerufen hatte, nicht als wahr:

„Der schönste Morgen doch, der uns kann tagen,
Er wird die Stunde Deiner Rückkunft sein,
Ziehst Du — die wiederaufgeblühte Rose —
Vom fernen Strand bei Deinen Völkern ein."

Bald nach der Rückkehr der Kaiserin trat eine besorgniserregende Verschlimmerung ihres Zustandes ein, so dass ein neuerlicher Aufenthalt im Süden dringend geboten erschien. Zunächst wurde Miramar, das herrliche Lustschloß des Erzherzogs Maximilian gewählt, von dem der hohe Eigenthümer einst selbst gesungen hatte:

Es singt und klingt das blaue Meer,
So sagenreich und wunderhehr,
Es rauscht der weiße Schaum der Welle
Melodisch an die Marmorschwelle.

Als Antwort weht vom stolzen Haus
Ins blaue Meer der Duft hinaus
Im Abendwind gewiegter Blüten,
Die kaum im Sonnenstrahl entglühten.

Da auch Miramars reizende Abgeschiedenheit nicht die vollständige Genesung darbot, so wurde eine Reise nach Corfu bestimmt. Die Kaiserin selbst hatte diese Insel, auf der sie sich später den märchenhaft schönen Palast „Achilleion“ erbauen ließ, gewählt, um nicht allzufern von der Heimat zu sein. Kaiser Franz Josef besuchte im October 1861 seine erlauchte Gemahlin, die in frischer Kraft zu erblühen begann und bald nach ihrer Heimkehr im lieben Vaterschlosse zu Possenhofen am Starnbergersee die volle Gesundheit zurückerlangte.

Im Monate Februar 1862 wurde Wien von einer furchtbaren Überschwemmung heimgesucht, welche in den zunächst bedrohten Theilen der Stadt große Verheerungen anrichtete. In glänzendster Weise bethätigte hiebei der Kaiser seine werkthätige Fürsorge für die vom Unglücke schwer heimgesuchten Bewohner. Täglich erschien er mehrmals an den meist gefährdeten Punkten und ließ sich stundenlang in einer einfachen Zille von Pionnieren umherrudern, überall, wo er nur konnte, Linderung schaffend, Trost spendend, und die wirksamsten Maßregeln anordnend, um dem verheerenden Elemente Einhalt zu thun. Als damals am Damme des Augartens einige elegante Equipagen herumfuhren, deren Insassen das grausige Schauspiel mit müßiger Neugier zu betrachten schienen, rief der Kaiser den Spazierenfahrenden die bitteren Worte zu: „Ja, was glauben denn die Herrschaften, halten Sie das für eine Praterfahrt?“ Wie viele Unglückliche und Nothleidende sagten damals und noch bei so vielen ähnlichen Anlässen, später und früher, aus der Tiefe ihres Herzens heißen Dank für die rasche Hilfe, die der Kaiser brachte, wo es nur immer nothwendig schien und im Bereiche der Möglichkeit lag.

Zwei Ereignisse stolzer und freudiger Art sind es, deren wir nun zu gedenken haben. Das eine wob einen allzuflüchtigen Schimmer um die Krone des Herrschers, das andere, felsenfester Treue seiner Unterthanen entsprungen, war von echterem Glanze und wertvollerem Gepräge: wir meinen den Fürstentag in Frankfurt a. M. und die Festtage in Tirol aus Anlass der fünfhundertjährigen Vereinigung dieses Landes mit Habsburgs Kaiserhause.

Mit vollem Rechte konnte der Kaiser in seiner Thronrede, mit welcher er am 18. December 1862 die Sitzungen des österreichischen Reichsrathes schloss, die Worte aussprechen: „Mächtig hat sich das Vertrauen auf die Kraft Österreichs gehoben. Sein entschlossenes Fortschreiten auf neuen Bahnen friedlicher Entwickelung hat ihm die Achtung der Nationen gesichert und die Sympathien befreundeter Staaten mit neuer Wärme belebt.“

Nun sollten vor allem die Beziehungen zum Deutschen Reiche, mit welchem Habsburgs Kaiserhaus durch Jahrhunderte so eng verknüpft war, geregelt und auf neuen Grundlagen aufgebaut werden. Österreich hatte in den Ereignissen des Jahres 1859 trübe Erfahrungen in Bezug auf die Haltung der deutschen Staaten machen müssen. Eine Reform des Deutschen Bundes schien unerläßslich; Preußen verhielt sich vom ersten Augenblicke ablehnend gegen alle derartigen Bestrebungen; dennoch war Kaiser Franz Josef entschlossen, eine Lösung dieser Frage herbeizuführen. Er lud sämmtliche deutsche Fürsten zu einem Congresse in die

Innsbruck.

(Nach einer Photographie von Alois Beer, Klagenfurt.)

altehrwürdige Krönungsstadt Frankfurt a. M. Am 18. August 1863 wurde der Fürstentag eröffnet. In einer warmen Ansprache begrüßte der Kaiser die glänzende Versammlung und legte in überzeugender Weise die Nothwendigkeit einer Erneuerung des Bundes dar. Wieder umrauschte der Jubel des Volkes in den Straßen der alten freien Reichsstadt Frankfurt einen Kaiser aus Habsburgs Stamme, wenn auch dieser nicht mehr die Krone des heiligen römischen Reiches trug. Doch alle Versuche, die damals vom Kaiser ausgiengen und den Zweck hatten, Deutschland auf neuer Grundlage zu einigen, mussten schließlich an dem hartnäckigen Widerstreben Preußens scheitern, welches ganz andere Zwecke verfolgte und schon damals den Ausschluss Österreichs aus Deutschland im Auge hatte.

Am 23. August fand in Wien ein großartiges Volksfest statt, bei dem es an glänzenden Kundgebungen für Österreichs Haltung in der deutschen Frage nicht fehlte. „Hunderttausende der bei dem heutigen Volksfeste versammelten Bewohner Wiens jubeln ihrem allergnädigsten Kaiser ein Hoch entgegen!“ telegraphierte der Bürgermeister der Residenz nach Frankfurt, von wo alsbald die Antwort des Monarchen einlief: „Den heute fröhlich Versammelten und Meiner Gedenkenden, sowie allen Bewohnern Wiens sende Ich Dank und herzlichen Gruß.“

Als der Kaiser am 4. September wieder in Wien eintraf, bereitete ihm die Bürgerschaft einen festlichen Empfang. Auf die Anrede des Bürgermeisters erwiderte der Monarch: „Ich spreche Ihnen mit Freude Meinen Dank für den Mir bereiteten freundlichen Empfang aus. Es war Mein Bestreben, die Interessen Österreichs in Frankfurt auf das Wärmste zu vertreten, und es freut Mich, versichern zu können, dass Ich überall in Deutschland die wärmsten Sympathien für unser Vaterland getroffen habe.“

Glücklicher als im Prunksaale zu Frankfurt mochte sich der Kaiser in seinem treuen Tirolerlande fühlen, wohin er sich begab, um die Feier der fünfhundertjährigen Vereinigung Tirols mit den Erbländern des Habsburgischen Herrscherhauses zu begehen. Der 29. September war vom Landtage als Landesfeiertag erklärt worden, doch schon am 24. hatte zu Innsbruck das Freischießen und am 27. das Volksfest begonnen. Erzherzog Karl Ludwig war am 26. in der Landeshauptstadt eingetroffen, und bei der glänzenden Soirée, welche der Erzherzog am 28. September in der Burg gab, verbreitete sich die Kunde, dass der Kaiser am nächsten Morgen in Innsbruck eintreffen werde, um dem Ehrentage Tirols die schönste Weihe zu geben.

Noch hatte das Frühlicht nicht die Schatten der Dämmerung zerstreut, die über der Thalsohle und den Bergwiesen lagen, als schon Trommelwirbel in den Straßen die Schützen zusammenrief und eine ungeheure Volksmenge den Raum vor dem Bahnhofgebäude erfüllte. Als der Zug um fünfeinhalb Uhr morgens in die Halle einfuhr, ertönten stürmische Jubelrufe, die sich noch unendlich verstärkten, als der Kaiser an der Seite seines Bruders im Wagen erschien. Man spannte die Pferde aus, und die biederen Gebirgsbewohner machten Miene, das kaiserliche Gefährte bis in die Burg zu ziehen; es bedurfte der dringendsten Abmahnungen des Monarchen, die Leute davon abzuhalten.

Die Einfahrt des Kaisers war ein wahrer Triumphzug. Der Herrscher hatte, wie ein gleichzeitiger Berichterstatter so schön sagt, „alle Herzensschreine aufgesprengt“. Was sollen wir von der Pracht des Schützenzuges sagen, welchen der Kaiser von dem Altan der Hofburg betrachtete? Der historische Theil desselben stellte die Entfaltung des Tiroler Schützenthums seit dem Jahre 1363 dar. Die Fahnen von Spinges (1797) und jene Andreas Hofers, sowie der Ehrenschild, den die k. k. Armee gespendet hatte, lenkten vor allem bewundernde Blicke auf sich. Als Oberschützenmeister R. von Strele den Kaiser begrüßt hatte, erwiderte dieser, der mittlerweile den Festplatz betreten hatte, mit weithin schallender Stimme: „Ich entspreche dem Drange Meines Herzens, indem Ich den heutigen Tag in

Meinem lieben Tirol zubringe. Wir feiern heute die Erinnerung an fünfhundert Jahre der Treue zu Meinem Hause, einer Treue, die sich in guten und bösen Tagen bewährt hat. Mit Gottes Beistand werden die Tiroler noch hunderte und hunderte von Jahren fest und treu zu ihrem Kaiser stehen, fest und treu wird auch der Kaiser zu ihnen halten."

Mit einem Kernschusse auf die Hauptscheibe „Österreich" eröffnete der Kaiser das Festschießen und erfreute sich hierauf längere Zeit an dem bunten und malerischen Treiben, das beim Volksfeste auf dem Hirschanger herrschte. „Überall, wo er erschien, der gleiche Jubel, ihn empfangend, ihn begleitend, ihm folgend."

Bei der Festtafel, die hierauf in der Burg stattfand, brachte der Kaiser den ersten Toast aus: „Meinem in fünfhundertjähriger unerschütterlicher Treue bewährten Lande Tirol von ganzem Herzen ein Hoch!"

Wie musste die Kunde von diesem Kaiserworte die Herzen des Volkes noch freudiger erregen und die Jubelrufe noch stürmischer erschallen lassen, die den Monarchen umbrausten, als er den Wagen zur Abfahrt bestieg. „Diesen Tag werde ich nie vergessen!" dies waren die mit inniger Herzlichkeit gesprochenen Worte, mit denen sich der Kaiser, zum Oberschützenmeister gewendet, von der huldigenden Volksmenge verabschiedete.

Eine erhebende Feier fand auch am 18. October 1863, als dem fünfzigsten Gedenktage der Schlacht bei Leipzig, in Wien statt. Eine große Anzahl deutscher Städte hatte Vertreter in die Kaiserstadt abgesendet, und dankbarste Erinnerung an Österreichs Haltung in dem Völkerkampfe gegen Napoleon beseelte all die Theilnehmer des schönen Festes. Damals wurde zu dem in Wien aufzustellenden Denkmale für den Fürsten Karl Schwarzenberg, den Sieger von Leipzig, durch Erzherzog Albrecht der Grundstein gelegt.

Wir müssen noch eines hochherzigen Actes aus dieser Zeit gedenken, mit welchem der Kaiser das Kunstgewerbe in unserem Vaterlande zu blühendster Entfaltung brachte, nämlich des Allerhöchsten Handschreibens vom 23. März 1863 an den Erzherzog Rainer, durch welches die Gründung eines Museums für Kunst und Industrie angeordnet wurde. Der Kaiser räumte für dasselbe zunächst das sogenannte Ballhaus ein und ernannte den ausgezeichneten Gelehrten und feinsinnigen Kunstschriftsteller Dr. Rudolf von Eitelberger zum Leiter des neuen Museums. Schon im November 1871 konnte dasselbe in die prächtigen Räume übersiedeln, welche Ferstel in dem Gebäude am Parkring geschaffen hatte.

So entfalteten unter der belebenden Sonne des Friedens Wissenschaft und Kunst manche schimmernde Blüte. Doch bald schwiegen die Musen unter dem Getöse der Waffen, und vorübergehend wurde Österreichs innere Entwickelung durch neue kriegerische Ereignisse aufgehalten. Sie sind gewissermaßen das Vorspiel zur völligen Neugestaltung unseres Vaterlandes, welches aus den mannigfachen äußeren und inneren Wirren endlich als österreichisch-ungarische Monarchie hervorgieng.

VI.

Österreichs Neugestaltung.

Die Beziehungen zwischen Österreich und Preußen waren seit dem Fürstentage von Frankfurt immer unfreundlicher geworden. Ein kriegerischer Zusammenstoß schien beinahe unvermeidlich. Da brachte die schleswig-holsteinische Angelegenheit eine vorübergehende Annäherung beider Mächte zustande.

Mit dem am 14. November 1863 erfolgten Tode des Königs Friedrich VII. von Dänemark war der Mannsstamm des königlichen Hauses erloschen, und die Herzogthümer Schleswig und Holstein, für die eine andere Erbfolgeordnung galt, suchten sich nun von Dänemark loszutrennen. Doch Friedrichs Nachfolger Christian IX. missachtete die Rechte der Herzogthümer und suchte Schleswig seinem Königreiche vollständig einzuverleiben. Ganz Deutschland nahm Partei gegen Dänemark und für die Herzogthümer, welche seit altersher Theile des Reiches waren. Auch in Österreich herrschte dieselbe Stimmung. So beschloss der Wiener Gemeinderath eine Adresse an den Kaiser, in welcher für die Trennung der Herzogthümer von Dänemark warme Fürsprache eingelegt wurde.

Österreich und Preußen gaben denn auch unverzüglich Erklärungen ab, welche gegen die Ausdehnung der dänischen Verfassung auf Schleswig-Holstein gerichtet waren. Kaiser Franz Josef vergaß allen Groll gegen den König von Preußen, um an der Seite desselben für Deutschlands Ehre und der Herzogthümer alte Rechte einzutreten. Der Deutsche Bund hatte die militärische Besetzung Schleswig-Holsteins beschlossen, worauf am 29. December 1863 Österreich und Preußen erklärten, sie würden die Angelegenheit allein durchführen und ihre Truppen in die Herzogthümer vorrücken lassen.

Dieses großmüthige und ritterliche Verhalten des Kaisers Franz Josef sollte demselben von Seite Preußens wenig Dank einbringen, und die Österreicher und Preußen, die als Waffenbrüder im Winter 1864 auf den Schlachtfeldern Schleswigs Seite an Seite mit einander fochten, standen bald darnach als erbitterte Feinde auf Böhmens blutgetränktem Boden sich gegenüber.

Am 19. Jänner 1864 zog ein österreichisches Heer in der Stärke von 25.000 Mann mit 50 Kanonen unter dem Befehle des FML. Freiherrn von Gablenz von Wien aus, um über Breslau und Berlin an die schleswig-holsteinische Grenze vorzudringen. Unsere Soldaten überschritten, vereint mit den Preußen, die unter dem alten Feldmarschall Wrangel standen, am 1. Februar die Grenze Dänemarks, und schon zwei Tage nachher fand das erste siegreiche Gefecht der Österreicher jenseits der Eider bei dem Dorfe Jagel statt. Die Kämpfe bei Ober- und Niederselk folgten unmittelbar darauf, woselbst die Österreicher ohne die preußischen Bundesgenossen glänzend siegten. Bei Oeversee trieb die österreichische Reiterei den Feind mit dem Säbel in der Faust vor sich her und jagte ihn nach Flensburg zurück. Nun marschierte Feldmarschall-Lieutenant Gablenz nach Jütland und schlug in dem Treffen von Veile, das ein wahres strategisches Meisterstück genannt werden muss, den Feind nordwärts zurück, so dass nunmehr die Preußen die Düppeler Schanzen beschießen und die Österreicher die Festung Fridericia belagern konnten.

Die Welt hatte beinahe nur Bewunderung für die schließliche Einnahme der festen Düppeler Schanzen, während die glänzenden Waffenthaten Österreichs in den Schatten gestellt wurden. Und doch hatten die Österreicher nicht bloß zu Lande sich in hervorragender Weise ausgezeichnet, sondern auch die junge Kriegsmarine unseres Vaterlandes lenkte in diesem Kriege zuerst bewundernde Blicke auf sich. Zum erstenmale nannte man den Namen eines Helden, der später noch reicheren Lorbeer pflücken sollte, den Namen Wilhelm Tegetthoffs.

Mit zwei Schiffen „Schwarzenberg“ und „Radetzky“ bestand Tegetthoff am 9. Mai 1864 das berühmt gewordene Seegefecht bei Helgoland gegen die Dänen, welche zwei Fregatten und ein Corvettenschiff hatten. Trotzdem der „Schwarzenberg“ bald in Brand gerieth, gelang es Tegetthoff dennoch, seinen Gegner so übel zuzurichten, dass dieser die Blockade der Küste aufgeben musste, während Tegetthoff noch mit seiner brennenden Fregatte den Hafen von Helgoland zu gewinnen vermochte. Schon am nächstfolgenden Tage ernannte der dankbare Kaiser den kühnen Seemann zum Contreadmiral, während die Bürger Hamburgs ihm ein kostbares Ehrengeschenk überreichten.

Dänemark wurde zum Frieden gezwungen. Österreich und Preußen vereinbarten eine gemeinsame Besetzung der Herzogthümer, so dass Österreich die Verwaltung in Holstein, Preußen jene in Schleswig führen sollte. Aus diesem Vertrage, welcher zu Gastein abgeschlossen worden war, erwuchs aber alsbald eine Reihe von Misshelligkeiten, die hauptsächlich darin ihren Grund hatten, dass Österreich sich entschlossen zeigte, die Rechte des Herzogs von Holstein-Augustenburg zu achten, während Preußen die vorübergehende Besetzung Schleswigs in einen dauernden Besitz zu verwandeln willens war.

Um den tapferen Soldaten, die an dem dänischen Kriege theilgenommen hatten, seinen Dank zu bekunden, stiftete der Kaiser eine Medaille, welche an die Soldaten zur Vertheilung gelangte. Ende November zogen die siegreichen Truppen unter großem Jubel der Bevölkerung wieder in Wien ein; aus diesem Anlasse wurde die neu erbaute Aspernbrücke eröffnet. Würdiger und schöner hätte sie kaum eingeweiht werden können. Mit gerechtfertigter Befriedigung konnte der Kaiser am 15. Februar 1864 die zweite Session des Reichsrathes mit folgenden Worten schließen: „Die treffliche Führung und die heldenmüthige Tapferkeit der verbündeten Armeen in Schleswig-Holstein hat dem Rechte und der Ehre Österreichs, Preußens und des gesammten Deutschlands eine rasche und glänzende Genugthuung erkämpft. Österreich hat gezeigt, dass es in seiner verjüngten Gestalt den alten guten Geist bewahrt und in die neuen freiheitlichen Bahnen seines staatlichen Lebens das Erbtheil seiner Kraft und seines Ruhmes mitgenommen hat."

Was aber so ruhmvoll begonnen hatte, sollte für Österreich unglücklich enden. Preußen hatte es auf eine Lösung seines Verhältnisses zu Österreich und auf die Einigung Deutschlands unter seiner Führung abgesehen und es beschuldigte den österreichischen Statthalter in Holstein, FZM. Freiherrn von Gablenz, einer ungerechtfertigten Begünstigung des Herzogs Friedrich von Holstein-Augustenburg. Die Reibungen wurden immer heftiger, der Krieg war unausweichlich geworden. An der Seite Preußens stand damals Italien. Österreich sah sich zu einem Kriege mit zwei Fronten gezwungen.

Der Feldzug des Jahres 1866 ist einer der traurigsten Abschnitte der österreichischen Geschichte, indem er das Band, welches durch mehrere Jahrhunderte unser Vaterland mit dem Deutschen Reiche verknüpft hatte, zerriss und dem inneren Gedeihen unserer Monarchie schwere Wunden schlug. Wir wollen nicht lange bei der Erinnerung an diese Tage schwerer Bedrängnis und kummervoller Sorge verweilen; wir wollen die Wunden, die kaum vernarbt sind, nicht wieder aufreißen.

Im Innern war Schmerlings Verfassungswerk an dem fortgesetzten Widerstande der Ungarn gescheitert; dies vermehrte die Schwierigkeit der Lage. Am 16. August 1865 erfolgte die Entlassung des Ministeriums Schmerling und die Berufung des Grafen Richard Belcredi. Durch das Patent vom 20. September wurde die Verfassung auf so lange sistiert (außer Kraft gesetzt), bis die Verhandlungen mit Ungarn zu einem befriedigenden Ergebnisse geführt haben würden.

Inmitten dieser unsicheren inneren Zustände sollte es nun zum Kriege und zwar zu einem furchtbaren Doppelkriege kommen. Die an den Grenzen Mährens und Böhmens zusammengezogene Heeresmacht stand unter dem Obercommando des FZM. Benedek, der sich im Jahre 1859 hervorragend ausgezeichnet hatte, zur selbständigen Führung einer großen Armee jedoch nicht genug Eignung besaß.

Einen sieggewohnten Führer hatte die Südarmee in der Person des Erzherzogs Albrecht. Schon in den Feldzügen des Jahres 1849 haben wir diesen kaiserlichen Prinzen auf den blutgetränkten Schlachtfeldern Oberitaliens sein tapferes

Schwert schwingen gesehen, und noch manchmal wird im Verlaufe unserer Erzählung unser Blick seiner Heldengestalt begegnen.

Erzherzog Albrecht war der älteste Sohn des Siegers von Aspern, Erzherzogs Karl, der sich im Jahre 1815 mit der Prinzessin Henriette von Nassau-Weilburg vermählt hatte. Dieser Ehe entsprossen Söhne, auf welche die edlen Eigenschaften des Vaters übergiengen. Wir nennen den Erzherzog Friedrich, der sich im Jahre 1847 vor Port-Saida auszeichnete, aber frühzeitig starb, dann den mittlerweile auch verstorbenen Erzherzog Wilhelm, Großmeister des deutschen Ritterordens und General-Inspector der Artillerie. Der Erbe des väterlichen Feldherrnruhmes wurde der älteste Prinz, Erzherzog Albrecht. Geboren zu Wien am 3. August 1817, wurde er im Jahre 1830 Obrist im Linieninfanterie-Regimente Nr. 44, später zu dem Kürassierregimente Nr. 4 versetzt, welches noch jetzt des Erzherzogs Namen trägt. Im Jahre 1840 wurde Erzherzog Albrecht Generalmajor, drei Jahre später Feldmarschall-Lieutenant und 1845 commandierender General von Ober- und Niederösterreich nebst Salzburg. Er hatte sich ein Jahr zuvor mit der Prinzessin Hildegarde, der Tochter des Königs Ludwig I. von Bayern, vermählt, die, ein wahrer Engel an Milde und Güte, nicht lange auf Erden wandeln sollte.

Feldmarschall Erzherzog Albrecht.
(Nach einer Photographie von C. Scolik, Wien).

Obwohl Erzherzog Albrecht in dem Revolutionsjahre seine Stelle als commandierender General in die Hände des Kaisers zurückgelegt hatte, da damals der, wie sich später herausstellte, völlig unbegründete Verdacht entstand, als habe sich der Prinz den empörten Volksmassen gegenüber besonders feindselig gezeigt, eilte er doch beim Ausbruche des Krieges gegen Italien auf den Kriegsschauplatz und stellte sich dem Feldmarschall Radetzky zur Verfügung. Die Schlacht bei Mortara war die erste Ruhmesthat des Erzherzogs, noch glänzender war seine Theilnahme am glorreichen Siege von Novara. Im Jahre 1849 erkannte das Ordenscapitel des Maria Theresien-Ordens dem Erzherzoge das Commandeurkreuz dieses Ordens zu; in der Zeit des Friedens widmete er sich mit unverdrossenem Eifer der Verbesserung des Heerwesens und der militärischen Verwaltung.

Erzherzog Albrecht war auch ein ausgezeichneter Landwirt und Industrieller ersten Ranges, der seine ausgedehnten, mehr als 2000 Quadratkilometer umfassenden Besitzungen in musterhafter Weise bewirtschaftete und durch Anlegung großartiger Industriewerke zu hoher Blüte brachte.

Im Jahre 1866 stand seit 9. Mai die Südarmee unter dem Oberbefehl des Erzherzogs. In einem schwungvollen Tagesbefehl machte er die Kriegserklärung Italiens seinen Soldaten bekannt: „Möget Ihr den Feind erneuert daran erinnern, wie oft er schon vor Euch geflohen! Auf denn, Soldaten! Erwartungsvoll sehen Kaiser und Vaterland, mit begeisterter Theilnahme Eure Mütter, Eure

Schlacht bei Custozza.

Frauen und Brüder auf uns. Auf denn zum Kampfe! In Gottes Namen und mit dem weithinschallenden Rufe: „Es lebe der Kaiser!““

Das feindliche Heer war der Armee des Erzherzogs an Zahl weit überlegen, doch der Scharfblick und die Entschlossenheit des österreichischen Heerführers entwanden dem Gegner alle Vortheile seiner überwiegenden Stärke. Der Erzherzog überschritt mit seinen Truppen in aller Stille die Etsch und fasste den außerordentlich kühnen Entschluss, den im Vormarsche begriffenen Feind zu überraschen und in der Flanke anzugreifen. Bald stand das österreichische Heer in jenem Hügellande, wo jeder Zoll breit Boden durch glorreiche Erinnerungen an Österreichs Waffenruhm geweiht war. Hier lagen, halb versteckt, die Häuschen von Valeggio, hier grüßten aus der Ferne die Thürme von Somma-Campagna und Custozza, hier war erinnerungsreicher blutgetränkter Boden, auf welchem jetzt wieder üppige Saatfelder im Hauche des Windes wogten.

Kaum graute der Morgen, als schon der Aufmarsch der Österreicher begann; mit Ungestüm warf sich die Reiterei, die Brigade Pulz, auf den rechten Flügel des Feindes und hielt ihn bei Villafranca fest. Es kam nun alles darauf an, den Feind aus seiner festen Stellung bei Somma Campagna zu vertreiben, dies gelang durch die Erstürmung des Monte Vento, der endlich nach heißem Ringen trotz mannhafter Gegenwehr der Italiener genommen wurde. Den Hauptschlag führte der Erzherzog selbst gegen die Höhen von Custozza aus. Dreißig Feuerschlünde sandten den Tod in die vorwärts stürmenden Reihen der Österreicher, im erbitterten Handgemenge trieben die Unsrigen den Feind auf Custozza zurück; auch dieses Städtchen war bald in der Gewalt unserer Soldaten, und in regelloser Flucht eilte der Feind die Anhöhe hinab gegen Villafranca und Valeggio. Gegen sechs Uhr Abend war der Feind auf allen Punkten geschlagen und im vollen Rückzuge.

Wilhelm von Tegetthoff.

Der Siegestag von Custozza, der 24. Juni des Jahres 1866, hatte gezeigt, dass die österreichischen Soldaten unter der Führung eines großen Feldherrn unüberwindlich sind. Freilich erfolgten bald darauf auf dem nördlichen Kriegsschauplatze jene unheilvollen Kämpfe, die mit der schweren Niederlage bei Königgrätz am 3. Juli schlossen, aber auch in diesen Kämpfen legte die österreichische Armee, besonders in den Gefechten bei Turnau (26. Juni), Trautenau (27. Juni) und Jičin, unter den ungünstigsten Umständen glänzende Proben von Widerstandskraft und Bravour ab.

Der Feldzug sollte nicht enden, ohne dass Österreich dem Kranze seiner kriegerischen Ehren ein neues unverwelkliches Lorbeerblatt eingeflochten hätte. Am 20. Juli errang die junge Kriegsflotte Österreichs einen der glänzendsten Siege über die altbewährte Seemacht Italiens. Der Sieg bei Lissa zeigte, was aufopferungsvoller Heldenmuth zu leisten vermag, wenn der entschlossene, alles überwachende Geist des Feldherrn die lenkende Führung in zielbewusster, fester Hand hält. Die stolze Panzerflotte Italiens wurde von den Holzschiffen unserer eben erst im Entstehen begriffenen Kriegsflotte fast ganz vernichtet.

Ungern ließ sich der italienische Admiral Persano, der lange Zeit im schützenden Hafen von Ancona lag, von Tegetthoff zur Schlacht nöthigen. Österreichs Kriegsmarine konnte nur sieben Panzerschiffe den zwölf italienischen entgegenstellen, doch gleich zu Beginn der Schlacht wurde das italienische Admiralsschiff Rè d'Italia, von dessen Mast die Flagge des Commandanten wehte, in den Grund gebohrt; bald gieng ein anderes stattliches Panzerschiff des Feindes „Palestro" in die Luft; furchtbar prächtig war das Schauspiel, welches das ver-

Seeschlacht bei Lissa.

sinkende Schiff gewährte. Der „Affondatore", auf welchem Persano selbst sich verborgen hielt, sank schwer verletzt unter, kaum dass er die Rhede von Ancona gewonnen hatte. Tegetthoff hatte kein Schiff verloren, nur das Holzschiff „Kaiser" musste, in Brand geschossen, sich hinter die Schlachtlinie zurückziehen.

Tegetthoff war Sieger geblieben, sein Name schwebte mit dem des Erzherzogs Albrecht auf aller Lippen. Die seetüchtigsten Nationen, Engländer und Amerikaner, waren voll seines Ruhmes. Sein dankbarer Monarch ließ es an hohen Auszeichnungen nicht fehlen; er beförderte Tegetthoff unmittelbar nach dem glorreichen Tage zum Viceadmiral, schmückte seine Heldenbrust mit dem Comthurkreuz des Franz Josef-Ordens und berief ihn ins Herrenhaus. Doch ein tückisches Verhängnis raffte den Helden in der Vollkraft seiner Jahre dahin; Tegetthoff starb bereits am 7. April 1871, betrauert von seinem Herrscher, beweint von dem Heere, dem er ein glänzendes Vorbild gewesen, beklagt von dem Vaterlande, dessen Ruhm er so gemehrt hatte.

Nach der Schlacht bei Custozza hatte der Kaiser unverzüglich an seinen siegreichen Oheim telegraphiert: „Dir und Meinen braven Truppen Meinen wärmsten Dank!" Der Erzherzog hatte diesen kaiserlichen Dank seinen Soldaten in einem schwungvollen Armeebefehle kundgemacht, in welchem es zum Schlusse hieß: „Jeder von Euch hat als Held gestritten — keine Waffe ist der anderen nachgestanden, jede hat in ihrer Eigenthümlichkeit das Äußerste geleistet. Ihr waret der schweren Aufgabe würdig, wie ich es Euch vorausgesagt. Wir gehen neuen Anstrengungen, aber so Gott will, neuen Siegen entgegen."

Doch diese Worte sollten sich leider nicht bewahrheiten, alle weiteren Anstrengungen und Opfer blieben vergeblich; die Südarmee musste den Schauplatz ihrer Ehren verlassen, um nach der Donau zu eilen. Im Norden führte der schwere Schlag von Königgrätz den Waffenstillstand von Nikolsburg herbei, dem schon am 23. August der endgiltige Friede von Prag folgte. Venedig musste an das geschlagene Italien abgetreten werden; die Ordnung der Angelegenheiten des Deutschen Reiches sollte fortan ohne Österreichs Theilnahme unter Preußens Führung erfolgen.

Wieder war einer jener Augenblicke in der Geschichte unseres Staates gekommen, in welchem er verjüngt wie ein Phönix aus der Asche sich erhob; seine Kraft war erschüttert, aber nicht gebrochen. Die Worte, welche das kaiserliche Manifest vom 10. Juli ausgesprochen: „Nie werde Ich in den Abschluss eines Friedens willigen, durch den die Grundbedingungen Meines Reiches erschüttert würden," hatten sich vollkommen bewahrheitet. Jetzt galt es nur, Grundlagen für eine neue Ordnung der inneren Verhältnisse zu schaffen, die bittere Stimmung, die sich dies- und jenseits der Leitha regte, zu verscheuchen und vor allem Ungarn als eigenberechtigtes Glied dem Ganzen des Reiches einzufügen. Das Ausgleichswerk wurde in Angriff genommen, und der österreichisch-ungarische Staat erstand als neuer Bau, welcher den Stürmen der Zukunft trotzen soll.

Doch manche Ereignisse, die vor dem Abschlusse dieses Werkes liegen, erheischen noch unsere Aufmerksamkeit. Vor allem müssen wir der prächtigen Kaiserstadt an der Donau gedenken, die nicht bloß eine der schönsten, sondern auch eine der gesündesten Weltstädte werden sollte. Am 12. Juli 1864 hatte der Gemeinderath der Reichshaupt- und Residenzstadt den so folgenschweren Beschluss gefaßt, die Wasserversorgung Wiens durch Zuleitung von Hochquellen des obersteierischen Alpengebiets sicherzustellen, und am 1. Mai des folgenden Jahres fand die feierliche Eröffnung der Ringstraße statt.

Der Platz vor dem äußeren Burgthore war prächtig geschmückt; hier hielt der Bürgermeister an den Kaiser eine huldigende Ansprache und überreichte demselben die goldene, in einem blausammtenen Etui ruhende Denkmünze, worauf der Monarch Folgendes erwiderte:

Der Franzensring in Wien.

„Ich betrachte die Vollendung der Ringstraße als einen besonders wichtigen Abschnitt im Werke der Stadterweiterung. Ich habe dieser Angelegenheit stets Meine besondere Fürsorge zugewendet und spreche Ihnen, Herr Bürgermeister, und dem Gemeinderathe Meine Anerkennung und Meinen Dank aus dafür, dass Sie der Verschönerung Meiner Residenz eine besondere Sorgfalt angedeihen ließen. Ich werde auch in Zukunft dem weiteren Fortschritt in der Stadterweiterung Mein Augenmerk zuwenden und die Wünsche der Gemeinde in Bezug auf die Erlangung von Baugründen zur Errichtung von Schulen, Warenlagern und Parkanlagen um sehr billige Preise möglichst berücksichtigen. Um eine der wichtigsten Fragen der baldigen Lösung zuzuführen, habe Ich die Anordnung getroffen,

Das Universitätsgebäude in Wien.

dass der Gemeinde zur Durchführung der Wasserversorgung der Kaiserbrunnen unentgeltlich überlassen werde, und Ich hoffe, dass hiemit die Wasserversorgung einen baldigen und glücklichen Abschluss erlangen wird."

Die Worte, mit denen der Bürgermeister für dieses hochherzige kaiserliche Geschenk seinen Dank ausdrückte, waren gewiss den Herzen aller Bewohner der Residenz entnommen:

„Eure Majestät haben sich durch die Begünstigung der Wasserversorgung für alle künftigen Generationen ein unvergessliches Denkmal gesetzt, und der Name Eurer Majestät wird in den Herzen der Bevölkerung ewig fortleben."

Die Medaille, welche der Gemeinderath Wiens aus Anlass der Ringstraßen-Eröffnung hatte prägen lassen, zeigt auf der Vorderseite das Bildnis Sr. Majestät des Kaisers, auf der Reversseite die Stadt Wien, über welcher der

Genius segnend schwebt; als Unterschrift ist die Jahreszahl 1857 angebracht, in welchem Jahre der Kaiser die Allerhöchste Entschliessung betreffend die Stadterweiterung erlassen hatte.

Tage der Freude waren es auch, welche der ersten Hochschule des Reiches galten, als in der Zeit vom 1. bis 8. August 1865 in würdig ernster Weise die Jubelfeier der Wiener Universität, ihr fünfhundertjähriger Bestand, festlich begangen wurde. Unter der Regierung des Kaisers wurden auch zwei neue Hochschulen gegründet, indem am 2. December 1874 die Hochschule zu Agram und am 4. October 1875 die Franz-Josefs-Universität zu Czernowitz in der Bukowina eröffnet wurde.

So waltet des Kaisers Hand schirmend über der zarten Blume des Wissens, welche der rauhe Hauch fürstlicher Ungunst so leicht zum Welken bringt, und die nur gedeiht, wenn des Bürgers Fleiß sie hegt und pflegt und der Schild des Kriegers sie beschützt.

Franz Deák.

Die Ereignisse des Jahres 1866 hatten eine Neuordnung des Staates nothwendig gemacht; vor allem muſste Ungarns Widerstand gebrochen und dieses Land auf die Bahn ruhiger Entwickelung geführt werden. Dieses schien um so eher erreichbar, als in Ungarn ein Staatsmann aufgetreten war, der glühende Liebe zu seinem Vaterlande mit weiser, maßvoller Beschränkung in seinen Forderungen und mit ehrlichem Willen, Versöhnung zu stiften, vereinigte; es war dies Ungarns großer Patriot Franz Deák. Schon zu Ostern 1865 hatte dieser weise Staatsmann ein Programm entwickelt, auf Grund dessen eine weitere Verständigung wohl erfolgen konnte. Ungarn sollte keineswegs vollkommen selbständig werden, sondern das Band bestimmter gemeinsamer Angelegenheiten und Interessen sollte beide Theile des Gesammtstaates auf das Festeste vereinen.

So wurde denn nach der Berufung des Ministeriums Beust mit Ungarn ein Ausgleich abgeschlossen, welcher dem im Mai 1867 zusammentretenden österreichischen Reichsrathe vorgelegt ward. Der Kaiser erklärte in seiner Thronrede, daſs die Bemühungen der Regierung, zwischen der durch das Februar-Patent geschaffenen Verfassung und den alten Rechten Ungarns einen Einklang herzustellen, nicht ohne Erfolg geblieben seien. „Mit den Ländern der ungarischen

Krone," heißt es in der Thronrede, „ist ein befriedigendes Abkommen getroffen, welches deren Zusammengehörigkeit mit der Gesammtmonarchie, den inneren Reichsfrieden und die Machtstellung des Reiches nach außen sicherstellt."

Die selbständige Verfassung Ungarns ward nunmehr hergestellt; Graf Julius Andrássy wurde erster Ministerpräsident des in der Verwaltung seiner eigenen Angelegenheiten unabhängigen ungarischen Staates. Aus dem Kaiserthum Österreich gieng die österreichisch-ungarische Monarchie hervor; unser Reich wurde ein Verfassungsstaat auf dualistischer Grundlage.

Die eigentliche Weihe empfieng diese neue Doppelstellung unseres Herrschers als Kaisers von Österreich und apostolischen Königs von Ungarn durch die feierliche, mit glänzendstem Prunke vollzogene Krönung Franz Josefs in Budapest.

Vielleicht nie wieder, weder früher, noch später, herrschte in Ungarn ein solch einmüthiger und stürmischer Jubel wie am Krönungstage. Der Monarch hatte dafür den 8. Juni 1867 bestimmt.

Alles sollte hiebei genau nach den altehrwürdigen Bräuchen und Ceremonien vor sich gehen, wie sie bei den früheren Königskrönungen beobachtet wurden. In den blutigen Wirren der Revolution war auch Ungarns theuerstes Kleinod, die Krone des heiligen Stephan, verloren gegangen. Kossuth hatte auf seiner Flucht aus Ungarn die Kroninsignien mitgenommen; nur ein dunkles Gerücht gieng lange Zeit im Volke um, dass die heilige Krone irgendwo in der Erde verscharrt sei. Langwierige Forschungen führten endlich auf die rechte Spur. Der Major-Auditor Titus Karger hatte im September 1853 das Glück, im Berge Allion bei Alt-Orsova die wertvollen Kleinodien zu finden. Sie wurden unter großem Gepränge in die kaiserliche Schatzkammer überführt — jetzt nach vierzehn Jahren, sollten sie ihrem eigentlichen Zwecke wieder zurückgegeben werden.

Um sieben Uhr früh zog Kaiser Franz Josef aus der Ofener Burg, um sich in die Krönungskirche zu begeben, er trug die rothe, goldverschnürte Generalsuniform, auf dem Haupte den Kalpak; ihm unmittelbar voran ritt ein Bischof mit dem apostolischen Kreuze und der Stellvertreter des Oberststallmeisters mit dem entblößten Staatsschwerte. Ihre Majestät die Kaiserin folgte im sechsspännigen Galawagen; auch sie hatte ungarische Nationalkleidung angelegt.

Am Eingange der Kirche erwartete der Fürstprimas mit großer Assistenz die Majestäten, welche das Weihwasser empfiengen. Als der Zug sich zum Hochaltare begab, wurden die Fahnen aller Länder des ungarischen Reiches vorangetragen, und zwar jene Bulgariens, Kumaniens, Serbiens, Lodomeriens, Galiziens, Bosniens, Dalmatiens, Siebenbürgens, Slavoniens, Croatiens. Der Ministerpräsident, der die Stelle des Palatins vertrat, trug auf rothsammtenem Polster die heilige Krone.

Als der Kaiser sich auf einem Stuhle vor dem Altare niedergelassen hatte, sprach der Erzbischof von Kalocsa zum Fürstprimas: „Ehrwürdiger Vater, die heilige Mutter Kirche verlangt den hier gegenwärtigen, gestrengen Ritter zu der königlichen Würde im Königreiche zu erhöhen." Auf die Frage des Primas: „Wisst Ihr ihn würdig und geeignet zu dieser Würde?" erfolgte die Antwort:

„Wir haben erkannt und glauben ihn würdig und nützlich der Kirche Gottes und zur Regierung des Königreichs."

Nunmehr wurde Se. Majestät von den Bischöfen vor den Primas geführt und legte knieend den Eid ab: „fortan Gesetz und Gerechtigkeit und den Frieden der heiligen Kirche Gottes und des ihm untergebenen Volkes zu üben und zu halten in geziemender Zuversicht auf Gottes Barmherzigkeit und wie er es mit dem Rathe seiner Getreuen befinden werde." Nun legte der Kaiser die Hände auf das Evangelienbuch und schloss mit den Worten: „So mir Gott helfe und die heiligen Evangelien Gottes!"

Krönung Franz Josefs zum Könige von Ungarn.

Hierauf erfolgte die Salbung des Monarchen, worauf ihm der Mantel des heiligen Stephan umgehängt wurde. Nun begann das Hochamt; zu Beginn desselben empfieng der Herrscher das alte Schwert Stephans, hierauf wurde ihm vom Fürstprimas und dem Ministerpräsidenten die heilige Krone aufs Haupt gedrückt. Der Primas hielt die Hände über die Krone und sprach: „Nimm hin die Krone des Königreichs, die von den unwürdigen Händen der Bischöfe auf Dein Haupt gesetzt wird im Namen des dreieinigen Gottes. Dabei sei eingedenk, dass sie bedeutet die Ehre der Heiligkeit, die Zierde und das Walten der Stärke und dass Du durch dieselbe unserer Dienstbarkeit theilhaftig wirst." Scepter und

Reichsapfel wurden dem Monarchen mit folgenden Worten überreicht: „Knie' und nimm hin den Stab der Kraft und der Wahrheit und sei dabei eingedenk Deiner Pflicht, die Guten zu leiten, die Bösen zu schrecken, den Irrenden die Wege zu zeigen, den Gefallenen die Hand zu reichen, die Hoffärtigen zu demüthigen und die Demüthigen zu erheben." Nun wurde der gekrönte Herrscher von dem Primas und dem Erzbischofe von Kalocsa zu dem auf der Evangelienseite errichteten Throne geführt und feierlich inthronisiert. Ministerpräsident Andrassy brachte ein dreifaches Eljen aus, welches, von den Anwesenden begeistert wiederholt, den Dom durchbrauste. Die Kanonen wurden gelöst, die Glocken aller Kirchen in Ofen und Pest klangen zusammen.

Franz Josef war gekrönter König von Ungarn.

Hierauf empfieng auch Ihre Majestät die Kaiserin die Krönung, indem der Primas und der Minister-Präsident einen Augenblick die Krone des heiligen Stephan über der rechten Schulter der Kaiserin hielten, welcher Scepter und Reichsapfel überreicht worden waren.

Nach Beendigung des Hochamtes stieg der König im vollen Krönungsschmucke zu Pferde, um nach dem sogenannten Krönungshügel in Pest zu reiten, der auf dem heutigen Franz-Josef-Platz errichtet worden war. Jedes Comitat Ungarns hatte ein Säckchen Erde hiezu geschickt. Der imposante Zug bewegte sich rings um den Hügel; der König ritt im Galopp hinauf, zog das Schwert und schwang es nach allen vier Weltrichtungen, um anzudeuten, dass er Ungarn gegen jede Gefahr, möge sie von welcher Seite immer kommen, mit tapferer Hand schirmen wolle.

Der Zug kehrte in die Hofburg zurück, und das feierliche Krönungsmahl beschloss all die Festlichkeiten. Das Mahl fand streng nach altem Brauch und Herkommen statt. Der königliche Obertruchsess brachte ein Stück von dem Ochsen, welcher auf der Generalswiese gebraten und dann dem Volke freigegeben wurde. Dort floss auch rother und weißer Wein und wurde Brot unter die Leute vertheilt. — Bei dem ersten Trunke des Königs erhoben sich alle Theilnehmer der Tafel, die Kanonen wurden gelöst, die Fanfaren der Musik ertönten; hierauf wurden die Schaugerichte wieder abgetragen. Die Majestäten begaben sich in die inneren Gemächer. Während des Mahles war der Finanzminister durch die Straßen geritten, nach alter Sitte goldene und silberne Krönungsmünzen unter das Volk auswerfend.

Konnte die Freude des ungarischen Volkes noch eine Steigerung erfahren, so geschah dies ohne Zweifel durch die Hochherzigkeit, mit welcher die Majestäten das ihnen dargebotene Krönungsgeschenk zur Gründung einer Honved-Stiftung für die Witwen und Waisen der in den Jahren 1848 und 1849 gefallenen Ungarn, sowie für die Invaliden der damaligen ungarischen Armee bestimmten. Übrigens verfügte der Kaiser-König eine ausnahmslose Amnestie für alle seit dem Jahre 1848 begangenen politischen Verbrechen und die straflose Rückkehr derjenigen, welche sich ins Ausland geflüchtet hatten, falls sie dem gekrönten Könige Treue gelobten.

Oft weilt seit diesen Tagen des Glanzes das Königspaar in der Burg zu Ofen oder in dem reizenden Schlosse Gödöllö, welches die ungarischen Stände dem Monarchen als Krönungsgeschenk gewidmet hatten. Den Park umschließt ein einfaches Gitter. Hier haben die königlichen Kinder gar oft mit den Söhnen des Volkes zusammen gespielt und sich die ungarische Sprache in unverfälschter Reinheit zu eigen gemacht. Besonders die Kaiserin-Königin liebt Ungarn, das Land mit seinen ritterlichen, feurigen Bewohnern, mit seinen träumerischen Puszten, dem waldigen Gürtel der Berge und den reichgesegneten fruchtbaren Ebenen. Man erzählte sich bald in ganz Ungarn die Worte, welche die hohe Frau einst bei ihrer Abreise von Pest gesprochen hatte: „Ich freue mich schon auf

Die Königliche Familie in Gödöllö.

die Zeit, wo ich wieder nach Hause zurückkehren werde.“ Alljährlich wird vom Hofe längerer Aufenthalt in Ungarn genommen. In der Königsburg zu Ofen war es auch, wo am 2. April 1868 der Mutter Liebling, die Erzherzogin Marie Valerie, geboren wurde.

Doch als sollte wirklich in jedem Freudenbecher der Tropfen Wermut nicht fehlen, wurde der Kaiser bald nach den rauschenden Festlichkeiten in Budapest durch eine furchtbare Kunde tief erschüttert. Erzherzog Maximilian, welcher sich durch Napoleons Ränke hatte verlocken lassen, die Krone eines Kaisers von Mexico anzunehmen, endete im Jahre 1867, am 19. Juni morgens, auf dem Richtplatze von Queretaro. Kaiser Franz Josef ertheilte dem ruhmgekrönten Seehelden Wilhelm von Tegetthoff den traurigen, aber ehrenvollen Auftrag, die irdischen Überreste des kaiserlichen Märtyrers in die Heimat zu bringen. Die „Novara" war es, die Maximilians Leiche wieder an Österreichs Gestade führte. In der Kaisergruft zu Wien liegt der edle Sprosse Habsburgs bestattet, dessen hohes, uneigennütziges Streben so schnöde belohnt ward.

Der Krönung unseres Kaisers zum Könige von Ungarn folgte rasch jene Reihe von Gesetzen, durch welche das Ausgleichswerk in allen seinen Theilen festgestellt und die Verfassungen der beiden Reichshälften neu begründet und durchgeführt wurden.

Das österreichische Abgeordnetenhaus beschloss im October 1867 die sogenannten Staatsgrundgesetze und das Ausgleichsgesetz. Das erste jener Staatsgrundgesetze enthielt die allgemeinen Rechte der Staatsbürger. Als oberster Grundsatz wurde die Gleichheit aller Bürger vor dem Gesetze ausgesprochen. Jede Form der Unterthänigkeit sollte für immer aufgehoben sein; Freiheit der Person, Unverletzlichkeit des Eigenthums, die Freizügigkeit jedes Unterthans, Schutz des Hausrechtes wurden verbürgt; das Petitionsrecht, Vereins- und Versammlungsrecht gewährleistet.

Kaiser Maximilian von Mexico.

Es wurde ferner jedermann vollkommene Glaubens- und Gewissensfreiheit eingeräumt. „Der Genuss der bürgerlichen und politischen Rechte — so hieß es im Staatsgrundgesetze — ist vom Religionsbekenntnisse unabhängig; niemand kann zu einer kirchlichen Handlung oder zur Theilnahme an einer kirchlichen Feier gezwungen werden; die Wissenschaft und ihre Lehre ist frei; Unterrichts- und Erziehungsanstalten zu errichten und an solchen zu lehren, ist jeder Staatsbürger berechtigt, der seine gesetzliche Befähigung nachweisen kann; für den Religionsunterricht ist von der betreffenden Kirche Sorge zu tragen. Dem Staate steht in Bezug auf das ganze Unterrichts- und Erziehungswesen die oberste Leitung und Aufsicht zu. Jede gesetzlich anerkannte Kirche bleibt im Besitze und Genusse ihrer für Cultus-, Unterrichts- und Wohlthätigkeitszwecke bestimmten Anstalten, Stiftungen und Fonds."

Alle Volksstämme sollten gleichberechtigt sein und jeder ein unverletzliches Recht auf Wahrung und Pflege seiner Nationalität und Sprache haben, der Sprachenzwang wurde ausgeschlossen.

Das zweite Staatsgrundgesetz bestimmte: „Alle Gerichtsbarkeit im Staate wird im Namen des Kaisers ausgeübt, die Urtheile und Erkenntnisse werden in seinem Namen ausgefertigt; die Richter werden vom Kaiser definitiv und auf Lebensdauer ernannt."

Durch das dritte Staatsgrundgesetz wurde festgestellt, dass der Herrscher bei seinem Regierungsantritte vor beiden Häusern des Reichsrathes ein feierliches Gelöbnis auf die Verfassung ablege; ebenso müssen alle Beamten und Richter die strenge und unverbrüchliche Beobachtung der Staatsgrundgesetze beschwören. Die Diener des Staates sind innerhalb ihres Wirkungskreises für die Beobachtung der Verfassung verantwortlich und müssen für Rechtsverletzungen, die aus pflichtwidrigen Verfügungen entsprungen sind, haften. Zu Handelsverträgen, sowie zu allen jenen Staatsverträgen, die das Reich, dessen Theile oder einzelne Bürger belasten, soll die Zustimmung des Reichsrathes erforderlich sein.

Das vierte Staatsgrundgesetz endlich betraf die Einsetzung eines Reichsgerichtes in Wien, dessen Präsidenten und Vicepräsidenten der Kaiser ernennt, während die zwölf Mitglieder dieses Gerichtshofes aus den Vorschlägen des Abgeordneten- und Herrenhauses hervorgehen sollen. Das Reichsgericht hat in allen Streitigkeiten zwischen einzelnen staatlichen Behörden die oberste Entscheidung zu treffen, sowie alle Beschwerden von Staatsbürgern über etwaige Verletzungen der ihnen verfassungsmäßig zustehenden Rechte seinem Urtheilsspruche zu unterwerfen.

So wurden im Inneren unseres Reiches Zustände geschaffen, welche Österreich mit Recht auch in den Augen des Auslandes als einen der fortgeschrittensten und freisinnigsten Staaten erscheinen ließen. Auf ganz ähnlichen Grundlagen wurde auch die Verfassung der ungarischen Reichshälfte aufgebaut und die Ausgleichsgesetze zu Ende geführt, durch welche das gegenseitige Verhältnis beider Theile unseres großen Staates dauernd geregelt blieb. Für die Berathung der gemeinsamen Angelegenheiten wurde jene Körperschaft der Delegationen ins Leben gerufen, welche der Kaiser und König abwechselnd nach Wien und nach Budapest einberufen soll. Die erste Delegation dieser Art nahm ihre Thätigkeit am 19. Jänner 1868 auf.

Wie sehr es dem Kaiser Ernst war, die neuen Regierungsgrundsätze mit Nachdruck und Entschlossenheit aufrecht zu halten, davon geben die Worte Zeugnis, welche er zu einer Deputation sprach, die anlässlich der Geburt der Erzherzogin Valerie ihre ehrfurchtsvollsten Glückwünsche an den Stufen des Thrones niederlegte: „Lassen Sie uns auf der betretenen Bahn rasch und entschieden fortfahren, um so möglichst schnell zu einem gedeihlichen und glücklichen Resultate zu gelangen."

Derjenige Mann, dem Ungarn die Verwirklichung seiner heißesten Wünsche zu danken, und der am meisten dazu beigetragen hatte, um dem erschütterten Staatswesen eine neue Festigung und Ordnung zu geben, Franz Deák, genoss bis an sein Lebensende die Verehrung und Liebe seines Volkes, aber auch die Achtung und Wertschätzung seines Monarchen. Er war immer der schlichte, selbstlose Privatmann geblieben, dem nur das Wohl des Reiches und seines ungarischen Vaterlandes am Herzen lag und der nicht nach Würden und Ehren trachtete, mit denen ihn die Begeisterung seines Volkes, die Theilnahme seines Fürsten so gern überhäuft hätte.

Als er am 28. Januar 1876 starb, erhob sich die ganze ungarische Nation, um dem todten Patrioten all die Huldigungen und Auszeichnungen darzubringen, welche der Lebende in edler Bescheidenheit stets verschmäht hatte. Jedes Comitat des Königreiches sandte ein Säckchen mit Erde nach Ungarns Hauptstadt, damit er, der das ganze Land mit gleicher Liebe umfaßt hatte, auch seine Ruhestätte in der aus allen Bezirken beigesteuerten vaterländischen Erde finden möge.

An die Spitze der Leidtragenden stellte sich aber Ungarns Königin in eigener Person. In tiefe Trauer gehüllt, erschien sie am Sarge des Dahingeschiedenen und verweilte längere Zeit im Gebete an der Bahre, auf welche sie einen prachtvollen Kranz niedergelegt hatte. Er war aus Lorbeeren und Kamelien gewunden, und auf der breiten weißen Atlasschleife standen die Worte: „Erzsébet királynő Deák Ferencznek“, Königin Elisabeth an Franz Deák. Eines der schönsten Gemälde des ungarischen Künstlers Michael Munkácsi verewigt diesen rührenden und ergreifenden Augenblick.

Der Kaiser aber richtete damals folgendes Handschreiben an den ungarischen Ministerpräsidenten Koloman Tisza: „Lieber von Tisza! Das Ableben Franz Deáks erfüllt das Land mit großer Trauer. Auch Ich bin tief ergriffen und es drängt Mich auszusprechen, wie aufrichtig Ich den allgemeinen Schmerz theile, und wie sehr auch Ich den Verlust dieses Mannes beklage, der sein ganzes Leben dem allgemeinen Wohle weihend, durch seine Treue für Thron und Vaterland, durch die leuchtende Reinheit seines Charakters und seine Bürgertugenden des Vertrauens und der Liebe seines Fürsten wie seiner Mitbürger in so hohem Maße würdig war. Seine staatsmännischen Verdienste wird die Geschichte verewigen. Sein Ruhm wird im Lande und über dessen Marken hinaus fortleben, sein Andenken gesegnet sein. Meine dankbare Anerkennung folgt ihm in das Grab, für welches Ich hier einen Kranz übersende. — Wien, 29. Jänner 1876. — Franz Josef.“

Doch das Bild, welches wir in wenigen Zügen von dem neuen Verfassungsleben Österreich-Ungarns entworfen haben, wäre ganz unvollständig, wollten wir nicht jenes neuen Wehrgesetzes gedenken, welches die Aufgabe hatte, für den Schutz des neu aufblühenden Reiches zu sorgen. Schon bald nach Beendigung des verhängnisvollen Krieges vom Jahre 1866 ließ der Kaiser den Entwurf einer neuen Wehrverfassung ausarbeiten, aber die Verhandlungen mit Ungarn verzögerten das sofortige Zustandekommen des Werkes.

Die Veränderungen, die durch das neue Wehrgesetz getroffen wurden, waren tief eingreifend. Jeder Staatsbürger sollte fortan verpflichtet sein, für das Vaterland die Waffen zu tragen. Kein Loskauf, keine Stellvertretung sollte, wie dies in früherer Zeit der Fall war, von dem Waffendienste entbinden können; nur in besonders rücksichtswürdigen Fällen durfte eine Ausnahme eintreten, wenn z. B. der Wehrpflichtige der Ernährer und die einzige Stütze seiner alten erwerbsunfähigen Eltern ist u. s. w. Dagegen sollte nunmehr die gesammte Militärzeit nur zwölf Jahre währen, wovon auf die wirkliche Dienstleistung bei der Truppe nur drei Jahre entfallen; dann erhält der Soldat als Reservist seinen Abschied, um fortan nur zu Übungen, oder im Falle eines Krieges einberufen zu werden.

Seit diesem Gesetze gibt es keine Schranke zwischen Bürger und Soldaten; jeder, ob arm, ob reich, gering oder vornehm, gebildet oder ungebildet, muss des Kaisers Ehrenkleid tragen und zu den Fahnen eilen, wenn das Vaterland in Gefahr ist und des Bürgers Fleiß durch des Kriegers Wehr geschirmt werden soll. Der Soldat ist nicht mehr missachtet, wie dies wohl in früheren Zeiten der Fall war, aber auch der Kriegsmann blickt nicht mehr mit Geringschätzung auf den Bürger herab; alle sind gleich, Söhne des Vaterlandes, die der Kaiser ruft, wenn Wohl und Ehre desselben vom Feinde angetastet werden.

Der österreichisch-ungarische Staat war nun aufgerichtet, die Stürme des Krieges waren vergessen, nach und nach begannen die Segnungen des Friedens wieder ihre Heilkraft zu bewähren. Es dauerte freilich längere Zeit, bis sich alle Völker unseres alten Staates in dem neuen Hause völlig heimisch fühlten. Vergangenes ganz zu vergessen, Entschwundenes niemals wieder zurückzuwünschen ist eben der menschlichen Natur, die am Alten, Überkommenen mit Treue und Liebe hängt, so schwer.

Mancherlei bedeutsame Vorkommnisse und auswärtige Ereignisse nahmen jetzt des Kaisers Aufmerksamkeit und Thätigkeit in Anspruch. Die Weltausstellung, welche im Jahre 1867 in Paris stattfand, sah auch den Kaiser Franz Josef unter den hohen fürstlichen Gästen, die damals in der Hauptstadt Frankreichs zusammentrafen. Kaiser Napoleon war mit seiner Gemahlin im August 1867 nach Salzburg gekommen, wo die Zusammenkunft mit unserem Kaiser stattfand. Es waren wohl bittere Gefühle, die unser Monarch, der Bruder des unglücklichen Kaisers Maximilian von Mexico, niederkämpfen musste, doch persönliche Neigungen und Regungen traten bei dem Kaiser Franz Josef immer zurück, wenn das Allgemeine es erheischte.

Als dann Kaiser Franz Josef im October den Besuch Napoleons in Paris erwiderte, war er der Gegenstand der herzlichsten Sympathien, mit denen man ihm überall begegnete. Mit eingehendem Interesse suchte er sich über die Fortschritte des Gewerbefleißes, der Technik und Industrie aufzuklären. Überall fiel die Ungezwungenheit und Offenheit, mit welcher Kaiser Franz Josef sich bewegte, auf; als er bei einem Besuche der Ausstellung bemerkte, dass eine Art von Wache ihn umgebe, wollte er, dass man dieselbe entferne, und als man ihm entgegnete, die Schutzwache sei bestimmt, ihn vor dem Gedränge zu bewahren, sagte er kurz: „Je préfère d'être brusqué, que d'être gardé“ (Ich will lieber gestoßen, als bewacht sein).

Bevor der Kaiser nach Paris reiste, hatte er zu Oos im Großherzogthum Baden eine Zusammenkunft mit dem Könige Wilhelm von Preußen. Aller Groll verflossener Tage sollte vergessen sein, und ein neues Band Österreich mit Deutschland verknüpfen. Der Abschluss eines förmlichen Bündnisses zwischen unserem Staate und Preußen gehört freilich einer späteren Zeit an, als die glorreichen Siege der deutschen Waffen im Jahre 1870 ein neues Deutsches Reich an Stelle des alten morschen begründet hatten. Unser hochherziger Monarch vergaß alles, was geschehen, und erkannte neidlos und ohne Groll die veränderten Verhältnisse in Deutschland an.

Aber schon vor dem Jahre 1870 wurden freundlichere Beziehungen zwischen unserem Staate und dem Königreiche Preußen angeknüpft; der preußische Kronprinz weilte auf seiner Reise nach Konstantinopel und Ägypten vorübergehend in Wien und gab der Hoffnung Ausdruck, dass in Zukunft österreichische und preußische Kugeln sich nie mehr begegnen werden.

Noch einen anderen seltenen Gast sah die Kaiserstadt an der Donau im Sommer des Jahres 1869. Sultan Abdul Aziz weilte vom 27. bis 29. Juli in Wien; seit Soleyman vor den Wällen Wiens gelegen, war kein Padischah mehr bis ins Herz von Österreich gekommen. Abdul Aziz hatte nichts von der Feuerseele des großen Soleyman. Bei allen Festlichkeiten und zerstreuenden Schauspielen, die ihm dargeboten wurden, hatte er meist nur einen Ausruf: „Ach, wie heiß es hier ist!“

Gegen Ende Mai war auch der prachtliebende Vicekönig von Ägypten Ismael Pascha in Wien eingetroffen, um Se. Majestät den Kaiser persönlich zur Eröffnung des Suezcanals einzuladen.

Der Kaiser beschloss, dieser Einladung Folge zu leisten. Es waren mehrfache Gründe, welche den Monarchen bewogen, eine so weite und beschwerliche Reise zu unternehmen; der Wunsch, den Besuch des Sultans in Konstantinopel zu erwidern, dann das lebhafte Bestreben, sich selbst von der Großartigkeit eines Werkes zu überzeugen, von welchem auch für Österreichs Seehandel die wichtigsten Folgen erwartet werden durften, vor allem aber die heiße Sehnsucht, Palästinas heiligen Boden zu betreten und in innigster Andacht an den Orten zu weilen, wo der Herr gewandelt und gelitten.

Seit Kaiser Friedrich III., der 1436 als Herzog von Österreich mit großem Gefolge von Rittern und Edelleuten eine Reise in das heilige Land unternommen hatte, war kein österreichischer Fürst mehr in feierlicher Weise zum heiligen Grabe gezogen.

Am 25. October 1869 trat Kaiser Franz Josef seine denkwürdige Reise in den Orient an. Der Kaiser traf zunächst von Gödöllö in Pest ein, von wo um einhalb sieben Uhr abends die Fahrt nach Bazias mit der Eisenbahn angetreten wurde. Von dort fuhr der Kaiser auf dem Dampfer „Friedrich“ bis Konstantinopel. Hier war der Empfang außerordentlich glänzend.

Der Sultan hatte für seinen hohen Gast eine prachtvoll eingerichtete Yacht „Sultanieh“, sowie für das kaiserliche Gefolge zwei andere Schiffe bis Varna entgegengesendet. Schon am Eingange des Bosporus kamen der „Sultanieh“ eine Menge Schiffe entgegen. Je näher man der Stadt kam, desto lebhafter wurde es rings um die Sultanieh. Bezaubernd schön ist der Anblick, welcher dem aus dem Bosporus in das goldene Horn fahrenden Reisenden sich darbietet. Man segelt im Schatten des anatolischen Waldrandes dahin. Da hebt sich vor dem trunkenen Blicke des Fremdlings, gleichsam zwischen dem Bosporusspiegel und dem blauen Luftmeer schwebend, das Serail des Großherrn mit den schlanken Thürmen der Moscheen empor, während links auf der asiatischen Seite Scutari und rechts das vom Sonnengolde überstrahlte Pera sichtbar sind, jenes durch einen breiten Wasserarm, dieses wie durch einen helleren Luftstreifen von dem Hauptbilde getrennt.

Der Sultan erschien am Bord, um den Kaiser persönlich zu begrüßen und in den Palast von Dolma-Bagdsche zu geleiten, der mit allem Prunke des Orients zum Empfange des hohen Gastes ausgerüstet war.

Der Kaiser verweilte bis zum Abende des 1. November in Konstantinopel und begab sich dann nach Athen. Nach kurzem Aufenthalte wurde die Fahrt ins heilige Land fortgesetzt; am 8. November betrat der Kaiser in Jaffa den Boden Palästinas.

Die Reise erstreckte sich von Palästina über Port Said nach Suez und Kairo und umfasste 1013·5 geographische Meilen, wovon 249 mit der Eisenbahn, eine zu Wagen, 29 zu Pferde und 734 zu Wasser zurückgelegt wurden. Die Dauer derselben betrug zweiundvierzig Tage.

Die Ausdauer und Widerstandsfähigkeit, die den Monarchen auf seinen Reisen auszeichnet, lässt sich wohl ermessen, wenn man bedenkt, welche Entfernungen in verhältnismäßig kurzer Zeit zurückgelegt wurden, wie viele Orte der Kaiser besuchte, welche Schwierigkeiten während der ganzen Fahrt zu überwinden waren. Nicht bloß durch empörte Meeresfluten gieng die Reise, oft mussten öde, menschenleere Gegenden, streckenweise selbst Wüsteneien, im glühenden Sonnenbrande durchzogen werden.

Während der Reise hatte der Kaiser auch zwei heftige und gefahrdrohende Seestürme zu überstehen, den einen bei der Einschiffung in Jaffa, den anderen auf der Rückkehr an der Küste Istriens.

Als der Kaiser vor Jaffa das Boot bestiegen hatte, das zur Überfahrt bereit war, stieß dasselbe schütternd auf die Felsen, doch der arabische Steuermann rief dem Monarchen zu: No abir paura, gran sultano, sono Mustapha con ti (Nicht haben Furcht, großer Kaiser, bin Mustapha bei dir). Wirklich rettete der Steuermann durch seine Kühnheit und Geschicklichkeit dem Fürsten damals vielleicht das Leben, und als ein Christ den Araber später fragte, was der Kaiser ihm gegeben, sagte er: „Hundert Zechinen und che tu creder" (was du glauben), indem er auf sein Knopfloch wies. Er meinte damit einen Orden, der die Gestalt eines Kreuzes hatte.

Die Reise von Jaffa bis zur Hauptstadt Palästinas möge ein Augenzeuge und Theilnehmer der Fahrt, einer der Flügeladjutanten des Kaisers, der damalige Major Johann von Groller, uns schildern: „Von Jaffa aus wurde am 8. November über Ramleh (Arimathia) nach Abu-Gosch geritten und die Nacht im Feldlager zugebracht, am nächsten Tage durch das Thal der Terebinthen der Ritt nach Kolonia fortgesetzt. Dieses kleine Dorf liegt an einem Bächlein, in welchem David die Steine aufgelesen haben soll, die Goliath niederstreckten. Hier wurden Zelte aufgeschlagen und halt gemacht, um die Reisekleider gegen Paradeuniformen zu vertauschen, denn in feierlicher Weise wollte der Kaiser in die heilige Stadt einziehen."

„Um zehn Uhr wurde die Reise fortgesetzt; glänzend war und noch farbenreicher als zuvor der Anblick der Reiterschar, die nun des Weges zog. Steil führte jetzt die Straße hinan, um den zwischen dem Terebinthenthal und dem Thale Kidron liegenden Höhenzug zu ersteigen; gegen elf Uhr kam man auf dem breiten Rücken desselben an. Hier begannen die Anstalten zum feierlichen Empfange des hohen Reisenden, der nun der Stadt nahte. Ehrenpforten, errichtet von den österreichischen Staatsangehörigen, von der christlichen und von der israelitischen Cultusgemeinde, Fahnen mit deutschen und ungarischen Inschriften schmückten den Weg, den eine zahlreiche Menschenmenge einsäumte. Die fränkische Kleidung, der jüdische Kaftan, der arabische Burnus, die Gewänder der Priester, die türkischen Uniformen waren da vertreten und die Vivat, Eljen und Evviva mischten sich in den Zuruf der Araber und in die Klänge der vom Kanonendonner begleiteten österreichischen Volkshymne."

„Priester aller christlichen Riten, Derwische und Rabbiner, Militärabtheilungen, Deputationen, die christliche, israelitische und mohamedanische Schuljugend wechselten mit den sich zwischen dieselbe hineindrängenden Scharen des Volkes, die immer dichter wurden. Umringt von diesen und dadurch gehindert, den Schritt der Rosse zu beschleunigen, in gespannter Erwartung vorwärts blickend, so zogen wir dahin."

„Wohl mancher hob sich im Bügel, desto früher zu schauen die Zinnen der Stadt, wohl manchem pochten rascher die Pulse, auf den die Nähe ehrwürdiger Stätten und der Zauber einer großartigen Vergangenheit ihre unwiderstehliche Macht übten. Endlich, eine Stunde vor Mittag, ward der Punkt erreicht, von dem aus man einen Theil der Stadt gewahrt. Hier stieg der Kaiser vom Pferde und kniete nieder, welchem Beispiele das Gefolge nachkam. Nachdem der Kaiser gebetet, küsste er den Boden und erhob sich dann sichtlich ergriffen. Hiernach wurden mehrere höhere Geistliche Sr. Majestät vorgestellt, sodann aber die Pferde wieder bestiegen. — Das Gedränge des Volkes erreicht nun den höchsten Grad, unaufhaltsam drängen sich die Leute zwischen die Pferde; das Geläute der Glocken, die Fanfaren der Militärmusik und der Donner der Geschütze mischt sich mit den erneuerten Zurufen der Menge, welche während des Gebetes die tiefste Stille beobachtet hatte; es ist eine unbeschreibliche Scene."

„Fast eine halbe Stunde währte es, bis der Zug — nur langsam sich bewegend in der umflutenden Menge — den kurzen Weg bis zum Pilger-Thore zurücklegte; hier angekommen, steigt der Kaiser abermals vom Pferde und schreitet durch das Thor. Innerhalb desselben wird Se. Majestät von der katholischen Geistlichkeit empfangen und von Monsignore Bracco, dem Vicar des in Rom befindlichen Patriarchen, in längerer Rede begrüßt. Durch enge Gassen, in welchen Abtheilungen der Garnison Spalier bilden, wird nun Se. Majestät vom Clerus nach der Kirche des heiligen Grabes geleitet. Nachdem der Kaiser daselbst durch längere Zeit im Gebete verweilt und sodann noch eine Andacht außerhalb der Grabcapelle verrichtet hatte, begab sich der Zug nach dem österreichischen Hospiz, wo dem Kaiser und einem Theile des Gefolges Wohnungen bereitet waren. Franz Josef verweilte in dieser Stadt durch vier Tage, wovon ein Theil der Zeit zu Ausflügen in die für jeden Christen ewig denkwürdigen Orte und Stätten der Umgebung verwendet wurde."

Am 15. November langte der Monarch an der Rhede von Port-Said an. Der Empfang, den der Kaiser dort fand, war wahrhaft glänzend. Hier traf der Monarch auch mit der französischen Kaiserin Eugenie zusammen. Auch Abd-el-Kader, der einst so gefürchtete Wüstenhäuptling, fand sich ein, um Sr. Majestät einen Besuch abzustatten. Im schneeweißen Burnus, mit ähnlicher Kopfhülle und gelben Sandalen erschien dieser tapfere Sohn der Wüste, von dessen Kühnheit Lieder und Sagen melden. Ohne Begleitung, doch mit ruhiger Würde in Gang und Miene, zog er die Augen aller auf sich; sein melancholisches blasses Antlitz umrahmte noch trotz seiner zweiundsechzig Jahre ein schwarzer Vollbart.

Unter großen Festlichkeiten und mit reichem, wahrhaft orientalischem Gepränge fand die Eröffnung des für den europäischen Handel so überaus wichtigen Suezcanals statt. Wie durch einen Zauber waren Städte am Rande der Wüste entstanden. Der kühne Schöpfer dieses weltgeschichtlich großartigen Werkes, Ferdinand von Lesseps, wurde vom Kaiser am Bord der kaiserlichen Yacht „Greif" empfangen und später mit dem Großkreuz des Leopoldordens ausgezeichnet. Die Fahrt durch den Canal selbst bot wenig Abwechselung. Zu beiden Seiten, so weit das Auge, selbst mit dem schärfsten Fernrohr bewaffnet, reicht, nichts als gelblicher Sand, oder schmutzige langgestreckte Pfützen; hie und da wächst in dem Sande eine Art von Binse, nach der nicht einmal das genügsame Kameel greift, das doch mit solchem Behagen den stachlichten Feigencactus verzehrt. Manchmal flogen Tausende von Flamingos auf, und das rosenrothe Halsgefieder dieser furchtsamen Vögel nahm sich wie ein prachtvolles, die reine Luft durchschneidendes Segel aus.

Von Suez, dem Ende der Fahrt durch den Canal, trat der Kaiser die Reise nach Kairo an und besuchte von dort die Nilsperren und die Pyramiden, diese stummen Zeugen einer jahrtausendalten Vergangenheit. Der Kaiser bestieg die größte derselben, die des Pharao Chufu oder Cheops. Der berühmte Ägyptologe Professor Brugsch-Bey hatte die Ehre, den Kaiser begleiten zu dürfen und den Erklärer abzugeben. Aus der großen Schar der zudringlichen Araber, welche die Reisenden umringten, wurden einige ausgewählt, die dem Kaiser und seinem Gefolge bei der Ersteigung der oft sehr hohen und beschwerlichen Stufen behilflich sein sollten.

Nachdem der Kaiser etwa den dritten Theil der Pyramide erstiegen, wurde ihm der Vorschlag gemacht, lieber umzukehren, als noch weiter hinauf zu klettern, doch lächelnd entgegnete er: „Was würde man wohl in Europa dazu sagen?" Als kühner und gewandter Bergsteiger überwand er verhältnismäßig leicht die nicht unbedeutenden Hindernisse, und so dauerte der Aufstieg bis zur obersten Platte nur siebzehn Minuten, während der Abstieg noch schneller bewerkstelligt wurde. Die Aussicht, die man von der Höhe der Pyramide hat, ist nicht so lohnend, wie die von dem Garten des Castells in Kairo. Gegen Osten liegt das fruchtbare grüne, noch hie und da unter Wasser gesetzte Land; Kairos neuer Stadttheil erglänzt im blendenden Sonnenlichte; vorne sieht man den Spiegel des Nils herüberschimmern, während im Rücken die unabsehbare Wüste mit ihren gelben Sandhügeln wie die erstarrten Wellen eines Riesenmeeres sich ausdehnt, so trostlos eintönig und doch so unendlich erhaben.

Am 25. November fand die Rückreise des Kaisers nach Alexandrien statt, woselbst unser Monarch von dem Vicekönige Ägyptens Abschied nahm. Am folgenden Tage erfolgte die Einschiffung, und schon am 3. December landete der Kaiser wieder in Triest, woselbst er mit seiner erlauchten Gemahlin zusammentraf, die eben damals auf einer Reise nach Rom begriffen war.

Am 6. December um neun Uhr früh langte der Kaiser mit dem ganzen Gefolge in Wien an. Der Empfang, der ihm hier bereitet wurde, war überaus herzlich. Alle Staatswürdenträger, sowie eine unübersehbare Volksmenge, die beim Erscheinen des Monarchen in stürmische Jubelrufe ausbrach, hatten sich in und vor dem Bahnhofgebäude eingefunden. Im großen Saale des Belvedere fand die Begrüßung des Kaisers durch den Bürgermeister der Reichshaupt- und Residenzstadt statt. Der Kaiser dankte mit folgenden huldvollen Worten:

„Unter Gottes Schutze kehre Ich glücklich von einer Reise zurück, die Mir viel des Bemerkenswerten, Erhebenden und Anregenden darbot. Ich habe bei Eröffnung der neuen, für Österreichs Interesse so hochwichtigen Weltverkehrslinie gesehen, was Thatkraft, Geschick und Ausdauer in kurzer Zeit zu vollbringen im Stande sind. — So wohlthuend Mich die innige Theilnahme aller Meiner Völker, die Mich auf Meiner Reise begleitete, berührt hat, so herzlich freut es Mich, nun wieder in Mein Reich und Mein geliebtes Wien zurückgekehrt zu sein."

Man kann sich denken, wie stolz die Wiener auf diese Kaiserworte, die bald von Munde zu Munde flogen, waren. An der Bellaria harrten die obersten Hofwürdenträger der Ankunft des Monarchen. Der Kronprinz und Erzherzogin Gisela eilten dem Kaiser entgegen, der sie in seine Arme schloss. Der Kaiser war wieder nach einer Reihe voll bunter, märchenhaft seltsamer und schöner Eindrücke in seinem alten treuen Hause, in seinem lieben Wien!

Im September 1871 hatte Kaiser Franz Josef in Salzburg eine Zusammenkunft mit dem Könige Wilhelm von Preußen, der durch die glänzenden Siege der deutschen Waffen, vor allem durch die blutige Entscheidungsschlacht bei Sedan, Deutscher Kaiser geworden war. Angesichts der durch den deutsch-französischen

Krieg veränderten politischen Verhältnisse Europas war dieses Zusammentreffen beider Herrscher von hoher Bedeutung. Österreich war während dieses Krieges vollständig neutral geblieben. Geschehenes vergessend, reichte unser Kaiser dem einstigen Gegner die Hand zu neuem, festem Bunde.

Die Rückfahrt beider Herrscher von dem kaiserlichen Lustschlosse Klesheim nach Salzburg gestaltete sich besonders prächtig. Auf österreichischer, wie auf deutscher Seite flammten Tausende von Lichtern auf den Spitzen und Höhen der Bergzüge, die zackigen Wände des Untersbergs, sowie die Steingebilde und rauhen Felsköpfe in einen leuchtenden Strahlenmantel einhüllend. So feierten sowohl auf deutscher, wie auf österreichischer Seite die treuen Bergvölker die Aussöhnung ihrer Herrscher, die der Welt den Frieden verbürgen sollte.

Im Jänner 1872 besuchte der Kaiser wieder sein treues Land Tirol. Anlaß hiezu bot der Aufenthalt Ihrer Majestät der Kaiserin und der kaiserlichen Kinder im Schlosse Trautmannsdorf bei Meran. Der Empfang und die Festlichkeiten, welche dem Herrscher in Tirol bereitet wurden, überboten an Wärme und Begeisterung beinahe noch die Kundgebungen im Jubeljahre 1863. Am 3. Jänner war auch Kronprinz Rudolf, von Meran kommend, in Innsbruck eingetroffen und wohnte mit seinem kaiserlichen Vater dem großartigen Schützenfeste bei, welches in den Redoutensälen abgehalten wurde. Beim Eintritte in die Festsäle wähnte man sich wirklich hinaus in die freie hehre Alpennatur versetzt, solch reicher Schmuck von Tannenreisig war verschwendet worden, aus welchem der bunteste Zierat von Hörnern und Geweihen hervorblickte.

Auf die huldigende Ansprache, welche der Landeshauptmann und Oberstschützenmeister Dr. von Grebmer an den Kaiser richtete, erwiderte dieser mit heller, weithinschallender Stimme folgende Worte: „Ich freue Mich, diesen Abend in Ihrer Mitte zuzubringen. Ein Hoch dem Lande der Treue, Meinem lieben Tirol, ein Hoch den wackeren Tiroler Schützen! Hoch!" „Diese Worte," sagt ein Augenzeuge der Feier, „der Ton der kaiserlichen Stimme, die Wärme und das tiefe Wohlwollen, welche aus diesen und der Betonung strahlten, die schlichte und doch so innige Ausdrucksweise — alles zusammen und jedes einzelne zündete, elektrisierte, wirkte mächtig ergreifend."

So recht nach dem Herzen aller war der Spruch angethan, der an einem Pfeiler des Saales prangte:

„Wir graben's in die Felsenwand
Mit unseren Stutzen ein:
Es will Tirol des Kaisers Land,
Des Kaisers Feste sein."

Tirol hatte im Jahre 1869 eine außerordentlich wichtige Eisenbahnlinie erhalten, welche vom Silberbande des Inn nach den sonnigen Fluren Italiens führt: die Brennerbahn war in diesem Jahre vollendet worden. In einer

Höhe von 1365 Meter führt der Schienenstrang über den Felsenpaß des Gebirges; zerstörende Gebirgswässer mussten gebändigt, Felsmassen gesprengt werden, ehe das von Karl Etzel geleitete kühne Unternehmen gelingen konnte.

Im April des Jahres 1871 fuhr der Kaiser in die erste Stadt Welschtirols, nach Trient. Der Jubel und die Feststimmung waren hier nicht minder herzlich und begeistert als in Innsbruck. Auf der Piazza d'armi fand eine prächtige Truppenrevue statt; der helle lachende Frühlingsmorgen lockte Tausende neugieriger Zuschauer hinaus, welche dem glänzenden Schauspiele mit Theilnahme folgten. Hierauf wurde der Dom besichtigt, ein uralter Bau aus dem Jahre 1048,

Das k. k. Hofopernhaus in Wien.

„nicht groß, nicht düster, sondern wie ein heiterer Greis, recht bejahrt, zutraulich und einladend."

Am 15. April traf der Kaiser nach einer außerordentlich malerischen Fahrt über den Brenner wieder in Innsbruck ein, woselbst er noch dem Festschießen beiwohnte. Am Eingange zum Schießstande war eine Reisigpforte angebracht mit folgender Inschrift:

„Der Kaiser ist im Land, der Kaiser gibt das Best!
Willkommen, ihr Schützen, willkommen zum Fest,
Und doppelt willkommen, wer in ernsten Tagen
Die Büchse muthig hat ins Feld getragen!"

„Mit inniger Befriedigung," hieß es im Handschreiben des Kaisers an den Statthalter, „blicke Ich auf die Tage zurück, welche Ich in Meinem theuern Land Tirol verlebt habe, das Mich mit alter Herzlichkeit empfangen und Mir aller Orten neue Beweise seiner erprobten Treue und Anhänglichkeit gegeben hat."

Noch mancherlei Ereignisse freudiger und betrübender Art fallen in jenen Zeitabschnitt der Regierung unseres Kaisers, in dessen Mittelpunkt wir in unserer Erzählung die Neugestaltung unseres Reiches, die Schaffung eines österreichisch-ungarischen Staates, gestellt haben.

In den Jahren 1861 bis 1869 wurde die Wiener Ringstraße mit einigen der prächtigsten Monumentalbauten geschmückt. Als eines der ersten großen Gebäude auf den Stadterweiterungs-Gründen entstand das von van der Nüll und Siccardsburg errichtete Hofopertheater, welches am 25. Mai 1869 mit der Mozart'schen Oper „Don Juan" feierlich eröffnet wurde. — Bald folgten der Bau der Gartenbaugesellschaft, der Cursalon in dem wie durch einen Zauberschlag aus dem Erdboden hervorgelockten kleinen Paradiese des Stadtparks, ferner das durch Weber errichtete und später durch Streit erweiterte Künstlerhaus, dann der schöne, von Meister Hansen herrührende Neubau der Gesellschaft der Musikfreunde (Conservatorium). Am 14. Mai 1870 wurde mit den Arbeiten der Donauregulierung begonnen, jenes großartigen Unternehmens, das berufen war, einen neuen Aufschwung Wiens herbeizuführen und einen neuen Stadttheil, die Donaustadt, an den Ufern des regulierten Stromes erstehen zu lassen. Wien begann, dank der Hochherzigkeit des Monarchen, in neuem Glanze zu erstrahlen.

Franz Grillparzer.

Doch auch einzelne Ereignisse schmerzlicher Art fallen in diesen Regierungsabschnitt des Kaisers. Am 21. Jänner 1872 starb, einundachtzig Jahre alt, Österreichs größter Dichter Franz Grillparzer, den Kaiser Franz Josef durch Verleihung des Leopoldordens geehrt und durch Berufung in das Herrenhaus ausgezeichnet hatte. Das herrliche Denkmal, welches Österreichs ruhmvollem

Sänger in den Laubgängen des Volksgartens, in der Nähe des neuen Hofburgtheaters errichtet wurde, gieng erst nach Jahren seiner Vollendung entgegen; es wurde am 23. Mai 1889 feierlich enthüllt.

Wenige Monate nach dem Tode Grillparzers verschied am 28. April im 69. Lebensjahre des Kaisers erlauchte Mutter, Erzherzogin Sophie, deren edlen Charakter wir schon an anderer Stelle würdigten, als wir von der Jugend unseres Herrschers erzählten. An patriotischem Hochsinn, an zarter Fürsorge für den Aufschwung von Kunst und Wissenschaft werden wohl wenige Frauen auf Thronen und in Palästen ihr gleichgekommen sein. Im Beginne des nächsten Jahres, am 9. Februar 1873, folgte der hohen Verblichenen die greise Kaiserin Karoline Auguste, Witwe des Kaisers Franz I., im Tode nach; sie hatte ein Alter von 81 Jahren erreicht. Ihren Sarg benetzten die Thränen von Tausenden, denen sie eine milde Tröfterin, eine hochherzige Wohlthäterin gewesen war. Des Dichters Worte sagen so schön, was sie gewesen, ehe sie von hinnen schied:

„Kaiserin Mutter! — Die bist Du geblieben,
Ob andere Titel der Hof Dir geschrieben;
Die Mutter, die bleibst Du der Armen und Waisen,
Und Thränen des Dankes, die trauernd dich preisen,
Strahlen als Krone, die dauernder glänzet
Als Diademe, von Perlen umkränzet;
Denn wo Du Hilfe und Trost hast gebracht,
War nicht Dein Scepter! — Dein Herz war die Macht!“

VII.

Das Jubeljahr 1873.

Das Jahr 1873 ist in der Lebensgeschichte unseres Kaisers hochbedeutend, da mit diesem Jahre ein wichtiger Abschnitt in der Herrscherthätigkeit des Monarchen abschließt. Fünfundzwanzig Jahre sollten bald verflossen sein, seitdem das Scepter in des Kaisers Hand ruhte — ein Zeitraum, lang genug, um mancherlei Wechsel und Wandel im Innern und Äußern des Menschen erklärlich zu machen. Doch des Kaisers Charakterbild war in den wesentlichsten Zügen sich gleich geblieben seit dem Zeitpunkte, als er in wilderregter Zeit — ein Jüngling an Jahren, ein Mann bereits an ernster Thatkraft — einen Thron, den alte ruhmreiche Erinnerungen schmücken, mit muthiger Würde bestiegen hatte.

Eine Schilderung des Kaisers aus dem Jahre 1851 entwirft folgendes anschauliche Bild, welches uns zugleich zeigt, wie die Ziele seines edlen Strebens stets dieselben geblieben sind. „Der Kaiser," heißt es in dieser Charakteristik, „ist ein Mann von hohem Wuchs und wohlwollenden Zügen. Bei einer kriegerischen Haltung ist das Auge freundlich; die Stirn ist wohlgebildet, die Physiognomie denkend, mit dem scharfen Gepräge eines festen Willens, ausgezeichneter Klugheit und Vorsicht bei rascher Entscheidung; die Gaben des Gedächtnisses und das Talent für Sprachen sind trefflich entwickelt. Die klangreiche, kurz und muthig tönende Stimme ist vielleicht mehr zum Ausdrucke des Ernstes als der Güte geeignet. Leidenschaftlich für alles, was Militär heißt, achtet und liebt er den Soldaten und ehrt die Tapferkeit und Treue hoch. Gegen keinen Menschen zeigt er die geringste Schwäche, hält viel auf die Anerkennung von Seite des Auslandes und auf die Liebe seiner Völker. Als Oberhaupt will er herrschen und vertraut nicht leicht fremdem Rathe. Er verspricht selten und redet wenig. Sparsam, ohne Geiz, will er Ordnung im Staatshaushalt und Einfachheit, aber bei Gelegenheit Entfaltung von Glanz. Gegen Unredlichkeit und Corruption unerbittlich, ist er religiös ohne Bigotterie und Aberglauben. Er spricht weniger als er denkt, beobachtet eine gewisse feierliche Haltung ohne Stolz und glaubt fest an die Macht Österreichs und die Kraft seiner Armee. Er ist einfach und genügsam in Genüssen, Toilette und Benehmen, ohne jedoch Adel und Würde zu entbehren. In höherem Grade als sonst in diesem jugendlichen Alter gefunden wird, besitzt er die Reife des Gedankens, Zurückhaltung im Gespräch und Ausdauer bei der Arbeit. Diejenigen, welche zur Audienz gelassen werden, hört er mit Geduld an, entscheidet aber niemals auf der Stelle, sondern prüft jeden Gegenstand einige Zeit. Mit einem raschen Blick des Auges taxiert er Menschen und Dinge; fest hängt er an den Grundsätzen und den Überzeugungen, welche ihm sein hoher Unterricht und die vollendete fürstliche Erziehung gegeben haben. Er verachtet Weichlichkeit und Trägheit und verzeiht nie Feigheit und Verrath. Dies sind die hauptsächlichsten Züge und Eigenschaften des jugendlichen Kaisers Franz Josef."

Dieser anziehenden und treuen Schilderung eines Zeitgenossen dürfen wir hinzufügen: dies sind auch noch gegenwärtig die wesentlichsten Züge in dem Charaktergemälde unseres Herrschers, sie traten uns oft und oft entgegen in all den bitteren und schmerzlichen, freudigen und erhebenden Ereignissen der nun abgelaufenen fünfundzwanzigjährigen Regierungsperiode.

Freundliche Genien streuten schon im Anfange des Jubeljahres holde Rosen auf den oft so rauhen Pfad des Herrschers. Der Frühling des Jahres 1873 brachte unseren Völkern fröhliche Kunde. Am 24. April erfolgte die Vermählung der Kaiserstochter, Erzherzogin Gisela, mit dem Prinzen Leopold von Bayern, nachdem bereits am 7. April des Vorjahres die Verlobung des hohen Paares stattgefunden hatte.

Prinz Leopold war eine ritterliche, mannhaft edle Erscheinung und hatte sich trotz seiner Jugend schon einen weithinklingenden Namen auf dem Felde der Ehre erworben. Es war vor Orléans im deutsch-französischen Kriege, wo der Prinz unter dem bayerischen General von der Tann an Stelle des kampfunfähigen Majors eine Heeresabtheilung commandierte und selbst dann noch den Platz behauptete, als er von einer Kugel getroffen wurde. Der tapfere Prinz begnügte sich damit, nach dem Sturm auf die feindlichen Stellungen die Wunde untersuchen zu lassen und machte auch am folgenden Tage, den Arm in der Binde, die Gefechte um Orléans und die viertägige blutige Schlacht bei Beaugency mit. Sein königlicher Vetter Ludwig II. ehrte daher auch den Heldenmuth des Prinzen, der schon im Jahre 1873 Oberst wurde, nachdem Kaiser Franz Josef ihm ein Jahr zuvor das neuerrichtete österreichische Feldartillerie-Regiment Nr. 13 (jetzt 7. Corps-Artillerieregiment) verliehen hatte.

Am 15. April nachmittags waren die vom Westbahnhofe zur Burg führenden Straßen von einer dichtgedrängten Menschenmenge besetzt, welche die Ankunft des bayerischen Prinzen abwartete, der die edle Habsburgerin als seine Gemahlin heimzuführen kam. Unter den Klängen der bayerischen Hymne rollte der Zug in die Halle, und die Wiener zeigten durch stürmische Begrüßungen, dass sie mit der Wahl „ihrer Erzherzogin" wohl zufrieden waren.

Am 20. April fand vormittags in der Augustinerkirche die Vermählung des im Glanze wahren Glückes und jugendlicher Frische strahlenden Brautpaares statt, und schon am Abende sollte die Reise nach Salzburg angetreten werden. Die Wiener Jugend, insbesonders die studierende, wollte der Erzherzogin, dem geliebten und verehrten Wiener Kinde, durch Abhaltung eines Fackelzugs am Abende vor ihrem Ehrentage ihre Huldigung darbringen, doch der Kaiser wünschte dringend, dass die Erzherzogin den Abend vor ihrer Vermählung im Kreise ihrer Familie in stiller Zurückgezogenheit zubringe, und man ehrte die Gefühle des Vaters, der schmerzlich bewegt den Augenblick kommen sah, welcher seine geliebte Tochter von seiner Seite entführen sollte, und der deshalb im Hinblick auf die nahe Scheidestunde sein Kind noch ganz für sich haben wollte.

Ihren Empfindungen für das hohe Paar gaben die Bürger Wiens vor dem Scheiden desselben aus der Kaiserstadt sinnigen Ausdruck, indem sie der Erzherzogin ein prachtvolles Album überreichten, welches die schönsten Ansichten von Wien und seiner reizenden Umgebung enthielt.

Bald sollte unser Staat den Beweis liefern, dass die Jahre des Friedens nicht ungenützt vorübergegangen, dass Österreich-Ungarn im Innern erstarkt, und dass unter dem Schutz und Schirm unseres Herrschers Künste und Wissenschaften, Gewerbe und Handel zu nie geahnter, überraschender Blüte sich entfaltet hatten.

Im Frühlinge des Jubeljahres 1873 fand die Eröffnung der Wiener Weltausstellung statt, einer der großartigsten und denkwürdigsten Ausstellungen, die überhaupt bis zu diesem Zeitpunkte veranstaltet worden waren.

Eines wichtigen Gesetzes müssen wir zuvor noch gedenken, durch welches der freisinnige Ausbau unserer Verfassung wesentlich gefördert und die Rechte der Staatsbürger erweitert wurden. Bisher waren nämlich die Abgeordneten des österreichischen Reichsrathes aus den Landtagen der einzelnen Kronländer nach Wien entsendet worden; nunmehr aber sollte das Volk selbst die Männer wählen, zu deren gesetzgeberischer Einsicht es Vertrauen besaß. Die Zahl der Abgeordneten wurde von 203 auf 353 erhöht, und sie sollten durch Wahl aus dem Volke hervorgehen. Am 3. April 1873 erhielt dieses wichtige Gesetz die Sanction des Kaisers.

So nahte der erste Mai des Jahres 1873, freilich diesmal nicht mit Blumen und linden Lüften, sondern der Lenz war noch zu ohnmächtig gegen den mürrischen Winter, der mit Stürmen und kalten Regenschauern des Frühlings Blütenpracht im Baum hielt. Dennoch strömten Tausende und aber Tausende in die Auen des Praters hinab, um dem herrlichen Schauspiele der Eröffnung der Weltausstellung beizuwohnen. Waren zwar die kolossalen Baulichkeiten noch keineswegs in allen Einzelnheiten vollendet, die weiten, ungeheuern Räume noch nicht mit all den märchenhaften Schätzen gefüllt, so stand doch das Wesentliche schon fertig, und der aus Glas und Eisen gefertigte Kuppelbau der Rotunde, den man wohl unter die Weltwunder der Neuzeit rechnen kann, erhob sich majestätisch, ein neues Wahrzeichen Wiens, aus den grünen Baumkronen und dem bunten Fahnen- und Flaggenschmucke, der ringsum flatternd grüßte.

Pünktlich, wie jederzeit, eröffnete der Kaiser zur festgesetzten Stunde die Ausstellung. In der Begleitung des Monarchen befanden sich die Kaiserin, Erzherzog Karl Ludwig, als Protector der Ausstellung, Erzherzog Rainer, als Präsident der Ausstellungscommission, die übrigen in Wien anwesenden Erzherzoge, die Minister und Hofwürdenträger, der Kronprinz des Deutschen Reiches mit seiner Gemahlin, der Prinz von Wales, der Kronprinz von Dänemark, der Graf von Flandern, der Großherzog von Oldenburg, die Botschafter und Gesandten der fremden Staaten am österreichischen Hofe, sowie endlich die Mitglieder der Ausstellungscommission. Außerdem nahmen mehr als zehntausend Aussteller und Gäste an der glänzenden Feier theil.

Der Kaiser erwiderte auf die begrüßende Ansprache des Erzherzogs Karl Ludwig mit lauter, weitvernehmbarer Stimme: „Mit lebhafter Befriedigung sehe Ich die Vollendung eines Unternehmens, dessen Wichtigkeit und Bedeutung Ich in vollem Maße würdige. Mein Vertrauen in den Patriotismus und die Leistungsfähigkeit Meiner Völker, in die Sympathien und die Unterstützung der uns befreundeten Nationen hat die Entwickelung des großen Werkes begleitet. Mein kaiserliches Wohlwollen und Meine dankbare Anerkennung sind seinem Abschlusse gewidmet. Ich erkläre die Weltausstellung des Jahres 1873 für eröffnet."

Nun besuchten der Monarch und die fürstlichen Gäste die Räume, welche mit den Erzeugnissen der Kunst und Industrie fast aller Länder gefüllt waren oder sich damit zu schmücken begannen.

Wie ein Märchen aus Tausend und einer Nacht kommt wohl noch jetzt jedem, der die Wirklichkeit erlebte, in der Erinnerung das Gewirre all der Kostbarkeiten vor, die Abendland und Morgenland hier aufeinandergehäuft hatten: die prunkenden Stoffe des Ostens, die gleißenden Juwelen, die tausenderlei Luxusartikel, die unzähligen Dinge, die Auge und Sinn erfreuten. Und erst dieses Getriebe vor den Ausstellungsräumen! Diese Menge von Zelten und Hütten, Kiosks und Lauben, Pavillons und Bauernhäuschen, dies Durcheinander von Trachten aus allen Zonen der Erde, dies Gewirre von Sprachen, die an den hohen Norden, an Afrikas Süden, an die Inselwelt Japans und die Prärieen Amerikas erinnerten! Tausendfältig und unauslöschlich waren die Eindrücke, die der Besucher der Wiener Weltausstellung empfieng.

Schon der Besuch der ungeheuern Maschinenhalle, die sich mit dem Rücken an die große regulierte Donau lehnte, lieferte einen staunenswerten Beweis der ungeheuern Fortschritte, welche das Maschinenwesen und die Mechanik in unserer Zeit gemacht. Das war ein Dröhnen, Summen, Hämmern, Pochen, Schnurren, Pusten und Pfeifen der unzähligen Schlote, Räder, Riemen, Kurbeln, dass man mit scheuem Erstaunen vor den Erfindungen des Menschengeistes durch die hohe, weite Halle wandelte, in der Eisen und Holz, jedes Stückchen Metall, zu leben schien.

Begreiflich daher, dass zahllose Scharen Fremder nach Wien kamen, um sich diese Welt der Wunder zu besehen. Wien hat wohl noch nie so viele Gäste in seinen Mauern beherbergt als in den Monaten von Mai bis November

1873. Vor allem übte der Kaiser wieder die hochherzigste Gastfreundschaft. Fast sämmtliche regierende Fürsten Europas, außerdem viele Herrscher und Gesandte aus fremden Welttheilen trafen zum Besuche der Wiener Weltausstellung in der prächtigen Kaiserstadt an der Donau ein und waren meist Gäste unseres Monarchen. So war der Kronprinz des Deutschen Reiches bei der Eröffnung; mit dem ältesten Sohne desselben, Prinzen Wilhelm, dem nunmehrigen Deutschen Kaiser, schloss unser Kronprinz Rudolf die herzlichste Freundschaft, die auch über das Grab hinaus, in das der Kronprinz in so jungen Jahren sank, in treuem Gedenken fortdauerte.

In der Zeit vom 1. bis 7. Juni weilte Czar Alexander II. von Russland in Wien, wo er am kaiserlichen Hofe die auszeichnendste Aufnahme fand. Am 25. Juni traf die Kaiserin Augusta von Deutschland in Wien ein, da die Ärzte dem erkrankten Kaiser Wilhelm die Reise untersagt hatten. Als unser Monarch bei der Hoftafel einen Toast auf das Wohl des verbündeten Herrschers und seiner Gemahlin ausgebracht hatte, erwiderte Kaiserin Augusta:

„Eure Majestät wissen, wie schmerzlich der Kaiser bedauert, gegenwärtig nicht hier sein zu können. Euer Majestät wissen aber auch, dass es mein ehrenvoller Auftrag ist, seine jetzige Abwesenheit zu entschuldigen, und dass derselbe zugleich jener Freundschaft gewidmet ist, die in treuen Wünschen für das Wohl beider Majestäten, für das Wohl ihrer Völker und Länder herzlichen Ausdruck findet."

Kaiser Wilhelm I. traf übrigens doch noch zum Besuche der Ausstellung in Wien ein. Sobald seine Gesundheit sich wieder gekräftigt hatte, reiste er nach Wien und erwiderte die herzliche Begrüßung unseres Kaisers mit den warmen Worten: „Es ist mir eine besondere Genugthuung, dass ich den freundlichen Besuch, den Euer Majestät mit Seiner Majestät dem Kaiser von Russland mir im vorigen Jahre in Berlin machten, noch während der Ausstellung habe erwidern können. Die damals unter uns ausgetauschten freundschaftlichen Gesinnungen, die ich jetzt hier in vollem Maße wiedergefunden habe, sind eine Bürgschaft des europäischen Friedens und der Wohlfahrt unserer Völker."

In der zweiten Hälfte des Septembers war auch König Victor Emanuel in Wien eingetroffen. Kaiser Franz Josef und seine Völker dachten nicht mehr vergangener Tage, verflossener Leiden. Der Empfang, der dem königlichen Gaste in Wien bereitet wurde, war besonders herzlich. Großmüthig im Vergeben und edelsinnig im Vergessen ist das Gemüth des Wieners, vor allem das Herz des höchstgeborenen Wieners, unseres Kaisers. Selbst die heißblütigen Italiener waren so entzückt von all den Ehren und Auszeichnungen, die ihrem Könige in Wien bereitet wurden, dass aus allen Theilen Italiens Zuschriften und Dankestelegramme an den Gemeinderath von Wien einliefen.

Weniger ein Gegenstand herzlicher Beglückwünschung als naiven Staunens war der diamantenreiche Schah von Persien, der König der Könige, Nasr-ed-din, der gleichfalls längere Zeit in Wien verweilte. Auch die Fürsten von Montenegro, Rumänien und Serbien waren in Wien eingetroffen, wie denn durch die Weltausstellung Österreich-Ungarns Handelsbeziehungen zum Oriente ganz besonders gekräftigt und erheblich ausgedehnt wurden.

Mit vollem Rechte konnte daher am Schlusse der denkwürdigen Ausstellung, die soviel Glanz und Pracht in sich vereinigt hatte, eine Wiener Zeitung schreiben: „Es war ein Friedensfest, welches die Völker in Wien vereinigt gefeiert haben, vom ersten Maientage bis zum Tage Allerseelen. Das gesammte Culturleben der Gegenwart, das unendliche Gebiet der Volkswirtschaft ward hier zur Anschauung gebracht. Ein Naturpark, wie solchen keine zweite Reichshauptstadt aufweisen kann, bildete die Scene für dieses Schauspiel sondergleichen, und in demselben erhoben sich Bauten, wie der Industriepalast, die Maschinenhalle, der Kunsthof, von enormen, fast fabelhaften Proportionen, die selbst wiederum als ein Triumph der Technik unserer Tage angesehen werden konnten."

„Reicher als je vorher hatte sich das Morgenland diesmal betheiligt, und man wird die Wiener Weltausstellung wohl dereinst als den Ausgangspunkt einer neuen, an Wechselbeziehungen zwischen Orient und Occident reicheren Ära bezeichnen. -- Aus allen Theilen der Erde strömten die Gäste hieher an die Donau. Alle waren einstimmig in Lob und Anerkennung des gewaltigen Werkes im Prater; sie alle hatten nur Worte des Ruhmes und Dankes für Österreich, welches das große Culturbild zum Nutzen, zum Heil und zur Ehre der ganzen Menschheit geschaffen. Freuen wir uns von ganzem Herzen, dass ein großes österreichisches Werk gelungen und dass unser Vaterland nach so vielen Fehlschlägen einen Erfolg errungen hat, den der Neid verkleinern möchte, für den uns aber der Beifallsruf der Menschheit lohnte. Die Weltausstellung hat zu jenen epochemachenden Monarchenbegegnungen Anlass und Gelegenheit gegeben, welche den Frieden Europas sicherten. Das ist der moralische und zugleich der politische Erfolg derselben, dessen Bedeutung groß genug ist, um vor Unterschätzung gesichert zu sein. Die Wiener Weltausstellung aber selbst war für die Läuterung des Geschmackes, für die Entwickelung mancher Industriezweige, für die Erweiterung unserer Absatzgebiete, für die Vermehrung unserer Erfahrungen auf industriellem und commerciellem Gebiete von segensreichen und weittragenden Folgen für die Zukunft."

Weit mehr als sieben Millionen Menschen besuchten vom Tage der Eröffnung bis zum Schlusse die Ausstellung, die in glänzender Weise bekundete, wie reichgesegnet unser Staat durch die Fülle und Mannigfaltigkeit der Naturgaben ist, und in welch staunenswerter Pracht sich Kunst und Industrie auf diesem reichen Boden entfalten.

So konnte, als der neue, zum erstenmale aus dem Volke selbst hervorgegangene Reichsrath zusammentrat, Ritter von Schmerling mit vollem Rechte die Worte aussprechen: „Die öffentlichen Verhältnisse Österreichs, wie unseres Kaiserhauses sind derart, dass wir der Vorsehung unseren Tribut dafür mit Dank zollen dürfen."

Der Kaiser aber durfte in der Thronrede, mit welcher er den neuen Reichsrath eröffnete, mit hoher, freudiger Genugthuung den Abgeordneten seiner Völker zurufen: „Die Besuche, welche mir die Herrscher benachbarter und ferner Reiche während der Weltausstellung abstatteten, haben die Bande der Freundschaft mit diesen Reichen enger geknüpft, die Bürgschaften des Friedens vermehrt und der Stellung der Monarchie im Rathe der Staaten erhöhtes Ansehen verliehen. Nach wechselvollen Kämpfen steht Österreich im Innern sich verjüngend, nach außen achtunggebietend da. Aus allen Gebieten des öffentlichen Lebens sind die Schranken, welche der freien Bewegung hemmend entgegenstanden, beseitigt und die Wege betreten, die zur Lösung der großen Aufgabe führen, zur Einigung der Völker Österreichs zu einem mächtigen, von den Ideen des Rechtes und der Freiheit getragenen Staate."

Wie eine düstere Wolke über eine im Sonnenlichte lachende Landschaft zog zwar damals über unser Vaterland eine unheilvolle finanzielle Krisis, die in maßlosen Geldspeculationen ihren traurigen Grund hatte; der sogenannte „Krach" ruinierte viele Existenzen und verwandelte leichterworbenen Reichthum in bitterste Dürftigkeit; er hatte aber doch die eine heilsame Folge, dass man allgemein den Wert ernster Arbeit höher schätzen lernte und den Genuss nicht ohne die Mühe des Erwerbens erstrebte. Es war des Kaisers Wille, dass die Regierung nur dort half, wo die Hilfe wirklich angezeigt und wo Verluste mehr eine Folge des Unglückes als selbstverschuldeten Leichtsinns waren. In diesem Sinne erließ auch der Kaiser unter dem 8. Februar 1874 ein Handschreiben an den Ministerpräsidenten, worin es hieß: „Es liegt Mir am Herzen, dass alles aufgeboten werde, um den bedrängten Classen der Bevölkerung jede thunliche Erleichterung zutheil werden zu lassen. Insbesondere wünsche Ich das Augenmerk darauf gerichtet zu sehen, dass die Bauthätigkeit zur Herstellung von Werken, die im öffentlichen Interesse nothwendig oder in volkswirtschaftlicher Beziehung wichtig sind, angeregt und gefördert und dadurch Arbeit für fleißige Hände und Verdienst für zahlreiche Gewerbe geschaffen werde."

Dass trotz dieser vorüberstreichenden, wenn auch tiefen und düsteren Schatten auf allen Gebieten des öffentlichen Lebens ein lebhafter Aufschwung stattgefunden hatte, mögen einige Ziffern beweisen, denn sie sprechen wohl die beredteste Sprache.

So betrug im Jahre 1850 der Wert unserer Industrieerzeugnisse nur 299, im Jahre 1870 aber 1637 Millionen Gulden; jener der Einfuhr damals 62, im letztgenannten Jahre aber 652 Millionen. Die Eisengewinnung hob sich seit dem Jahre 1848 bis 1871 von 3·9 auf 8·6 Millionen Centner; die Kohlenausbeute von 18·8 auf 198·2 Millionen Centner. Die Zahl der Sparcassen der im Reichsrathe vertretenen Königreiche und Länder betrug im Jahre 1851 nur 52, sie stieg bis zum Jahre 1870 auf 184; die Zahl der einlegenden Parteien wuchs von 324.000 auf 925.000, das Einlagecapital hatte sich in dem genannten Zeitraume von 77·3 Millionen auf 539 Millionen Gulden vermehrt.

Wir könnten diese Ziffern noch um viele andere vermehren, aber schon diese wenigen Beispiele liefern wohl den deutlichsten Beweis des ganz ungeheuern Fortschrittes, den unser Staat seit des Kaisers ersten Regierungsjahren bis zu dem fünfundzwanzigjährigen Herrscherjubiläum gemacht, welches in treuer

Liebe und festlichem Glanze zu begehen man sich schon in allen Theilen des Reiches rüstete.

Es gab wohl kaum ein Dorf, kaum einen kleinen Weiler, der nicht, um den Kaiser zu ehren, wenn auch noch so schlichte Zier angelegt hätte. Freudenfeuer erstrahlten auf den Spitzen der Berge, Fahnen flatterten von den Häusern der Städte, und aufrichtige wahre Freude wohnte in den Herzen aller Unterthanen, ob hoch oder niedrig, vornehm oder gering. Die gemeinsame Begeisterung glich alle Gegensätze der Sprache, des Standes und Vermögens aus.

Ungarns Huldigungen hatte das Herrscherpaar in den letzten Tagen des November in Ofen-Pest entgegengenommen. In Wien versammelten sich alle Mitglieder des Kaiserhauses, hier trafen alle kirchlichen und militärischen Würdenträger und unzählige Deputationen der einzelnen Länder, Städte, sowie verschiedener Körperschaften ein.

In großartigster Weise hatte die Reichshaupt- und Residenzstadt Wien sich zu dieser Feier gerüstet. Hatte doch die Kaiserstadt vor allem Ursache, in dankbarer Liebe den Monarchen hoch zu ehren, dem sie so vielfach verpflichtet war. Die Fesseln mittelalterlicher Basteien und Mauern waren gefallen, Prachtbauten erstanden, neue Denkmale hatten sich erhoben, und gesundes frisches Wasser strömte durch die Adern der in verjüngter Schönheit erblühenden Weltstadt. Am 21. April 1871 wurde mit der Anlage des großen Wasserreservoirs am Rosenhügel bei Wien begonnen, der Kaiser that den ersten Spatenstich, und die feierliche Eröffnung der neuen Hochquellen-Wasserleitung fand am 24. October 1873 statt. Sie erhielt den Namen „Kaiser-Franz-Josef-Leitung“, und als Ehrengeschenk brachte Wiens Bürgerschaft dem Herrscher eine kostbare goldene Medaille dar, mit der einfachen, aber vielsagenden Inschrift: „Imperatori grata Vindobona, Dem Kaiser das dankbare Wien.“

Zur Feier des Kaiserjubiläums beschloss der Gemeinderath von Wien, die edlen Absichten des Herrschers würdigend, eine Stiftung ins Leben zu rufen, deren Zinsen gemeinnützigen Zwecken, der Hebung unverschuldeter Nothlage, gewidmet sein sollten, und die für alle Zeiten den kaiserlichen Namen tragen sollte. Mit inniger Freude nahm der Kaiser, der stets mit so reichen Händen Wohlthaten ausstreut, diesen Gedanken auf, indem er auf die Ansprache des Bürgermeisters folgende schöne Worte erwiderte:

„Ich bin hoch erfreut, dass man in der Bürgerschaft Wiens diesen Tag zum Anlasse eines Wohlthätigkeitsactes zu nehmen beabsichtigt. Es ist dies die Art, ihn zu feiern, welche Mir wenigstens die erwünschteste ist. Ich möchte der Bestimmung der Herren nicht vorgreifen, meine aber, dass angesichts der schwierigen Verhältnisse, mit welchen jetzt der Stand des Kleingewerbes Wiens zu kämpfen hat, diesem Stande die Stiftung zugewendet werden sollte. Ich halte das für die passendste Verwendung des Fonds, dessen Widmung Ich gerne annehme, und spreche allen, welche an dieser Schöpfung theilnehmen, Meinen aufrichtigen Dank aus. Ich bin Ihnen, meine Herren, doppelt dankbar und bin gerührt, sowohl in Hinblick auf den Tag, welchen Sie zu feiern gedenken, als auch des Zweckes wegen, dem die Stiftung zugeführt werden soll, und der Mir der liebste ist."

Diese kaiserlichen Worte fanden lebhaften Wiederhall. Die Betheiligung an der Bildung dieses einem so wohlthätigen Zwecke gewidmeten Fonds war sowohl von Seite des Adels als der vermögenderen Bürgerclassen überraschend groß. Schon am 3. December konnte der Kaiser in seinem Handschreiben an den Ministerpräsidenten es aussprechen: „Mit besonderer Befriedigung hat es Mich erfüllt, dass eine Äußerung Meines Wunsches genügte, um einen wahrhaft rührenden Wetteifer in der Bekundung des edelsten Wohlthätigkeitssinnes hervorzurufen, Thränen der Armut zu trocknen und bedrängten Kreisen Hilfe zu bringen." – Wie oft hat seitdem der „Franz-Josef-Fonds" Rettung gebracht oder Linderung gespendet!

Am Vortage des Festes empfieng der Kaiser die Vertreter des österreichischen Abgeordnetenhauses und des Wiener Gemeinderathes.

In edlem Schwunge hieß es in der Adresse des Abgeordnetenhauses an Seine Majestät: „Dem 2. December 1873, an welchem Tage Eure Majestät das fünfundzwanzigste Jahr Ihrer Regierung über die österreichisch-ungarische Monarchie vollenden, schlagen die Herzen aller Staatsbürger mit gesteigerter Begeisterung entgegen, und sie feiern diesen Tag mit den Gefühlen der innigsten Anhänglichkeit und Freude, des aufrichtigsten Dankes und der herzlichsten Segenswünsche, sowie mit wärmsten Gebeten, die für Eure Majestät zum Himmel emporsteigen; denn die Völker Österreichs erkennen mit dankbarer Freude die reiche Fülle der Segnungen, welche die fünfundzwanzigjährige Regierung Eurer Majestät über das ganze Land ausgebreitet hat; und in diesen fünfundzwanzig Jahren hat in Freud' und Leid, in Glück und Heimsuchung das alte Band österreichischer Volkstreue für seinen Monarchen sich nicht nur bewährt, sondern auch noch fester geschlungen, und tief empfinden es alle Herzen, dass die Vorsehung dem Volke keinen höheren Segen gewähren könne als die lange Erhaltung des Vaters des Vaterlandes."

Die tief empfundenen Worte, mit denen der Kaiser die huldigende Ansprache der Stadtvertretung erwiderte, verweilten mit besonderer Liebe bei dem Gedeihen Wiens.

„Lassen Sie Mich," entgegnete der Monarch, „bei dieser Gelegenheit aussprechen, mit wie freudigem Stolze Ich auf die glänzende und glückliche Entwickelung Wiens in diesen fünfundzwanzig Jahren zurückblicke, und wie Ich die auch von der Gemeindevertretung mit so viel Patriotismus, Umsicht und Schönheitssinn geförderte Stadterweiterung als eines der schönsten Denkmäler Meiner Regierung betrachte. Wie immer hat die gesammte Bevölkerung Wiens ihre aufrichtige Anhänglichkeit an Mich und Mein Haus auch bei dem gegenwärtigen Anlasse mit unzähligen Beweisen der Liebe und Treue zum Ausdrucke gebracht, sprechen Sie hiefür allen Bürgern und Bewohnern Wiens Meinen herzlichen Dank aus und sagen Sie ihnen, dass die Liebe Meines Volkes das Glück Meines Lebens bildet."

Am Vorabende des 2. Decembers fand ein imposanter Zapfenstreich statt, der von sämmtlichen Musikkapellen der Wiener Garnison ausgeführt wurde. Ein Schauspiel voll überraschender Pracht war die Beleuchtung, in welcher Wien an diesem Abende prangte. Nicht bloß die Paläste des Adels und der Reichen schimmerten in tageshellem Glanze, auch die letzten Vorstadthäuser, wo die Armut und das Elend wohnt, waren, so gut es gehen wollte, mit Lichtlein ausgeschmückt.

Das Kaiserpaar und der Kronprinz machten nach Einbruch der Dunkelheit eine Rundfahrt durch die Straßen. Sie glich einem Triumphzuge, wie kaum ein römischer Imperator je einen solchen erlebt hatte. Alles drängte sich an die Wagen, jeder wollte den Kaiser sehen, ihn begrüßen, ihm dankend huldigen. Man wollte an manchen Stellen die Pferde vom kaiserlichen Wagen ausspannen; die Straßen und Plätze waren so dicht von Menschenmassen angefüllt, dass die Wagen nur im Schritt vorwärts kommen konnten, ja hie und da sogar ganz still stehen mussten, bis es möglich war, in dem unabsehbaren Menschengewühl Raum zu schaffen.

Eine der schönsten und erhebendsten Huldigungen in diesen Tagen der Freuden und Feste war wohl diejenige, welche die Armee ihrem obersten Kriegsherrn darbrachte und zwar darbrachte durch den Mund des Oheims des Kaisers, Erzherzogs Albrecht, des siegreichen Feldmarschalls Österreichs.

Lassen wir einen Theilnehmer und Augenzeugen dieser weihevollen und ergreifenden Scene dieselbe mit seinen eigenen Worten schildern. *)

„Zu früher Stunde des prachtvollen zweiten Decembers herrschte schon bewegtes militärisches Leben in der Stadt und in den Vorstädten Wiens. Ungewöhnlich viele Generale waren sichtbar. Ein großer Theil, seit Jahren von den Anstrengungen eines bewegten Soldatenlebens in stiller Zurückgezogenheit einer Provinzstadt ausruhend, war aus allen Gegenden, von den entferntesten Punkten des weiten Reiches herbeigeeilt, um an der Beglückwünschung des obersten Kriegsherrn persönlich theilzunehmen."

„Nach den Feldmessen, die in den Kasernen abgehalten wurden, begaben sich die höheren Officiere in die Hofburg, die bald zum Mittelpunkte des Festes wurde. Im Rittersaale versammelte sich lange vor der anberaumten Stunde schon eine große Anzahl Generale und Stabsofficiere, zu denen sich später die erlauchten Prinzen des Kaiserhauses gesellten. Alle Uniformen des österreichischen Heeres waren zu sehen, Mitglieder der Armee, der beiden Landwehren, der Marine befanden sich im brüderlichen Vereine und lebhaften Gespräche, ein getreues Bild von dem kameradschaftlichen Geist der Officiere und der Mannigfaltigkeit des Kaiserstaates gebend."

„Vom sehr rüstigen achtzigjährigen Feldzeugmeister Grafen Coronini, dem einstigen Erzieher des Kaisers, vom wackern, vielerprobten General der Cavallerie Grafen Haller, der wenige Tage früher das seltene Fest der 60jährigen Officiersdienstzeit gefeiert hatte und hiezu durch ein Allerhöchstes Handschreiben in schmeichel-

*) Albin von Teuffenbach, Vaterländisches Ehrenbuch.

hafter Weise beglückwünscht worden war, von diesen und anderen Veteranen aus den Befreiungskriegen abwärts bis zu Stabsofficieren von jugendlichem Aussehen war jedes Alter, jede Charge vertreten. Die Versammlung selbst erhielt den wahren militärischen Ausdruck durch die freiwillige Unterordnung des Kronprinzen und der Erzherzoge, die sich nicht an der Spitze der Officiere, sondern in jener Eintheilung befanden, welche ihnen vermöge ihres militärischen Ranges zukam."

„Eine weihevolle Stimmung beherrschte alle Anwesenden. Mit größter Spannung wurde das Erscheinen Sr. Majestät erwartet. Als es angekündigt wurde, trat die größte Stille ein; der Kaiser durchschritt die Reihen der Officiere, nach beiden Seiten freundlich grüßend und stellte sich an der Fensterwand auf. Feldmarschall Erzherzog Albrecht hielt im Namen des Heeres eine Ansprache mit klarer, weit vernehmbarer, fester Stimme und mit jener Innerlichkeit, die nur die tiefwurzelnde Überzeugung von der Wahrheit des Gesprochenen einflößen kann. Stets der wärmste Vertreter der Armee war er mit dieser markigen, allen aus dem Herzen gesprochenen Rede ihr glücklichster und beredtester Anwalt."

Der Erzherzog erneuerte in seiner Ansprache die Versicherungen der unwandelbaren Treue und erbat sich im Namen der gesammten Wehrkraft des Reiches die Fortdauer der väterlichen Fürsorge und Zuneigung, mit welcher der oberste Kriegsherr die Armee durch fünfundzwanzig Jahre beglückt hatte.

Alle Anwesenden waren tief ergriffen, auch auf den Kaiser hatten die innigen Worte seines schlachtenerprobten Oheims einen mächtigen Eindruck hervorgebracht. Schon die ersten Worte, die der Kaiser erwiderte, wurden mit bewegter Stimme ausgesprochen, nur die Kraft des Willens konnte die steigende Rührung bemeistern.

Des Kaisers Antwort lautete folgendermaßen:

„Ich danke Ihnen für die Mir zu einem Zeitabschnitte von fünfundzwanzig Jahren dargebrachten Glückwünsche."

„Ich danke vor allem dem siegreichen Feldherrn, der heute an Ihrer Spitze steht, für die Mir und dem Vaterlande während dieses Zeitabschnittes geleisteten hingebungsvollen und ausgezeichneten Dienste."

„Ich danke Ihnen allen, Ich danke Meiner gesammten Armee und Marine für die in guten und bösen Tagen bewährte Treue und Anhänglichkeit."

„Trotz harter Schicksalsschläge, trotz vieler unverdienter Anfeindung, trotz der nothwendigen Umwandlungen hat sich der alte, feste und gute Geist unerschüttert erhalten, mit frischem Muthe und aufopferungsvoller Ausdauer arbeiten Sie alle an der Heranbildung und Vervollkommnung der Kriegsmacht."

„Auch hiefür Meinen Dank."

„Ich danke den beiden Landwehren für den in der Periode Ihrer Entwickelung bewiesenen Eifer, der Mir die Bürgschaft gibt, dass dieselben in den Tagen der Gefahr die Armee mit Erfolg unterstützen werden."

„Ich danke allen denjenigen, die nicht mehr im activen Dienste sind, für die Mir geleisteten treuen und guten Dienste."

„Mit Wehmuth und in dankbarer Erinnerung gedenke ich derer, die nicht mehr sind; der ruhmreichen Führer Meiner Armee in vielen Schlachten; derer, die ihr Leben und Wirken dem Besten der Armee geweiht haben. Ich gedenke des unvergesslichen Admirals, der Meine Flotte zu Sieg und Ruhm geführt; der Tausende, die ihr Leben auf dem Felde der Ehre gelassen haben."

„Ich spreche die Zuversicht aus, dass auch künftig die Wehrkraft die festeste Stütze des Thrones und Vaterlandes sein wird, dass sie der Felsen bleibt, an welchem im Sturme die Wogen sich brechen, dass sie Meinem Sohne dieselbe Liebe und Treue weihen wird, die sie Mir stets bewiesen hat."

„Lassen Sie es Ihnen noch sagen, wie warm Mein Herz für Sie alle schlägt, und so schließe Ich mit dem aus dem Innersten dieses Herzens kommenden Wunsche: Gott segne und beschütze Meine braven Truppen, Gott knüpfe den Sieg an ihre Fahnen!"

War der Kaiser schon gleich im Beginne seiner Rede ergriffen, so nahm seine innere Bewegung im Verlaufe derselben immer mehr zu. „Als er an jene Stelle kam," erzählt ein Officier, der an diesem schönen Feste theilgenommen hatte, „wo er mit Wehmuth derer gedachte, die nicht mehr sind, da wurde seine Sprache trotz sichtbarer Selbstbeherrschung nur mehr das Spiegelbild der inneren Bewegung. Tiefe Wehmuth hatte sich der Person des obersten Kriegsherrn bemächtigt, und erst nach Augenblicken der Ruhe gelang es ihm, seine Fassung wieder so weit zu erringen, um die Rede fortsetzen zu können. Gesteigert wurde dieses Gefühl noch bei der Rückerinnerung an die ruhmvollen Führer des Heeres, an den unvergesslichen Admiral, an die auf dem Felde der Ehre Gefallenen und bei der Erwähnung des Kronprinzen. Das Vaterherz brach sich gewaltsam Bahn, Thränen erstickten wiederholt die Worte des Kaisers, sein Schluchzen war laut vernehmbar.

Des Kaisers tiefe Empfindung übertrug sich auf die ganze glänzende Versammlung. Kein Auge blieb thränenleer, eine große Erschütterung wurde an allen sichtbar, und als der Kaiser seine ergreifende, aus dem innersten Herzen strömende Rede geendigt hatte, die ein Denkmal seiner Dankbarkeit als Herrscher, seiner Herzensgüte als Vater und Mensch bleiben wird, brauste ein Sturm von Hochrufen durch den Saal; die Begeisterung, die alle ergriffen hatte, sprengte alle Fesseln. Der Jubel und das Hutschwenken währte noch fort, als der Kaiser sich diesen Huldigungen seiner treuen Krieger schon lange entzogen hatte.

Schön fügt der Schriftsteller, dem wir in der Darstellung dieser Ereignisse wiederholt das Wort geliehen, dieser Schilderung hinzu: „Die Thränen, die der Kaiser geweint, sind Perlen, in seinem Herzen geboren, die Armee hat sie als unschätzbares Gut übernommen und wird sie hüten als ihren heiligsten Besitz."

Der Kaiser stiftete zur Erinnerung an diesen Tag die Kriegsmedaille, welche allen verliehen wurde, die seit 1848 einen Feldzug mitgemacht hatten. Wir fügen gleich hier bei, dass der Kaiser auch im Jahre 1890 seiner treuen Armee ein neues Zeichen seiner Huld zutheil werden ließ, indem er die Militär-Verdienstmedaille stiftete, die von allen Personen getragen werden sollte, welche die belobende Anerkennung oder den Ausdruck der kaiserlichen Zufriedenheit für Leistungen im Kriege erhalten haben.

Auch die öffentlichen Blätter, und zwar nicht nur die des Inlands, sondern auch die ausländischen Zeitungen, besonders deutsche und englische, feierten das fünfundzwanzigjährige Herrscherjubiläum unseres Kaisers in wärmster und herzlichster Weise, und freudig durften Österreichs Völker in die Worte einstimmen, die ein englisches Blatt aus diesem Anlasse niederschrieb: „Nie zuvor war Österreich so festgestellt in den Grundbedingungen aller wirklichen Größe; nie zuvor war seine Allianz so gesucht und seine Wohlfahrt in so hohem Grade ein Gegenstand des Interesses und der Sympathie aller Nachbarstaaten; der Kaiser hat eine solche Sachlage durch seine Ritterlichkeit, durch sein treues Festhalten an seinen Zusagen gewonnen, und darum wurde ihm auch von Millionen zugejubelt, ist er auch von Millionen gesegnet worden."

Nicht mit Unrecht verglich man des Kaisers Regierung mit dem Herrscherwalten Rudolfs von Habsburg, des ruhmvollen Ahnherrn unserer Dynastie. Wie dieser der „schrecklichen, der kaiserlosen" Zeit ein Ende gemacht und Ordnung und Sitte an Stelle wüster Fehden und trotzigen Raubritterwesens wieder zu Ehren gebracht, so hatte auch Kaiser Franz Josef auf ein wildes Chaos die Segnungen des Friedens und der Cultur folgen lassen.

Wie bezeichnend sind folgende Worte, welche damals Englands größte Zeitung, die „Times", dem kaiserlichen Jubelfeste widmete: „Es gibt Momente im Leben des Menschen," heißt es in dem Weltblatte, „die reichen Lohn bringen für lange Jahre voll Sorge, Arbeit und Mühe, und solchen Charakter mag auch der Abend getragen haben, an dem Kaiser Franz Josef durch die glänzend beleuchteten Straßen Wiens fuhr und von den Hunderttausenden, die Seiner dort harrten, einen freiwilligen Tribut an Liebe und Dankbarkeit erntete, wie er wenigen Monarchen gegönnt ist. In einem Alter, in welchem die meisten jungen Leute in so hoher Lebensstellung sich den süßen Freuden des sich ihnen erschließenden Lebens hingeben, wurde er zur Herrscherwürde berufen. Schwer lastete die auf sein Haupt gesetzte Krone, und herculisch war die übernommene Aufgabe. Anderer Verirrungen und Missgriffe sollte er wieder gut machen, das schöne, von den Vorfahren übernommene und an den Rand des Abgrunds gedrängte Erbe retten und mit Recht mochte er ausrufen: „Fahre hin, meine Jugend!" Es war dies keine hohle Phrase, und noch leben viele, die sich eines gewissen Fensters in der Burg erinnern, an dem allein Licht bis in die späte Nacht und vor Tagesanbruch bemerkt wurde. Das Fenster gehörte zum Arbeitszimmer des Kaisers, der seine Jugend opferte, um Reich und Volk zu verjüngen. Jahr um Jahr gieng dergestalt dahin, Heimsuchung folgte auf Heimsuchung, und es bedurfte einer großen Entschlossenheit und Charakterstärke, um nicht die erfolglos scheinende Arbeit aufzugeben und abgestumpft zu werden gegen Schicksalsprüfungen, die sich auf dem Haupte desjenigen häuften, der Tag und Nacht nach der Wohlfahrt seines Volkes rang. Selbstvertrauen aber und Ausdauer, vor allem jene Selbstbeherrschung, die alles der Pflicht zum Opfer bringt, und jener moralische Muth, der fern hält falschen Stolz und aus der Erfahrung Nutzen zu ziehen weiß, standen dem Monarchen helfend zur Seite. Und dieser Selbstverleugnung ist der verdiente Lohn nun in vollem Ausmaße zutheil geworden. Dasselbe Österreich, das vor fünfundzwanzig Jahren, als an die Spitze seiner Schicksale der jugendliche Kaiser gestellt wurde, dem Zerfalle nahe war, steht jetzt gesunder und kräftiger als je zuvor da. Das von dem jungen Kaiser bei der Thronbesteigung gewählte Motto: „Viribus unitis" ist zur Wirklichkeit geworden. Die mannigfachen Völkerstämme Österreichs haben einsehen gelernt, dass das Interesse jedes einzelnen von dem Bestande des Gesammtstaates abhängt, und dass sie darum allesammt mit vereinter Kraft arbeiten müssen."

„Wien unternahm es, im Namen der Bevölkerung des Reiches zu sprechen und that es in würdiger Weise. Wien illuminierte, und großartiger mag nie eine Beleuchtung gewesen sein; diese Großartigkeit war aber nicht Wirkung einzelner Details, sondern des staunenswerten vollständigen Ganzen, zu dem der schlichteste Handwerker nach seiner Weise ebenso beitrug, wie der Krösus in seinem Ringstraßenpalaste. Die engsten und vereinsamtesten Gässchen, sie waren allerorten und ausnahmslos beleuchtet."

„Und noch überwältigender als die Beleuchtung war die nach Tausenden zählende Volksmenge auf dem Wege, den des Kaisers Rundfahrt nahm — die vom Anfang bis zum Ende einem Triumphzuge glich, veranlasst durch tief empfundene Liebe und Dankbarkeit."

Versetzen wir uns aus dem Lichtermeere der Residenz auf den Schwingen unserer Phantasie in die trostlose Öde des eisumstarrten Nordens! Hier lag, von eisigem Walle, den keine Menschenmacht und keine Dampfkraft durchbrechen konnte, eingeklammert, regungslos ein Schiff, auf dem ein Häuflein österreichischer Unterthanen auch das Fest ihres Kaisers feierte. Es war die Mannschaft des Schiffes „Tegetthoff", das im Sommer 1872 ausgefahren war, um die Entdeckung des Nordpols zu wagen.

Unter dem 79° 51' n. B. war das Schiff vom Eise eingeschlossen worden, furchtbar presste dieses an die Planken des Fahrzeuges und drohte es zu vernichten, lang schon hatte der kurze nordische Sommer Abschied genommen, und die hundertneuntägige Nacht hatte begonnen. Wochenlange verweilte jetzt der Mond über dem Horizonte, aber er vermochte keinen Ersatz für die fehlende Leuchtkraft der Sonne zu gewähren. Auch die zahlreichen Nordlichter verbreiteten nur geringe Helle. Obwohl nichts heller sein kann als die Farbe des Schnees, der die Eisberge und Blöcke ringsum deckte, war's doch dort hoch im Norden im December selbst am Mittag fast so finster wie um Mitternacht in unseren Breiten.

Die Männer, welche die Zeit vom August 1872 bis zum Mai 1874 auf dem eingeschlossenen Schiffe zugebracht und von demselben die gefahrvollsten Schlittenreisen zur Erforschung der neu entdeckten Polarländer unternommen hatten, gedachten dennoch mit Treue und Liebe der Festtage ihres Kaisers. So erzählt Oberlieutenant Payer, der heldenmüthige Führer der Expedition: „Am 18. August 1873, dem Geburtstage Sr. Majestät unseres Kaisers, wurden die Flaggen gehisst (nur diese Form unserer Loyalität war uns übrig geblieben);

unser Mittagstisch war reichlich besetzt, obgleich strenges Fasten näher gelegen wäre, denn drei Tage darauf erschien der traurige Jahrestag unserer Einschließung vom Eise."

Welch furchtbare Entbehrungen und Mühsale mussten noch erduldet werden, ehe die Rettung winkte! Wenn auch das eigentliche Ziel, die Durchfahrt zum Nordpole, nicht gelungen war, so wurde dennoch die Kenntnis der Polarländer bedeutend vergrößert, ein neues Gebiet, das Franz-Josefs-Land, entdeckt und so der Wissenschaft wesentliche Dienste erwiesen.

Das neuentdeckte Franz-Josefs-Land dürfte mindestens dieselbe Ausdehnung wie die Insel Spitzbergen haben. Es besteht aus mehreren größeren Landmassen und einer Anzahl vorgelagerter kleinerer Inseln, zwischen denen der ziemlich breite Austria-Sund sich hinzieht. Das Land hat mehr oder minder hohe Gebirge aufzuweisen, deren Gestein vorwiegend Dolomit, theilweise auch Sandstein oder Thonschiefer ist. Der Pflanzenwuchs ist äußerst ärmlich, zusammenhängende Grasplätze oder baumartige Pflanzen fehlen gänzlich, nur kümmerliche Flechten gedeihen stellenweise. Außer zahlreichen Eisbären und Scharen von Wandervögeln fanden sich nur vereinzelte Spuren von Schneefüchsen und Polarhasen. Die Thierwelt des Meeres besteht aus Walrossen, Seehunden und aus wenigen Arten von Krustenthieren und Seesternen. In dieser Eiswüste vermag kein Mensch zu hausen, auch der genügsame Eskimo vermöchte hier nicht fortzukommen, denn das Renthier fände hier zu wenig Nahrung.

Unsäglich mühevoll und mit unbeschreiblichen Beschwerden verbunden war die Rückreise, welche, nachdem man den rettungslos verlorenen „Tegetthoff" verlassen musste, theils auf Zugschlitten, theils auf Kähnen über Gletscher und Schnee-Ebenen, sowie durch Wasserflächen, sogenannte „Wacken", angetreten werden musste, ehe man, immer südwärts ziehend, das offene Meer erreichte und mit Jubel begrüßte.

„Und auch in diesem Zustande der Schiffbrüchigkeit," erzählt Payer in seinem Tagebuche, „suchten wir das Geburtsfest unseres erhabenen Monarchen in unserer Weise zu feiern, indem wir unsere Boote beflaggten, uns in einem kleinen See wuschen und einen schwachen Thee durch etwas ersparten Alkohol kräftigten."

Es war ein außerordentlich glücklicher Zufall, dass ein russisches Schiff, der „Nikolaj", gerade damals an den Küsten von Nowaja-Semlja kreuzte, welches die zu Tode ermatteten Theilnehmer der österreichischen Nordpolexpedition an Bord aufnahm und an die Küste Norwegens brachte.

Am 25. September 1874 kehrten endlich, nach zweijähriger Verbannung in den Eiswüsten des Nordpols, diese muthigen Forscher in die Heimat zurück. Sie verdienen vollauf unsere Bewunderung, und sie machten sich in hohem Grade der kaiserlichen Anerkennung würdig, die ihnen in reichem Maße nach ihrer Rückkehr zutheil wurde. War auch das ganze Unternehmen nicht unmittelbar der Anregung des Monarchen entsprungen, war es auch hauptsächlich aus dem edelsinnigen Antriebe des Grafen Hans Wilczek hervorgegangen, so hatte es sich doch der kaiserlichen Unterstützung und Förderung in hohem Grade zu erfreuen.

Die kühnen Männer der Expedition, unter denen an erster Stelle Oberlieutenant Payer, die Schiffslieutenants Weyprecht und Brosch, sowie der Arzt Dr. Kepes zu nennen sind, brachten Österreichs Namen zu neuen Ehren und errangen auf dem Felde der Wissenschaft unserem geliebten Vaterlande frische Lorbeeren.

Wir schließen diesen Abschnitt, wie wir denselben begonnen, mit einem freudigen Ereignisse aus dem Familienleben des kaiserlichen Hauses. Wenige Wochen, nachdem das Jubelfest des Jahres 1873 verstrichen war, kam — es war um die Mitte Jänner des neuen Jahres — aus dem Bayerlande die fröhliche Kunde, dass der Kaiser Großvater geworden. Der Himmel hatte das kaiserliche Paar mit einem Enkelkinde beschenkt.

Der Kaiser stand damals in der Vollkraft des Mannesalters, er war von rüstigster Gesundheit, und seine Bewegungen zeigten jugendliche Anmuth und Frische. Frei und hoch trug er sein Haupt, mit gleich fester Hand wie in den Jahren des Jünglingsalters handhabte er den Stutzen und tummelte mit sicherer Gewandtheit das feurige Ross. Die Kaiserin, die man „die Rose von Bayern" nannte, war nur zu vollerer, reiferer Schönheit erblüht.

Kaum gab es noch irgendwo ein solches fürstliches Großelternpaar, solch eine holde, anmuthige Großmutter, und mit vollem Rechte konnte damals eine Zeitung schreiben: „Die meisten der Mitlebenden, die dieses Glückes, welches dem Herrscher, der Herrscherin geworden, theilnahmsreiche Zeugen waren, sie werden wohl — so weit menschliches Vorausahnen gilt — Zeugen noch größeren, noch höheren Glückes sein, sie werden es noch erleben, dass ein im Alter noch rüstiges Kaiserpaar Urenkel auf den Knien wiegt."

VIII.

Des Kaisers Persönlichkeit.

Der Kaiser fünfundzwanzig Jahre auf dem Throne! Der Kaiser Großvater! Wohl mag es jetzt am Platze sein, ehe wir unsere Erzählung von der Herrscherthätigkeit Franz Josefs fortsetzen, in wenigen Zügen ein Bild seines Charakters zu entwerfen, ihn als Menschen näher kennen zu lernen, den wir bisher nur vorwiegend als Regenten betrachtet haben.

Gedenken wir wieder zunächst einer Charakteristik des Monarchen aus lang entschwundener Zeit. Aus dem Anfang der Fünfziger Jahre entwirft ein feinsinniger Schriftsteller, A. von Sternberg, folgendes fesselnde Bild aus den höchsten Gesellschaftskreisen des damaligen Wien:

„Man kann sich denken, wie begierig ich war, den Träger einer der ältesten Kronen Europas, die auf ein so junges Haupt gesetzt worden, zu sehen. Diese Gelegenheit ließ nicht lange auf sich warten. Die prachtvollen Gemächer des Fürsten Liechtenstein öffneten sich, um den Hof und die Elite der Gesellschaft Wiens aufzunehmen, und hier war es nun, wo ich den Enkel einer so glorreichen Reihe kronentragender Helden zuerst erblickte. Er trug die Uniform eines Cavallerieregimentes, weiß, mit dunkler Bekleidung abwärts; auf seiner Brust zeigte sich der Orden des goldenen Vließes und der russische St. Georgs-Orden, ein Ehrenzeichen, das ihm der Kaiser Nikolaus nach der Affaire bei Raab sendete. Der junge Kaiser setzte in Verwunderung durch das so sehr Maßvolle seines Benehmens. Man möchte manchesmal die Jugend hervorbrechen sehen, diesen Mund spottend verzogen, diese Augen blitzend, über diese Lippen ein rasches feuriges Wort der Jugend hinbrausen hören — von alledem nichts! Er hat keine jugendlichen Zusammenkünfte, er schwärmt nicht mit dem jungen Adel seines Thrones, er ist immer gleich ernst, und nie hört man von ihm — auf den so viele Ohren lauschen — irgend eine seine Stellung compromittierende Äußerung. Trotzdem der Kaiser unausgesetzt tanzte, sah man ihm keine Ermüdung, aber auch keine Steigerung der Fröhlichkeit an. Von dem ersten Schritte, den er in den Saal that, bis zu dem Augenblicke, wo er ihn verließ, blieb er sich völlig gleich. Bei Privatfesten pflegt er eben nur zu tanzen; an Hoffesten, wo er nicht tanzt, sah ich ihn umhergehen und mit den an Rang und Alter angesehenen Gästen sprechen. Hier bewunderte man eben an dem jungen Fürsten die Gabe, jedem etwas Passendes zu sagen, nicht zu viel, nicht zu wenig, und niemals etwas berührend, was nicht berührt werden darf, und worauf doch das Lauscherohr so begierig horcht. — Der Kaiser ist von mittlerer Größe, nicht mager, allerdings auch nicht robust, aber ebensowenig schwächlich. Namentlich nimmt er sich zu Pferde sehr gut aus; er reitet elegant, ungezwungen, und es ist dann unmöglich, ihn aus dem Auge zu verlieren ... Von der Thätigkeit und dem Fleiße des jungen Herrschers erzählt man sich wahre Wunderdinge. Wenn er um sieben Uhr früh den Ballsaal verläßt, so ist er schon um zehn Uhr mit Ertheilung von Audienzen beschäftigt; dann arbeitet er und hält Conferenzen. Bis spät in die Nacht nimmt er Vorträge entgegen und spricht Personen, die er kommen läßt und von denen er Mittheilungen empfängt."

Dieser ernsten Auffassung von seinem Herrscherberufe, dieser rastlosen persönlichen Arbeit, dieser strengen Genauigkeit in der Erfüllung dessen, was er als Pflicht ansieht, all dem blieb der Kaiser Zeit seines Lebens treu. Unser Kaiser handelt stets nach der Devise, die er in späteren Jahren selbst niedergeschrieben hatte, als die Jugendschriftstellerin Thekla von Gumpert sich ein Autogramm Seiner Majestät erbeten hatte. Der edle Sinnspruch des Kaisers lautet: „Fordere von dir und von anderen die Erfüllung der Pflichten mit Ernst, aber sei milde im Urtheil über die Fehler des Nächsten."

Wenn Wien noch im Schlummer liegt, ist der Kaiser schon an der Arbeit. Im Sommer um vier Uhr, im Winter meist eine Stunde später, erhebt er sich von seinem Lager, zuweilen aber beginnt er seine Thätigkeit bereits um ein Uhr oder zwei Uhr des Morgens. Während des einfachen Frühstücks werden die Zeitungen gelesen, die auf dem Tische vor dem Kaiser ausgebreitet liegen.

Der Monarch würdigt sehr häufig die Anregungen, welche von den größeren Blättern ausgehen, und ist überhaupt, wie er es einmal gelegentlich einer Vorstellung von Journalisten selbst aussprach, überzeugt „von der Bedeutung, welche eine freie Presse für die Förderung des geistigen Lebens und für die richtige Erkenntnis der öffentlichen Zustände hat." Um sechs Uhr beginnen die Vorträge des General-Adjutanten, sowie der Vorstände der Militär- und Cabinetskanzlei, die oft mehrere Stunden währen, da der Kaiser jeden Bericht genau durchprüft. Sein bewunderungswürdiges Personen- und Sachgedächtnis unterstützt ihn hiebei in ausgezeichneter Weise. Die Entscheidungen über die einzelnen Vorträge und Berichte sind meist ebenso kurz als klar und bestimmt. „Der Kaiser trifft immer den Nagel auf den Kopf," so lautet das einmüthige Urtheil seiner Umgebung. Nach den Cabinetsvorständen erstatten die obersten Hofämter und die einzelnen Minister ihre Vorträge.

Allgemeine Audienzen finden in der Regel an zwei Tagen der Woche, Montag und Donnerstag, statt. Jedermann, der irgend ein Anliegen, eine Bitte, einen Wunsch vorzubringen hat, findet nach vorhergegangener Anmeldung in der Cabinetskanzlei Zutritt zu dem Monarchen. Der Kaiser will nicht, dass irgend einem seiner Unterthanen der Weg zu seiner Person versperrt werde. Er hört alle, gleichviel ob gering oder vornehm, ob der Audienzwerber ein hoher Würdenträger des Staates oder ein schlichtes Bäuerlein aus einem abgelegenen Gebirgsdorfe sein mag, mit gleicher Freundlichkeit und Theilnahme an. Wie viele Thränen sind schon vor ihm geflossen, wie viele Ausbrüche der Verzweiflung zu seinen Ohren gedrungen! Aber selten mag jemand ungetröstet aus dem Kaiserzimmer geschieden sein, denn kann der Monarch auch nicht alle Bitten erfüllen, nicht alle Hoffnungen verwirklichen und alle noch so heißen Wünsche berücksichtigen, so hat er doch für alle, für die Glücklichen wie für die Unglücklichen, ein gnädiges Wort, einen tröstenden Zuspruch und eine freundliche Ermuthigung.

Eine Persönlichkeit, die einst von der Audienz bei Seiner Majestät zurückkam, und welcher überdies der Monarch vom Gesichtspunkte strenger Gerechtigkeit die vorgebrachte Bitte abschlagen musste, äußerte sich doch folgendermaßen: „Man merkt es gleich beim ersten Wort, beim ersten Blick, dass der Kaiser sich ganz so gibt, wie er ist. Mein Herz schlug laut und ängstlich, als ich noch im Vorsaale stand und, wie mich däuchte, aller Augen auf mich gerichtet sah. Als ich aber vor Seine Majestät hintrat und er selbst in leutseligster Weise das Gespräch mit mir anknüpfte, da fasste ich Muth und erzählte meine Sache so ruhig und gefasst, als ob ich mit einem alten Bekannten gesprochen hätte. Da war von Zwang, von Etiquette und drückender Förmlichkeit keine Spur; alles, was ich sah und hörte, machte den Eindruck des Gemüthvollen, des Einfachen und Traulichen. Und als ich endlich zu Ende war und mir der Kaiser klar auseinandersetzte, warum er meine Bitte nicht gewähren könnte, mir dann die Hand reichte und einige freundliche Worte zum Abschiede sagte, überkam mich das Gefühl, als ob ich einen guten Freund gewonnen habe, auf den ich künftig wohl im Nothfall rechnen könne."

Das Bild, welches sich zur Audienzstunde im Vorsaale des kaiserlichen Cabinets entfaltet, ist meist gestaltenreich und buntbewegt. Da steht, stolz auf seinen Rang und seine Würde, ein Pair des Reiches, ein Kirchenfürst oder ein hoher Militär mit ordengeschmückter Brust, unweit davon in schlichtem Bürgerrocke ein Mann der Arbeit oder ein bescheidener Gelehrter: im Hintergrunde wartet ein armes gebücktes Mütterchen, über dessen bekümmerte, runzelige Züge Thränen rinnen, neben ihr vielleicht ein bleiches Mädchen schüchtern und scheu in seinen Bewegungen, dem man es auf den ersten Blick ansieht, dass nicht bloß diese Räume ihr fremd sind, sondern dass sie auch die große Welt nicht kennt, und dass nur das innige Vertrauen auf des Herrschers Güte sie in die stolze Kaiserburg geführt hat.

Da wimmelt es oft von allen Trachten und schwirrt es von allen Sprachen des Reiches. In pelzverbrämter Attila, den kostbaren Säbel an der Seite, erscheint der ungarische Edelmann, im Lodenrock mit grauen Kniestrümpfen kommt der Bauer aus den steirischen Bergen. Die malerische goldgestickte Tracht Dalmatiens mit dem reichen Schmucke blitzender Waffen, sie prangt neben der einfachen Gewandung des slovakischen Bauers, den weiten Gatjen und der groben Halina. Der rothe und violette Talar der Kirchenfürsten mischt sich unter die Uniformen der Officiere, die Soutane des Priesters ist ebenso vertreten, wie der Kaftan des Juden, der aus einem fernen Städchen Galiziens in die Kaiserresidenz gekommen.

Ungemein mannigfaltig sind die Zwecke, welche alle die Versammelten hiehergeführt haben. Da will der Beamte für seine Beförderung danken, der junge Officier sich seinem obersten Kriegsherrn vorstellen, der Landpfarrer um einen Beitrag zum Kirchenbau bitten, die Abgesandten irgend eines Ortes für ein Gesetz danken, das alte Mütterlein sich eine Gnadengabe erflehen, das Mädchen für den Vater oder Bruder bitten, die dem strafenden Arme des Rechtes verfallen sind.

Alle, alle haben ihre Herzensanliegen, freudiger oder bedrückender Art, allen kommt der Kaiser mit Wohlwollen und theilnehmender Herzlichkeit entgegen. Mit vollen Händen spendet der Monarch Geld und Gut, um edle Zwecke zu fördern, Noth und Mangel zu lindern. Es gibt kaum irgend ein Kirchlein oder ein Schulhaus, selbst im ärmlichsten Dorfe der Karpaten oder im fernsten Osten der Bukowina, welches nicht zu seiner Erhaltung oder Restaurierung aus des Kaisers Privatschatulle einen mehr oder minder großen Betrag empfangen hätte; oft herrscht in derselben infolge der Großmuth des Kaisers vollständige Ebbe, und andere Fonds müssen herangezogen werden. Gerngeübte Wohlthätigkeit, sofern sie mit weiser Gerechtigkeit sich paaren läfst, ist überhaupt ein hervorstechender Zug im Charakter des Kaisers. Wie viele Geschichten, die im Volke leben, wissen von seinem gütigen Herzen, seinem edlen Sinne zu erzählen! Nur einige mögen hier ihre Stelle finden.

Es ist eine verbürgte Thatsache, dafs dem Kaiser einst ein Urtheil zur Unterschrift vorgelegt wurde, über welchem er lange in schweigendem Sinnen niedergebeugt gesessen, bevor er zur Feder gegriffen, um die Züge seines Namens aufs Papier zu setzen. Doch kaum hatte er den ersten Federstrich gethan, da entrollte seinem Auge eine Thräne und sank auf die Schrift, den begonnenen Zug verwischend. Der Kaiser faltete das Papier zusammen und legte es in die Hände des Secretärs zurück mit den Worten: „Thränen löschen jede Schuld aus; ich kann das Urtheil nicht unterschreiben. Da sehen Sie, mein Name ist verwischt, die Schrift hat keine Kraft, ich schenke dem Verurtheilten das Leben!“

Das ist wohl ein schönes Beispiel von des Kaisers gutem Herzen. Ebenso freundlich und rührend ist folgende Erzählung: „Ein altes Mütterchen, Marie Fuchs aus Knittelfeld in Steiermark, kaum fähig, sich auf den Füßen zu erhalten, war im Jahre 1870 nach Wien gekommen und stand eben im Begriffe, die Treppe zum Audienzsaale in der kaiserlichen Burg zu ersteigen, als Se. Majestät, von Schönbrunn eintreffend, im Amalienhofe vorfuhr. Bei dieser Gelegenheit bemerkte der Kaiser das steinalte Mütterchen, wie es, mühsam forthumpelnd, auf jeder Stufe haltmachte, um Athem zu schöpfen.

Mitleidvoll sprach der Monarch die alte Frau in herzlichem Tone an, indem er sie ermunterte, ihm ihren Wunsch sogleich mitzutheilen; er werde schon dafür sorgen, dass er auch in Erfüllung gehe, wenn es nur irgend möglich sei. Ja, der Kaiser könne ihr schon helfen, entgegnete das Mütterchen, wenn er nur wolle, sie sei gekommen, um ihren bei der Linie stehenden Sohn loszubitten, der die einzige Stütze ihres Alters sei, sie hoffe, dass sie die weite Reise nicht umsonst gemacht habe.

Franz Josef hieß freundlich lächelnd die alte Frau warten, nahm ihr das Gesuch, das sie in den zitternden Händen hielt, ab und eilte fort. — Eine Stunde später aber trat ein schmucker junger Soldat zu dem bange harrenden Mütterchen, schlang seine Arme um ihren Hals und sagte in fröhlichem Tone: „So, Mutter, da bin ich jetzt! Wenn's dir recht ist, so können wir gleich gehen; der Kaiser hat mich selber geschickt, damit du die Botschaft sicher bekommst.“

Auch an heiteren Episoden fehlt es bei den kaiserlichen Audienzen nicht, die meist durch die große Befangenheit des Audienzwerbers hervorgerufen werden. Aber selbst die größte Verlegenheit oder Bestürzung weiß ein gütiges Wort oder ein freundliches Lächeln des Monarchen zu bannen oder wenigstens zu mildern, so als jemand, dem man anempfohlen hatte, seinen Dank für eine allerhöchste Auszeichnung nur in ganz knappe Worte zu kleiden, dies mit den Worten that: „Majestät, meinen allerhöchsten Dank für die unterthänigste Auszeichnung!“ Erheiternd ist auch folgendes Geschichtchen, das sich anlässlich einer Ausstellung in Budapest zutrug. Der Kaiser durchschritt eine der Abtheilungen und besichtigte mit gewohnter Gründlichkeit die einzelnen Gegenstände. Der Abtheilungsobmann, der die Ehre hatte, Seiner Majestät die einzelnen Aussteller vorzustellen, that dies in seiner Verlegenheit in der Weise, dass er bei jedem Herrn sagte: „Herr X“ — „Seine Majestät“, „Herr Y“ — „Seine Majestät“, „Herr Z“ — „Seine Majestät“. Der Kaiser hörte geduldig zu, endlich als die Reihe an den vierten kommen sollte, meinte er lächelnd: „Nun, ich glaube, die übrigen Herren dürften mich jetzt schon kennen!“

Auch in liebenswürdig heiterer Weise äußert sich oft des Kaisers gewinnende Herzlichkeit und herablassende, vertrauenerweckende Leutseligkeit. Wir wollen zwei besonders ansprechende Erzählungen aus der Fülle der überlieferten freundlichen und anziehenden Züge hier einfügen.

Ein in der Provinz garnisonierender Feldmarschalllieutenant kam vor einer Reihe von Jahren in dienstlichen Angelegenheiten nach Wien, wo er sich mehrere Tage aufhielt und während dieser Zeit auch einigemale bei Hofe zu Tische geladen war. Der alte Herr, ein Soldat von echtem Schrot und Korn, des strengen Ceremoniels und der ängstlichen Zurückhaltung ungewohnt, sprach frisch und frei vom Herzen über Verhältnisse und Dinge, wie er sie eben ansah und beurtheilte.

Aber gerade diese soldatische Freimüthigkeit und Aufrichtigkeit gefiel dem Kaiser, der überhaupt ein Feind jeder heuchlerischen Verstellung ist, und von Tag zu Tag setzte sich der biedere General mehr in des Kaisers Gunst. Einstmals, da er wieder zur kaiserlichen Tafel geladen war, äußerte er seine Freude darüber, dass in Wien wenigstens ein gutes Glas Bier zu finden sei, was er in dem Orte, wo er sei, leider entbehren müsse. Lächelnd erkundigte sich der Kaiser, wo er denn in Wien den so sehr gerühmten Stoff trinke. „Bei einer Nichte," meinte der Feldmarschalllieutenant, „der Gräfin K., die das Bier bei der „Pfeife" holen läſst." Am folgenden Tage, als der alte General wieder des Kaisers Tischgast war, findet er auf seinem Platze — eine Flasche Bier, frisch und eigens für ihn aus der „Pfeife" bezogen.

Eine der reizendsten Episoden, die man wohl von einem Fürsten erzählen kann, ist auch folgende, die ein Augenzeuge und Theilnehmer selbst vor Jahren folgendermaßen veröffentlicht hat:

„Unser Monarch pflegt zuweilen die Militär-Akademie zu Wiener-Neustadt zu besuchen und einer eingehenden Besichtigung zu unterziehen; sein Hauptaugenmerk jedoch richtet der Kaiser auf den Unterricht, die wissenschaftliche Heranbildung der Zöglinge. Stundenlang verweilt der Kaiser in den einzelnen Classensälen, die gehaltenen Vorträge aufmerksam verfolgend und Fragen aufwerfend, die er sich von einzelnen Schülern beantworten läſst. Ich selbst war noch ein Zögling dieser Musteranstalt, als eines schönen Tages der Kaiser unangesagt in derselben erschien und in seiner gewohnten und raschen Weise — plötzlich, ohne erst die Ankunft des herbeigerufenen Akademie-Directors, Generals Knoll, abzuwarten, unseren Classensaal betrat. Professor Hauptmann Ebersberg hielt gerade einen seiner vorzüglichen geschichtlichen Vorträge ab, als sich die Thüre öffnete und Kaiser Franz Josef, gefolgt von seinem Flügeladjutanten und einem Inspectionsofficier der Anstalt, in unserer Mitte stand. Wie elektrisiert fuhren wir von unseren Sitzen empor. Der Kaiser grüßte freundlich, schritt dann bis an den Katheder vor und sprach zu Hauptmann Ebersberg:

„Lassen Sie sich durch meine Gegenwart nicht stören, ich bitte, setzen Sie Ihren Vortrag fort, Herr Hauptmann."

Der Kaiser stellte hierauf seinen Generalshut auf die erste Bank, gerade vor meinem Kameraden, Julius B., und, sich gegen die Bank lehnend, hörte er dem Vortrage unseres Geschichtsprofessors zu. Mein Blick, welcher unausgesetzt auf der hohen stattlichen Gestalt des Kaisers ruhte, fiel zufällig auf Julius B., und ich war nicht wenig erstaunt, ja erschrocken, als ich das freole Beginnen desselben bemerkte. Julius B. hatte soeben ganz sachte die linke Hand vorgestreckt und den Hut des Kaisers ergriffen, dann langsam mit der rechten vorlangend, erfaſste er eine der grünen Federn des prachtvollen Busches — ein Blick zur Seite, wo der Inspections-Officier straff wie eine Bildsäule stand, ein Ruck und — der Hut des Kaisers war um eine Feder ärmer, Julius B. aber um ein wertes Andenken reicher. Ich war übrigens nicht der einzige, der diese waghalsige Manipulation B.'s mit aufmerksamen Blicken verfolgte; rechts und links, vor und hinter mir wurde eine Bewegung sichtbar, Zeichen wurden gewechselt und alle, selbst die verzweifeltsten Mittel in Anwendung gebracht, um Julius B. zu vermögen, sein kühnes Werk fortzusetzen. Unser Kamerad hatte begriffen und schritt mit heroischer Selbstaufopferung zum zweiten und xtenmale zum Sturme auf den kaiserlichen Hut, indes sich in den hinteren Bankreihen nach und nach eine förmliche, doch nur den Eingeweihten sichtbare Schlacht um die einzeln mit „Gib's weiter" anlangenden Federn entspann. Doch das Unglück schreitet schnell! — Bei einem erneuten Versuche B.'s, die in den Federbusch gerupfte Bresche zu vervollständigen, entglitt ihm der Hut, schnellte vor und — traf unsanft den Arm des Monarchen. Der Kaiser blickte sich um und bemerkte sofort den Übelthäter, der, das corpus delicti in der Hand, bleich und zitternd dastand. Nie werde ich die komische Jammergestalt meines Kameraden vergessen. B. schien vor Entsetzen starr, die sofortige Entlassung aus der Akademie stand ihm in Aussicht, doch es kam anders. „Was für Absichten hatten Sie mit dieser Feder, mein Lieber?" fragte der Kaiser den Knaben. — „Ein Andenken, Majestät," gab Julius B. ermuthigt durch des Kaisers Huld zur Antwort. „Und genügte Ihnen die eine Feder?" — „Nein, Majestät," sprudelte es keck von B.'s Lippen, „meine Kameraden verlangten jeder eine." „Nun, dann bleibt mir nichts übrig, als Ihnen den ganzen Busch zu lassen," sagte der Kaiser lächelnd, und er löste mit eigener Hand die Federn von seinem Hute und reichte sie dem glücklichen B. „Herr Hauptmann," sprach er dann gegen den Professor gewendet, „Sie müssen die Güte haben, mir indes Ihre Kappe zu leihen." Ein donnerndes Hoch aus den Kehlen der jungen Zöglinge begleitete den scheidenden Kaiser.

Gerne mischt sich der Kaiser auch unerkannt unters Volk und verkehrt in treuherziger, schlichter Weise mit den Feldbauern oder Forstleuten, wobei es zuweilen nicht ohne ergötzliche Missverständnisse abgeht, da die wenigsten in dem prunklosen einfachen Mann, der auch ein derbes Scherzwort nicht übel nimmt, den kaiserlichen Herrn vermuthen. Besonders auf der Jagd liebt der Kaiser ein freies, ungezwungenes Benehmen und verbannt alle einengenden Fesseln der Hofsitte.

Ein Hallstädter Salzarbeiter erzählte gern und oft folgendes Erlebnis, das er zu seinen theuersten Erinnerungen rechnete. Es war in der Gegend des Salzbergs, wo die Majestäten, der Kaiser und die Kaiserin, einst bei Gelegenheit einer ziemlich anstrengenden Fußpartie von der Gosaumühle über die Solenleitung nach dem Rudolfsthurm plötzlich bei einem sehr steil aufwärts führenden Wege anlangten, der zwar gefahrlos, aber doch überaus beschwerlich zu erklimmen schien. Da kam zufällig ein rüstiger Salzarbeiter, ein fröhliches Liedchen singend, des Weges daher. Das Schwierige des Unternehmens erkennend und ohne Ahnung von dem hohen Range der Wanderer, erbot er sich in gemüthlicher Art als Führer zu dienen und fragte die „gnädige Frau", wie er die Kaiserin nannte, recht höflich, ob er ihr nicht den Arm zur Unterstützung reichen dürfe. Die Kaiserin nahm das Anerbieten dankbar an und schritt nun an der Seite des Arbeiters munter die steile Höhe hinan, während Seine Majestät nebenher gieng und sich angelegentlichst über allerlei den Bergbau und die Feldwirtschaft betreffende Verhältnisse mit dem einfachen, aber aufgeweckten Arbeiter unterhielt. Der stutzte freilich nicht wenig, als er beim Abschiede der Herrschaften eine Handvoll Goldmünzen sein eigen nannte und eine immer größere Ähnlichkeit zwischen dem Kopf auf den blinkenden Goldstücken und den Zügen des „gnädigen Herrn“ herausfand, den er soeben eine Strecke geleitet hatte.

Ein anderes Begegnis, das unserem Kaiser in den Tiroler Bergen zugestoßen, zeigt wieder so recht sein gutes, hilfsbereites Herz. Im Jahre 1872 hielt sich die kaiserliche Familie im Schlosse Trautmannsdorf bei Meran auf, hauptsächlich um die zarte Gesundheit der lieblich aufblühenden Erzherzogin Valerie zu kräftigen. Damals liebte es der Kaiser, täglich seine Morgenpromenade zu machen. Ohne Begleiter, in ganz einfacher Kleidung, den Jägermantel umgeworfen, stieg er gewöhnlich trotz Schnee und Kälte irgend eine der nahen Anhöhen hinan. So geschah es eines Tages, dass er, einem einsamen Pfade folgend, unversehens bei einer einschichtigen Hütte anlangte, aus welcher ihm laute Jammerrufe entgegentönten. Der Kaiser war neugierig, die Ursache des Wehklagens zu erfahren, und trat rasch ins ärmliche Gehöft. Da lag auf dem Boden eine verendete Kuh, die letzte Habe des bejahrten Ehepaars, das händeringend und jammernd dabei stand. „Hiescht is aus,“ rief der Bauer in echter Tiroler Mundart ein übers anderemal, „hiescht is aus mit uns, hiescht könn' ma abfahr'n. Schulden hob'n ma eh gnua, dös Unglück, dös Unglück!“ Der Kaiser, den natürlich weder der Alte, noch die Bäuerin kannte, suchte die Leute zu trösten und fragte sie, wie hoch sie den Schaden schätzten, der ihnen durch den Verlust der Kuh zugestoßen sei. „No, a hundert Guld'n kost's scho,“ klagte der Bauer ganz trostlos. „Nun, wenn es so ist, dann will ich Euch das Geld geben, dass Ihr Euch eine andere Kuh kaufen könnt,“ entgegnete der Kaiser. Die Bauersleute horchten hoch auf und wussten nicht recht, was sie von diesem Versprechen zu halten hätten. Der Kaiser lächelte über ihre erstaunten Mienen und sagte freundlich zum Bäuerlein, er möge nur unten im Schloss Trautmannsdorf vorsprechen, da werde ihnen der Schlossherr dann schon das Geld geben. Das war nun nicht ganz nach dem Geschmacke des Alten, verlegen kraute er sich hinterm Ohr und meinte, es wäre wohl besser, wenn er das Geld gleich haben könnte. Der Kaiser aber hatte nicht so viel Geld bei sich; doch auch hiefür wusste das misstrauische Bäuerlein Rath. Er erklärte sich bereit, gleich „mit dem Herrn“ herunterzugehen, da könne er das Geld ohne weiters in Empfang nehmen. Den Kaiser belustigte diese Schlauheit des Bauers und er gieng darauf ein; beide schritten nun selbander dem Schlosse zu, in dessen Nähe Seine Majestät einen Hofbeamten traf, den er beauftragte, dem Bäuerlein hundert Gulden auszufolgen. So hatte er das Kaiserwort, welches der Bauer mit so ergötzlichem Misstrauen aufgenommen, rasch eingelöst.

Ein anderer Zug leutseligen Wohlwollens ist folgender: Wie gewöhnlich wurden auch bei der im Jahre 1886 abgehaltenen Auferstehungsfeierlichkeit in der Hofburg sämmtliche Zugänge zum inneren Burgplatze um halb drei Uhr nachmittags abgesperrt und nur diejenigen Personen vorgelassen, welche sich mit

Karten ausweisen konnten. Es kam nun zu einigen heftigen Auftritten zwischen Publicum und Wache. Zufälliger Weise war der Kaiser vom Fenster seines Arbeitszimmers aus Zeuge einer solchen Scene. Er ließ sich hierüber sofort Bericht erstatten, und da er bemerkte, dass im Amalienhof genug leere Plätze seien, gab er Befehl, dass unverzüglich nicht nur sofort die Zugänge durch die fünf Thore freigegeben, sondern auch das sonst stets geschlossene rückwärtige Thor des Amalienhofes geöffnet und jedermann der Eintritt gestattet werde. Sofort füllte sich der innere Burghof mit einer schaulustigen Menge, die erst später erfuhr, dass der Kaiser selbst es gewesen, der dem Publicum diese Freude bereitet hatte.

Noch einige liebenswürdige Züge leutseliger Freundlichkeit unseres Kaisers wollen wir zum Schlusse erzählen. Gelegentlich des ersten Besuches Seiner Majestät in der elektrischen Ausstellung hielt sich der Kaiser auch im Telephonzimmer auf, wo Graf Wilczek den Director Jeßler vorstellte, an den Seine Majestät einige Fragen zu richten geruhte; bald aber brach der Kaiser — ab, indem er sagte: „Ich muss mich beeilen, ich sehe, es warten schon viele Leute, denen ich ihr Vergnügen nicht rauben will."

Als die Polizei aus Anlass des Volksfestes im Prater im Jahre 1881 behufs Aufrechthaltung der Ordnung die Hauptallee absperren wollte, verwehrte dies der Kaiser, indem er sagte: „Der Prater darf nicht abgesperrt werden — Ich will unter meinen Wienern sein!"

Doch wir müssten ein großes, dickes Buch schreiben, wollten wir all die Geschichten von des Kaisers Herzensgüte und Leutseligkeit, seiner Neigung, Wohlthaten zu üben und Gutes zu stiften, nacherzählen. Wir haben zuletzt berichtet, wie unser Kaiser lebt, wie er Audienzen ertheilt, und wir wollen nun weiter in unserer Schilderung der Lebensordnung des Monarchen fortfahren.

An jenen Tagen, an welchen keine Audienzen stattfinden, nimmt der Kaiser zwischen eilf und zwölf Uhr das zweite Frühstück ein und beginnt dann die Vorlagen der Minister durchzuarbeiten. Dieselben werden genau geprüft und oft in ihrer Fassung geändert oder sonst verbessert. Der Kaiser beherrscht alle Zweige der öffentlichen Verwaltung und des Staatshaushalts; bei wichtigen Berechnungen scheut er keineswegs die Mühe, lange Ziffernreihen nachzurechnen. Nach drei Uhr senden die kaiserlichen Kanzleien die ausgearbeiteten Entwürfe der allerhöchsten Entschließung; auch diese werden vor der Fertigung vom Kaiser oft noch geändert, wenn die Form nicht klar oder wirkungsvoll genug ist.

In der Regel werden die Vorlagen der Ministerien in den kaiserlichen Cabinetskanzleien innerhalb vierundzwanzig Stunden erledigt. Keine Arbeit, und sei sie noch so mühevoll, will der Kaiser verschoben wissen; er hält strenge darauf, dass die laufenden Geschäftsstücke erledigt werden, nichts soll für später zurückgestellt bleiben. Der Kaiser gönnt sich oft keine Erholung, keinen Spaziergang, wenn dringende Arbeiten fertig gestellt werden müssen; auch der Besuch des Theaters, welches der Kaiser sehr liebt, wird zuweilen aus diesem Grunde unterlassen. Überhaupt ist der Kaiser ein Muster von Pünktlichkeit, seine Genauigkeit ist sprichwörtlich: er lässt nie warten, und selten fehlt auch nur eine Minute an der festgesetzten Zeit, zu welcher sein Erscheinen im voraus angesagt wurde.

Zwischen fünf und sechs Uhr wird gespeist, und zwar, wenn die Kaiserin oder die Mitglieder der kaiserlichen Familie zugegen sind, mit diesen, sonst allein. An Sonn- und Festtagen finden, wenn die kaiserliche Familie vereinigt ist, meistens Familiendiners statt, an welchen dann alle anwesenden Mitglieder des Kaiserhauses theilnehmen. Sehr häufig sind hohe Staatswürdenträger und erlauchte Fremde des Kaisers Gäste an der Hoftafel; immer aber, mag auch die Tafel noch so prunkvoll und glänzend sein, zeigt der Kaiser selbst die größte Einfachheit und Mäßigkeit, wie denn überhaupt seine Lebensgewohnheiten von fast spartanischer Strenge und Regelmäßigkeit sind. Nach dem Diner werden gewöhnlich noch dienstliche Angelegenheiten erledigt, und falls nicht hohe Gäste, der Besuch des Theaters oder dringende Arbeiten eine Änderung der strengen Gewohnheit mit sich bringen, begibt sich der Kaiser meist schon um neun Uhr zu Bette, um dann die frühesten Morgenstunden der Arbeit und dem öffentlichen Wohle zu widmen.

Auf Reisen erleidet diese streng eingehaltene Lebensweise natürlich manche Abwechslung, obwohl, wie wir ja schon wissen, der Kaiser auch auf Reisen unablässig thätig ist und alles, selbst das scheinbar Kleinste und Geringfügigste, seiner aufmerksamen Beachtung wert hält. Mit welch außerordentlichen Mühen und Beschwerden diese Reisen für den Monarchen oft verbunden sind, zeigte sich besonders anlässlich des Besuches Dalmatiens im Jahre 1875, von dem wir noch später erzählen wollen.

Die liebste Erholung, welche der Kaiser aufsucht, um von den aufregenden und anstrengenden Arbeiten seines Herrscheramtes auszuruhen, ist seine Familie. Im Kreise der Seinen fühlt sich der Herrscher, der mit zartester, innigster Liebe an seiner Familie hängt, am glücklichsten. Hier schöpft er neue Kraft, um all die Widerwärtigkeiten zu ertragen, welche die gleißende, aber oft so schwer drückende Bürde der Krone mit sich bringt, hier findet er nie versiegende Freuden, wenn sein Geist sich schmerzlich verdüstern will oder bange Sorgen sein Gemüth erfüllen.

Mit inniger Freude nimmt der Kaiser an allen Festen im Schoße der Familie theil, und mit eifersüchtiger Sorge überwacht er die Erziehung und den Unterricht seiner Kinder. Bischof Ronay, der Erzieher der Erzherzogin Marie Valerie, erzählt, dass der Kaiser häufig die Lehrstunden der kleinen Prinzessin besucht, sich selbst von ihren Fortschritten überzeugt und mit wahrhaft väterlicher Freude ihren klugen Antworten zugehört habe.

Alle Feste, die in der erlauchten Kaiserfamilie gefeiert werden, begeht auch der Monarch mit freudigster Theilnahme; immer hört der Kaiser an solchen Tagen mit andächtigster Frömmigkeit die heilige Messe, und nie versäumt er es, auch seine Unterthanen an solchen Fest- und Freudetagen theilnehmen zu lassen, sei es, dass seine Gnade den reuigen Verbrechern die Pforten des Kerkers öffnet, oder dass er den Armen und Nothleidenden mit vollen Händen spendet oder irgend ein Denkmal schirmender Weisheit errichtet, das Künstlern oder Gelehrten zustatten kommt.

Mit besonderer Sorgfalt überwachte und leitete der Kaiser die Erziehung und Heranbildung des Thronfolgers, und mit stolzer Vaterfreude verfolgte er die Fortschritte, welche der so reichbegabte Kronprinz in den einzelnen Wissenszweigen machte. Dass bei den mancherlei Prüfungen mit aller Strenge und Genauigkeit vorgegangen und auf wirkliche ernste Gründlichkeit der Kenntnisse geachtet wurde, dafür möge ein Wort des Kronprinzen selbst Zeugnis ablegen. Als nämlich Erzherzog Rudolf vor manchen Jahren einen Besuch im Schlosse Ambras bei Innsbruck machte, kam das Gespräch unter anderem auch auf die Innsbrucker Universität, deren Rector magnificus dem Kronprinzen damals als Begleiter diente. „Die Alma mater," bemerkte der gelehrte Professor, „sieht dem Besuche Sr. Majestät mit großer Freude entgegen." Der Erzherzog aber fiel ihm rasch ins Wort: „Sind Ihre Studenten aber auch fleißig? Denn wenn Papa kommt und sie prüft und findet, dass sie nichts können, dann wäre es schlimm. Und Papa prüft streng, sehr streng!"

Es war ein feierlicher Augenblick im Leben unseres Monarchen, als der Kronprinz am 24. Juli 1877, nachdem er das zwanzigste Lebensjahr noch nicht ganz vollendet, für selbständig erklärt wurde und der Kaiser der letzten Prüfung des Erzherzogs — in der Nautik — beiwohnte, welche er vor dem Viceadmiral Freiherrn von Pöck und mehreren andern Marineofficieren ablegte und mit glänzendem Erfolge bestand.

Das Handschreiben, welches der Kaiser bei diesem Anlasse an den bisherigen Erzieher des Kronprinzen, Feldmarschall-Lieutenant von Latour, richtete, ist ein unvergängliches Denkmal der Vaterliebe und der hohen Einsicht des Monarchen. Es lautet:

„Lieber Feldmarschall-Lieutenant von Latour! — Mit der nunmehr zum Abschlusse gelangten Erziehung Meines Herrn Sohnes, des Kronprinzen Erzherzog Rudolf, ist der Zeitpunkt gekommen, Sie von Ihrer bisherigen Stellung als dessen Erzieher zu entheben. Ich habe Ihnen einstens mit vollstem Vertrauen eine mühe- und sorgenvolle Aufgabe übertragen und spreche es hier mit tiefempfundener Erkenntlichkeit aus, dass Sie Mein in Sie gesetztes Vertrauen in jeder Hinsicht glänzend gerechtfertigt und sich um Mich und Mein Haus wahrhaft große Verdienste erworben haben."

„Mit seltenem Verständnisse, mit unbegrenzter Selbstaufopferung und Hingebung haben Sie das körperliche und geistige Gedeihen Meines Ihnen seit zarter Jugend anvertrauten Sohnes bewacht und gepflegt und mit berechtigtem Stolze dürfen Sie fortan auf die Früchte eines Wirkens zurückblicken, welches Ihnen für immerdar Meine herzlichste Dankbarkeit und die unwandelbare Zuneigung und Erkenntlichkeit des Kronprinzen sichert."

„Indem Ich Mich nur aus Rücksicht für Ihre durch jahrelange Mühen angegriffene Gesundheit bestimmt finde, der von Ihnen erbetenen Versetzung in den Ruhestand Folge zu geben, wünsche Ich anlässlich Ihres Scheidens Meinem aufrichtigen Dankgefühle sichtbaren Ausdruck zu geben, und verleihe Ihnen als Zeichen der Anerkennung Ihrer vorgedachten hervorragenden Verdienste taxfrei das Großkreuz Meines Leopoldordens. — Schönbrunn, am 24. Juli 1877. — Franz Josef."

So schreibt nur ein Vater, dem sein Kind über alles lieb und theuer ist, und der die volle Liebe auf den überträgt, welcher es heranbilden und erziehen geholfen.

Man kann sich vorstellen, und wir werden es später erzählen, wie tief der Schmerz des Vaters gewesen ist, als der Kronprinz, der zu so schönen Hoffnungen berechtigte, in der Blüte seines Wirkens aus dem Kreise der Lebenden gerissen wurde.

Außer den glücklichsten Stunden der Erholung, die der Kaiser im Kreise seiner Familie verbringt, ist es eigentlich nur ein Vergnügen, welches er gerne nach den Mühsalen und Beschwerden des Herrscherberufes aufsucht — die Jagd. Wir haben den Monarchen schon an einer anderen Stelle, als wir von seiner Jugend erzählten, mit Kaiser Max, dem edlen Weidmann, verglichen, und in der That war Franz Josef schon als Jüngling an Kühnheit und Unerschrockenheit seinem hohen, vielgefeierten Ahnherrn gleich.

So schön spricht dies der Dichter, eben mit Bezug auf unseren Kaiser, aus:

„Auf felsigem Grat, wo das Edelweiß sprießet,
Der Gletscherquell donnernd zum Thal sich ergießet,
Mag sicher der Schütze, der muthige, stehen,
Verwandt seinen Wäldern, verwandt seinen Höhen.
Was all' er beginnt,
Und was er sinnt,
Es muss ihm gelingen!
Und stieg' er zur Wand,
Wo Max einst stand,
Es wüchsen ihm Schwingen.
Wie schirmend der Engel den Ahnen geleitet,
Durch pfadlose Klippen den Weg ihm bereitet,
So führt er noch heute durch rauhe Gehege
Den muthvollen Enkel auf schwindelndem Stege,
Hinauf und hinan,
Auf steiler Bahn
Und weist ihm die Pfade.
Dem Kühnen stets treu,
Steht sorgend bei
Ein Engel der Gnade!"

Am häufigsten und liebsten besucht der Kaiser die Reviere in Reichenau, am Fuße des Schneeberges, die Gehege im Todten Gebirge und vor allem jene bei Mürzsteg und Eisenerz.

„Das mächtige Felsgebirge um Eisenerz," so schildert ein steiermärkischer Schriftsteller diese Gegend, „eine der schönsten und großartigsten Landschaften der grünen Steiermark, birgt einen zahlreichen Wildstand. In Rudeln zu

Hunderten hausen Gemsen zwischen den zackigen und schroffen Felsklippen; in den dunklen Nadelwäldern beleben prächtige Hirsche die stille Einsamkeit der Forste, und an den Säumen des niederen Gehölzes grasen zierliche Rehe. Dieser reiche Wildstand in der an Naturschönheiten so überaus reichen Gegend, wo dem Weidmann nicht allein die Freuden der Jagd winken, sondern auch die Wunder der Alpenwelt in ihrer Macht und Pracht Herz und Gemüth erquicken, war denn auch Ursache, dass Österreichs Herrscher in diesen Revieren mit besonderer Vorliebe zur Jagd erschienen. Bis zur Stunde haben sich im Volksmunde viele Namen erhalten, welche an die Anwesenheit der Landesfürsten erinnern: so der Kaisertisch auf dem Erzberge an den tollkühnen Gemsenjäger Kaiser Max I., der Kaiserschild, der höchste Gipfel des Flötzgebirges, an den eifrigen Jäger, Kaiser Ferdinand III., die Kaiserküche, eine Felsenhöhle im Gebirge, diente zur Küche während der kaiserlichen Hofjagden; und seit mehr denn dreißig Jahren bezeichnen die „Kaiserbuchen" (zwei Buchenbäume an einer der gefährlichsten Stellen in den schroffen Wänden der aus den Fluten des Leopoldsteinersees fast senkrecht aufsteigenden Seemauer) einen von Kaiser Franz Josef durch lange Zeit mit besonderer Vorliebe gewählten Standplatz, von dem aus er, wohl der kühnste Bergschütze unserer Zeit, so manche flinke Gemse mit der nie fehlenden Kugel niedergestreckt hat."

Das kaiserliche Jagdschloss im Markte Eisenerz hat eine Reihe von großen, mit einfacher Eleganz ausgestatteten Gemächern, welche für die steten Gäste des Kaisers bestimmt sind. Oft erschienen hier Kronprinz Rudolf, der König von Sachsen, Prinz Luitpold von Bayern, um an der kaiserlichen Jagd theilzunehmen. Des Kaisers eigenes Schlafzimmer ist wohl das kleinste und einfachste unter allen Wohnräumen; die allernothwendigsten Möbel und ein Kreuz, ein Geschenk des Papstes Pius IX., das ist die ganze Ausstattung des Gemachs; ebenso einfach und prunklos ist des Kaisers Arbeitszimmer.

Gewöhnlich fährt der Kaiser abends von Wien fort und benützt, um nur so wenig Zeit als möglich zu verlieren, die Nacht zur Reise. Im Morgengrauen wird dann schon zur Auerhahnjagd, die der Kaiser besonders liebt, aufgebrochen, und es werden die Balzplätze aufgesucht, die oft stundenweit auf den Höhen liegen.

Wenn der Monarch nach Eisenerz kommt, so ist es sein Wunsch, dass keine besonderen Empfangsfeierlichkeiten stattfinden. Das Stilleben des friedlichen Marktes soll keine Unterbrechung erleiden. Nur die freiwillige Feuerwehr des Ortes hält stete Bereitschaft und durchstreift die Gegend nach allen Richtungen. Andere Schutzmaßregeln nimmt der Kaiser sehr übel. Man erzählt es als eine ganz verbürgte Thatsache, dass der Kaiser, als er einmal gegen Abend ganz allein einen Spaziergang durchs romantische Münichthal machte und ihm der Bezirkshauptmann den Schutz der Gendarmerie antrug, recht nachdrücklich bemerkt haben soll: „Ist gar nicht nöthig! Die Steirer sind brave Leute und thun mir nichts!"

Wenn der Kaiser auf dem Stand angelangt ist, was oft schon kurz nach Mitternacht der Fall ist, lässt er sich auf dem nächstbesten Felsblock nieder und zündet sich die Cigarre an (einst war der Kaiser ein leidenschaftlicher Virginierraucher), die in der frischen Morgenluft und im würzigen Waldesdufte trefflich mundet. In der Begleitung des Monarchen befindet sich gewöhnlich ein Büchsenspanner oder der kaiserliche Hofoberjäger. Zunächst wird alles zurechtgelegt und für den Schuss bereit gemacht, dann zieht der Kaiser aus der Tasche seines steirischen Lodenrocks zahlreiche Schriftstücke hervor, liest das eine und das andere, notiert wohl gleich auf dem betreffenden Stücke die Erledigung. Was keiner solchen bedarf, zerreißt er in kleine Stücke, die er auf den Erdboden legt und mit einem Steine beschwert; der Hofoberjäger hat die Verpflichtung, nach Beendigung der Treibjagd, diese einzelnen Papierstückchen den Flammen preiszugeben. So nützt der Kaiser, selbst mitten im Vergnügen, jede Minute aus, um seinen Herrscherpflichten nachzukommen.

Mittlerweile hat das Treiben begonnen, und selten fehlt des Kaisers Rohr die flüchtige Gemse oder den stattlichen Rehbock. Wie jeder echte Jünger Nimrods freut sich der Kaiser sehr, wenn St Hubertus sich ihm besonders gnädig erwiesen, aber auch über jeden Meisterschuss eines seiner Gäste empfindet der Monarch aufrichtige Freude.

Bei einer Jagd in den steirischen Bergen hatte der ehemalige Kriegsminister von Degenfeld einen Capitalbock geschossen, der sogleich die Aufmerksamkeit des Kaisers erregte, als der Treiber, der ihn auf seinen Schultern zum Sammelplatz trug, beim Kaiser vorüberkam. „Wer hat den schönen Rehbock geschossen?" fragte der Monarch den stämmigen Älpler. In seiner urwüchsigen Weise gab dieser nur die kurze Antwort: „Da Kriegscommissarius oder wia ma'n haßt!" „Wer?" fragte etwas erstaunt der leutselige Monarch, der nicht recht verstanden zu haben glaubte. — „No, der Kriegscommissarius; do hint'n kimmt er ja!" Schnell schritt jetzt der Kaiser auf den herankommenden Minister von Degenfeld zu und sagte lachend: „Gratuliere, Herr Minister, Sie sind soeben avanciert!" — „Wieso, Euere Majestät?" fragt voll Erstaunen Degenfeld. — „Nun, der Mann da, der Ihren prächtigen Rehbock gebracht, hat Sie soeben zum Kriegscommissarius ernannt," entgegnete der Kaiser, aus vollem Herzen lachend.

Auf der Jagd liebt der Kaiser heitere Gesichter um sich zu sehen und hat seine herzliche Freude an den komischen Missverständnissen, zu welchen die naive Zutraulichkeit der Leute aus dem Volke allerlei Anlass bietet. Der Kaiser nimmt da nicht so leicht etwas übel auf, wenn auch manchmal, wie das nachfolgende Geschichtchen beweist, die täppische Derbheit der Bauern oft recht weit geht.

Einst begab sich der Kaiser mit mehreren Gästen auf die Auerhahnbeize. Man war etwas zu früh aufgebrochen, die Schützen mussten daher warten und vertrieben sich die Zeit mit manchem Gespräche. Da kamen zwei Holzfäller daher und erblickten die Jäger, ohne in denselben bei der noch herrschenden Dämmerung den Kaiser und sein Gefolge zu erkennen. Der eine stellte sich gerade vor Se. Majestät hin und sagte kurzweg: „Jaga, habt's ka Fuier (Feuer)?" — Der Kaiser zündete einen Buchenschwamm an und reichte ihn dem Holzfäller. Nachdem dieser sich gemächlich seine Pfeife angeraucht, fragte er: „Jaga, geht's auf'n Hohn?" — „Ja! Warum?" fragte der Kaiser. — „No — weil, wann's so laut discuriert's, der Hohn enk was pfeifen wird!" Diese Grobheit war doch wohl zu viel, und einer aus der Jagdgesellschaft stieß dem ungeleckten Älpler ziemlich unsanft in die Seite und flüsterte ihm ins Ohr, dass es der Kaiser sei, mit dem er spreche. Aber das schien den derben Gesellen nicht viel zu kümmern. „Nix für unguat, Herr Kaiser, is guat gmoant!" meinte er nur, rückte an seiner Mütze, zog an seinem Holzpfeifchen und trollte mit dem andern des Weges weiter. Der Kaiser aber war über die allzuvertrauliche Redseligkeit des Mannes nicht im mindesten ungehalten, sondern lachte herzlich, als die beiden wieder hinter den Baumstämmen verschwunden waren.

Solcher Geschichten weiß das Volk gar viele zu erzählen. „Man glaubt es gar nicht," hört man oft die Leute sagen, „man glaubt es gar nicht, wenn man's nicht selbst erlebt hat, dass ein so hoher Herr so bescheiden, genügsam, dienstwillig gegen andere sein könne, wie unser Kaiser. Er ist völlig ganz wie unsereins, dabei aber doch wieder so vornehm und von so eigner hoher Art."

Auch mit der Dienerschaft verkehrt der Kaiser in der leutseligsten Weise. Einer seiner Lieblinge ist der kaiserlich-königliche Oberjäger Josef Mühlbacher in Eisenerz, unter dessen Leitung der Kaiser als Prinz die erste Gemse geschossen, und der seitdem sein besonderes Vertrauen genießt.

Wenn nach den angestrengten Mühen der Jagd irgendwo im Freien oder in einem Forsthause ein einfach kräftiger Imbiss genommen wird, (der Kaiser läßt sich bei solchen Gelegenheiten die einfachen landesüblichen Speisen vortrefflich munden) so hört man häufig aus des Kaisers Munde die Frage: „Hat der Mühlbacher schon?" Es ist auch schon vorgekommen, dass der Kaiser seinen treuen Diener mit den Worten: „Mühlbacher, Sie sind heute müde, gehen Sie schlafen, gehen Sie!" zur Thüre seines Wohnhauses hineingedrängt hat. Einst fragte der Monarch bei der Heimkehr von der Jagd: „Nun, Mühlbacher, warum rauchen Sie nicht?" — „Eure Majestät, ich habe keine Cigarren bei mir," war die Antwort. — Der Monarch hielt ihm das gefüllte Etui entgegen. „Nun, so nehmen Sie eine davon!" Zögernd nahm Mühlbacher die Cigarre, getraute sich aber nicht, in der Nähe seines Monarchen zu rauchen, auch wollte er die Cigarre zum Andenken aufbewahren, weshalb er sie in die Tasche schob. Nach einer Weile fragte ihn der Kaiser: „Nun, warum rauchen Sie nicht, Mühlbacher? Jetzt haben Sie ja eine Cigarre!" — „Eure Majestät, ich werde sie zu Hause rauchen." — „Nein, Sie müssen jetzt rauchen!" meinte der Kaiser und reichte seinem Oberjäger selbst Feuer, um die Cigarre anzubrennen.

Auch der Kronprinz liebte wie der Kaiser die Jagd, auch er trug gern den steirischen grauen Jägeranzug, den er selbst in seinem Buche: „Fünfzehn Tage auf der Donau" die bequemste und passendste Tracht für Jäger nennt. Der Thronfolger hatte wie sein kaiserlicher Vater Freude an dem freien, fröhlichen Leben in Feld und Wald, auf der Alm und auf der Heide, im grünen Thal und hoch droben auf den eisigen Höhen.

Schon in den frühesten Kinderjahren war Erzherzog Rudolf im Gebirge heimisch. An einem der schönsten Punkte des herrlichen Reichenauer Thales stand die Villa, wo die kaiserlichen Kinder in ihrer Jugend die Sommermonate verbrachten. Hier kutschierte der jugendliche Prinz sein Schwesterchen, Erzherzogin Gisela, in einer von muntern Eselchen gezogenen Equipage umher oder tummelte sein Pony und lernte den Stutzen handhaben. Deshalb kam der Kaiser auch häufig nach Reichenau zum Besuche seiner Kinder und unternahm von dort aus Jagdpartien ins obersteierische oder österreichische Hochgebirge.

Doch nicht bloß die Hochgebirgsjagd pflegt der Kaiser ausschließlich, wenn er sie auch am meisten liebt; hie und da nimmt er auch an den Parforcejagden theil, welche in Ungarns weitgestreckten Ebenen, gewöhnlich nächst dem königlichen Lustschlosse Gödöllö, veranstaltet werden. Meist sind es Fuchshetzen nach englischem Muster, bei denen sich der Kaiser als der kühnste, ausdauerndste und schneidigste Reiter erweist, für den es keine Hindernisse, weder Gräben noch Hecken, gibt. Nur die Kaiserin, als Reiterin ebenso anmuthig wie unerschrocken, bleibt an der Seite des Kaisers im pfeilschnellen Ritte.

Aber der Monarch ist nicht bloß ein Weidmann von edler und beherzter Art, er ist überhaupt einer der ausgezeichnetsten Scharfschützen, von klarem, scharfem Auge und sicherer Hand, der fast immer ins Schwarze trifft.

Deshalb, wo Männer vom Stutzen zusammenkommen, gedenken sie allezeit begeistert unseres Kaisers, aber auch der Kaiser ist immer gern dabei, wo die Büchsen knallen und wackere Schützen ihre Kunst erproben. Kein Schützenfest verstreicht fern und nah, zu dem der Kaiser nicht ein wertvolles Best gespendet hätte, und wo nicht stürmische Huldigungen und jubelnde Grüße dem hochverehrten kaiserlichen Schützen, der auch in Weidmannswerk und Schützenthat ein glänzendes Vorbild ist, dargebracht worden wären.

Als das allgemeine deutsche Schützenfest in der Zeit vom 26. Juli bis zum 2. August 1868 im Wiener Prater stattfand, erschien der Monarch selbst auf dem Plane, um die Schützen, die aus allen Gauen Österreichs und Deutschlands zusammengeströmt waren, zu begrüßen. Den goldenen Pokal in der Hand, der ihm bei seinem Eintritte in die Festhalle credenzt worden war, rief der Kaiser, umringt von einer nach Tausenden zählenden Menschenmenge, mit lauter, weithin vernehmbarer Stimme: „Ich bringe ein Hoch sämmtlichen hier anwesenden Schützen!“ worauf er auf das Wohl der versammelten Festtheilnehmer trank. Man kann sich den brausenden Jubel denken, der dieser begeisternden Scene folgte. Sichtlich erfreut war damals der Monarch, als ihm beim Scheiden an der Ausgangspforte ein prachtvoller Blumenstrauß überreicht wurde, dessen weiße Atlasschleife die einfach sinnige Widmung trug: „Die Schützen der Kaiserin.“ — „Ich freue Mich,“ sagte der Kaiser die Spende entgegennehmend, „diese duftende Gabe Meiner Gemahlin noch frisch überbringen zu können, da Ich heute Abend nach Ischl (wo eben damals die Kaiserin weilte) abzureisen gedenke.“

Überaus bedeutsam war auch die unter dem Protectorate des Kaisers und seiner erlauchten Gemahlin erfolgte Gründung des allgemeinen österreichischen

Schützenbundes und die Feier des ersten österreichischen Bundesschießens im Sommer des Jahres 1880, von der wir an anderer Stelle erzählen wollen. Alle diese Bestrebungen finden an dem Kaiser einen hochherzigen Gönner und edlen Förderer, denn wohl wenige wird es geben, die gleich ihm zu schätzen wissen, wie rüstig und gesund das Weidwerk denjenigen erhält, der es mit Kunst und Liebe ausübt, und wie das scharfe Auge und die feste Hand des Schützen auch Muth und Besonnenheit zu wecken im Stande sind.

Daher ist des Kaisers Gesundheit auch so fest, und keine Unbill von Wind und Wetter vermag etwas gegen die gestählte, soldatisch abgehärtete Natur des Monarchen.

So tritt uns der Kaiser, von dem wir in diesem Capitel so viele schöne Charakterzüge zu erzählen wußten, geistig und körperlich als eine Gestalt von edler, echter Ritterlichkeit entgegen, einfach, prunklos und doch die Würde des Fürsten immerdar wahrend, das edelste, weichste Herz mit dem muthigsten und stolzesten Geiste vereinend.

IX.

Friedenspalmen und Kriegeslorbeeren.

Ernste Arbeit, die freilich auch während der Feste nie geruht hatte, trat jetzt wieder in den Vordergrund. Wichtige Gesetze, wie die Grundsteuerregulierung, welche Jahre angestrengter Arbeit erfordert hatte, wurden der Sanction des Kaisers zugeführt. Durch die Einkommensteuer sollte eine gerechtere Vertheilung der an den Staat zu zahlenden Lasten bewirkt werden. Hiebei gab der Kaiser wieder ein seltenes Beispiel edelmüthiger Unterordnung unter das Wohl des Ganzen, indem er sich mit allen Mitgliedern seines Hauses der Besteuerung unterwarf.

Auch die neue Organisation der Wehrkraft bildete des Monarchen unablässige Sorge. Im Jahre 1874 fanden sowohl in Ungarn, als bei Brandeis in Böhmen und bei Bruck in Niederösterreich militärische Manöver in großartigem Stile statt, da man die Überzeugung gewinnen wollte, ob die Beschränkung der Dienstzeit auf die Ausbildung der Truppen nicht nachtheilig gewirkt hätte. Nach dem übereinstimmenden Urtheile sämmtlicher betheiligter Fachmänner fiel die Probe wahrhaft glänzend aus, und der Kaiser konnte in einem Armeebefehle seine ganz besondere Zufriedenheit mit der Führung, Ausbildung und Haltung der Truppen aussprechen.

Solche großartige militärische Übungen, die ein buntbewegtes Bild des Krieges mitten im Frieden gewähren, finden auf Anordnung des Monarchen fast in jedem Jahre statt. Die Ausdauer und rastlose Thätigkeit, welche der Kaiser hiebei an den Tag legt, sind staunenswert und nöthigen in der That auch den fremden Officieren, welche im Gefolge des Monarchen sind, die höchste Bewunderung ab. Zwei- bis dreimal wechselt der Kaiser bei solchen Manövern oft das Pferd und sprengt im Galopp oder en carrière von der vordersten Fronte zur Reserve, von einem Flügel zum andern und sucht sich von dem kleinsten Detail der Aufstellung oder taktischen Anordnung selbst zu überzeugen.

Die gemachten Wahrnehmungen bilden den Gegenstand eingehender Besprechungen, welche am Schlusse des Manövers in Gegenwart der Stabsofficiere abgehalten werden. „Das Manöver soll ein möglichst getreues Bild des Ernstfalles geben," daher wird während desselben alles auf den Kriegsfuß gestellt; die Ordonnanzen, die Sanitätsanstalten, Verproviantierung, Munitionspark, kurz alles ist wie für den Ernstfall eingerichtet.

Auch durch Reisen, die der Kaiser wieder, sowohl innerhalb seines Reiches als auch zum Besuche fremder Fürsten, unternahm, waren die Jahre seit 1873 bemerkenswert.

Bereits im Februar des Jahres 1874 unternahm der Kaiser eine Reise nach St. Petersburg, um dem Czaren in Erwiderung seines Besuches in Wien während der Weltausstellung eine Gegenvisite abzustatten. Großartig waren die Anstalten, die man in Petersburg zum Empfange unseres Kaisers getroffen hatte. Sowohl der Bahnhof als auch die umliegenden Stadttheile waren auf das Prächtigste ausgeschmückt und mit österreichischen und russischen Flaggen geziert; die Büsten des Czaren und seines hohen Gastes prangten, von kostbaren Gewächsen umgeben, an vielen Orten. Da kurze Zeit vor der Ankunft des österreichischen Kaisers in Petersburg die Vermählung einer russischen Prinzessin mit dem Herzog von Edinburg stattgefunden hatte, so weilten in der russischen Hauptstadt noch viele fürstliche Gäste, die sich sämmtlich zur Begrüßung unseres Kaisers eingefunden hatten, so der Thronfolger von Dänemark in russischer Generalsuniform und Prinz Arthur von Großbritannien in der Uniform der englischen Miliz, mit einem österreichischen Ordensbande über der Brust. Auch der Kaiser Alexander II., obwohl damals leidend, hatte sich zur Bewillkommnung des österreichischen Herrschers auf dem Bahnhofe eingefunden.

Als unser Kaiser in die Halle einfuhr, stimmte die Militärkapelle die österreichische Volkshymne an, und aus tausend Kehlen erbrausten jubelnde Hurrahrufe. In einem geschlossenen Wagen fuhr der Kaiser an der Seite des Czaren vom Bahnhofe in den kaiserlichen Winterpalast. Als der glänzende Zug, dem eine Escadron der kaiserlich russischen Leibgarde voranritt, auf dem Platze vor dem Palaste angelangt war, ertönten von der gegenüberliegenden Citadelle Kanonenschüsse, und an dem silberglänzenden hohen Thurme der Festungskirche stieg die österreichische Kaiserfahne empor, bei deren Anblick die dichtgedrängte Menschenmenge, die den ungeheuren Platz vor dem kaiserlichen Schlosse besetzt hielt, in endlose, begeisterte Hurrahrufe ausbrach.

Einer der ersten Besuche unseres Kaisers in der russischen Hauptstadt galt dem Andenken eines alten treuen Freundes der Habsburgischen Dynastie, des verstorbenen Czaren Nikolaus. Der Kaiser verweilte längere Zeit in frommem Gebete am Grabe seines verblichenen Bundesgenossen und legte dann einen prachtvollen Lorbeerkranz an der Gruft nieder.

Eine Reihe glänzendster Feste fand zu Ehren des erlauchten Gastes in Russlands Hauptstadt statt. „Petersburg ist sich bewusst," schrieb damals eine russische Zeitung, „wem es seine Huldigung darbringt; es gilt, den ersten Besuch des erlauchten Sprossen der Habsburger in würdiger Weise zu verherrlichen.“ Am Abende des 14. Februar war die ganze Strecke vom Winterpalais bis zur Oper feenhaft beleuchtet. An den Façaden der Häuser flammten zahllose Lampen und Lampions, in den Straßen hatten sprühende Feuersterne die Laternen verdrängt, lichtglänzende Arabesken schwebten durch die Lüfte, dazu ein Gewimmel von Schlitten, das von Zeit zu Zeit durch plötzlich aufzuckende elektrische Feuergarben weithin beleuchtet wurde und die langen Straßenreihen voller Leben und Bewegung zeigte. Dabei machte sich das Stimmengewirre und Getöse einer zahllosen Menschenmenge kaum bemerkbar, da der hohe Schnee das Geräusch der Schritte dämpfte und auch die pfeilschnell dahinfliegenden Rosse der unzähligen Schlitten keine Schellen trugen. Über alle Beschreibung war auch die Pracht der Festvorstellung in der Oper. Als der Kaiser von Österreich in der Hofloge erschien, erschollen die Klänge unserer einzig schönen Volkshymne, die von den brausenden Jubelrufen der Anwesenden beinahe übertönt wurden.

Nach neuntägiger Anwesenheit in der russischen Kaiserstadt verließ unser Monarch in Begleitung des Großfürsten Constantin St. Petersburg, um sich nach Moskau zu begeben, von wo er, nachdem er im historisch denkwürdigen Kreml abgestiegen, am 26. Februar die Heimreise nach Wien antrat.

Im Herbste desselben Jahres reiste der Kaiser wieder zu den Manövern nach Böhmen. Das altehrwürdige Prag, in welches der Monarch am 7. September seinen Einzug hielt, hatte sich schon lange vorher gerüstet, um den Glanz einer großen Vergangenheit mit dem frischen Schmucke eines regen Schaffens der Jetztzeit zu umkleiden.

Eine der denkwürdigsten und auch — wenigstens in ihrem letzten Theile — beschwerlichsten Reisen, welche der Monarch unternahm, war aber gewiss jene, die er am 1. April 1875 antrat, und die erst nach vollen sechs Wochen, am 15. Mai, ihr Ende erreichte. Sie galt zunächst dem Besuche Triests, woselbst der Kaiser der feierlichen Enthüllung des dem Andenken seines unglücklichen Bruders geweihten Maximilian-Denkmals beiwohnen wollte.

„Ihr Triest,“ so lautete die schwungvolle Ansprache des Bürgermeisters Dr. d'Angeli an den Monarchen, „begrüßt mit Jubel diesen glücklichen Augenblick, in welchem es ihm gegönnt ist, Euere Majestät in seiner Mitte weilen zu sehen und die ehrfurchtsvolle Huldigung unerschütterlicher Anhänglichkeit für Euere Majestät darzubringen. Wo immer Euere Majestät während Allerhöchst Ihres uns beglückenden Aufenthaltes den Blick hinzuwenden geruhen, wird sich wie ehedem die angestammte Treue des Triesters, die redliche Arbeit des Kaufmanns und die unermüdliche Strebsamkeit des Seefahrers darbieten, alle von dem unverrückten Vertrauen getragen, durch die ersehnte Herstellung neuer und directer Bahnverbindungen auch mit den Haupthandelsplätzen des Continentes wieder zur einstigen Blüte zu gelangen.“

Am 3. April wohnte der Kaiser der Enthüllung des herrlichen Denkmals bei, welches Triests treue Bürgerschaft dem Märtyrer von Queretaro, dem Erzherzoge Maximilian, der so viel für den Aufschwung und die Blüte unserer

Marine gethan, errichtet hatte. Stolz schaut das erzgegossene Standbild über die blauen Fluten der Adria, der Blick scheint in die Ferne zu schweifen, als wollte er noch einmal jene Küste der neuen Welt grüßen, die ihm eine Krone geboten, aber auch die todtbringende Kugel ins Herz gesendet hat.

Das schöne Standbild ist von dem Bildhauer Johannes Schilling in Dresden ausgeführt und aus der Gießerei von Röhlich in Wien hervorgegangen. Der Sockel des Monuments ist mit Fruchtfestons und Emblemen reich verziert. Am Fuße der Statue liest man die schönen Worte, mit denen der unglückliche Erzherzog am 16. Juni 1867 von Heimat und Freunden Abschied genommen: „All' Austriaca Marina cui posi tanto affetto, a quanti lascio amici lungo i lidi dell' Adria il supremo mio Vale." „Der österreichischen Marine, der meine ganze Liebe gehört hat, allen Freunden, die ich längs des Strandes der Adria zurücklasse, mein letztes Lebewohl!"

Als die Hülle des Denkmals fiel, standen Thränen in den Augen des Kaisers, und tief ergriffen sprach er seinen kaiserlichen Dank aus „allen jenen, welche die Errichtung des Denkmals für seinen lieben unglücklichen Bruder angeregt haben." Auch des Kaisers Brüder, die Erzherzoge Karl Ludwig und Ludwig Victor, welche sich im Gefolge des Herrschers befanden, konnten sich in diesem feierlichen Augenblicke der Thränen nicht enthalten. Prachtvolle Kränze wurden auf den Stufen des Monumentes niedergelegt, unter diesen ein riesiger Lorbeerkranz, die Spende der Stadt Triest, der auf weißseidenem Bande die in Gold gestickte Inschrift trug: „A Massimiliano d'Austria Trieste riconoscente", auch ein prächtiger Kranz von weißen Camelien, dessen Schleife folgende Widmung schmückte: „Mesto e riverente omaggio delle donne triestine." „In schmerzlicher und verehrungsvoller Huldigung die Frauen Triests."

Am vierten April wurde Görz besucht und hierauf die Reise nach Venedig fortgesetzt. Der Kaiser hatte nämlich den Entschluss gefasst, den Besuch, den König Victor Emanuel von Italien anlässlich der Weltausstellung am Wiener Hofe gemacht, zu erwidern, und zwar hatte Franz Josef gerade Venedig als Ort der Zusammenkunft ausgewählt. Es zeugt dies zweifellos von der ungewöhnlichen Willenskraft unseres Kaisers im Entsagen und Verzeihen. Franz Josef I. wollte dem Herrscher und dem Volke Italiens, sowie seinen eigenen Unterthanen den Beweis liefern, dass er über das Vergangene den hüllenden Schleier des Vergessens gebreitet, dass es ihm mit der Versöhnung wahrhaft Ernst sei, und dass sein Herz jedes Opfer zu bringen bereit sei, wenn er damit den Frieden und das Glück seiner Völker erkaufen könne.

Unter dem Donner der Kanonen fuhr der Zug, welcher den Kaiser nach Venedig brachte, in die Lagunenstadt ein. Unser Monarch verließ rasch den Waggon und gieng mit schnellen Schritten auf den König Victor Emanuel zu, dem er in herzlichster Weise die Hand reichte, worauf sich die beiden Souveräne umarmten und küssten. Zum erstenmale seit zehn Jahren ertönten auf dem Marcusplatze wieder die Klänge unserer Volkshymne.

Ein Bild voll Farbenpracht und eigenartigen Reizes entrollte sich vor den Blicken des Beschauers, als die beiden Majestäten die Terrasse vor dem Bahnhofe betraten, um die bereitgehaltenen Gondeln zu besteigen. Der Canal wimmelte von Gondeln, die in den buntesten Farben prangten. Einst gab es in der alten Republik Venedig ein Luxusgesetz, demzufolge die Gondeln nur schwarz ausgeschlagen sein durften. An dies Gesetz hielt man sich freilich nicht mehr. Die Gondel, in welcher der Kaiser an der Seite seines königlichen Gastfreundes platznahm, war mit himmelblauem, golddurchwirktem Stoffe ausgeschlagen; in gleiche Farben waren die Gondoliere gekleidet. Die Gondeln, welche die Prinzen und das glänzende Gefolge aufnahmen, prangten in violetten und blauen, mit Gold und Silber reich geschmückten Farben. Es war ein Bild von lebhaftester Wirkung, als all diese im heiteren Schmucke schimmernden Gondeln an die schmale Treppe der Bahnhofstraße anlegten. Dazu die Menge der Privatgondeln und die dichtgescharte Volksmenge, welche die Eisenbahnbrücke, sowie die Ufer des Canal grande besetzt hielt — welch malerisches, buntes, echt südliches Gemälde!

Nach viertelstündiger Fahrt langten die Gondeln an der Freitreppe des königlichen Palastes an, wo Kronprinzessin Margherita in reizumflossener Anmuth den hohen kaiserlichen Gast willkommen hieß. Aus der Reihe rauschender Festlichkeiten, die nun folgten, seien nur erwähnt die Galavorstellung im Fenicetheater, in welchem die Oper Lucia von Lammermoor aufgeführt wurde, sowie die Beleuchtung, bei der haushohe Holzstöße die alte Arena mit Flammen übergossen.

In Vigonza fand eine prächtige Heerschau statt, bei welcher die schlanke und soldatisch edle Gestalt unseres Monarchen, der auf seinem Rosse so kühn und ritterlich saß, allgemein die Bewunderung der Krieger Italiens erregte. Nach der Heerschau beglückwünschte unser Kaiser den König zu der Einigung Italiens und verlieh ihm ein österreichisches Husarenregiment.

Eine italienische Zeitung, die „Italia militare“ schrieb damals: „Die italienische Armee ist stolz, vor dem Oberhaupte jener Armee in Heerschau besichtigt zu werden, deren Tapferkeit sie oft gewürdigt, und deren Wertschätzung und Achtung sie sich zu erwerben gewusst hat. Wir sind gewiss, dass, wenn der erlauchte Kaiser die italienischen Soldaten an sich vorüberziehen sehen wird, er in seinem edlen Herzen jene Gefühle empfinden wird, welche den unter den Waffen aufgewachsenen Männern eigen sind, und die den vergangenen Kämpfen die glücklichen Eindrücke der Gegenwart und die Aussichten der Zukunft entsprießen lassen, indem sie beiderseits und mit gleicher Aufrichtigkeit Freundschaft und Frieden zu erhalten bezwecken.“

Bei dem Galadiner, bei welchem der Kaiser zur Rechten des Königs saß, während den Platz auf seiner anderen Seite Prinzessin Margherita eingenommen hatte, erhob sich König Victor Emanuel bei dem dritten Gange, um einen Toast auszubringen: „auf seinen erlauchten Gast, auf das Glück und die dauernde Freundschaft beider Staaten,“ worauf Se. Majestät der Kaiser mit klangvoller

Stimme erwiderte: „Mit den Gefühlen der lebhaftesten Dankbarkeit für den herzlichen Empfang, den ich hier gefunden, trinke ich auf das Wohl Sr. Majestät des Königs von Italien, meines Bruders und theuern Freundes, der königlichen Familie und auf das Wohlergehen und Aufblühen Italiens."

„Venedig," so sagten sich damals die Bewohner der alten, erinnerungsreichen Lagunenstadt mit vollem Rechte, „Venedig hat in diesem Trinkspruche die höchste Befriedigung und den schönsten Lohn gefunden für die so würdige patriotische Weise, womit es den erhabenen Freund Italiens empfangen und gefeiert hatte." Ebenso herzlich und feierlich wie der Empfang gestaltete sich der Abschied des Kaisers, als dieser sich am Vormittage des 7. April auf seiner Yacht „Miramar" nach Pola einschiffte, wo er am Abende eintraf und von dem Podestà der Stadt festlich begrüßt wurde.

Mit Recht durfte dieser in seiner huldigenden Ansprache hervorheben, dass der Kaiser, indem er Pola zum Kriegshafen erklärte, die Stadt aus dem Nichts, in dem sie versunken war, wieder zur alten Größe, die sie einst in den Tagen der Römerherrschaft besessen, emporgehoben habe.

Daher lag auch allen Festlichkeiten, welche das dankbare Pola seinem Monarchen bereitete, der Gedanke des innigsten Einvernehmens der Stadt und ihrer getreuen Bürgerschaft mit der ruhmbedeckten kaiserlichen Kriegsmarine zu Grunde.

Am 9. April hielt der Kaiser eine großartige Flottenrevue ab. Er besichtigte zuerst das Artillerie-Schulschiff „Adria", wo er von dem Linienschiffs-Capitän Herzfeld an der Fallreeptreppe empfangen wurde, wohnte sodann dem Manöver der Mannschaften bei und ließ auf dem „Jungen-"Schiffe „Schwarzenberg" Segelexercitien vornehmen. Alle Theile des Marine-Dienstes kamen zur Geltung, und der Monarch sprach zum Schlusse sowohl den Officieren wie der Mannschaft seine kaiserliche Anerkennung und vollste Zufriedenheit aus. „Ich erkenne hierin," heißt es in dem Allerhöchsten Flottenbefehle, „die erfreulichen Resultate des hingebungs- und verständnisvollen Eifers, mit welchem sich die verschiedenen Organe meiner Marine ihren vielseitigen und schwierigen Berufspflichten weihen."

Am 10. April begab sich der Kaiser wieder zu Schiffe, um die Fahrt nach Dalmatien anzutreten. Diese Reise entbehrte, wie die Zukunft lehren sollte, nicht ganz der politischen Bedeutung, denn kurze Zeit nach derselben brachen jene orientalischen Wirren aus, welche schließlich zur Besitzergreifung Bosniens und der Herzegowina führen sollten, zu welchen Dalmatien ein so wichtiges Vorland bildet. Der Kaiser wollte sich durch eigenen Augenschein von den Verhältnissen dieses Landes überzeugen, und es musste sich ihm natürlich wiederholt die Überzeugung von den reichen und mannigfaltigen Wechselbeziehungen aufdrängen, welche unser Reich mit dem Oriente verknüpfen.

Dalmatien ist ein Land, reich an großen Erinnerungen, an malerischen Naturschönheiten, freilich auch an landschaftlichen Bildern von trostloser Öde und graueneinflößender Erhabenheit. Während in manchen gesegneten Thälern des Innern die goldene Saatflut wogt, die Olive grünt und die Purpurtraube reift,

Wasserfälle ihr schäumendes Silber von dunklen Wäldern herab in die Ebene rauschen lassen, starren die Küsten von nackten Felsklippen, und schroffe Steinwände glühen im Sonnenbrande oder werden von der eisigen Bora umtobt, die jedes Grashälmchen wegfegt. Ebenso abwechslungsreich wie die Natur, ist die Geschichte dieses Landes. Es sah die Römerherrschaft an sich vorüberziehen, es seufzte unter der eigennützigen Herrschaft Venedigs und unter dem harten Joche der Türken. Spuren dieser wechselvollen Geschichte erhielten sich in dem verschiedenen Charakter der Volksstämme, die Dalmatien bewohnen und oft in heftiger Feindschaft unter einander leben.

Dieses Land voll eigenartiger Reize wollte der Kaiser nun selbst kennen lernen. Aber nicht bloß das Festland, und zwar bis zu den entlegensten Felsspitzen, sondern auch die Inseln wurden besucht. Über einen Monat dauerte die anstrengende und an Beschwerden und Entbehrungen überaus reiche Bereisung. Solange freilich die Reise längs der Küste vor sich gieng, fand der Kaiser leidliche Bequemlichkeit auf seiner Yacht; bei den Ausflügen ins Innere des Landes aber, die selten zu Wagen, meist zu Pferde, oft auch nur zu Fuß auf elenden Saumwegen unternommen werden konnten, brachte es die Ungastlichkeit des Landes oft mit sich, dass der Kaiser bald in einer ärmlichen Posthalterhütte, bald in dem Hause eines Straßenwärters am offenen Feuer die von einem Platzregen durchnässten Kleider trocknen oder die von der Bora durchfrorenen Glieder wärmen musste.

Eine lebhafte Vorstellung dieser Übelstände, bei denen es freilich zuweilen nicht an den heitersten Episoden fehlte, gibt die Schilderung eines Augenzeugen von der Hoftafel in Vrgorac, einem Orte von nicht ganz 2000 Einwohnern, wo dem Kaiser im Steueramtsgebäude ein mehr als bescheidenes Empfangszimmer eingeräumt worden war. „Unter einem Fenster des ersten und einzigen Stockwerks hatte man ein Gerüste aus Fässern aufgeschlagen, auf welchem ein postierter Hofdiener die aus der kaiserlichen Küche über die Straße herbeigebrachten Schüsseln in Empfang nahm, um sie dann durch das Fenster den im Speisesaal befindlichen kaiserlichen Hausofficieren für die Hoftafel zu übergeben. Es ist noch zu bemerken, dass dieser Speisesaal, welcher keinen Raum sich zu bewegen gewährte, keineswegs in demselben Hause sich befand, wo Se. Majestät ein sehr bescheidenes Arbeitszimmer und ein noch bescheideneres Schlafzimmer als Residenz innehatten."

Gar viele Kundgebungen zarter Liebe und feuriger Begeisterung rührten und erfreuten den Kaiser auf dieser Reise. So war der Monarch innig gerührt, als ihm in einem kleinen Städtchen am 22. April, dem Geburtstage der Erzherzogin Marie Valerie, ein Blumenstrauß mit der einfachen Widmung überreicht wurde: „Dem Vater zum Wiegenfeste der Tochter." — So war es ferner ein Augenblick von unvergesslicher Erhabenheit und Weihe, als auf der Hochebene von Dragalj, inmitten einer großartigen wilden Naturscenerie und der zahlreichen bewaffneten, Fahnen schwenkenden Scharen, der achtzigjährige Ortsälteste aus dem Kreise seiner Dorfgenossen hervortrat und an den Kaiser in seiner blumenreichen Redeweise folgende Ansprache richtete:

„Mit dem heutigen Tage ist uns die Sonne aufgegangen. Wir küssen den von Deiner Majestät betretenen Boden, welchen wir als heilige Stätte nunmehr verehren und als heilig unseren Kindern vererben werden. Es ist derselbe Boden, welchen wir mit unserem Blute den Türken abgerungen haben, und wir schätzen uns glücklich, unter Deinen wohlthätigen, glorreichen Schutz aufgenommen worden zu sein. Wir glauben an Muth und Tapferkeit keinem Deiner Unterthanen nachzustehen und sind jeden Augenblick bereit, unser Blut für Dein großes Reich zu vergießen. Wir fürchten uns vor keinem Feinde Deines Reiches; bewaffne uns, und wir sind bereit zu jeder Stunde Deinen Befehlen zu folgen. Živio unser erhabener vielgeliebter Kaiser Franz Josef I.!"

Der Kaiser war zunächst nach Zara, von da nach Sebenico, hierauf nach Scardona gefahren, wo die berühmten Fälle der Kerka besichtigt wurden. Von da gieng die Reise nach Knin und Sinj, hierauf über Trau nach Spalato; nach dem Besuche der Inseln traf der Kaiser am 29. April in Ragusa ein und begab sich dann nach Cattaro, von wo zu Pferde die Grenzforts besucht wurden. Mit der Besichtigung des durch Tegetthoffs Sieg berühmt gewordenen Schauplatzes auf der Insel Lissa am 12. Mai erreichte die Kaiserreise ihr Ende. Von demselben Tage ist das Handschreiben datiert, welches der Kaiser an den Statthalter von Dalmatien, Freiherrn von Rodič, erließ und welches mit der Versicherung schloss: „dass der Aufenthalt in diesem Lande Mir unvergesslich und demselben und seiner Bevölkerung Meine väterliche Fürsorge und kaiserliche Huld fortan zugewendet bleiben wird."

Von den Anforderungen, welche diese an Eindrücken so überaus reiche Reise an Seine Majestät den Kaiser stellte, von der Widerstandskraft, mit welcher er so viele Beschwerden und Unannehmlichkeiten ertrug, gibt am besten der Berichterstatter und Theilnehmer, Professor Coglievina, Aufschluss. Er sagt hierüber Folgendes:

„Vielen, aber nicht jenen, die Augenzeugen waren, wird es unmöglich erscheinen, dass ein Mann, wenn seine Kraft auch noch so eisern, nicht nur zu ertragen, sondern auch zu vollbringen vermochte, was Se. Majestät in den Tagen Ihres Aufenthaltes in so ausgedehnten Ländern vollbrachte, ohne irgend ein Zeichen von Ermüdung oder Ungeduld an den Tag zu legen, sondern stets gegen alle die größte Freundlichkeit und Leutseligkeit bezeugend. Wenn man die vielen Städte, Märkte und kleineren Orte überblickt, die Se. Majestät besuchten, die Hunderte von Ansprachen, die Se. Majestät entgegennahmen und alle in entsprechender Weise zu beantworten geruhten, die etlichen hundert Kirchen, Ämter und Anstalten, Schulen, Denkmäler des Alterthums, Kerker, Forts und Kasernen, die der Kaiser besichtigte, wenn man ferner erwägt, dass derselbe mehr als zweihundert Meilen zu Schiff, zu Wagen, zu Pferd, zu Fuß, über das Meer, über Flüsse, Berge, Ebenen und Thäler zurücklegte, wenn man hinzunimmt, dass der Kaiser in jedem Orte verschiedene Vertretungen zu empfangen, Tausende von Audienzen zu ertheilen, allerlei Festen beizuwohnen, Truppen zu mustern hatte und bei alledem Zeit fand, die laufenden Staatsgeschäfte zu erledigen, so wird jedermann sich verwundert fragen, wie das alles möglich war. Die Antwort darauf findet man in den Gewohnheiten des Kaisers. Der Sonnenaufgang trifft den Monarchen stets schon an der Arbeit; Regen, Stürme und andere Unbilden einer unbeständigen Witterung halten ihn auf der Reise von der Erfüllung seines Berufes nie ab. Ein Verächter der Weichlichkeit, widmet er den Bedürfnissen des Lebens nur das Nothwendigste. Aber auch die rüstigste Kraft wäre durch all diese Anstrengungen ermüdet worden, wenn sie nicht wie bei Sr. Majestät von einer großen, das ganze Reich umfassenden Idee belebt und erhalten worden wäre: von dem edlen und erhabenen Gefühle der Verantwortung, welche des Herrschers Stellung mit sich bringt. Unser Monarch darf sicherlich nicht mit dem Kaiser Titus bedauernd ausrufen: „Ich habe einen Tag verloren," da er nicht eine Minute verliert. Vor einer solchen Thatkraft muss man sich tief beugen. Diese Eigenschaften sind in der That bewunderungswürdig, und es sei allen der alte Spruch ans Herz gelegt: Nach des Kaisers Beispiel."

Am 15. Mai war der Kaiser wieder in Wien, woselbst sich zur Begrüßung Sr. Majestät im Südbahnhofe die Kaiserin, Kronprinz Rudolf, der Vater des Kaisers, Erzherzog Franz Karl, ferner die Erzherzoge Karl Ludwig, Ludwig Victor, Albrecht, Friedrich, Wilhelm, Leopold, Erzherzogin Marie Theresie, sowie viele hohe Würdenträger des Reiches eingefunden hatten. Der Monarch erwiderte die Begrüßung des Bürgermeisters Dr. Felder, welche der Freude der Bevölkerung über die glückliche Rückkehr Sr. Majestät Ausdruck verlieh, mit folgenden Worten: „Von Meiner Reise, die mit mancherlei Beschwerden verbunden war, sehr befriedigt zurückgekehrt, freue Ich Mich, wieder im lieben Wien, in Ihrer Mitte zu sein. Ich danke Ihnen, Meine Herren, dass Sie alle herausgekommen sind, um Mich bei Meiner Ankunft zu begrüßen."

Im Mai 1875 fand ein für Wien außerordentlich wichtiges Ereignis statt: die feierliche Eröffnung des neuen Donaubettes. Gewaltige Krümmungen, welche die Donau, diese Lebensader unseres Kaiserstaates, gerade bei Wien bildete, sowie viele kleinere Inseln und Sandbänke erschwerten bisher die Schiffahrt außerordentlich. Es war deshalb das unablässige Bestreben des Monarchen darauf gerichtet, diese Hindernisse zu beseitigen. Nunmehr war das großartige Werk nach vielen Mühen und mit bedeutenden Kosten zu Ende geführt worden. Vier eiserne Riesenbrücken führen über das neue Bett des gewaltigen Stromes, und in eigener Person eröffnete der Kaiser die neue Strombahn. Auf einem festlich bewimpelten Dampfer, dem eine große Zahl bunt beflaggter Schiffe folgte, befuhr der Kaiser die mehrere Stunden lange Strecke, von den jauchzenden Zurufen des Volkes begleitet, das sich längs der Ufer angesammelt hatte.

Von einem schweren, schmerzlichen Verluste wurde der Kaiser bald darauf betroffen, indem am 29. Juni 1875 sein Oheim Kaiser Ferdinand der Gütige die Augen zum ewigen Schlafe schloss. Zum letztenmale hatte ihn der Kaiser auf dem Prager Hradschin gesehen, als er zur Begrüßung des von Ems zurückkehrenden russischen Kaisers nach Böhmen gereist war. Drei Tage später stand er in inbrünstigem Gebete an dem Sarge des hohen Verblichenen, dessen Leben eine Kette von Wohlthaten gewesen war.

Als Kaiser Ferdinand noch Kronprinz war, hatte Österreichs größter Dichter, Franz Grillparzer, von ihm die schönen Strophen gesungen:

„Mag sein, dass hoher Geistesgaben Fülle
Dereinst umleuchtet deinen Fürstenhut,
Wir forschen nicht, was Zukunft einst enthülle,
Des Einen sicher schon, dass du bist gut.

Denn, was der Mensch erringen mag und haben,
Die Güte bleibt der letzte, höchste Preis,
Der Gipfel sie, der Inbegriff der Gaben,
Das einz'ge, was nicht altert mit dem Greis.

Fühlst du es so in deinem Busen schlagen,
Dann tritt die Zukunft an mit frohem Muth,
Und jubelnd soll ein Engelchor einst sagen:
Sein Volk war treu, und er war gut."

Nur wenige Jahre überlebte seinen Bruder des Kaisers eigener Vater Erzherzog Franz Karl. Er starb am 8. März 1878. Ihm bleibt für ewige Zeiten der schöne Beiname eines „Vaters der Armen." Wer erinnerte sich in Wien nicht des Sechsgespannes von Schimmeln, mit dem der Erzherzog fast täglich in den Prater zu fahren pflegte, und zwar wählte er, wie man erzählte, dies Gespann hauptsächlich deshalb, weil die Kutscher und Diener für diese Fahrten besondere Zulagen erhielten, die ihnen bei Nichtbenützung des Gespannes entgangen wären. Dasselbe gieng nach des Erzherzogs Tode auf seinen Enkel, Kronprinz Rudolf, über. Das war eigentlich der einzige Luxus, den sich der sonst so einfache und schlichte Erzherzog gestattete.

Aus der Menge von Erzählungen, welche des Erzherzogs Seelenadel und Herzensgüte bekunden, wollen wir nur eine kleine Geschichte hervorheben. Zwei Herren in Civil, der eine mit grauem Haupt und Barthaar, der andere bedeutend jünger, schritten einst an einem Wintertage des Jahres 1878 in der ersten Nachmittagsstunde gemessenen Schrittes die Hauptallee des Praters hinab. Da tritt plötzlich ein kaum zehnjähriges Mädchen auf sie hin und hebt die von Frost starrenden Händchen bittend empor. Auf ein Wort des alten Herrn greift sein jüngerer Begleiter sogleich in die Tasche und reicht dem armen Kinde ein ansehnliches Geldgeschenk.

Freudig eilt das Mädchen auf einen abseits vom Wege stehenden, ärmlich gekleideten Greis zu und streckt ihm das Almosen entgegen, doch im selben Augenblicke naht sich den beiden ein livrierter Diener und bedeutet ihnen in ziemlich barscher Weise, dass es unziemlich sei, Mitglieder des allerhöchsten Kaiserhauses anzubetteln; auch ein Wächter der öffentlichen Sicherheit eilt bereits herbei und macht Miene, den Alten und das Mädchen wegzuführen. Doch kaum will er sich anschicken, seines Amtes zu walten, ertönt hinter ihm eine Stimme:

„Lassen Sie die armen Leute, sie haben ja nichts gethan, ich wünsche es." Und zu dem ärmlich gekleideten Manne, dem Vater des Mädchens, gewendet, sagte der vornehme Herr mit dem weißen Haar und Bart: „Gehen Sie jetzt ruhig Ihrer Wege und kommen Sie morgen in den Nachmittagsstunden zu mir; ich bin Erzherzog Franz Karl." — Mit Thränen in den Augen setzte der arme Mann ungestört und getröstet seinen Weg fort, war er doch gewiss, dass der gute, freundliche Erzherzog sich auch weiter noch seiner annehmen werde.

Ein Ereignis, welches in diesen Zeitabschnitt fällt und den Kaiser mit hoher Freude erfüllte, war das fünfzigjährige Dienstjubiläum des Feldmarschalls Erzherzog Albrecht. Bei den fünfzig Jahren sind selbstverständlich nach militärischer Gepflogenheit die Kriegsjahre 1848, 1849 und 1866 doppelt eingerechnet. Der Kaiser hatte angeordnet, dass der Ehrentag des Erzherzogs seitens des Heeres in besonders erhebender Weise gefeiert werde. Eine Ehrencompagnie des 44. Infanterieregimentes hatte mit Fahne und Musik die Wache vor dem Palais Sr. kaiserlichen Hoheit bezogen. Losung und Parole erinnerten an die Ruhmestage des Erzherzogs. Am Nachmittage fand ein glänzendes Diner statt, bei welchem Se. Majestät folgenden Trinkspruch ausbrachte:

„Dem tapfern und siegreichen Führer, unserem Vorbilde in allen militärischen Tugenden, Meinem theueren Vetter, treuen Diener und Freunde, Feldmarschall Erzherzog Albrecht aus vollem Herzen ein Hoch!"

Mit einer großen Parade fand die Jubelfeier, welche unter der Theilnahme der ganzen Bevölkerung sich abspielte, ihren Abschluss. Der Erzherzog, dessen Wohlthätigkeitssinn bei so vielen Anlässen sich bethätigt hatte, spendete damals ein bedeutendes Capital für zehn Stipendien zur Erziehung mittelloser Officierstöchter.

Zwei Jahre vorher war im fernen Osten, im Buchenland der Bukowina, eine schöne Friedensfeier unter begeisterter Theilnahme der Bevölkerung begangen worden: das Fest der hundertjährigen Vereinigung der Bukowina mit Österreich und zugleich, wie wir schon oben erzählten, die Gründung der Universität in Czernowitz. Das frische Lied, das J. V. von Scheffel diesem festlichen Ereignisse widmete, schließt stimmungsvoll:

„Heil dir, gewaltig Österreich,
Heil Wissen dir, im Osten!
In Sprachen bunt, im Geiste gleich
Ziehn wir am Pruth auf Posten:
Nun blühe, jüngster Musensitz,
Franzisco-Josefina!
Frau Muse lehrt in Czernowitz
Und schirmt die Bukowina.

Einen sichtbaren Ausdruck fand die Treue, mit welcher die Bewohner der Bukowina an Kaiser und Reich hängen, in dem schönen „Austria-Denkmal," welches damals in der Landeshauptstadt Czernowitz enthüllt wurde.

Noch manches herrliche Werk der Kunst und des Wissens wurde in den langen Friedensjahren von Seite des Kaisers und seiner Regierung gefördert oder doch wenigstens angeregt. Viele Prachtbauten unserer einzig schönen Ringstraße, wie die beiden Hofmuseen, die Universität, das Rathhaus, das Parlamentsgebäude schritten ihrer Vollendung entgegen.

Maler, wie Friedrich Amerling (1803—1887), Rudolf Alt, August von Pettenkofen, Josef von Führich († 1876), Canon († 1885) Hans Makart († 1884), Heinrich von Angeli wurden durch Aufträge seitens des Hofes und durch des Kaisers edle Munificenz gefördert. Insbesondere war es

Das naturhistorische Hofmuseum in Wien.

des Kaisers Oberstkämmerer, Graf Franz Folliot de Crenneville, der als feinsinniger Gönner der Gelehrten wie der Künstler auftrat und hierin den Absichten des Monarchen durchaus entgegenkam.

Lange hatte jetzt der Friede gewährt, Handel und Wandel sich gekräftigt und der Flor des Schönen geblüht: da ertönten wieder kriegerische Fanfaren, die Armee entrollte die Fahnen mit dem Doppeladler, und die Waffen blitzten in einem Kriege, der, obwohl nicht lange während, doch durch den grausamen Fanatismus, welchen der tückische Feind bewies, blutig war und viele brave Söhne unseres Vaterlandes zum Opfer forderte. Bereits auf der Reise des Kaisers in Dalmatien war eine Gesandtschaft bosnischer und herzegowinischer Christen vor Sr. Majestät erschienen, um dessen Schutz und Hilfe vor den Bedrückungen der Türken zu erflehen. Die Unruhen, die im Sommer 1875 in Bosnien und der Herzegowina ausgebrochen waren, wurden immer heftiger und gefahrdrohender. Anfänglich meinte man, es handle sich um einen jener in diesen Ländern nicht ungewöhnlichen Aufstände der hart bedrückten christlichen Bevölkerung („Rajah", Herde, wie die Türken sie nannten,) gegen das verhasste Joch der Türkenherrschaft, und auch der Kaiser glaubte noch in seiner Ansprache an die österreichisch-ungarische Delegation beruhigende Versicherungen geben zu müssen. „Die Bewegung," sagte er, „welche in einigen Provinzen des türkischen Reiches entstanden ist, muss durch die unmittelbare Nachbarschaft und die daraus entspringenden vielfachen Beziehungen die Monarchie in erster Linie berühren. Unser herzliches Verhältnis zu den beiden großen Nachbarreichen, sowie die freundlichen Beziehungen zu den anderen Staaten lassen jedoch die Hoffnung begründet erscheinen, dass trotz dieser Ereignisse sowohl die Ruhe der Monarchie als der Friede Europas erhalten bleiben werden."

Als aber Serbien und Montenegro sich in den Streit mengten, als die Bulgaren sich erhoben, als Russland, seiner alten Politik getreu, das Schwert gegen den Halbmond zückte, da war es freilich mit dem Frieden und der Ruhe Europas vorbei.

Unser Staat hielt an dem sogenannten Drei-Kaiser-Bündnisse, welches zwischen den Herrschern von Österreich-Ungarn, Deutschland und Russland abgeschlossen worden war, fest, er bewahrte während des Krieges strenge Neutralität. Seine Aufgabe begann erst, als trotz der heldenmüthigen Tapferkeit der Türkei Russlands Schwert fast schon an die Thore von Konstantinopel pochte, und der Friede von San Stefano (am 3. März 1878) die Türken beinahe ganz an Russland auslieferte. Die Wohlfahrt und Sicherheit unseres Reiches erheischten jetzt gebieterisch eine Ordnung der orientalischen Verhältnisse, durch welche Russlands drohendes Übergewicht eingeschränkt werden sollte. Es war daher das Bestreben unserer Regierung darauf gerichtet, einen Congress aller europäischen Mächte zu veranlassen, durch welchen die auf der Balkanhalbinsel neu geschaffenen Verhältnisse geregelt werden sollten.

Nach mannigfachen Verhandlungen kam endlich dieser Congress in Berlin zustande und währte vom 11. Juni bis 13. Juli. Es war eine der glänzendsten Versammlungen berühmter und hervorragender Staatsmänner. Der deutsche Reichskanzler Fürst Bismarck, der englische Lord Benjamin Beaconsfield, der Minister Russlands Gortschakoff und der auswärtige Minister Österreich-Ungarns, Graf Julius Andrássy, waren wohl die hervorstechendsten Erscheinungen dieser Versammlung auserlesener und gewiegter Diplomaten.

Auf dem Berliner Congresse erhielt Österreich den Auftrag, die ehemals türkischen Provinzen Bosnien und Herzegowina zu besetzen, um in diesen Ländern die Ruhe herzustellen und die Segnungen der Cultur diesen durch die Misswirtschaft der Türkei ganz herabgekommenen Gebieten zuzuführen. Der Zustand, in welchen die beiden, an mancherlei Schätzen der Natur keineswegs armen Länder durch die Türkei gebracht worden waren, bot allerdings ein trostloses Bild. Die Metallschätze, die im Innern der Berge schlummerten, ließ man unbeachtet, die stattlichen Forste wurden theils entwaldet, theils vermorschten die Stämme, da es keine Mittel gab, den Reichthum wegzuführen! Der christliche Bauer ließ ganze Strecken fruchtbaren Erdreichs unangebaut, denn kaum war die Frucht am Halme gereift, so kam der türkische Pascha, um ihm den Lohn seiner Mühen zu entreißen.

„Majestät,“ sagte ein bosnischer Bauer, der mit mehreren anderen an das Hoflager des Kaisers gekommen war, „wir sind so weit, dass wir nichts mehr können und nichts mehr haben; von der Weisheit Eurer Majestät erhoffen wir, dass wir wieder recht bald etwas besitzen und zu leisten im Stande sein werden.“

Anfänglich glaubte man, die Besitzergreifung des bosnisch-herzegowinischen Landes durch unsere Truppen werde leichter vonstatten gehen. Man war sich ja der edelsten Absichten bewusst und befürchtete keinen nachhaltigen ernstlichen Widerstand. Am 29. Juli überschritten die ersten Truppen des XII. Armeecorps die Save bei Brod und betraten bosnischen Boden. Den Oberbefehl über die Occupationsarmee führte FZM. Josef Freiherr von Philippovich. Zwei Tage später erfolgte unter dem Commando des FZM. Jovanovich auch der Einmarsch in die Herzegowina.

Aufgereizt durch fanatische Moslims, an deren Spitze der verrufene Derwisch Hadschi Loja stand, erhob sich aller Orten die mohammedanische Bevölkerung, um von den Höhen ihrer Berge, aus zahllosen Schlupfwinkeln und Verstecken Tod und Verderben auf unsere braven Soldaten zu senden. Nicht sowohl im offenen Kampfe mit dem Feinde galt es damals, Kraft und Muth zu erproben, als vielmehr in der Bewältigung der unglaublichen Schwierigkeiten, welche Witterung und Bodenverhältnisse den vorrückenden Truppen entgegenstellten. Ein unwegsames Hochgebirgsland musste meist auf schlechten Saumwegen durchzogen werden, während aus Klüften und Felsritzen das feindliche Rohr blitzte, die steile Wand, der tiefe Abgrund ein Ausweichen nach rechts und links unmöglich machten; auf ganz durchweichtem Boden musste oft in strömendem Regen die ganze Nacht bivouakiert werden. Unsere Truppen bewährten im Ertragen all dieser Entbehrungen und Strapazen eine bewunderungswürdige Ausdauer und Widerstandsfähigkeit.

Auch an Thaten heldenmüthiger Tapferkeit seitens unseres Heeres ist dieser Feldzug nicht arm. Der Todesritt von Maglaj, wo sich eine Handvoll kühner Reiter mit verzweifeltem Muthe durch die feindliche Menge, welche die Unseren verrätherisch überfallen hatte, den Weg bahnte, muss in der Reihe bewunderter Heldenthaten rühmend genannt werden.

Am 18. August stand Philippovich vor Sarajewo, der Hauptstadt Bosniens; im Angesichte derselben feierten unsere Soldaten das Geburtsfest ihres obersten Kriegsherrn, um am Morgen des nächsten Tages den Angriff auf die Stadt zu beginnen, die in kurzer Frist im Sturm genommen wurde. Mostar, die Hauptstadt der Herzegowina, war schon früher besetzt worden. Aber erst als bedeutende Verstärkungen nach Bosnien und der Herzegowina geschickt worden waren, konnte der Aufstand, der bald da, bald dort aufflammte, gänzlich unterdrückt werden. Bald waren die Insurgenten aus den verborgensten Schlupfwinkeln verjagt und die letzten Raubschlösser der Herzegowina in Schutt gelegt.

Am 4. October, dem Namenstage des Monarchen, konnte Philippovich Sr. Majestät melden: „dass der Aufstand in ganz Bosnien niedergeworfen sei, das ganze Land in Händen der kaiserlichen Truppen sich befinde, und dass die

Sarajevo.

Mehrheit der Bevölkerung diese Thatsache mit heißem Danke und mit Versicherungen der Ergebenheit aufnehme.“ — Den heimkehrenden siegreichen Truppen ward überall, ganz besonders in Wien, die begeistertste Aufnahme zutheil; die Bevölkerung wetteiferte in den Ausdrücken herzlicher Freude und in der Darbringung reicher Spenden, die nicht bloß den armen Verwundeten, sondern vor allem auch den Familien der gefallenen Kämpfer galten.

Die Waffen hatten das Ihre geleistet, jetzt musste der Genius des Friedens das Füllhorn seiner Gaben auf die Länder, die lange im Sclavenjoche geseufzt, ausstreuen. Mit vollem Rechte bemerkt ein Schriftsteller, Freiherr von Helfert: „Die militärische Eroberung der Bosna und Herzegowina, welche unsere Armee, auf deren Leistungen jeder Österreicher mit stolzer Befriedigung, mit theilnahmsvoller Bewunderung zu blicken Ursache hat, im fortschreitenden Umsichgreifen vollzieht, ist gleichwohl nur ein Theil der Aufgabe, die wir in jenen Gebieten zu lösen haben. Wo die militärische Eroberung aufhört, hat die moralische anzusetzen."

Die moralische Eroberung hat in der That in diesen Ländern, die uns durch den Schiedsspruch Europas und das tapfere Schwert unserer Soldaten zugefallen sind, eine bedeutende Umwandlung vollzogen. Nicht umsonst sagt man von dem Österreicher, seine Aufgabe sei es, die Cultur nach Osten zu tragen. Schienenwege und wohlerhaltene Straßen durchkreuzen bereits unser neues Reichsland; zerstörte Kirchen erhoben sich aus dem Schutte; stattliche Schulen und Amtsgebäude erstanden in den größeren Städten; die Schachte der Berge werden durchforscht, die Wälder geschützt, Garten- und Ackerland sorgfältig gepflegt, und in Frieden leben die verschiedenen Stämme des Landes mit einander. Ob sie das Kreuz oder den Koran verehren, in slavischer oder in türkischer Zunge sprechen: gleiches Recht wird ihnen allen zutheil, und über alle ist des Kaisers schirmende Hand gebreitet.

Im Herbste des Jahres 1878 war die Besetzung der beiden Lande vollendet; im Jahre 1879 wurde nach einem besonderen Vertrage mit der Pforte auch das sogenannte Sandschak „Novi Bazar" in die Occupation einbezogen.

Die Waffen ruhten, und die inneren Zustände unseres Reiches erheischten wieder des Kaisers volle Theilnahme. Mit dem Jahre 1879 gieng die erste Periode des direct gewählten Reichsrathes zu Ende. Die Neuwahlen führten diesmal auch jene Abgeordneten ins Parlament, die sich bisher grollend von demselben fern gehalten hatten. Es war das Verdienst des Grafen Taaffe, dies zustande gebracht zu haben; der Kaiser legte daher die Leitung der inneren Verwaltung der österreichischen Kronländer in die Hände dieses Staatsmannes, während in Ungarn zum zweitenmale Koloman Tisza Ministerpräsident wurde.

Voll Wärme schloss der Kaiser die Thronrede, durch welche er den neu zusammentretenden österreichischen Reichsrath eröffnete, mit folgenden verheißungsvollen Worten:

„Die vielen Beweise treuer Liebe und Anhänglichkeit Meiner Völker für Mich und Mein Haus, sowie die aus der Mitte der Bevölkerung immer lauter tönenden Rufe nach Erhaltung der Eintracht, in welcher Meine Völker seit Jahrhunderten friedlich neben einander lebten, haben Meinem Herzen wohlgethan."

„Diese Kundgebungen sind Mir eine Gewähr, dass auch Sie, von demselben Geiste der Eintracht und Mäßigung beseelt, auf dem Boden verfassungsmäßigen Wirkens zu ruhiger und stetiger Entwickelung des allgemeinen Wohles sich verständigen werden."

„Österreich wird, treu seinem geschichtlichen Berufe, ein Hort sein für die Rechte seiner Länder und Völker in ihrem untrennbaren, einheitlichen Verbande — eine bleibende Stätte des Rechtes und der wahren Freiheit."

„Und somit mögen Sie, geehrte Herren, unter dem Beistande Gottes Ihre Berathungen beginnen.“

Von einem schweren Unglücke wurde das Schwesterland Ungarn heimgesucht, als im März des Jahres 1879 die Wasser der Theiß den Damm bei Szegedin durchbrachen und diese blühende Stadt in wenigen Stunden einer grauenhaften Nacht — vom 11. auf den 12. März — fast ganz zerstörten. „Szegedin ist nicht mehr!“ so gellte der Jammerruf durch die Länder unseres Staates und weckte auch außerhalb unseres Vaterlandes überall mitfühlende Theilnahme. Kaum war die Schreckenskunde an die Stufen des Thrones gelangt,

Mostar.

als der Kaiser selbst an die Unglücksstätte eilte, um, wo er konnte, zu helfen, die Verzweifelnden aufzurichten und zu trösten. Im Kahne durchfuhr er die Straßen der Stadt, und Thränen traten ihm ins Auge, als er die grauenhafte Verwüstung und all das Elend erblickte. „Szegedin wird wieder sein und schöner als zuvor!“ sprach der Monarch zu den unglücklichen Bewohnern, die sich an ihn drängten, um seine Hand zu erfassen, den Saum seines Mantels zu küssen, ihm zu danken für all die Huld und Gnade, die er der unglücklichen Stadt zutheil werden ließ. Das schöne Kaiserwort ist zur Wahrheit geworden. Szegedin ist aus dem Flutengrabe prächtiger wieder erstanden dank der Hochherzigkeit des Monarchen, der mit vollen Händen gespendet hatte, und auf dessen Veranlassung in allen Theilen des Reiches Sammlungen veranstaltet worden waren.

Auch als im Jahre 1880 in mehr als einer Provinz des Reiches Wetterschäden, Misernten und Überschwemmungen Noth und Elend hervorgerufen hatten, stellte sich der Kaiser wieder an die Spitze aller Unternehmungen, welche Hilfe und Linderung zu schaffen suchten. Der Wiener Schriftsteller- und Journalisten-Verein „Concordia" hatte die Herausgabe eines Festblattes „Vindobona" beschlossen, dessen Erträgnis den Nothleidenden zufließen sollte. Ihre Majestäten der Kaiser und die Kaiserin traten dem schönen Werke bei, indem sie gestatteten, dass ihre Namenszüge als die wertvollsten Autogramme die Festschrift zieren durften.

Als nun der Präsident der Concordia bei Seiner Majestät erschien, um den ehrfurchtsvollsten Dank hiefür auszudrücken und zugleich die Bitte zu stellen, der Kaiser möge die erste Nummer des Festblattes gnädig entgegennehmen, sagte der Monarch: „Gewiss, Ich nehme das Blatt recht gerne an und wünsche nur, dass das Erträgnis ein großes werde, damit den Armen recht viel zufließe." Hierauf besichtigte der Kaiser die künstlerische Ausschmückung des Werkes und meinte: „Wir können stolz sein auf das Unternehmen, es ist wundervoll und gereicht uns zur Ehre." Auf die Bemerkung des Präsidenten, wie sehr diese Anerkennung alle Mitglieder des Vereines erfreuen werde, erwiderte der Kaiser lächelnd: „O Ich freue Mich auch sehr. Ich habe diesmal ja auch mitgearbeitet, freilich nur mit Meiner Unterschrift; möge nur das Blatt recht viel einbringen."

Bei diesem innigen Verhältnisse, welches zwischen dem Herrscher und seinen Unterthanen besteht, bei der väterlichen Fürsorge, welche der Kaiser seinen Völkern entgegenbringt, bei der theilnehmenden Güte seines Herzens, mit der er sogleich zu helfen sucht, wo irgend Noth und Unglück des Beistandes bedürfen, ist es wohl begreiflich, wie wir ja im Verlaufe unserer Erzählung oft ersehen haben, dass jedes Fest der kaiserlichen Familie vom Volke mit aufrichtigster, innigster Antheilnahme mitgefeiert wird. Keines aber ließ in schönerer und rührenderer Weise dies Band der Liebe und Treue erkennen, welches Volk und Kaiserhaus umschlingt, als die unvergessliche Feier der silbernen Hochzeit des Kaiserpaares.

X.

Silberhochzeit im Kaiserhause.

Vision.

Bei Sturm sah ich hin über Lenzgefilde,
Wie landbeschirmend, einen Adler schweben,
Der liebevoll auf starker Schwingen Schilde
Der Rosen schönste trug voll duft'gem Leben;

Und sah zu diesem Hort der Kraft und Milde
Ein treues Volk sein Aug' begeistert heben,
Wohl wissend, dass solch hehres Machtgebilde
Trotz Wirrnis Glück verheißt dem Völkerstreben;

Und ringsum klang's wie Dankgebet und Segen:
„Hoch Österreich, sein Aar und seine Rose!"
Und alle Berge hallten sich's entgegen.

Da wacht' ich auf. — „Sprich Muse doch: was war es?"
Drauf sie: „Ein Vorbild war's im Traumgekose
Vom Silberhochzeitsfest des Kaiserpaares." —

Dies reizende Gedicht von Cajetan Cerri mag unser Capitel, in dem wir vom Glanz und Jubel hoher Feste erzählen wollen, einleiten, gleichwie man die Säulen der Pforte mit Blumen ziert, wenn Freude ins Haus eingekehrt ist.

Fünfundzwanzig Jahre waren verstrichen, seitdem das Band der Ehe das hohe Fürstenpaar vereint hatte; fünfundzwanzig Jahre, die Glück und Leid, manch herben Kummer, aber auch viel stolze Freuden mit sich geführt hatten. Ein Erbe des Thrones stand dem Kaiserpaar zur Seite und hold erblühende Töchter, Erzherzogin Gisela mit ihren reizenden Kindern, des Kaiserpaares Enkelsprossen, und die liebliche Marie Valerie.

Wieder, wie damals im Jahre 1854, war der Lenz ins Land gezogen mit brausenden Stürmen, die wohl manche Blüte, welche sich zu früh ans Licht gewagt, knickten, die aber doch der sieghaften Macht der Frühlingssonne weichen mussten: so recht ein Bild Österreichs zur Zeit als unser Kaiser die Regierung angetreten hatte: aus Stürmen war der neue, machtvolle, nach außen und innen erstarkte Staat hervorgegangen.

Überall rüstete man sich, das silberne Hochzeitsfest des Herrscherpaares festlich zu begehen, doch es war des Kaisers Wunsch, dass alle rauschenden Feste unterbleiben sollten angesichts des furchtbaren Unglücks, von welchem Ungarn heimgesucht worden war, und dass man lieber die für festliche Veranstaltungen bestimmten Gelder den obdachlosen und nothleidenden Bewohnern Szegedins zuwenden solle. Stiller, aber desto inniger war daher dort und da die Feier, die man zu Ehren des Kaiserpaares begieng, wohlthätige Stiftungen der verschiedensten Art wurden in den einzelnen Theilen des Reiches ins Leben gerufen, so konnte man am ehesten sicher sein, den hochherzigen Absichten unseres Kaisers gerecht zu werden.

In Wien vereinigten sich gewissermaßen wie in einem Brennpunkte alle Strahlen der Festesfreude, weithin herrliches Licht verstreuend, denn für Wien hatte der Kaiser auch insofern gewissermaßen eine Ausnahme gemacht, als er gestattete, dass die Bürgerschaft der Residenz in Form eines prunkvollen Festzuges ihre Huldigungen dem Herrscherpaare darbringen dürfe.

So strömten denn schon lange vor dem eigentlichen Festtage aus allen Orten der Monarchie und auch von auswärts Fremde herbei, um Zeugen des glanzvollen Schauspiels zu sein, so dass Wien kaum Raum für so viel Gäste hatte.

Bereits am Morgen des 21. April begannen die Empfänge der verschiedenen Deputationen bei Hofe; den Anfang machten die österreichischen Minister und hohen Staatsbeamten, dann folgten Vertreter der hohen ungarischen Geistlichkeit sowie des ungarischen Oberhauses; in ununterbrochener Reihe löste eine Gesandtschaft, eine Deputation die andere ab. Die Botschafter der fremden Souveräne erschienen ebensowohl, wie die Vertreter irgend eines unscheinbaren Grenzstädtchens der Monarchie. Ungeheuer groß war die Anzahl prachtvoller Adressen und kostbarer, sinniger Gaben aller Art, die man dem Kaiserpaare überreichte, und deren Ausstellung der Monarch später gestattete. Sie waren nicht nur ebenso viele Zeugnisse der Liebe und Treue der Unterthanen, sondern auch des hohen Aufschwungs, den Kunstgewerbe und Industrie in unserem Vaterlande genommen hatten.

Die Burg des Kaisers gewährte in diesen Tagen, in welchen es von goldstrotzenden Uniformen, von juwelenschimmernden Nationaltrachten in den Treppengängen und Corridoren wimmelte, ein wahrhaft blendendes Bild. „Alles," — so lautete die Schilderung eines Augenzeugen — „was Österreich an glänzenden historischen Namen aufweist, war vertreten, die ersten Geschlechter waren erschienen, um dem Kaiser und der Kaiserin zu huldigen, das Gelübde ererbter Treue und Hingebung zu erneuern. Erzherzog Wilhelm schritt an der Spitze der Deutschen Ordensritter, auf dem weißen Mantel das schwarze Kreuz, Othenio Lichnowsky an der Spitze der Malteserritter, die Kreuzeszier auf dem schwarzsammtenen Mantel. Hierauf kamen in langer Reihe die Namensträger der vornehmen Geschlechter, der ganze Hochadel aller Länder. Fast alle erschienen in Uniform, in jener der Armee, in welcher die Mehrzahl gedient, oder im Staatskleide. Der Adel Galiziens erschien in dem ebenso glänzenden als geschmackvollen Nationalcostüme, das die zahlreichen jugendlichen Gestalten noch glänzender hervorhob."

Auch eine Deputation aus Bosnien in der malerischen Tracht der Bewohner dieses Landes war vor den Stufen des Thrones erschienen, um dem Kaiserpaare zu huldigen. „Mit Gottes Hilfe," sagte der Kaiser, der über diese Huldigung besonders erfreut war, „hoffe Ich Ihrem Lande einen dauernden Frieden sichern und so die feste Grundlage zu einer glücklichen Zukunft und gedeihlichen Entwickelung Bosniens legen zu können! Hiebei baue Ich aber auch auf die eifrige Unterstützung der Bevölkerung, der Ich und die Kaiserin von ganzem Herzen gewogen bleiben."

Aber nicht bloß die Kaiserburg gewährte in dem festlichen Gewoge, das in ihren Räumen herrschte, ein fesselndes Bild, alle Straßen Wiens boten schon lang vor dem Festtage ein seltenes und glänzendes Gepräge dar. Da flatterte von Dach und Giebel, aus Fenstern und Thoren Fahnenschmuck herab, schwarzgelb, blau-weiß und roth-weiß, Österreichs, Bayerns und Wiens Farben, da gab es Büsten und Bilder Ihrer Majestäten, da wurden Pavillons und Tribünen aufgeschlagen und decoriert; und dazu das Gewimmel von Menschen in allen Trachten und Sprachen der Monarchie!

Die schönste und würdigste Feier, mit welcher das eigentliche Jubiläum eingeleitet wurde, war unstreitig das Fest, welches der älteste Bruder des Kaisers Erzherzog Karl Ludwig, den Majestäten am Abend des 22. April in seinem Palaste gab. Es sollte eine Reihe von lebenden Bildern, deren Stoff der Geschichte Österreichs entnommen wurde, durch Mitglieder des Kaiserhauses zur Darstellung gelangen. Außer dem Kaiserpaare erschienen zu dem Feste Kronprinz Rudolf, Prinz Leopold von Bayern mit seiner Gemahlin Erzherzogin Gisela, dann sämmtliche in Wien weilende Erzherzoge und Erzherzoginnen und viele fremde Prinzen und Prinzessinen. Die einzelnen Bilder, welche von den Malern, Heinrich von Angeli, Franz Gaul und Hans Makart zusammengestellt worden waren, wurden durch passende sinnige Verse, die Josef von Weilen gedichtet hatte und selbst vortrug, mit einander wie mit einer blumigen Kette verbunden.

Ihre Majestäten und die hohen Gäste waren, wie das „Fremdenblatt" meldete, über das feenhafte, förmlich in eine Zauberwelt hinein versetzende Fest auf das Freudigste überrascht und sprachen in bewegten Worten dem Veranstalter desselben, Erzherzog Karl Ludwig, ihre volle Annerkennung aus.

Das erste Bild stellte Rudolf I. dar, wie er auf dem Reichstage zu Augsburg (i. J. 1282) seine beiden Söhne Albrecht und Rudolf mit Österreich, Steiermark und Krain belehnt. Der Ahnherr des österreichischen Herrscherhauses wurde in historisch treuer Ähnlichkeit vom Kronprinzen Rudolf dargestellt; die Söhne Albrecht und Rudolf waren die Erzherzoge Eugen und Friedrich. Die Costüme waren prachtvoll und, wie auch in allen folgenden Bildern, bis in die kleinsten Einzelheiten von echtestem und treuesten Gepräge. Krone, Reichsscepter und Reichsmantel im ersten Bilde waren der kaiserlichen Schatzkammer entnommene Reliquien, die einst von den deutschen Königen wirklich getragen wurden.

Das zweite Bild stellte dar, wie Österreichs Herzog Albrecht II., der Weise oder Lahme, umgeben von seinen vier Söhnen: Rudolf, Friedrich, Albrecht und Leopold und seinen Töchtern Katharina und Margareta zu Wien die berühmte Hausordnung erläßt, derzufolge die österreichischen Lande seinen Söhnen ungetheilt verbleiben und von dem ältesten regiert werden sollen. Der Großherzog Ferdinand von Toscana stellte, in überraschend charakteristischer Weise, den weisen Herzog Albrecht dar. — Das dritte Bild versinnlichte das erste Zusammentreffen Maximilians mit seiner Braut Maria von Burgund zu Gent, August 1477. In offener Bogenhalle tritt Maria ihrem sehnsüchtig erwarteten Bräutigam entgegen. Erzherzogin Gisela, als Prinzessin von Burgund, war in blauem, golddurchwirkten Kleide mit der burgundischen Spitzenhaube, ein Bild anmuthsvoller Schönheit, Erzherzog Karl Stephan als Maximilian I., das Haupt umwallt von blonden Locken, den schlanken Leib in einen Silberpanzer gehüllt, schien ein getreues Abbild des „letzten Ritters".

Das vierte Bild stellte Karl V. vor, den mächtigen Herrscher, in dessen Reichen die Sonne nicht untergieng, wie er auf dem Reichstag zu Worms seinem Bruder Ferdinand die österreichischen Länder überträgt. Im goldgestickten spanischen Kleide, den Kaisermantel auf den Schultern und das goldene Vlies in Brillanten auf der Brust, rief Kronprinz Rudolf als Kaiser Karl, der damals, im Jahre 1521, kaum einundzwanzig Jahre alt war, in Bezug auf historische Treue einen überraschenden Eindruck hervor. —

Im nächsten Bilde sah man, wie Kaiser Leopold I. den Herzog Karl von Lothringen nach seiner Rückkehr von dem siegreichen Feldzuge und der Wiedereroberung Ofens willkommen hieß. Erzherzog Eugen als Kaiser Leopold, in der ganzen prunkvollen Gala der damaligen Zeit, war von fast porträtartiger Ähnlichkeit. Kronprinz Rudolf gab den Herzog von Lothringen in der damaligen Marschallsuniform mit Brust- und Rückenharnisch; Eugen von Savoyen, zu jener Zeit noch ein Jüngling an Jahren, wurde von Erzherzog Friedrich dargestellt; die Kaiserin Eleonore von Prinzessin Gisela. Die Trophäen, welche der Eroberer Ofens dem Kaiser überreichen ließ, waren damals wirklich erbeutet worden und wurden im Arsenale in Wien aufbewahrt.

Mit dem sechsten Bilde wurde die Vorstellung geschlossen, es war das glänzendste und gestaltenreichste der ganzen Reihe. Maria Theresia begrüßt, an der Seite ihres kaiserlichen Gemahls Franz Stephan von Lothringen und umgeben von ihrer ganzen Familie, in Laxenburg die Infantin Isabella, die Braut des Kronprinzen Josef. Die majestätische Gestalt der Kaiserin Maria Theresia, gehüllt in ein blaues, mit Diamanten besetztes Seidenkleid, über welches ein golddurchwirkter Mantel niederwallte, den zwei Pagen trugen, wurde von der Erzherzogin Elisabeth dargestellt und bildete den Mittelpunkt des figurenreichen Bildes; den Kaiser gab Erzherzog Leopold von Toscana, die liebreizende Isabella von Parma Frau Erzherzogin Marie Theresie. Fast die ganze heutige kaiserliche Familie erschien in diesem prächtigen Gemälde vereinigt. Es war wirklich, wie die Schlussverse des Epilogs besagten:

„Als ob der Ahnen stolze Reihe,
Vereint mit Habsburgs Söhnen fleht:
Dass Glück und Segen Gott verleihe
Franz Josef und Elisabeth.

Als nun der Vorhang langsam zusammenschlug, ertönten leise die Klänge der Volkshymne. Nun schwollen die Töne mächtiger an, und aus den Nebengemächern traten in vollem Costüm alle diejenigen Mitglieder der kaiserlichen Familie hervor, die an den Bildern mitgewirkt hatten, um dem tiefgerührten Jubelpaare ihre Huldigung darzubringen.

Ein ungemein sinnreiches Erinnerungszeichen widmete ferner Kronprinz Rudolf seinen kaiserlichen Eltern, indem er ihnen vier Bilder überreichte, welche der berühmte Künstler Rudolf Alt gemalt hatte. Die Gemälde stellten vor: Schloss Possenhofen am Starnberger See, die Geburtsstätte der Kaiserin; das Innere der Augustiner Kirche, wo vor fünfundzwanzig Jahren die Vermählung des Kaiserpaares stattgefunden hatte; das kaiserliche Lustschloss Laxenburg, wo der Kronprinz das Licht der Welt erblickt hatte, und die königliche Burg in Ofen. — Auch vereinigte sich eine große Anzahl österreichischer Maler zur Herausgabe eines prachtvollen Albums, zu dem jeder Künstler ein Gedenkblatt lieferte.

Am Vormittag des 23. April fand die feierliche Übergabe der Votivkirche, zu welcher vor dreiundzwanzig Jahren, am 24. April 1856, der Grundstein gelegt worden war, an den Protector der Stiftung, Erzherzog Karl Ludwig, durch den Baumeister statt. Der berühmte Architekt Heinrich von Ferstel schloss seine längere Ansprache mit folgenden Worten: „Zu Gott erheben sich in diesem feierlichen Augenblicke unsere Gedanken und Wünsche, und wie vor dreiundzwanzig Jahren so drängt sich auch in dieser letzten Stunde unseres Schaffens der Inhalt unserer Empfindungen in dem Wunsche auf unsere Lippen: „Gott schütze, Gott erhalte unsern Kaiser!“

Wir haben an anderer Stelle des herrlichen Bauwerkes ausführlich gedacht, das der Initiative des Erzherzogs Ferdinand Max seinen Ursprung verdankte und durch des Kaisers Fürsorge so rasch gefördert worden war.

Am 24. April fand die Übergabe der Kirchenschlüssel an den Cardinal-Fürsterzbischof von Wien und die feierliche Einweihung des Gotteshauses statt. Unter Assistenz von 49 Bischöfen und 11 Prälaten wurde die Einsegnung des Domes vorgenommen, worauf sich der Erzbischof mit seinem Gefolge in die Sacristei zurückzog, um die Ankunft ihrer Majestäten abzuwarten, deren zweite Trauung in dem eingeweihten hehren Gotteshause stattfinden sollte.

Um halb zwölf Uhr begann die Auffahrt des Hofes vor den Stufen des Kirchenportals. Eine ungeheure Menschenmenge wogte auf dem Platze vor dem Dome, sowie auf der Ringstraße bis zur kaiserlichen Burg und besetzte die Tribünen längs dieser Strecke. Militär in Parade bildete zu beiden Seiten des Weges Spalier.

Plötzlich erzitterten in dröhnend lauten Klängen die Glocken der Votivkirche, die Musikkapellen, die auf der Terrasse vor dem Kirchenthore aufgestellt waren, intonierten die Volkshymne, das Kaiserpaar mit glänzendem Gefolge schritt die Stufen zum Portale hinan, vor welchem Erzherzog Karl Ludwig, gefolgt von dem Statthalter, dem Bürgermeister und dem Oberbaurathe Ferstel die kaiserliche Familie empfieng und in das Innere der Kathedrale geleitete. Der Kaiser trug die Marschallsuniform, die Kaiserin erschien in einem goldgestickten weißen Kleide, über das eine kostbare Mantille geworfen war.

Tiefe Rührung spiegelte sich in den Mienen des Kaiserpaares, als dieses die Schwelle des Gotteshauses überschritten hatte und die heilige Handlung ihren Anfang nahm. Wiederholt presste die Kaiserin Elisabeth das Tuch vor die Augen, um die herabrollenden Thränen zu verbergen. Der Kaiser verharrte während des Gottesdienstes kniend vor dem Hochaltare. Der Wiener Männergesangverein hatte eine Messe von Haydn vorgetragen, worauf die Hofkapelle das Tedeum anstimmte, und Cardinal-Fürsterzbischof Kutschker den Majestäten zum Schlusse den apostolischen Segen ertheilte.

Nunmehr bewegte sich der Zug in derselben Ordnung, in welcher er in die Kirche eingetreten, wieder dem Ausgange zu; an der Pforte harrten zehn Bürgermädchen, um der Monarchin eine Huldigung darzubringen. Von einem der Mädchen wurde der Kaiserin im Namen Stadt der Wien ein prachtvolles Bouquet überreicht mit folgenden Worten: „Eure Majestät! An dem heutigen Jubeltage mögen Euere Majestät auch Wiens Bürgerstöchtern allergnädigst gestatten, ihre tiefgefühlte Huldigung durch diese Blumen ehrerbietigst darzubringen.“ Sichtlich erfreut sprach die Kaiserin ihren herzlichen Dank für die sinnig schöne Spende aus. Die Mädchen waren so ergriffen, dass ihnen die Thränen in den Augen standen.

Noch an demselben Tage richtete der Kaiser folgendes Handschreiben an seinen Bruder Erzherzog Karl Ludwig:

„Tief bewegt kehre Ich aus den geweihten Räumen des Gotteshauses zurück, zu dessen Errichtung Unser in dem Herrn ruhender theurer Bruder die Liebe und Anhänglichkeit Meiner treuen Völker mit dem glänzendsten Erfolge aufgerufen, zu welchem Ich vor dreiundzwanzig Jahren, am zweiten Jahrestage Meiner Vermählung, in Gegenwart der Kaiserin den Grundstein legte, und in welchem heute, am Tage der Feier Unserer silbernen Hochzeit, sich unser Dankgebet bei dem ersten heiligen Opfer in dieser Kirche zu Gott erhob. Was Bruderliebe angeregt und begonnen, hat dieselbe Liebe fortgesetzt und zu glücklichem Ende geführt. Mit aufopfernder Hingebung, mit Verständnis und umsichtigem Eifer haben Euer Liebden das Meisterwerk kräftigst zur Vollendung gefördert. Ich betrachte es daher als eine angenehme Pflicht, Meinen anerkennendsten, innigen Dank der hohen Befriedigung zuzufügen, mit welcher der heutige Freudentag — ein wahres Familienfest aller Völker Meines Reiches — den Protector des Baues erfüllen muss in dem Bewusstsein, der gehegten Erwartung voll und ganz entsprochen zu haben."

Ferdinand von Saars Festspiel „An der Donau", welches den Aufschwung des Reiches und das Emporblühen der Kaiserstadt symbolisch darstellte, wurde am Abende im Hofoperntheater aufgeführt.

Auch diesmal wurde in edelherziger Weise der Armen und Verstoßenen gedacht. Der Kaiser erließ eine ausgedehnte Amnestie, und er sowohl wie seine erlauchte Gemahlin kargten nicht mit Spenden, die den Dürftigen und Nothleidenden zutheil wurden; die Armen Wiens erhielten zehntausend Gulden, vierzig Stipendien zu dreihundert Gulden für arme Studierende an den Hochschulen Österreich-Ungarns wurden gestiftet, außerdem Freiplätze im Officierstöchterinstitute und viele, viele andere Acte der Wohlthätigkeit ins Leben gerufen.

Doch damit war die Reihe der Festlichkeiten noch nicht zu Ende; sie erhielten gewissermaßen erst die schimmernde Krone durch den über alle Beschreibung herrlichen Festzug, welchen Wiens Bürgerschaft veranstaltete. Er sollte ursprünglich am 25. April stattfinden, aber das wenig günstige Wetter machte einen Aufschub desselben um zwei Tage nothwendig. Erst am Nachmittage des 26. April klärte sich der Himmel, der bisher während der ganzen Festwoche sein finsteres Gesicht gezeigt hatte, ein wenig auf und ließ einen schönen Sonntagsmorgen hoffen.

Wirklich strahlte am 27. April die Sonne wieder freundlich vom blauen Himmelszelte, von Tausenden und Tausenden bittere Angst und Sorge wälzend, denn des Festes schönes Gelingen lag jedem am Herzen, ob er nun ein rechtes Wienerkind war oder aus der Fremde gezogen kam und mit Sehnsucht der kommenden Dinge harrte, die Wochen und Monate lange alle Gemüther beschäftigt hielten.

Der Festzug sollte wirklich noch nie Gesehenes bieten. Hans Makart, der berühmte Maler, dessen Pinsel in glühenden Farben zu schwelgen liebte, hatte die Entwürfe dazu geliefert; ein Bild des farbenfrohen Mittelalters sollte wieder mitten in die nüchterne Gegenwart gezaubert werden, und wie einst die Bürger einer freien Stadt ihrem Fürsten in ähnlicher Weise gern gehuldigt, so sollten auch jetzt Wiens Bürger vor den Augen ihres Kaisers entfalten, was Bürgersinn und rege Thätigkeit an Edlem und Schönem zu Tage gefördert hatten.

Vor dem äußeren Burgthor stand der Kaiserpavillon, gegenüber sowie rechts und links die Festtribünen. Der Männergesangverein stimmte beim Erscheinen des Kaiserpaares eine Cantate an. Bürgermeister Dr. Newald trat hierauf in das Kaiserzelt, um den Majestäten den Beginn des Festes anzukündigen. In der Antwort, welche der Kaiser mit ausdrucksvoller, weithin vernehmbarer Stimme ertheilte, wies er darauf hin, dass er besonders deshalb für Wien die Entfaltung besonderen Festgepränges gestattet habe, um „damit der schaffenden Arbeit auf allen Gebieten des Gewerbefleißes, des Handels- und des

Verkehrswesens, sowie der schönen Künste einen öffentlichen Beweis seines Wohlwollens, seiner Anerkennung ihres Wertes im Staatsleben und seiner schirmenden Fürsorge für ihre Interessen zu geben."

Fast zu derselben Zeit, als der Kaiser auf dem Festplatze eingetroffen war, langte auch die Spitze des Zuges vor dem äußeren Burgthore an. Von der Großartigkeit desselben liefert wohl schon der Umstand einen Beweis, dass das Vorüberziehen der einzelnen Gruppen volle zwei Stunden dauerte. Fast während dieser ganzen Zeit blieb der Kaiser aufrecht stehen, mit gespanntestem Interesse das farbenprächtige, jeder Beschreibung spottende Bild an seinen Augen vorüberziehen lassend.

Wir müssen es uns versagen, alle Einzelheiten des Zuges festzuhalten, jede der malerischen Gruppen auch nur annähernd zu schildern. Nur einige Züge des Bildes mögen hervortreten. — Ein Herold, auf dem Kopfe ein Barett, von dem rothweiße Federn niederwallten, das Wappen der Stadt Wien auf seinem Wamse, in der Hand einen Stab, den eine goldene Lilie zierte, ritt voran; ihm folgten auf schnaubenden Rossen zwölf Trompeter, die Kaiserfanfare blasend. In unübersehbarer Reihe kamen alsdann, durch Bannerträger eröffnet, die einzelnen Gruppen der Studenten und Bürgergenossenschaften. Hierauf durch die malerische Gruppe der Jagd vorbereitet, die einzelnen Zünfte mit ihren prächtigen Wagen, die reckenhaften Gestalten schimmernd in Sammt und Seide, in leuchtenden Purpur oder in ernste dunkle Farben gekleidet, das Haupt geziert mit dem federumwallten Barett oder dem breitkrämpigen Hut, der Eisenhaube oder der Lederkappe je nach Stand und Ansehen des einzelnen.

In geschlossener Ordnung, langsamen Schrittes, rückten die einzelnen Gruppen vor, begrüßt von den Jubelrufen der zahllosen Zuschauermenge, die mit pochendem Herzen und verhaltenem Athem diese noch nie gesehene Pracht an den staunenden Blicken vorübergleiten ließ.

Wiederholt beugte sich der Monarch vor, um die Inschriften auf den einzelnen Standarten besser lesen zu können. Es war eine sinnige Huldigung, welche den Monarchen sichtlich sehr erfreute, die sich vollzog, als der Wagen der Wiener Buchdrucker an dem Kaiserzelte vorüberzog und der Wiener Hofbuchhändler, Herr Herman Manz, als Gutenberg von fast porträtartiger Ähnlichkeit, ein mächtiges Buch hoch emporhielt und der Kaiserloge zuwendete, um dessen Titel ersichtlich zu machen. Derselbe lautete: „Fünfzehn Tage auf der Donau" — der Titel jenes Werkes, welches der Kronprinz kurz zuvor geschrieben, als er mit dem berühmten Naturforscher Brehm eine Jagdfahrt auf der Donau unternommen hatte. Zugleich wurde von dem Wagen der Jünger Gutenbergs ein „fliegend Blatt" — ganz in der Ausstattung eines alten Druckwerks — unter das Volk verstreut, welches ein sinniges Festgedicht von Karl von Lützow enthielt.

Nun kam die Schlußgruppe, die blendendste von allen, mit unendlichem Jubel begrüßt, diejenige der bildenden Künste. Ihr voran ritt auf einem mit prachtvollem Galageschirr gezäumten Schimmel der geniale Schöpfer des herrlichen Festzuges: Hans Makart. Ein vornehmes schwarzes Costüm umhüllte seine schlanke

Gestalt, und das vom dunklen Vollbart umrahmte bleiche Gesicht, aus dem stolze Siegesfreude hervorleuchtete, blickte unter dem breitrandigen, mit wehenden Federn gezierten Hute hervor: eine ritterlich schöne Erscheinung aus der Zeit Rembrandts und Rubens'. Überall grüßte ihn die Menge mit Hüteschwenken und tausendstimmigem Zujauchzen, selbst als er vor dem Kaiserzelte angekommen war, verstummte der Jubel nicht — war doch er es, der dies einzig schöne Huldigungsfest mit hohem Künstlersinn zu so wunderbarem Gelingen gebracht hatte.

Der Künstlergruppe folgte dann noch die Hochgebirgsjagd: stämmige Gestalten mit sonngebräunten Zügen, echte Söhne Tirols und der Steiermark. Feuerwehrmänner in ihren kleidsamen Uniformen aus allen Theilen des Reiches sowie Veteranen, denen dann noch die Gesangvereine mit wehenden Bannern folgten, beschlossen den endlos langen, märchenhaft prächtigen Zug.

Die Gesangvereine schwenkten, beim Kaiserzelte angekommen, mit ihren Fahnen ein und nahmen vor demselben Aufstellung, um in einer Anzahl von mehr als tausend Sängern die Volkshymne anzustimmen. Der Eindruck war über alle Beschreibung ergreifend und überwältigend. Die Schlussworte: „Heil Franz Josef, Heil Elisen!“ pflanzten sich wie ein rauschendes Echo selbst über die entfernteren Straßen und Plätze fort und wurden von dem Publicum begeistert mitgesungen.

Tief ergriffen verließ der Monarch sein Zelt und trat mitten unter die Vertreter der Gemeinde, um thränenden Auges dem Bürgermeister, dessen Hand er herzlich drückte, seinen innigen Dank für all das Schöne, das er gesehen hatte, abzustatten.

Allen Völkern aber galt des Kaisers Dank, den das Allerhöchste Handschreiben an den Ministerpräsidenten Grafen Taaffe zum Ausdrucke brachte. Wohl selten ist ein Fürstendank in Worten aufrichtigerer Liebe und Wärme ausgesprochen worden als in diesem kaiserlichen Schreiben. Es lautet:

Lieber Graf Taaffe!

Während Meiner mehr als dreißigjährigen Regierung habe Ich nebst manchen trüben Stunden auch viele Freuden mit Meinen Völkern getheilt, aber eine reinere, innigere Freude konnte Mir wohl kaum geschaffen werden, als in den letztverflossenen Tagen.

Sie ward Mir durch die Liebe Meiner Völker bereitet!

Tief bewegt fühlen Wir Uns, Ich und die Kaiserin, von diesen spontanen Kundgebungen aufrichtiger Liebe und treuer Anhänglichkeit. Von einzelnen und Vereinen, Corporationen, Gemeinden und Behörden, Vertretern aller Länder, aus allen Ständen und Schichten der Bevölkerung wurden uns die rührendsten Beweise aufrichtiger Freude, die herzlichsten Glückwünsche entgegengebracht.

Ich bin stolz und glücklich zugleich, Völker, wie sie dieses Reich umfaßt, als Meine große Familie betrachten zu können, in deren Uns heute umgebenden Liebeszeichen Wir auch eine Wirkung jenes himmlischen Segens erblicken, den

Wir vor fünfundzwanzig Jahren am Traualtare für Unseren Bund erflehten und den Wir von der Gnade Gottes für Unser bisheriges Familienglück, für Unsere geliebten Kinder, sowie zum Heile des Vaterlandes auch fernerhin erhoffen.

Die rauschenden Festlichkeiten sind vorüber, aber die dankbare Erinnerung an diese Tage wird nie aus Unseren Herzen schwinden. Nur wenigen von den Millionen konnten Wir mündlich Unseren Dank aussprechen; Verkünden Sie es daher allgemein, dass Wir allen, allen innigst und herzlichst danken.

Wien am 27. April 1879.

Franz Josef.

Und wie ein Gruß aus Dichtermunde unser Capitel eingeleitet, so mögen eines anderen Dichters Worte dasselbe beschließen. Eine der schönsten Blüten in dem Strauße poetischer Blumen, der zur Feier der silbernen Hochzeit gewunden ward, war ein schwungvolles Festgedicht Robert Hamerlings, dessen Schlussstrophen also lauten:

Festlicher hat seine Schwingen nie geregt der Doppelaar:
Dass wir geben Lieb um Liebe, sieh es heut, erlauchtes Paar!
Einen neuen Brautkranz flicht Dir aus den Blumen, heut gestreut,
Und im Angesicht der Völker sei Dein heil'ger Bund erneut!

Fünfundzwanzig Jahre giengen nimmermüden Strebens hin,
Seit der jugendliche Kaiser sich erkor die Kaiserin:
Lasst uns ringen frischen Muthes, treu vereint in Lust und Leid,
Und es wird die gold'ne Hochzeit finden eine gold'ne Zeit.

XI.

Das vierte Jahrzehnt.

Wieder ist es ein freudiges Ereignis in der kaiserlichen Familie, ein Ereignis, welches auch die Völker Österreich-Ungarns mit stolzen und frohen Hoffnungen erfüllte, mit dem wir dieses Capitel beginnen dürfen — die Verlobung des Kronprinzen Rudolf.

In den letzteren Jahren hatte der Kronprinz auf des Kaisers Wunsch ausgedehnte Reisen unternommen, um seinen Blick zu schärfen, seine Erfahrungen zu bereichern. Er hatte England und Spanien besucht, war an Deutschlands Fürstenhöfen zu Gaste gewesen; nun führte ihn seine Neigung, fremder Länder Art und Sitte kennen zu lernen, auch nach dem industriereichen und gewerbfleißigen Belgien, das seit altersher mit unserem Staate durch Bande politischer Zusammengehörigkeit und innigster Verwandtschaft verknüpft war.

Es ist eine der lieblichsten Episoden unserer Geschichte, wie Max, der edle, kühne Weidmann, der letzte Ritter, um die holde anmuthreiche Maria von Burgund, die schönste Fürstentochter ihrer Zeit, wirbt. Welch romantischer Zauber umstrahlt die Brautfahrt des edlen „Theuerdank“ und seine erste Begegnung mit der Tochter Karls des Kühnen in Gent, als die burgundische Maria ihn mit den Worten begrüßt: „Willkommen, du deutsches Blut, nach dem mein Herz sich schon lange gesehnt!“

Es war ein anderer Maximilian, des Kronprinzen eigener Ohm, dem später in Mexico eine Kaiserkrone so schweres Unglück und endlich den bitteren Tod brachte, der sich die holde Gefährtin seines Thrones, auch seines Unglücks beklagenswerte Genossin, aus Belgiens Herrscherhause erkor.

Belgiens Erde sah die ersten Ruhmesthaten des großen österreichischen Helden, Erzherzogs Karl, hier erprobte er sein ritterliches Schwert, hier seinen tapferen Arm, den später Napoleon I., auf Asperns Schlachtfelde fühlen sollte. So sind Belgiens Geschicke aufs innigste verwebt mit denen unseres Vaterlandes, und die Gemahlin König Leopolds II. von Belgien ist ja eine Tochter des Erzherzogs Stephan, der in Ungarn als Palatin ein so segensreiches Andenken hinterließ.

Es war Anfangs März 1880, als die Bewohner der Haupt- und Residenzstadt Wien von einer Nachricht überrascht und erfreut wurden, die sich wie im Fluge auch in alle Theile des Reiches verbreitete: Kronprinz Rudolf hat sich verlobt. Der Kaiser hatte die Depesche kaum erhalten, als er in der Freude seines Herzens auch sogleich anordnete, diese Mittheilung bekannt zu machen. So erschien denn unmittelbar darauf in der „Wiener Zeitung“ folgende Kundmachung: „Mit Allerhöchster Zustimmung Sr. k. und k. Apostolischen Majestät haben Se. kaiserliche und königliche Hoheit der durchlauchtigste Kronprinz und Thronfolger Erzherzog Rudolf sich am 7. d. M. mit Ihrer königlichen Hoheit der durchlauchtigsten Frau Prinzessin Stephanie, zweitgeborenen Tochter Ihrer Majestäten des Königs und der Königin der Belgier, verlobt.“ Prinzessin Stephanie war als zweitälteste Tochter des Königs Leopold II. von Belgien und der Königin Henriette am 21. Mai 1865 geboren und war bis zu ihrer Verlobung mit dem Kronprinzen Rudolf in strengster Zurückgezogenheit auf dem Schlosse Laeken bei Brüssel erzogen worden. „Es ist mein Moosröschen,“ pflegte die Königin zu sagen, und wenige ahnten, wie schön sich diese Knospe erschlossen hatte.

Unser Kaiser war voll Glück und Freude, wie er sich auch all den zahlreichen Abordnungen gegenüber äußerte, die ihm anläſslich dieses freudigen Ereignisses ihre Glückwünsche und erneuten Huldigungen darbrachten. Einer Deputation des galizischen Landesausschusses theilte er in herzgewinnendem Tone, der ihm bei solchen Gelegenheiten eigen ist, mit: „Die Verlobung meines Sohnes erfüllt mich mit wahrer Freude umsomehr, als es ein Act freien Willens und freier Herzenswahl ist; denn nur dieses ist die Grundlage wahren häuslichen Glückes. Meine künftige Schwiegertochter kenne ich noch nicht, ich besitze nicht einmal ihre Photographie, doch haben sich beide schon zusammen photographieren lassen. Meine Frau hat sie schon gesehen, und sie ist ebenfalls sehr erfreut über den Herzensbund.“

Der Kronprinz hatte seine Braut gelegentlich der Vermählung der ältesten Tochter des belgischen Königspaares, Prinzessin Luise, mit dem Prinzen Philipp von Sachsen-Coburg-Gotha kennen gelernt. Prinzessin Stephanie, noch im zarten Jugendalter stehend, war fast noch nie öffentlich hervorgetreten, so daſs auch die Brüsseler sie zum erstenmale in der Nähe sahen, als sie am Tage nach der Verlobung einer Vorstellung im königlichen Schauspielhause anwohnte. „Welch herrliches Brautpaar!“ war der allgemeine Ruf, als der König und die Königin, Erzherzog Rudolf mit Prinzessin Stephanie am Arme in der königlichen Loge erschienen. Alles im Theater erhob sich, und brausender Jubel übertönte die Klänge der österreichischen Volkshymne und der belgischen Brabançonne.

Aber auch Österreichs Völker waren glücklich über die Wahl, die der Thronfolger getroffen hatte. „Entstammt doch die hohe Braut“ wie der Präsident des österreichischen Abgeordnetenhauses hervorhob, „einem Lande, in welchem nach Sage und Geschichte, die Wiege so mancher holden Frauengestalt gestanden hat, ist sie doch auferzogen angesichts des emsigen Schaffens eines seit Jahrhunderten rastlos fortschreitenden Bürgerthums, das von den reichen Früchten seiner und seiner Väter Arbeit zehrt, und herangewachsen mitten unter den Anhänglichkeitsbeweisen eines für die Wohlthaten seines Königs dankerfüllten Volkes. „Deshalb," so konnte der Präsident des Abgeordnetenhauses mit vollem Rechte hinzufügen, „werden ihr, wenn sie ihre Wohnstätte unter uns aufschlagen wird, herzliche Willkommgrüße in allen Sprachen dieses Reiches entgegentönen, und gewiss wird sie in Kürze sich hier heimisch fühlen, denn sie wird alsbald gewahr werden, dass der Österreicher ohne Neid auf das Verhältnis blicken darf, wie es sich anderswo zwischen Beherrschern und Beherrschten, und mag es noch so innig sein, gestaltet."

Anmuth und Herzensgüte, die aus ihren blauen Augen strahlt, sind die hervorstechendsten Eigenschaften der Prinzessin Stephanie, notre chère princesse, wie die Belgier sagten. Die Prinzessin sprach außer dem Französischen und Englischen auch das Deutsche, ja sie hatte sich auch die belgische Volkssprache, das Vlämische, angeeignet; jetzt lernte sie zunächst ungarisch, welches sie gern und leicht sich eigen machte.

Aber auch Kronprinz Rudolf brachte in Belgien, am Hofe sowohl, wie im Volke, den besten Eindruck hervor. Als König Leopold die Glückwünsche der Deputiertenkammer entgegennahm, erwiderte er unter anderem: „Was die Prinzessin betrifft, welche Sie wegen ihrer Jugend nicht kennen können, so haben Sie von ihr gesprochen, als ob Sie sie kennten. Sie ist mit allen glücklichen Eigenschaften begabt, welche den Reiz ihres Geschlechtes bilden; sie hat uns seit ihrer Geburt nur Glück gegeben, und heute krönt sie unsere Wünsche mit ihrer glücklichen Heirat. Was unseren lieben Erzherzog betrifft, den ich besser loben könnte, wenn er nicht zugegen wäre .... aber die Wahrheit hat ihre Rechte und ich kann mich nicht enthalten, Meine Herren, hier vor Ihnen auszusprechen, dass er die glänzendsten Eigenschaften vereinigt, die aus ihm einen vollendeten Prinzen machen und das Glück unseres Kindes sichern."

Außerordentlich herzlich und warm waren die Worte, mit welchen unser Kaiser die Glückwünsche erwiderte, die der Wiener Gemeinderath durch seinen Bürgermeister ihm dargebracht hatte. „Es war Mir eine aufrichtige Genugthuung," sagte der Kaiser, „dass es sich bei dieser Gelegenheit neuerdings gezeigt hat, wie die Bevölkerung Wiens jedes Ereignis, welches Mich und Meine Familie betrifft, als eine uns alle berührende Angelegenheit empfindet, und dass wir alle zusammen in der That nur eine Familie bilden. — Ich kann den Herren versichern, dass auch Ich die Verlobung Meines Sohnes als ein für jetzt und die Zukunft glückverheißendes Ereignis betrachte, und nicht minder erfreut war Ich über die allgemeine herzliche Theilnahme und die freudige Zustimmung, welche sich allerorts hiebei manifestiert hat."

Als der Bürgermeister hierauf des Telegramms erwähnte, welches der Kronprinz an den Gemeinderath gerichtet hatte, um seinen Dank für die ihm dargebrachten Glückwünsche auszudrücken, sagte der Monarch: „Auch Ich ersehe aus den Briefen Meines Sohnes, wie glücklich er sich fühlt; die Kundgebung des Gemeinderathes hat ihn außerordentlich erfreut. Ich weiß ja, wie sehr er Wien liebt; er ist eben auch ein wahrer, echter Wiener."

Wir erinnern uns hiebei eines hübschen Zuges aus späterer Zeit. Als Kronprinz Rudolf im Sommer des Jahres 1887 auf seiner Reise durch Galizien und die Bukowina nach Czernowitz kam, empfieng er auch die dortige Advocatenkammer, deren Präsidenten Dr. Roth er fragte, ob er ein Hiesiger sei. „Nein, ein Wiener," erwiderte derselbe. — „Da werden Sie wohl öfter nach Wien fahren?" — Auf die bejahende Antwort meinte der Kronprinz: „Den Stephansthurm kann man nicht vergessen, der hat eine besondere Anziehungskraft."

In überaus herzlicher Weise gelangte das schöne Verhältnis, welches Wien mit dem Kaiserhause verknüpft, anlässlich der Feier des fünfzigjährigen Geburtsfestes Sr. Majestät zum Ausdrucke. Das großartige Volksfest, welches der Wiener Gemeinderath am 18. August 1880 im Prater veranstaltete, schien wirklich einem großen Familienfeste zu gleichen: man konnte es sich nicht glänzender, aber zugleich auch nicht herzlicher und gemüthlicher denken.

Einen noch beredteren Ausdruck fanden die Gesinnungen der Bürgerschaft Wiens in der Adresse, welche der Gemeinderath der Reichs-Haupt- und Residenzstadt dem Monarchen am 26. August überreichte.

„So wie der Jubel des Volkes," hieß es darin, „vor fünfzig Jahren das Kind in der Wiege begrüßte, das berufen war, einst Österreichs Scepter zu führen, so huldigt heute das Volk seinem erhabenen Monarchen, der einem liebenden Vater gleich, die Stadt Wien mit Beweisen fortdauernder Fürsorge überschüttet hat."

„Dem Machtgebote Eurer Majestät verdanken wir den Fall der Festungswälle, dem Kunstsinn Eurer Majestät jene herrlichen Bauten und Denkmale, welche unserer Stadt zur unvergänglichen Zierde gereichen. Großartige Unternehmungen beleben und fördern Handel und Industrie; Bildungsstätten wurden geschaffen, um das Gewerbe zu heben und die Arbeit zu veredeln."

„Die Kranken und Armen finden Linderung ihrer Leiden durch jene Wohlthätigkeitsacte, welche der Gnade und hochherzigen Gesinnung Eurer Majestät entspringen, und ganz Wien verdankt der Munificenz Seines Allergnädigsten Kaisers, dass eines der segensreichsten Werke, die Hochquellenleitung, durchgeführt werden konnte."

Des Kaisers Erwiderung auf diese Adresse, die mit heißen Segenswünschen für des Herrschers ferneres Glück und Heil schloss, lautete folgendermaßen:

„Mit freudiger Rührung und tief empfundenem Danke nehme Ich die Glückwünsche Meiner allzeit getreuen Reichs-Haupt- und Residenzstadt zur Vollendung Meines fünfzigsten Lebensjahres entgegen."

„Es macht Mich glücklich, bei jedem Mich und Mein Haus berührenden Anlasse die erneuerte Versicherung jener stets bewährten Treue und Anhänglichkeit zu empfangen, mit welcher die Bevölkerung Wiens Mir die Liebe vergilt, die Ich selbst für meine theure Vaterstadt hege."

„Ich freue Mich, dass es Mir vergönnt war, eine neue Periode der Blüte und glanzvollen Entwickelung für Wien zu eröffnen, und Ich hoffe zu Gott, dass die Wohlfahrt und das Gedeihen dieses großen Gemeinwesens von Jahr zu Jahr weitere glückliche Fortschritte machen werde."

„Empfangen Sie nochmals Meinen herzlichsten Dank für die Mir dargebrachten Wünsche und seien Sie Meiner fortdauernden kaiserlichen Huld versichert."

In den Sommer und Herbst dieses Jahres fallen wieder ausgedehnte Reisen, welche der Monarch in einzelne Länder seines Reiches unternahm, um sich von dem Zustande derselben durch eigenen Augenschein zu überzeugen. Zunächst ward Böhmen und seiner Hauptstadt die Ehre des kaiserlichen Besuches zutheil. In der Militär-Deputation, die sich zum Empfange eingefunden hatte, befand sich auch der damalige Oberst — Erzherzog Kronprinz Rudolf.

Von Prag aus besuchte der Kaiser eine große Anzahl von Städten, wie Pardubitz, Theresienstadt, Leitmeritz, Josefstadt, Königgrätz u. a. In letzterer Stadt bemerkte des Kaisers scharfes Auge unter der Volksmenge einen Invaliden mit einem Stelzfuß, dessen Brust der Orden der eisernen Krone schmückte. Der Kaiser stieg sogleich vom Pferde, gieng auf den tapferen Krieger, Hauptmann P., zu und sprach ihn mit den Worten an: „Wir kennen uns ja!" worauf er noch die Frage an den Veteran richtete, ob er kein weiteres Anliegen habe. Aber Hauptmann P. war nur den weiten Weg von Grottau an der sächsischen Grenze nach Königgrätz gekommen, um seinen Kaiser wieder einmal zu sehen.

Hierauf besuchte der Kaiser auch Mähren und langte am 10. Juni in der Landeshauptstadt Brünn an. So sehr den Herrscher die Kundgebungen aufrichtiger Treue und Liebe seitens der Bevölkerung erfreuten, so erheiterte überdies noch manche Episode in ihrer schlichten Naivetät den Kaiser und sein Gefolge. In Wischau bei Brünn war es, wo der Monarch, als er gerade mit der Vertretern der Gemeinde sprach, aus der dichtgedrängten Volksmenge die Stimme eines weinenden Kindes an sein Ohr schlagen hörte, das unaufhörlich schrie: „Ich will den Kaiser sehen, den Kaiser, den Kaiser!" Sofort nahte sich der Monarch der Gruppe, aus welcher die Kinderstimme hervordrang, stellte sich vor den Knaben hin, der ihn mit weitgeöffneten Augen sprachlos ansah, und sagte herzlich lachend: „Nun, du sollst den Kaiser sehen."

Von Brünn kehrte der Kaiser nach Wien zurück, hatte bald darauf eine Zusammenkunft mit dem Deutschen Kaiser Wilhelm I. in Ischl, aber schon am 23. August treffen wir ihn wieder in Steyr, wo mit großem Gepränge das Fest des neunhundertjährigen Bestandes dieser schönen gewerbfleißigen Stadt am Zusammenflusse der Steyer und Enns gefeiert wurde.

Steyr prangte in hellem Blumenflor und Farbenschmuck. Es war eine liebliche Scene, als in der Arbeitercolonie ein kleines Mädchen sich dem Kaiser näherte und ihm einen Blumenstrauß überreichte, während es mit Thränen in den Augen zur sichtlichen Rührung des Monarchen ein sinniges Gedichtchen sprach:

„Dem Vater des Landes,
Gepriesen als Hort
Des Arbeiterstandes
In Süd und in Nord,
Weiht dankbar zur Feier
Dies Blumengewind
Am Strande der Steyer
Ein Arbeiterkind.“

Ende August bereiste der Kaiser Galizien. Die Reise war reich an Eindrücken der lebhaftesten Art; Adel und Volk wetteiferten, Pracht der Kleidung und das eigenartige Gepräge fremder Sitten zu entfalten. Als der Kaiser einen Ausflug von Krakau nach Lobzow machte, begleitete ihn ein Banderium berittener Krakusen, die den kaiserlichen Wagen in rasendem Galopp umschwärmten. Als der Kaiser den Anführer der Krakusen fragte, wie stark das Banderium gewesen, da lautete die stolze Antwort: „Wir zählen jetzt bloß achthundert, auf Eurer Majestät Wunsch würde sich aber unsere Anzahl auf hunderttausend erhöhen.“

Wie sinnig war die Huldigung, die eine andere Stadt Galiziens dem Monarchen darbrachte! Die Triumphpforte, durch die der Kaiser in die Stadt Kolomea schritt, schmückte die in ihrer Einfachheit so schöne Inschrift: „Wie reich ist doch unser König, Millionen Herzen sind sein Schatz!“

Immer näher rückte die Zeit, in welcher Österreichs Aar und Belgiens Leu sich zu festem Bunde vereinen, in der Kronprinz Rudolf und Prinzessin Stephanie vor dem Traualtare die Ringe tauschen sollten. — Erinnerungsreich und denkwürdig war das Jahr 1880 für den Österreicher auch deshalb, weil in diesem Jahre das Fest der vor hundert Jahren erfolgten Thronbesteigung des unvergeslichen Kaisers Josef II. allenthalben in unserem Vaterlande mit lautem Jubel oder in stiller, sinniger Freude gefeiert wurde. In manchem Bürgerhause der glänzenden Hauptstadt oder in der schlichten Hütte des Landmannes gedachte man bewegten Herzens des Fürsten, der so viele drückende Fesseln gebrochen und vom Bauer das harte Joch der Leibeigenschaft genommen hatte. Das Standbild des unsterblichen Kaisers auf dem Josefsplatze in Wien wurde mit prachtvollen Kränzen geziert und mit einem imposanten Fackelzuge die Feier des Tages beschlossen. In manchem Städtchen der Provinz, ja selbst in vielen kleinen Dörfern erhoben sich schmucklose Kaiser-Josef-Standbilder oder Büsten, die ein Zeugnis ablegen, dass das Volk der Wohlthäter auf dem Throne nicht vergisst und mit Habsburgs Fürstenhause in inniger Liebe sich verbunden fühlt.

Österreichs Völker vergaßen nicht der glorreichen Vergangenheit ihres Herrscherstammes, und sie jubelten der freudigen Zukunft desselben zu, welche in der Hochzeit des Kronprinzen heranrückte. Anfänglich war dieselbe schon für den 15. Februar 1881 angesetzt worden, aber die zarte Gesundheit der jugendlichen Prinzessin ließ es räthlich erscheinen, den Zeitpunkt noch ein wenig hinauszurücken und eine minder rauhe Jahreszeit zu wählen. So wurde der 10. Mai als Vermählungstag in Aussicht genommen.

Am 10. Jauuar war Kronprinz Rudolf zum Besuche seiner Braut in Brüssel; es galt zugleich einen, wenn auch nicht allzulangen Abschied zu nehmen denn Erzherzog Rudolf trat bald darauf eine Reise nach dem Oriente an besuchte Jerusalem und Ägypten und kehrte erst am 22. April wieder in die Heimat zurück. Überall, wohin der Kronprinz kam, im Nillande und auf dem geheiligten Boden Palästinas wurden ihm, dem Sprossen unseres Kaiserhauses, die wärmsten Sympathien entgegengebracht.

Glänzend waren die Festlichkeiten, welche Belgiens Hauptstadt seiner geliebten scheidenden Prinzessin zu Ehren veranstaltete. „Das letzte Wort meiner Tochter," sagte damals der König von Belgien, „war der Ausdruck gerührter Dankbarkeit; sie begriff, dass der schönste Schatz, den sie mit sich nahm, die Liebe des belgischen Volkes war."

Am 5. Mai traf Kronprinz Rudolf in Salzburg ein, um Prinzessin Stephanie, die mit ihrer Mutter und ihrer jüngeren Schwester bereits in dieser herrlichsten Alpenstadt angekommen war, zu begrüßen. Die lieblichsten Blumen schmückten Salzburgs altersgraue Häuser, und Prinzessin Stephanie, welcher ein prachtvolles Bouquet überreicht worden war, zeigte sich von dem herzlichen Empfange entzückt. Auch sinnvoller Gruß aus Dichtermunde empfieng die hohe Braut, als sie den Boden unseres prächtigen Alpenlandes betrat.

„Nicht liebt der Älpler Wortgetön,
In Bergen lernst du schweigen,
Doch, was er fühlt auf seinen Höh'n,
Es ist so fromm, so reich und schön,
Mag seinem Gott es zeigen.

So tönt es heut mit Jubellaut:
Gegrüßet sei du, schönste Braut,
Von Berg zu Thal
Viel tausendmal
Prinzessin Stephanie!"

Auch unser Kronprinz Rudolf gut
Ist ja ein Alpenschütze,
Ein Prinz von echtem Kaiserblut
Mit scharfem Aug' und keckem Muth,
Des Reiches Felsenstütze.

So tönt es heut mit Jubellaut:
Gegrüßet sei du, schönste Braut,
Von Berg zu Thal
Viel tausendmal
Prinzessin Stephanie!"

Am 6. Mai kam die hohe Braut in Wien an. Das belgische Königspaar und die Prinzessinnen nahmen in Schönbrunn Aufenthalt, und der König Leopold äußerte sich einer Deputation des österreichischen Reichsrathes gegenüber, die zur Begrüßung erschienen war, voll Freude über den Empfang. „Meine Tochter", sagte er, „ist darüber entzückt. Von mütterlicher Seite ist sie ohnedies eine Österreicherin und wird stets bestrebt sein, sich die Liebe des Volkes, dem sie nun ganz angehört, zu gewinnen."

Der Kronprinz beantwortete die Glückwünsche der Abgeordneten mit folgenden Worten: „Ich bin hoch erfreut und danke dem Reichsrathe für die innige Theilnahme an meinem Glücke. Es freut mich, dass meine Braut Zeugin dieser Glückwünsche ist und sieht, wie in Österreich Volk und Dynastie eins sind, dass sie ein festes Band umschlingt und innig für immer verknüpft."

Kronprinzessin-Witwe Erzherzogin Stephanie.

Die Trauung des Kronprinzenpaares fand am 10. Mai 1881 nach 11 Uhr vormittags in der Augustinerkirche statt. Kronprinz Rudolf erschien in Generalsuniform, die Braut trug ein Kleid von schwerem weißen Silberbrocat. Myrten und Rosen waren ins reiche, volle Haar gewunden.

Vor siebenundzwanzig Jahren war an derselben Stätte das erlauchte Elternpaar des Kronprinzen gestanden und hatte sich zu unauflöslichem Bunde die Hand gereicht. Wie stattlich, wie ritterlich war der Kaisersprosse herangeblüht, wie lieblich, vom Reize zartester Jugend umflossen, stand an seiner Seite Belgiens Königstochter, wie einst an Maxens Seite die burgundische Maria gestanden sein mochte!

Innige Segenswünsche mögen in den Herzen des Kaisers und seiner erlauchten Gemahlin für das neuvermählte Paar zum Himmel emporgestiegen sein, und so findet sich auch in dem Allerhöchsten Handschreiben, welches Kaiser Franz Josef anlässlich der Vermählung seines erlauchten Sohnes erließ, folgende schöne Stelle: „Der Schatz der Liebe und Treue, der Unseren Kindern in diesen Tagen entgegengebracht wurde, und den dieselben sich für alle Zukunft zu bewahren bemüht sein werden, ist Mir und Meinem Hause ein glückverheißendes Zeichen für den eben geschlossenen Ehebund, für welchen Ich mit Meinen geliebten Völkern den Segen des Himmels erflehe."

Wie alle freudigen Ereignisse, die das Kaiserhaus betrafen, ließ auch dieses der Monarch nicht vorübergehen, ohne dass er mit vollen Händen Wohlthaten gespendet hätte. Der Kaiser erließ anlässlich des ihn und die kaiserliche Familie hochbeglückenden Ereignisses eine ausgedehnte Amnestie und stiftete zehn Freiplätze für das Offizierstöchter-Institut in Wien.

Ein neues Wien war entstanden, seitdem der Kaiser die holde Blume des Bayerlandes in die noch mit Basteien und Wällen umschanzte Stadt geführt hatte. Wie hatten sich die Zeiten verändert! Jetzt hatte der prachtvolle Gürtel der Ringstraße zum Einzuge der Prinzessin Stephanie seinen schönsten Schmuck angelegt. Stimmungsvoll schloss ein Festgedicht, welches der Vermählung des kronprinzlichen Paares geweiht war, mit folgenden Worten:

„Treu vereint in Glück und Wehe
Heil und Segen Eurer Ehe!
Heil dem Kaiser! Heil dem Land!
Kriege mögen andre führen,
Östreich, magst den Frieden küren,
Glücklich durch der Liebe Band!"

Wahrlich, der Dichter konnte mit vollem Rechte an den alten Spruch erinnern, der im Habsburgischen Hause stets Geltung gehabt: Bella gerant alii, tu felix Austria nube! Die Kronprinzessin wurde rasch eine Wienerin mit Leib und Seele, und als am 15. Mai 1886 die Stephaniebrücke über den Donaucanal eröffnet wurde, konnte der Kronprinz in seiner Erwiderung auf die Ansprache des Bürgermeisters aus vollem Herzen die schönen Worte aussprechen:

„Ich danke vielmals, Herr Bürgermeister, für den schönen Empfang und die herzlichen Worte, mit denen Sie uns begrüßt haben. Von dem Momente an, da meine Frau nach Wien gekommen, ist sie eine gute Wienerin geworden, und es hat sie gefreut, diese Stadt kennen zu lernen, welche die Heimat ihres Mannes ist. Es gereicht ihr daher jetzt zur Freude und zur Ehre, dass dieses schöne Object, welches die Stadt Wien erbauen ließ, ihren Namen trägt. Alle Feste, welche die Stadt feierte, waren seit jeher Familienfeste des kaiserlichen Hauses. Wir fühlen uns einig mit Wien wie eine große Familie."

Am 18. Mai 1881 reiste das Kronprinzenpaar nach Budapest, und Erzherzog Rudolf erwiderte auf die huldigenden Grüße, die ihm das Ungarland bot: „Wir wissen, dass die Ungarn die Enkelin jenes glorreichen Mannes (des Palatins Erzherzogs Stephan) mit Liebe umgeben werden, der seine schönsten Tage in Pest verlebt hat."

Am 25. Mai erfolgte die Ankunft des Kronprinzenpaares in Prag, wo es zunächst seinen längeren Aufenthalt nahm. In den Sommer dieses Jahres fällt die Reise des Kaisers nach Salzburg, wo er mit dem deutschen Kaiser Wilhelm I. zusammentraf, und nach München zum Besuche des Prinzen

Luitpold. Von hier begab sich der Monarch nach Bregenz, woselbst zu seinem Empfange große Vorbereitungen getroffen wurden. Am Abend des 8. August fand eine zauberhaft schöne Beleuchtung des Bodensees statt.

Dreißig Jahre hatte Kaiser Franz Josef sein treues Vorarlberg nicht besucht. Der Bau der Arlbergbahn hatte dem gewerbfleißigen Ländchen mittlerweile blühenden Aufschwung gebracht. Der Kaiser befuhr jetzt die ganze Strecke dieser kühn angelegten, an romantischen Reizen so reichen Alpenbahn und traf am 12. August in Innsbruck ein, wo er in der Oberstuniform seiner Tiroler Kaiserjäger wieder den blutgetränkten, ruhmreichen Boden am Berg Isel betrat.

Ein huldreiches Handschreiben an den Ministerpräsidenten Grafen Taaffe gab der Freude Ausdruck, welche der Kaiser darüber empfand, sich „von der fortschreitenden Wohlfahrt dieser schönen Alpenländer zu überzeugen und die großartigen Bauten am Arlberge zu besichtigen, welche die Verbindung der fernen westlichen Grenzmark mit dem Innern der Monarchie so wesentlich abkürzen und erleichtern werden."

Am 27. October trafen der König und die Königin von Italien in Wien ein und wurden am Bahnhofe von dem Kaiser und dem Kronprinzen in der herzlichsten Weise begrüßt.

Das Jahr 1881, dessen Frühling so glückverheißend über unserem Vaterlande aufgegangen war, sollte nicht enden, ohne dass ein furchtbares Unglück namenloses Elend über die Kaiserstadt verbreitet und seine tiefen Schatten selbst in die entferntesten Theile unseres Vaterlandes geworfen hätte.

Am 8. December des Jahres 1881 erfolgte nämlich der entsetzliche Brand des Ringtheaters in Wien. Wer wollte noch einmal all der Scenen des Jammers gedenken, welche dieses erschütternde Ereignis im Gefolge hatte! Auch damals zeigte sich wieder, mit welch theilnahmsvollem Herzen unser Kaiser Freud und Leid seiner Völker mit empfindet, und wie sehr ihm das schwere Unglück, das Wien betroffen, nahegieng; er suchte zu lindern, zu heilen, soviel er konnte.

Das kaiserliche Handschreiben, welches aus diesem Anlasse erfloss, hatte folgenden Wortlaut: „Um Meiner Theilnahme an dem traurigen Schicksale der bei dem Brande des Ringtheaters am 8. December Verunglückten einen dauernden Ausdruck zu geben, habe Ich beschlossen, auf dem dem Stadterweiterungsfonds gehörigen Baugrunde des Ringtheaters aus Meinen Privatmitteln ein Gebäude mit einer entsprechend ausgestatteten Gedächtniskapelle aufführen zu lassen. — Was das zu errichtende Stiftungsgebäude anbelangt, sollen dessen Erträgnisse für immerwährende Zeiten Wiener Wohlthätigkeits-Vereinen und Anstalten zufließen."

Das kaiserliche Sühnhaus am Schottenring ist eine der schönsten Zierden dieser Straße geworden, und die Genien der Güte und des Mitleids werden bald das düstere Gespenst einer grauenvollen Erinnerung für immer verscheuchen.

Das Jahr 1882 brachte den Völkern Österreich-Ungarns aufs neue Gelegenheit, ihre treue Liebe zum angestammten Herrscherhause freudigen und dankbaren Herzens zu bethätigen. Sechshundert Jahre waren verflossen, seitdem am 27. December 1282 der Ahne unseres Kaiserhauses, Rudolf von Habsburg, seine beiden Söhne Albrecht und Rudolf auf dem Reichstage von Augsburg mit den österreichischen Stammlanden belehnt hatte, und in allen Theilen der Monarchie rüstete man sich, diese seltene Gedenkfeier mit patriotischem Hochgefühl würdig zu begehen.

Die Stadt Wien hatte eine Medaille prägen lassen, welche auf der Vorderseite den Act der Belehnung durch Rudolf von Habsburg darstellte mit der Umschrift: „Rudolf von Habsburg belehnt seine Söhne Albrecht und Rudolf mit den österreichischen Stammländern 27. December 1282"; die Rückseite zeigte das Bildnis Kaiser Franz Josefs I., im Toisonordenskleide auf dem Throne sitzend, umgeben von Genien mit den Emblemen des Handels und der Gewerbe; im Hintergrunde ist auf der einen Seite der Stephansthurm, auf der anderen das neue Rathhaus sichtbar; das Ganze umgibt die Umschrift: „Dem erlauchten Sohne des Hauses Habsburg, Kaiser Franz Josef I., die Stadt Wien, 27. December 1882." Die Denkmünze, prächtig modelliert, rührte vom Bildhauer Tilgner her.

Am 27. December empfieng der Kaiser in der Hofburg die Deputationen der hohen Geistlichkeit, des niederösterreichischen Landtages, des Wiener Gemeinderathes und der Wiener Universität.

Auf die Ansprache des Bürgermeisters der Haupt- und Residenzstadt Wien erwiderte der Monarch: „Mit dem österreichischen Stammlande ist die Stadt Wien seit den Tagen Kaiser Rudolfs von Habsburg unter der schirmenden Fürsorge meiner Vorfahren aus kleinen Anfängen zu der jetzigen Größe und Bedeutung herangewachsen, und Ich freue Mich, dass es Mir vergönnt war, eine neue Ära der Blüte und steigenden Wohlfahrt für meine geliebte Vaterstadt zu eröffnen. — Mit innigem Danke erkenne Ich es an, dass die Bürger Wiens Mir und Meinem Hause im Glücke wie im Unglücke die treueste Anhänglichkeit bewahrt und dieselbe, so oft es noththat, mit Gut und Blut besiegelt haben."

Von wahrer Liebe zur studierenden Jugend, der ja Heil und Glück unseres Staates in zukünftigen Tagen anvertraut ist, geben die hochherzigen Worte Zeugnis, die der Monarch in Erwiderung der ihm dargebrachten Huldigung an den Rector der Wiener Universität richtete:

„Fahren Sie fort, Ihres Lehramtes mit lebendigem wissenschaftlichen Eifer zu walten, leiten Sie die studierende Jugend durch Lehre und Beispiel an, nach den höchsten Zielen menschlichen Wissens zu streben, und lassen Sie Mich darauf bauen, dass die Hochschulen Meines Reiches dem öffentlichen Leben Jahr für Jahr nicht nur gebildete junge Männer, sondern auch gute Bürger und treue Söhne Österreichs zuführen."

Nicht weniger stürmisch und freudig waren die Kundgebungen treuer Anhänglichkeit, welche den Kaiser auf seiner Reise durch Steiermark und Krain begleiteten, wohin er sich im Juli 1883 begab, um mit der Bevölkerung dieser

Länder das sechshundertjährige Jubiläum der Vereinigung Steiermarks und Krains mit den Stammländern der Monarchie zubegehen. Auf die Ansprache des Landeshauptmannes Dr. von Kaiserfeld in Graz erwiderte der Monarch: „Der Rückblick in unsere Vergangenheit, in sechs Jahrhunderte inniger Zusammengehörigkeit von Fürst und Volk hat für beide viel Erhebendes, und so findet heute die Versicherung treuer Anhänglichkeit seitens des steirischen Landtages in Meinem Herzen doppelt lebendigen Wiederhall. Nehmen Sie für die erneute Huldigung Meinen anerkennendsten Dank und den Ausdruck Meiner Zuversicht entgegen, dass das Band, welches Mein Haus mit der Steiermark seit Jahrhunderten verbindet, beide innig umschließen werde für alle Zeiten."

Im Grazer Landestheater fand zu Ehren der Anwesenheit des Monarchen eine besonders glänzende Festvorstellung statt, bei welcher nach einem schwungvollen Prologe Hamerlings sechs wirkungsvolle, mit überraschender historischer Treue ausgeführte lebende Bilder aus der Geschichte Steiermarks zur Darstellung kamen. Das erste Bild stellte die Versammlung der steirischen Landherren im Kloster Rein im Jahre 1276 dar; das zweite Bild vergegenwärtigte den Abschied Herzog Ernsts des Eisernen von seiner Gemahlin vor seiner Pilgerfahrt ins heilige Land; das dritte Bild führte den Empfang Erzherzogs Karl II. vor; das vierte eine Scene aus der Schlacht bei Sissek; das fünfte Bild stellte dar, wie Kaiserin Maria Theresia bei ihrer Anwesenheit in Graz im Jahre 1765 den steirischen Herzogshut mit acht kostbaren Perlen schmückte; das sechste Bild endlich brachte die wirksamste Scene: Begrüßung heimkehrender Krieger durch die Landsleute im Jahre 1814. Steirische Weisen erklangen aus dem Hintergrunde, als der Vorhang vor diesem Bilde sich erhoben hatte.

Alle Bilder waren getreue Copien der im Besitze des Grafen von Meran befindlichen Aquarelle des Malers Lederer. Als zum Schlusse der Festvorstellung ein allegorisches Bild zur Darstellung gelangte, wie Styria vor der Austria huldigend das Knie beugt, und die Klänge der Volkshymne ertönten, erhob sich das Publicum, um stehend die erste Strophe mitzusingen. Der Kaiser war sichtlich ergriffen und beugte sich aus seiner Loge vor, um wiederholt zu danken. Am 4. Juli war der Monarch Gast der Grazer Bürger, die ihm zu Ehren ein glänzendes Ballfest in den Redoutensälen veranstalteten.

Am 9. Juli verließ der Kaiser Graz und wohnte zunächst in Marburg der feierlichen Enthüllung des Tegetthoff-Denkmals bei, welches die Bürgerschaft dieser Stadt ihrem großen Landsmanne errichtet hatte. Hierauf reiste der Kaiser nach Laibach, wo der Empfang des Landesherrn nicht minder herzlich war, besuchte die Grotten von Adelsberg und kehrte über Veldes und Tarvis nach Ischl zurück, wo er am 17. Juli eintraf.

Am 16. August fand in Wien die Eröffnung der elektrischen Ausstellung statt, bei welcher Kronprinz Rudolf die schwungvolle Rede hielt, die seine Wiener stets in dankbarster Erinnerung behalten werden.

„Mit stolzen Gefühlen", so sagte der Kronprinz, „stehen wir heute vor einem Werke, das seine Entstehung allein dem opferfreudigen Patriotismus einer Anzahl von Männern verdankt. Der Verwertung einer mächtigen Naturkraft durch wissenschaftliche Arbeit und der Ausnützung derselben, für das tägliche Leben neue Bahnen zu brechen, ist der Zweck dieses Werkes. Nicht dem Momente blüht der volle Erfolg! Die Zukunft ist eine große; eine weitreichende, kaum zu bewältigende Umwälzung, tief eindringend in das gesammte Leben der menschlichen Gesellschaft, steht bevor. Vielleicht ist es kein Zufall, dass Wien, obgleich erst die dritte, aber wie wir hoffen, dank der nie rastenden Männer der Wissenschaft und der Praxis, auch die größte elektrische Ausstellung in seinen Mauern entstehen läſst."

„Ist es denn nicht unsere Vaterstadt, aus welcher Pressells Zündhölzchen im Jahre 1833 hervorging, das alte, der Steinzeit würdige Feuerzeug für immer verdrängend? Und die Stearinkerze, hat sie nicht von Wien aus im Jahre 1837 ihren Weg durch die ganze Welt gemacht?"

„Ja, selbst die Gasbeleuchtung der Straßen, diese große Umwälzung im städtischen Leben, wurde vom Mährer Winzer in Wien ausgedacht und erst dann in England durchgeführt. Nun stehen wir an einer neuen Phase in der Entwickelung des Beleuchtungswesens; auch diesmal möge Wien seinen ehrenvollen Platz behaupten — und ein Meer von Licht strahle aus dieser Stadt und neuer Fortschritt gehe aus ihr hervor!"

Mit Stolz und Freude blickte das Vaterland auf diesen ritterlichen Prinzen, der, seines kaiserlichen Vaters Ebenbild, für die Größe und den Ruhm unseres Staates erglühte, der das Schwert des Soldaten mit dem Lorbeer des Gelehrten zu umwinden nicht verschmähte und an der stillen Arbeit des Mannes der Wissenschaft nicht weniger Freude empfand als am waghalsig kühnen Weidmannswerke und am Lärm der Waffen.

Als daher am frühen Morgen des 2. September 1883, eines Sonntages, der dröhnende Mund der Geschütze den Wienern und bald darnach auch allen Theilen des Reiches die freudige Kunde brachte, dass dem Erben des Thrones ein Kind, eine Prinzessin, geschenkt worden sei, weckte der Donner der Kanonen in allen Herzen frohen Wiederhall.

Am 2. September des Morgens war Erzherzogin Stephanie glücklich eines Mädchens entbunden worden, und schon eine halbe Stunde darauf war der Kaiser von Schönbrunn nach Laxenburg geeilt, um dem Kronprinzenpaare seine Glückwünsche darzubringen. Zwei Tage darauf fand im Schlosse zu Laxenburg die Taufe der kleinen Erzherzogin statt, die nach ihrer erlauchten Pathin, der Kaiserin, den Namen Elisabeth empfieng. Ein wahrhaft großmüthiges Geschenk machte aus Freude über dieses glückliche Ereignis der Kaiser der Stadt Wien. Er spendete nämlich der Commune Wien Schloß Weinzierl an der Erlaf mit der Widmung, dass es zu einem Jugendasyl eingerichtet werden solle. Ein kaiserliches Handschreiben vom 3. September enthielt die näheren Bestimmungen über diese edelmüthige Spende; auch die Armen Laxenburgs wurden reichlich bedacht.

Der Kronprinz hieng mit innigster Liebe an seinem Töchterchen. Als vor ungefähr zehn Jahren der kleinen Prinzessin bei einer Ausfahrt in den

Prater ein kleiner Unfall zustieß, der aber glücklicherweise ohne Folgen blieb, — äußerte Kronprinz Rudolf einige Tage später zu einer hochgestellten Persönlichkeit: „Wenn meinem Kinde etwas geschehen wäre, ich wüsste nicht, was ich gethan hätte."

In Laxenburg war der Kronprinz der sorgsamste Hausvater. Er kannte die meisten Kinder der Hausbeamten und erklärte oft scherzend, „er müsse sie als Freunde und Freundinnen seiner Tochter mit ausgezeichneter Hochachtung behandeln." Wenn die Obstzeit kam, so winkte er oft die Kleinen heimlich zu sich und pflückte ihnen prächtige Früchte ab, wobei er es nicht an der ernstlichen Mahnung fehlen ließ, ja nichts dem Schloßgärtner zu sagen, da dieser es nicht leide.

Erzherzogin Elisabeth war wenig über fünf Jahre alt geworden, als der Tod sie ihres lieben Vaters beraubte. Sie bemerkte wohl die Trauer, die ihre ganze Umgebung zur Schau trug und fragte: „Wo ist mein lieber Papa?" — „Papa hat eine sehr weite Reise unternommen," antwortete man ihr; aber die kleine Erzherzogin brach plötzlich in Thränen aus und schluchzte: „Ich weiß, der liebe, gute Papa ist in den Himmel gegangen." —

Eine seltene und an erhebenden Momenten reiche Feier führte das Jahr 1883 für Wien herbei, denn zwei Jahrhunderte waren in den Septembertagen dieses Jahres verflossen, seitdem die Kaiserresidenz an der Donau durch den Muth ihrer Bürger und die Hilfe treuer Bundesgenossen aus furchtbarer Türkennoth errettet worden war.

Zweimal, in den Jahren 1529 und 1683, war Wien das feste Bollwerk, an dem die Flut der türkischen Raubhorden sich brach, und auf welchem das Kreuz siegreich den Kampf mit dem Halbmonde bestand. In gerechtem Bürgerstolze konnte daher die Haupt- und Residenzstadt die Erinnerung an jenen 12. September begehen, an welchem vor zweihundert Jahren nach heldenmüthigem verzweifelten Widerstande die Stadt glücklich entsetzt worden war.

Am 11. September 1883 fand das Fest auf dem Kahlenberge und die Enthüllung der Gedenktafel an dem dortigen Kirchlein statt, welche das denkwürdige Ereignis verewigen sollte, wie der Polenkönig Johannes Sobieski und Herzog Karl von Lothringen an der Spitze so vieler anderer erlauchter Helden in der Frühe eines Sonntags — es war eben der 12. September 1683 — von den Höhen des Kahlenberges der bedrängten und verzweifelnden Stadt die heiß und lang ersehnte Rettung brachten.

Schon im Jahre 1883 entstand der Gedanke, den Vertheidigern Wiens ein prächtiges Denkmal im Stephansdome zu errichten. Die Enthüllung dieses herrlichen, in blendend weißem Marmor ausgeführten Monuments, zu dem der Kaiser 16.000 fl. gespendet hatte, fand erst am 24. Februar 1895 statt. Auch dem wackeren Bürgermeister Andreas Liebenberg, der im Jahre 1683 an der Vertheidigung Wiens so thätigen Antheil genommen hatte, stifteten Wiens Bürger ein Denkmal, das im September 1890 enthüllt wurde. Es steht an jener Stelle der einstigen Löwelbastei, die in den Tagen der Türkennoth am heißesten umstritten worden war.

Am eigentlichen Festtage des Jahres 1883 fand die Schlussteinlegung im neuerbauten Wiener Rathhause statt. Mit diesem Bau war ein Werk erstanden, wie es großartiger und künstlerischer wohl kaum eine andere Stadt aufzuweisen hat.

Der feierliche Act der Schlussteinlegung fand in Gegenwart des Kaisers statt, der auf die Begrüßung seitens des Bürgermeisters folgende denkwürdige Worte entgegnete:

„Als vor zehn Jahren die Grundsteinlegung dieses Baues vollzogen wurde, habe Ich vertrauensvoll die Hoffnung ausgesprochen, dass die göttliche Vorsehung

Das Wiener Rathhaus.

dem Bau einen gedeihlichen Fortschritt und der gesammten Bevölkerung Meiner Reichshaupt- und Residenzstadt ihren Schutz und Segen gewähren möge. Heute sehen wir dankerfüllten Herzens diesen Bau vollendet, ein prächtiges Denkmal vaterländischer Kunst, ein bleibendes, beredtes Zeichen der Opferwilligkeit und des Gemeinsinns der Wiener Bürgerschaft, das bis in die spätesten Zeiten ihr zur Ehre und dem Vaterlande zum Ruhme gereichen wird."

„Die Erinnerungen an die schwere Bedrängnis, welche vor zwei Jahrhunderten über die Stadt hereingebrochen, und an den glänzenden Sieg, der die Trübsal beendete, erhöht die Feier des heutigen Tages. Möge der Friede, den damals die Beharrlichkeit und der Heldenmuth der Wiener Bürger im Vereine mit thatkräftigen und treuen Bundesgenossen mit Gottes Hilfe errungen, auch fortan über dieser Stätte walten und in dem Gebiete dieser Stadt nur der friedliche Wettkampf aller wahren Bürgertugenden, der Künste, Wissenschaften und Gewerbe seinen Schauplatz finden. Mit innigem Wohlgefallen nehme Ich Ihre einmüthige Versicherung der angestammten Treue zu Meinem Hause und dem gesammten Vaterlande entgegen, denn so tief gewurzelt und unerschütterlich wie diese, ist auch Mein Vertrauen auf dieselbe und Meine Liebe zu Meiner und Meiner Väter Residenzstadt."

„Seien Sie überzeugt, dass dem Emporblühen und Gedeihen der Stadt Wien Meine wärmste väterliche Fürsorge gewidmet bleibt und Ich mit freudig bewegtem Herzen die Schlussteinlegung an diesem Gebäude vollziehe als ein Zeichen der Gewähr und Bürgschaft der sicheren und dauernden Wohlfahrt Meiner treuen und geliebten Wiener Bürgerschaft."

Es ist fast unmöglich, den Eindruck zu schildern, welchen diese aus der Tiefe des Herzens kommenden Kaiserworte auf die Zuhörer hervorbrachten; besonders der Moment, als der Kaiser mit warmer Betonung von seiner tiefgewurzelten Liebe zu Wien sprach, war so überwältigend, dass die Versammlung, aller Etikette zum Trotz, den Monarchen mitten in seiner Rede unterbrechend, in stürmische Hochrufe ausbrach. Niemand, der dieser Scene beiwohnte, wird die tiefe und nachhaltige Wirkung vergessen, welche sie auf alle Theilnehmer ohne Unterschied des Ranges und Standes ausübte.

Der Kaiser that nun auf die Bitte des Bürgermeisters die ersten drei Hammerschläge zur Einsenkung des Schlusssteins und trat dann auf die große Loggia des Rathhauses hinaus, um die Huldigung der vor dem Gebäude aufgestellten Vereine und Genossenschaften entgegen zu nehmen, wobei die nach Tausenden zählende Menge, die den großen weiten Platz ringsum dichtgedrängt füllte, in brausende Hochrufe ausbrach. Hierauf lud der Bürgermeister den Monarchen ein, die historische Ausstellung, welche die Stadt Wien aus Anlass der Gedenkfeier veranstaltet hatte, zu eröffnen. Kostbare Trophäen aus der Zeit der Türkennoth, erbeutete Waffen und Fahnen, manch herrliches Kleinod und viele hochinteressante Reliquien erregten hier die staunende Bewunderung des Beschauers.

Möge der eiserne Rittersmann, der von der höchsten Spitze des neuen Rathhauses auf das Häusermeer zu seinen Füßen, auf den grünen Kranz der Berge in weiter Ferne und den blauen Spiegel des stolzen Donaustroms blickt, stets ein treuer Hüter und Schirmer der Kaiserstadt bleiben, auf dass in den Mauern des herrlichen Hauses die Väter der Stadt stets in ungestörtem Frieden ersprießlichen Rathes pflegen können, zu Nutz und Frommen des großen Gemeinwesens wie zum Wohle und Ruhme des ganzen Vaterlandes.

Ein seltenes Fest fand im Jahre 1884 im fernen waldumrauschten Siebenbürgen statt. Sechs Jahrhunderte waren verflossen, seitdem die ersten deutschen Ansiedler die Hermannsstadt im schönen Thale der Aluta gegründet. An Kaisers Geburtstag, dem 18. August, wurden die glänzenden Festlichkeiten eröffnet, die aus diesem Anlasse in Hermannstadt abgehalten wurden. Bei dem festlichen

Bankette gedachte man mit Jubel des kaiserlichen und königlichen Herrn, dessen Huld auch der Mark im fernen Süd-Osten allzeit zugethan blieb.

Im Sommer des Jahres 1885 wurde die europäische Welt lange Zeit in Aufregung gehalten durch die bevorstehende Zusammenkunft der Kaiser von Österreich und Russland, die in dem kleinen mährischen Städtchen Kremsier stattfinden sollte.

Am 24. August verließen der Kaiser, die Kaiserin, Kronprinz Rudolf und Erzherzog Karl Ludwig mit großem glänzenden Gefolge in einem Separathofzuge der Nordbahn Wien, um sich nach Mähren zu begeben. Der Kaiser bewohnte in Kremsier im alten Bischofsschlosse, der Sommerresidenz des Erzbischofs von Olmütz, einige Gemächer, welche unmittelbar an die für den russischen Czar bestimmten Zimmer anstießen. Das Arbeitszimmer des Kaisers schmückten die aus der kaiserlichen Burg in Wien hieher gebrachten sogenannten mexikanischen Möbel, deren brennendes Roth Kaiser Maximilian so sehr geliebt hatte, und die später nach Wien überführt worden waren. Das einfache Schlafzimmer des Kaisers mit kleinen, in den prächtigen Park hinausgehenden Fenstern erfüllte ein wohlthuendes Halbdunkel; es war mit Möbeln in Weiß und Gold ausgestattet.

Das altehrwürdige Kremsier, sonst eine stille Landstadt, war durch einige Tage der Schauplatz glänzender Feste und eines an die Residenz gemahnenden geräuschvollen Treibens. Der Kaiser war dem Czar Alexander III. bis Hullein entgegengefahren und begrüßte denselben sowie die russische Kaiserfamilie in der herzlichsten Weise. In einem Allerhöchsten Handschreiben an den Statthalter Mährens, Grafen Schönborn, sprach der Kaiser wenige Tage darauf seinen Dank aus für den warmen Empfang, welchen die Bevölkerung Kremsiers ihm und den hohen Gästen bereitet hatte. Am 26. August abends erfolgte die Abreise des russischen Kaiserpaares, und eine denkwürdige Episode aus Österreichs jüngster Geschichte hatte damit ihren Abschluss gefunden.

Ein großartiges literarisches Werk, dessen wir an dieser Stelle unseres Buches Erwähnung thun müssen, setzte sich zur Aufgabe, all das Herrliche und Eigenartige, das Natur- und Volksleben unseres Vaterlandes in seltener Fülle darbieten, denen, die dieses Vaterland ins Herz geschlossen, vor Augen zu führen. Wir meinen jenes Werk, das dem eigensten Antriebe des Kronprinzen Rudolf entsprungen war und ein treues Spiegelbild der österreichisch-ungarischen Monarchie bieten sollte.

Vom Nordsaume Böhmens bis zum Spiegel der Adria, von den Kuppen des Böhmerwaldes bis zu den Buchenforsten des äußersten Ostens soll, was an landschaftlichen Reizen, an Sitten und Bräuchen der vielsprachigen Volksstämme die große österreichisch-ungarische Monarchie aufweist, von gründlichen Forschern und ausgezeichneten Kennern ihres Heimatlandes geschildert werden; der Griffel des Zeichners soll in treuen, schönen Bildern das Wort des Schriftstellers unterstützen. Der Kronprinz selber lieh dem großartigen Werke seine Feder, der Stift der Erzherzogin Stephanie schmückt es mit anmuthigen Bildern. Der Kronprinz hat die Vollendung dieses großangelegten, wahrhaft patriotischen Werkes, an dem er mit ganzer Seele hieng, nicht mehr erlebt. Nach seinem Tode übertrug der Kaiser der Kronprinzessin-Witwe die Leitung des Werkes, das seiner Vollendung nahe ist, und dem wohl kein anderer Staat ein gleich schönes und großartiges Unternehmen an die Seite zu stellen vermag.

Am 1. December 1885 empfieng der Kaiser den Erzherzog Rudolf sowie die beiden Redacteure dieses Werkes, Hofrath Weilen und den ungarischen Schriftsteller Maurus Jókai, in Privataudienz, in welcher der Kronprinz dem Monarchen die erste Lieferung dieses Buches „Die österreichisch-ungarische Monarchie in Wort und Bild“ überreichte und in längerer Ansprache den Zweck des Unternehmens darlegte. Der Kaiser war sichtlich ergriffen und erwiderte, dass es ihn mit freudiger Genugthung erfülle, ein so wahrhaft patriotisches Werk durch das Zusammenwirken aller geistigen Kräfte der Monarchie entstehen zu sehen, dass er den weiteren Fortgang mit Interesse verfolgen wolle und hoffe, dass Ausdauer und treues Fortarbeiten in demselben Sinne schließlich zu einem schönen Abschlusse führen werden. Der Kaiser drückte hierauf dem Kronprinzen herzlich die Hand, worauf dieser die kaiserliche Rechte ehrfurchtsvoll küsste.

Zwei Ereignisse wollen wir aus diesem Abschnitte der Regententhätigkeit unseres Monarchen noch hervorheben. Sie galten beide ruhmreichen Helden. Es ist dies zunächst das Fest des sechzigjährigen Soldatenjubiläums des Erzherzogs Albrecht, welches in den April des Jahres 1887 fiel. Der Dank seines Kaisers sowie die herzliche Theilnahme, mit welcher nicht bloß die Bevölkerung der Residenz, sondern die des ganzen Reiches diese Feier begieng, ließen den greisen Helden wohl erkennen, dass die an kriegerischen Ehren so reiche Laufbahn, die er durchmessen hatte, im Gedächtnisse des Herrschers, wie des Volkes unvergessen fortleben werde. Das zweite Ereignis betraf einen andern Helden, der leider schon vor Jahren aus der Reihe der Lebenden geschieden war. Wir meinen die Enthüllung des Tegetthoff-Denkmals am Praterstern in Wien, die im Herbste des Jahres 1886 stattfand. Auf der Spitze der mit Schiffsschnäbeln gezierten hohen Säule steht die Gestalt des größten Seehelden Österreichs, wie er einst am glorreichen Tage von Lissa auf dem Deck seines Schiffes gestanden, mit feurigem Adlerblick die Bewegungen der feindlichen Flotte musternd und die Seinen zum ruhmvollen Siege anfeuernd.

Das Jahr 1888 gehörte ganz der Freude und den Zurüstungen der Feste, mit denen Österreich-Ungarn die Feier der vierzigjährigen Herrscherthätigkeit seines geliebten Fürsten begieng. Die großartige Gewerbeausstellung in den Riesenräumen der Prater-Rotunde hat aufs neue den Beweis geliefert, wie unter des Kaisers Ägide Gewerbe und Handwerk, Kunst und Handel erblühen und einen ungeheueren Aufschwung genommen haben. Der Bürger mochte sich der Früchte seines Fleißes erfreuen und dankbar des Fortschrittes gedenken, den die Arbeit des einzelnen wie die Leistungen ganzer Stände seit jenem Tage gemacht, als der jugendliche Monarch das Scepter seines Reiches ergriffen hatte.

XII.

Jubiläumsfeste.

Ein Ereignis von tiefster und ernstester Bedeutung, welches im denkwürdigen Jahre 1888, zu dessen Schilderung wir jetzt schreiten, die Welt erschütterte und auch das Herz unseres Monarchen auf das Schmerzlichste bewegte, war der Tod des Deutschen Kaisers und Königs von Preußen Wilhelm I. Wie oft hatte der greise Herrscher Deutschlands in den Quellen des romantischen Alpencurortes Gastein Heilung und Kräftigung gesucht und gefunden! Noch im Sommer 1887 hatte unser Kaiser beim Abschiede in Salzburg dem deutschen Monarchen auf dessen Gruß: „Auf Wiedersehen im nächsten Jahre!“ ein kräftiges und herzliches „Gewiss und sicher!“ zugerufen, und am 9. März des nächsten Jahres war Kaiser Wilhelm verschieden. Dem feierlichen Leichenbegängnisse in Berlin wohnte im Auftrage unseres Monarchen Kronprinz Rudolf bei, und am 14. März erließ Seine Majestät folgendes Allerhöchste Befehlsschreiben:

„Eingedenk der innigen persönlichen Freundschaft, welche Mich mit weiland Sr. Majestät Wilhelm I., Deutschem Kaiser und Könige von Preußen, verband, finde Ich anzuordnen, dass das Infanterie-Regiment Nr. 34 für immerwährende Zeiten den Namen: Wilhelm I., deutscher Kaiser und König von Preußen zu führen habe.“

Weiters bestimmte das kaiserliche Handschreiben, dass der neue deutsche Kaiser und König von Preußen Friedrich III. zum Oberst-Inhaber des Husaren-Regiments „Friedrich Wilhelm III., König von Preußen“ ernannt werde, und dass das Infanterie-Regiment Nr. 20 den Namen: „Friedrich, deutscher Kaiser und König von Preußen“ und das Husaren-Regiment Nr. 7 den Namen: „Wilhelm, Kronprinz des Deutschen Reiches und Kronprinz von Preußen“ zu führen habe.

An demselben Tage, an welchem man in Berlin die sterblichen Überreste des verblichenen Herrschers zu Grabe trug, fand in der evangelischen Kirche in der Gumpendorferstraße zu Wien ein feierlicher Trauergottesdienst statt, dem auch unser Kaiser in der Uniform seines preußischen Gardegrenadier-Regiments sowie die Erzherzoge Karl Ludwig, Ludwig Victor, Leopold Salvator und Wilhelm beiwohnten.

Am 23. April begrüßte unser Kaiser in Innsbruck die Königin Victoria von England, welche, auf der Rückreise von Florenz begriffen, nach Berlin reiste, um ihren Schwiegersohn, Kaiser Friedrich, den von tückischer Krankheit heimgesuchten Sohn und Nachfolger Kaiser Wilhelms, zu besuchen. Die englischen Blätter waren entzückt über die ritterliche Liebenswürdigkeit, mit welcher Kaiser Franz Josef der englischen Königin entgegenkam. Mittlerweile ist auch der edle Dulder, Kaiser Friedrich, seinem Vater in das Grab gefolgt, und Wilhelms I. Enkel Wilhelm II., ein Fürst von feuriger Thatkraft und hochsinnigem Edelmuthe, empfieng mit der Königskrone Preußens das deutsche Kaiserdiadem.

Knüpft sich auch eine schwere und düstere Zeit für unser Vaterland an den Namen des dahingeschiedenen ersten deutschen Kaisers, so waren doch schon längst alle herben Empfindungen aus dem edlen Herzen unseres Kaisers gewichen, und er fühlte den tiefsten und aufrichtigsten Schmerz über den Tod eines Herrschers, mit welchem er, Vergangenes vergessend, durch das Band wahrer Freundschaft verbunden war. Mit dem aufblühenden Deutschen Reiche aber hat die weise Fürsorge unseres Monarchen ein festes Schutz- und Trutzbündnis geschlossen, welches bestimmt sein soll, unserem Staat einen seiner Machtstellung würdigen Frieden zu erhalten. Die Völker Österreich-Ungarns aber sind gerüstet und kampfbereit, wenn ein Feind es wagen sollte, die theueren Grenzen unseres Vaterlandes und die fleckenlose Ehre desselben anzutasten.

Von welch edlen und hochherzigen Anschauungen unser Kaiser angesichts der allenthalben in seinem weiten Reiche sich vorbereitenden festlichen Zurüstungen anlässlich seines vierzigjährigen Regierungsjubiläums sich leiten ließ, beweisen die edlen Worte, die als ein Ausfluss des eigensten Empfindens Sr. Majestät zu betrachten sind.

Die „Wiener Zeitung“ enthielt nämlich an der Spitze ihres halbamtlichen Theiles in dem Blatte vom 2. December 1887 folgende Eröffnung:

„Am 2. December 1888 werden fünfzehn Jahre verflossen sein, seitdem der 25. Gedenktag der Thronbesteigung Sr. k. und k. Apostolischen Majestät in unvergessener Weise gefeiert worden ist. Fort und fort wirkt und verbreitet sich der Segen, der damals, den Allerhöchsten Intentionen begegnend, hervorgerufenen wohlthätigen Widmungen, Stiftungen und Spenden, und an jedem wiederkehrenden Jahrestage erneuern sich im weiten Reiche die heißesten Wünsche, ohne dass an den Stufen des Thrones von den Gefühlen der Anhänglichkeit, Liebe und Treue und vom Throne herab von freudiger, dankbarer Anerkennung feierlichst Zeugnis abgelegt zu werden brauchte.“

„Derartig segensreich wirkend auch jenen Tag zu feiern, an welchem die Vollendung des vierzigsten Jahres der Regierung Sr. Majestät des Kaisers und Königs eintritt, würde Allerhöchstdessen Wünschen gewiss vor allem entsprechen.“

„Wenn demungeachtet große und zahlreiche Kreise, von loyaler und patriotischer Gesinnung geleitet, Vorbereitungen zur Feier des nächsten Erinnerungstages treffen, wenn insbesondere Kunst und Industrie, Wissenschaft und Bodencultur die während dieses denkwürdigen Abschnittes errungenen Fortschritte wetteifernd zeigen wollen, so werden Se. Majestät diese Darlegung von geistiger und materieller Erstarkung, Kraft und Blüte der Monarchie mit Befriedigung und lebhafter Antheilnahme begleiten. Den Gedenktag selbst aber wünschen Allerhöchstdieselben, da auch kein überlieferter, bekräftigender Brauch dafür spricht, nicht zum Anlasse einer feierlichen Begehung zu nehmen, denn auch ohne solennes Gepränge, ohne officielle Loyalitätskundgebungen, ohne Entsendung von Deputationen und Huldigungsadressen sind Se. Majestät von der stets bewährten Anhänglichkeit Ihrer treuen Völker, von der Festigkeit des Bandes überzeugt, welches zum Segen des gemeinsamen Vaterlandes Fürst und Volk so innig verbindet."

So haben sich denn, entsprechend diesem edelmüthigen Wunsche unseres Herrschers, Landes- und Gemeindevertretungen, Vereine, sowie einzelne Personen wetteifernd bemüht, Widmungen und Stiftungen in reicher Fülle ins Leben zu rufen, welche, wohlthätigen Zwecken geweiht, der Liebe zu unserem Kaiser entsprangen und in die Herzen von Tausenden Siecher und Armer, Unglücklicher und Bedrückter Trost und Linderung zu senken berufen waren.

Aber auch die Kunst entfaltete, den Wünschen des Kaisers folgeleistend, ihr hellschimmerndes Panier. Im Wiener Künstlerhause fand am 3. März des Jahres 1888 die Jubiläumsausstellung statt, die durch den glänzenden Reichthum an hervorragenden Kunstproducten Zeugnis ablegte von der herrlichen Entwickelung, welche unter dem Herrscherwalten Franz Josefs die Kunst in unseren Ländern genommen hatte. — Selbst die zarten Kinder Floras brachten dem Monarchen ihre anmuthige Huldigung dar durch die in lieblichstem Schmucke prangende Blumenausstellung, welche die österreichische Gartenbaugesellschaft in den Räumen ihres Gebäudes am Parkringe veranstaltete. Auch der Reichsobstausstellung in Wien im October dieses Jahres sei hier Erwähnung gethan.

Der Kaiser weilte bei der Eröffnung der Gemäldeausstellung nicht in Wien; er übertrug diesen feierlichen Act deshalb seinem erlauchten Bruder, Erzherzog Karl Ludwig; doch schon am 17. März besuchte Kaiser Franz Josef die Ausstellungsräume und äußerte sich, nachdem er lange darin verweilt hatte, zum Schlusse den ihn begleitenden Künstlern gegenüber: „Meine Herren! Ich bin erfreut von dem schönen Werke, das Sie geschaffen, und von Befriedigung und Stolz erfüllt, speciell über die österreichische Abtheilung!" Der Monarch versprach überdies, baldigst wieder zu kommen.

Wie sehr Kaiser Franz Josef dem Aufblühen von Kunst und Wissenschaft immerdar die hochherzigste Förderung zutheil werden ließ, davon legt wohl auch die hohe Auszeichnung Zeugnis ab, die er für hervorragende Verdienste auf dem Felde künstlerischen und wissenschaftlichen Schaffens stiftete, indem ein Allerhöchstes Handschreiben vom 18. August 1887 das neue Ehrenzeichen für

Kunst und Wissenschaft ins Leben rief. Es trägt auf der Vorderseite des Kaisers Bildnis und auf der Rückseite die Inschrift: Pro litteris et artibus (für Wissenschaft und Kunst).

Ein farbenprächtiges Bild des hohen Aufschwunges, welchen Kunst und Wissen, Handel und Gewerbe in den vier Jahrzehnten der Herrscherthätigkeit des Kaisers genommen haben, bot auch die Ausstellung dar, welche der niederösterreichische Gewerbeverein in den Räumen der Weltausstellungs-Rotunde veranstaltet hatte, und die am 14. Mai 1888 feierlich vom Kaiser eröffnet wurde.

Fast gemahnte diese Ausstellung — natürlich nur im kleinen — an jene unvergessliche Weltausstellung, die vor fünfzehn Jahren in den waldumkränzten Prateranen stattgefunden hatte. Waren damals beinahe alle Nationen der Erde vertreten und hatten ihre reichen und schimmernden Gaben ausgebreitet, so lieferte die im Sommer und Herbste des denkwürdigen Jubiläumsjahres 1888 veranstaltete Gewerbeausstellung hauptsächlich ein fesselndes Bild der hohen Stufe, auf welche die heimische Industrie sich emporgeschwungen.

Und so konnte unser Kaiser mit vollem Rechte die stolzen und freudigen Worte aussprechen, mit welchen er die Ausstellung eröffnete:

„Mit wärmstem Interesse verfolge Ich seit Jahren die Bestrebungen der heimischen Arbeit auf dem Gebiete der Gewerbe und Industrie. Es gereicht Mir zur wahren Befriedigung, bei dem heutigen Anlasse hervorheben zu können, dass die gewerbliche Leistungsfähigkeit in stetigem Fortschritte als bereits auf eine hohe Stufe der Entwickelung gehoben erscheint. Die Erreichung dieses erfreulichen Ergebnisses ist zunächst der fürsorglichen und erfreulichen Pflege und Förderung des fachlichen Bildungswesens zu danken, wobei dem niederösterreichischen Gewerbeverein durch seine thätige Mitwirkung ein wesentliches Verdienst zufällt. Zu nicht geringem Theile haben hiezu die Ausstellungen beigetragen, wahre Feste der Arbeit, welchen eine erhöhte Bedeutung dann zukommt, wenn, wie hier, Kunstgewerbe, Großindustrie und Kleinindustrie sich in harmonischem Wirken zur Erreichung des gleichen schönen Zieles zusammenfinden."

„Mit lebhaftem Vergnügen bin Ich deshalb zu der heutigen Feier erschienen und wünsche, dass das von dem Gewerbeverein unternommene mühevolle Werk einen glücklichen Verlauf nehmen, den zahlreichen Ausstellern die gebrachten Opfer in jeder Richtung lohnen und dem Schaffenstriebe erneute Anregung geben möge. Nehmen Sie alle Meinen Dank und Meine volle Anerkennung. Hiemit erkläre Ich die Ausstellung für eröffnet."

Der Kaiserpavillon, von dem aus der Monarch hierauf einige Minuten lang das farbenprächtige Bild betrachtete, welches der Innenraum der Rotunde darbot, war ein kleines Meisterstück heimischer Kunstindustrie; eine purpurne Kuppel mit einer mächtigen Krone überwölbte das schlanke, schöne, von Säulen getragene Zelt.

Bei seinem Rundgange durch die Räume und den Park der Ausstellung staunte der Kaiser besonders über den in der That wunderbaren Fortschritt, welchen Wien während der vierzig Jahre seiner Regierung genommen, und den der Pavillon der Stadt Wien mit seinen hochanziehenden Darstellungen dem Beschauer so lebendig und mit überraschender Deutlichkeit vor Augen führte.

Als der Monarch die Ausstellung verließ, sagte er zu den Herren, die ihm das Geleite gaben: „Ich danke Ihnen sehr; die Ausstellung hat Mich ungemein interessiert, sie ist sehr schön. In der Kürze der Zeit aber ist es nicht möglich, alles zu sehen; die Ausstellung verdient es, dass man oft komme, und Ich werde auch recht oft kommen und die Ausstellung in allen ihren Details besichtigen. Ich danke Ihnen nochmals allen."

Einen Tag vor der feierlichen Eröffnung der niederösterreichischen Gewerbeausstellung in den Prachträumen der Rotunde, am 13. Mai, dem Geburtstage der Kaiserin Maria Theresia, war die weihevolle Enthüllung des herrlichen Denkmals erfolgt, welches Kaiser Franz Josef dem Andenken der erhabenen Monarchin setzen ließ.

Bereits am 16. April war die in den Sälen des österreichischen Museums für Kunst und Industrie in Wien veranstaltete „Maria Theresia-Ausstellung" vom Kaiser eröffnet worden. Welche Fülle kostbarer Erinnerungszeichen an die edle Fürstin, die Stammutter des Habsburgisch-Lothringischen Fürstenhauses, von den prachtvollsten Kronjuwelen bis zu dem schlichtesten Votivbildchen, das die Kaiserin einer ihrer Dienerinnen geschenkt, oder einem einfachen abgegriffenen Gebetbuche, aus welchem sie gerne gebetet hatte, war hier vor den staunenden und gerührten Blicken der Beschauer vereinigt!

Wie musste man die ungeheuere Arbeitskraft und den regen, das Größte wie das Kleinste erwägenden Geist der großen Herrscherin anstaunen, wenn man auch nur einige der Handbillette an Kaunitz, Bartenstein oder einen anderen Staatsmann durchlas oder den Blick auf umfangreiche Actenstücke lenkte, welche die Kaiserin mit gewissenhafter Gründlichkeit geprüft und mit Bemerkungen voll Scharfsinn und edler Milde versehen hatte! Welche Scenen rührendsten Familienglücks traten vor den Geist, wenn man die vielen Gemälde und Bildchen betrachtete, welche die Kaiserin an der Seite ihres vielgeliebten Gemahls und im Kreise ihrer Kinder vor Augen führten.

Eine wahrhaft denkwürdige, glänzende Zeit war mit der Regierung der Kaiserin Maria Theresia über Österreich angebrochen, und wie mit einem Zauberschlage hob die hochanziehende Ausstellung in Wien diese Zeit wieder so lebendig ins Gedächtnis der Besucher, als wenn sie erst vor kurzem verrauscht wäre.

Mit Liebe gedenkt der Österreicher immerdar der großen Fürstin, die in schwerer Zeit mit Kraft und Einsicht das Scepter geführt hatte, mit hochherziger Liebe gedachte auch Franz Josef der Größe Maria Theresiens und verfügte bereits mittelst Allerhöchsten Handschreibens vom 19. Mai 1875 die Errichtung eines Monumentes für die große Kaiserin, dessen Kosten aus dem Stadterweiterungsfonds gedeckt werden sollten. Meister Caspar von Zumbusch wurde mit der Herstellung des figuralen, Oberbaurath Baron Hasenauer mit der Ausführung des architektonischen Theiles des Denkmals betraut. Das Denkmal sollte sich gegenüber der Kaiserburg auf dem schönen freien Platze zwischen den Hofmuseen erheben.

Am 16. Juni 1884 wurde der erste Spatenstich zur Errichtung des Denkmals gethan, am 4. September 1886 war der mächtige Steinbau vollendet; mit der Übertragung und Versetzung der aus Erz hergestellten Figuren wurde am 12. Juni 1887 begonnen, und am 28. Februar des folgenden Jahres war dieses schwere Werk vollbracht.

Den Sockel des imposanten Denkmals zieren an den vier Ecken die Reiterfiguren der großen Feldherren Traun, Laudon, Daun und Khevenhüller; zwischen je zwei dieser Statuen sind an den Seiten des Sockels, durch prachtvolle Doppelsäulen aus dunkelgrünem Tiroler Serpentin von einander getrennt, Reliefsdarstellungen, vor welchen je eine frei stehende Figur zu erblicken ist. Vor der Gruppe der Gelehrten und Künstler steht van Swieten, vor jener der Staatsmänner Fürst Kaunitz, dann folgt eine Gruppe, die Finanz und Verwaltung des Staates versinnbildend, vor derselben ist Haugwitz dargestellt. Das vierte Reliefbild ist dem Kriegswesen gewidmet, die freie Figur vor demselben stellt Fürst Wenzel Liechtenstein dar. Über diesen Gruppen und Figuren schweben allegorische Gestalten: Gerechtigkeit, Milde — als Anspielung auf Maria Theresias Wahlspruch: „Justitia et clementia“ — Weisheit und Kraft.

Auf diesem reichen und künstlerisch vollendeten Sockel, der sich in zwei Abtheilungen erhebt und selbst wieder auf einer mächtigen Blockstufe aus poliertem grauen Granit steht, thront Maria Theresia selbst; sie ist sitzend dargestellt, in der reichen Tracht damaliger Zeit, die linke Hand hält eine Urkundenrolle (die pragmatische Sanction andeutend), während das Scepter im Arme ruht; die Rechte ist wie zu huldvollem Gruße ausgestreckt; das schöne Haupt ist frei erhoben, und muthig und doch zugleich milde blickt das Herrscherauge in die Ferne.

Das prachtvolle Denkmal, welches im Ganzen eine Höhe von 19.5 Meter erreicht, ist wohl das kostbarste Juwel in dem blendend schönen Gürtel, den die Ringstraße um das alte Wien schlingt. Und so waren die Worte hoher Anerkennung, welche der Kaiser nach der Enthüllung des Monumentes an den Meister desselben richtete, nur der Ausdruck der allgemeinen Bewunderung, die man dem Schöpfer des unsterblichen Werkes zollte.

„Wundervoll!“ sagte der Kaiser, als die Hülle von dem Standbilde gefallen war, zu dem Künstler, C. von Zumbusch, „Das Denkmal hat alle meine Erwartungen übertroffen, wirklich wundervoll ausgeführt! Besonders freut es Mich, dass alle Proportionen so sind, dass sie in vollem Einklange mit den Hofmuseen stehen.“

Diese Feier der Enthüllung des Denkmales war wohl einer der stolzesten und freudigsten Augenblicke im Leben unseres Herrschers. Fast alle Mitglieder seines erlauchten Hauses waren um ihn versammelt, und die Pracht der reichen, blitzenden Uniformen all der hohen Gäste, welche den weiten Raum vor der Kaiserburg erfüllten, spottet jeder Beschreibung.

Und dazu, welch prächtiges Frühlingswetter nach einer Reihe von rauhen Tagen! Als die Hülle von dem imposanten Denkmale sank, sendete gerade die Maiensonne ihre hellsten Strahlen auf das figurenreiche Standbild, so dass es wie in goldigem Glanze aufleuchtete. In diesem Augenblicke ertönten die weihevollen Stimmen aller Glocken der Kirchen Wiens, und der eherne Mund der Geschütze ließ seine dröhnenden Grüße erschallen. Wahrlich es war ein Augenblick von überwältigender Weihe und weltgeschichtlicher Größe, der allen Theilnehmern in unauslöschlicher Erinnerung bleiben muss. Als die Erzfigur der Kaiserin Maria Theresia, von der bergenden Umhüllung befreit, sichtbar wurde, entblößte der Monarch das Haupt, um die ruhmvolle Stammutter seines Herrscherhauses zu grüßen, und es schien, als ob die Lippen der hoch oben thronenden Fürstin freundlich herniederlächelten auf den Urenkel ihres Lieblingssohnes Leopold und den ehrfurchtsvollen Gruß desselben erwiderten.

Das Maria Theresia-Denkmal in Wien.

„Ihr Andenken," hieß es in der „Wiener Abendpost" vom 12. Mai ebenso treffend als schön, „war immer in alle Herzen gegraben; jetzt steht ihr Erzbild vor aller Augen. Seine Majestät Kaiser Franz Josef hat in voller echter Liebe des Spätenkels das weithin gebietende Denkmal seiner erlauchten Ahnfrau gesetzt. Heute zollen ihm, dem ritterlichen, gütigen Monarchen, die Völker den Dank für diese schöne That, die ein Ruhmeswerk mehr in dem Leben des geliebten Kaisers Franz Josef bildet."

Der Kaiser verlieh nicht nur dem Schöpfer des großartigen Meisterwerkes der bildenden Kunst, Caspar von Zumbusch, das Comthurkreuz des Franz Josefs-Ordens mit dem Sterne und bedachte auch die anderen bei der Errichtung des Denkmals betheiligten Personen mit hohen Auszeichnungen, sondern er wollte auch, dass der Festtag des 13. Mai 1888 für alle Zeiten verewigt bleibe. Deshalb ordnete er an, dass eines der Regimenter, welche der Kaiserin Maria Theresia ihr Entstehen verdankten, für immerwährende Zeiten ihren erlauchten Namen führen sollte; es ist dies das Infanterie-Regiment Nr. 32, welches im J. 1741, in demselben Jahre gebildet wurde, in welchem Maria Theresia zu Pressburg die Krone des heiligen Stephan empfieng, und welches zuerst unter dem Namen Forgach tapfer für Österreichs Sache kämpfte. Auch die Namen des unvergesslichen Kaisers Josef II. sowie Kaisers Leopold II. und Kaisers Franz und auch jene der berühmten Heerführer Österreichs, wie Karls von Lothringen, Montecuccolis, Rüdigers von Starhemberg, Trauns, Khevenhüllers, Dauns, des Fürsten W. Liechtenstein, Lacys, Laudons u. s. w. sollen auf diese Weise verewigt werden.

Der kaiserliche Armeebefehl vom 13. Mai 1888, welcher diese Anordnungen trifft, beginnt folgendermaßen:

„Der heutige Tag, an welchem die Hülle von dem Denkmale fällt, welches Ich im Namen des dankbaren Vaterlandes der Kaiserin und Königin Maria Theresia in Wien errichten ließ, überliefert eine glanz- und ruhmvolle Epoche aus Österreich-Ungarns Geschichte der sichtbaren und bleibenden Erinnerung der Mit- und Nachwelt.“

„Um diesen weihevollen Tag, welcher gleichzeitig ein Ehrentag für Meine gesammte Wehrmacht ist, für dieselbe zu einem ewig denkwürdigen zu gestalten, und in der Absicht, das Andenken Meiner Ahnen sowie der hervorragendsten Heerführer und Kriegsmänner des Vaterlandes in der Armee wach zu erhalten und zu ehren, finde Ich anzuordnen, dass folgende Regimenter für immerwährende Zeiten die nachstehenden Namen zu führen haben.“

Wir wollen von dieser einzig schönen Feier der Denkmalsenthüllung uns nicht trennen, ehe wir eines freundlichen lieben Zuges gedacht haben, der des Kaises Liebe zu seiner Familie so reizend wiederspiegelt.

Nach der Enthüllung des Monumentes und nachdem der Wiener Männer-Gesangverein die prächtige, von Weilen gedichtete Festhymne mit weihevollem Schwunge vorgetragen hatte, schritt der Kaiser, seine erlauchte Gemahlin am Arme führend, deren Brust mit der großen Brillantschleife und dem Sternkreuzorden, die einst im Besitze der Kaiserin Maria Theresia waren, geschmückt war, von dem Kaiserzelte zur Ringstraße, um Heerschau abzunehmen über die mit klingendem Spiele an ihm vorüberziehenden Truppen. Da bemerkte er, dass das reizende Töchterchen des Kronprinzenpaares, die kleine Elisabeth, sowie die vier Kinder des Erzherzogs Friedrich zu weit rückwärts standen, um trotz neugierigsten Auslugens alles so recht sehen zu können. Mit lauter Stimme rief daher der Kaiser: „Aber so kommt doch vor, Kinder!“ und schob die kleinen Herrschaften vor sich her, so dass dieselben sich plötzlich in erster Reihe sahen und, wie sich denken lässt, mit heller Kinderfreude das prächtige Schauspiel genossen.

Nach dem Feste fand bei dem Kaiserpaare in der Hofburg ein Familien-diner statt, und es gereichte dem Monarchen gewiss zu innigster Freude, als er die Mitglieder seines Hauses an diesem für den Kaiserstamm und das ganze

Vaterland so denkwürdigen Tage alle um sich versammelt sah. Es war auf besonderen Wunsch des Kaisers geschehen, dass alle Sprossen des Habsburg-Lothringischen Hauses sich an diesem Tage in der Kaiserburg versammelt hatten und selbst aus weiter Ferne herbeigeeilt waren, um dem glänzenden, hochbedeutsamen Feste anzuwohnen.

Am Abend fand im Wiener Opernhause eine Galavorstellung statt, bei welcher nach der Ouverture zur Oper „Iphigenie von Aulis" von Christoph Ritter von Gluck und nach einem auf die Frier bezugnehmenden schwungvollen Prologe, den Ferdinand von Saar gedichtet hattte, Glucks Schäferspiel: „Die Maienkönigin" aufgeführt wurde. Es war dies eine freie Bearbeitung des Singspiels: „Les amours champêtres", welches zuerst im Jahre 1756 im Schlosstheater in Schönbrunn dargestellt worden war. Den Beschluss bildete ein farbenreiches Festspiel: „Das Heerlager", welches mit seinen charakteristischen Soldatentypen die Zuschauer in die Tage der großen Maria Theresia zurückversetzte und die Klänge des Eugenius- und Laudon-Liedes und anderer historischer Volksweisen ertönen ließ.

Als dann am Schlusse des Festspieles im Hintergrunde der Bühne das neue Theresien-Denkmal sichtbar wurde und die Klänge der Volkshymne den Raum durchbrausten, da erhob sich alles von den Plätzen, und stürmische, sich immer wieder erneuernde Hochrufe wurden zur Hofloge emporgesendet, an deren Brüstung der Kaiser vorgetreten war, um, sichtlich tief ergriffen, durch wiederholtes Neigen des Kopfes seinen Dank für diese ebenso spontane, als herzliche und innige Huldigung von Seite der ganzen glänzenden Versammlung auszudrücken.

So war die Enthüllung des Maria Theresien-Denkmals wohl das schönste Fest, welches das Jubiläumsjahr des Kaisers ihm selbst bereiten konnte, und wir können daher kaum bessere und treffendere Worte für dieses Buch, welches der Regententhätigkeit Franz Josefs gewidmet ist, finden als die folgenden Zeilen, welche die „Wiener Zeitung" vom 13. Mai aus Anlass der Errichtung des Monumentes niederschrieb:

„Unter ähnlichen schwierigen Verhältnissen — wie Maria Theresia — hat auch der erlauchte Enkel, der jetzt auf Österreichs Throne sitzt und ihr dieses herrliche Denkmal errichtet hat, in jugendlichem Alter das Steuerruder des Staates ergriffen, das Se. Majestät ebenfalls schon im vierzigsten Jahre führt. Ihm war es ebenso beschieden, das Reich auf neuer Grundlage einzurichten. Er berief seine Völker zur Mitwirkung an der Gesetzgebung, und seine eigene unermüdliche Regententhätigkeit, seine unerschöpfliche Milde und Wohlthätigkeit lassen sich nur mit derjenigen der großen Kaiserin vergleichen. Und wenn wir die Schöpfungen und Neugestaltungen unter seiner Regierung betrachten, so bietet wiederum nur die glorreiche Regierungszeit Maria Theresias das würdige Seitenstück. Schon der Platz, auf welchem ihr Denkmal steht, der mit der ganzen Umgebung zur Vergleichung des Wien vor vierzig Jahren und des Wien von heute herausfordert, stellt das dem geistigen Auge dar. Darum wird auch die

Erinnerung an die Zeit Franz Josefs I. ebenso gesegnet bleiben, wie heute die an Maria Theresias Erdenwallen!"

Noch einige hervorragende Ereignisse aus dem Leben und Wirken unseres Kaisers, welche auf dieses erhebende Fest der Enthüllung des Maria Theresien-Denkmals folgten, mögen in diesem Abschnitte unseres Buches erzählt werden.

Die Reise, welche Kronprinz Rudolf mit seiner erlauchten Gemahlin im Sommer des Jahres 1888 durch die Occupationsgebiete Bosnien und Herzegowina unternahm, und der erfreuliche Zustand, in welchem er diese Länder antraf, sowie der überaus herzliche Empfang, welcher dem Erben des Thrones und seiner erlauchten Gemahlin allenthalben zutheil wurde, gaben unserem Kaiser Veranlassung, in einem besonders huldreichen Schreiben an den Reichsfinanzminister von Kallay seiner hohen Freude darüber Ausdruck zu verleihen. Der schwungvolle Trinkspruch, den Kronprinz Rudolf beim Festmahle in Sarajewo auf Seine Majestät den Kaiser ausbrachte, hatte folgenden Wortlaut:

„Die schönen Bilder, welche wir während unseres kurzen Aufenthaltes in diesem Lande und in dieser Stadt an uns vorüberziehen sahen, drängen uns das Gefühl der Dankbarkeit für diejenigen auf, die in einer so kurzen Spanne Zeit, in kaum zehn Jahren, so viel geschaffen haben, vor allem für die Armee, welche mit österreichischer Zähigkeit und Pflichttreue ihre Aufgabe in so glänzender Weise erfüllt hat, dann für die Civilbeamten, welche mit unermüdlichem Eifer fortarbeiten, und ebenso für die Bevölkerung dieser Länder, welche in idealer Weise diese Bestrebungen unterstützt und ihre Bildungsfähigkeit in den Dienst unserer Mission gestellt hat, die da ist: die abendländische Cultur nach Osten zu tragen. Nun wollen wir in altösterreichischer Soldatentreue einer erhabenen Person gedenken, die durch ihr kaiserliches und königliches Machtwort diese Länder der Ruhe, der Civilisation und einer schönen und großen Zukunft entgegengeführt hat. Leeren wir das Glas auf das Wohl Seiner Majestät, unseres Allergnädigsten Kaisers und obersten Kriegsherrn. Unser Kaiser und König Franz Josef I. lebe hoch!"

Durch den Ausbau der Eisenbahnlinie nach Salonichi, die zu Pfingsten 1888 stattfand, wurden die Handelsinteressen Österreich-Ungarns, welche in so hohem Grade auf der Verbindung mit dem Oriente beruhen, mächtig gefördert.

Erzherzog Wilhelm, geboren am 21. April 1827, ein Sohn des Erzherzogs Karl, vollendete im Jahre 1888 sein fünfzigstes Dienstjahr. Aus diesem Anlasse richtete der Kaiser an denselben folgendes Handschreiben: „Lieber Herr Vetter, Erzherzog Wilhelm! — In wenigen Tagen vollenden Euer Liebden Ihr fünfzigstes Dienstjahr. Indem Ich Sie zu dieser Feier herzlichst beglückwünsche, gedenke Ich in dankbarer Anerkennung der hervorragenden Dienste, welche Sie Mir während dieses langen Zeitraumes im Kriege und im Frieden mit vollster Hingebung auf schwierigen, verantwortungsvollen Posten geleistet haben. Insbesondere gedenke Ich auch der hohen Verdienste, welche Euer Liebden sich um die Ausbildung und Fortentwickelung Meiner Artillerie erworben haben."

„Ich hoffe zuversichtlich, dass Ihre fruchtbringende Thätigkeit Mir und Meiner Armee noch durch eine lange Reihe von Jahren erhalten bleiben wird.

Ischl, am 24. Juli 1888. Franz Josef."

Die Feier eines seltenen Familienfestes war dem Kaiser im Sommer seines Jubeljahres noch vergönnt. Am 9. September dieses Jahres begiengen die Eltern unserer Kaiserin das Fest ihrer diamantenen Hochzeit. Sechzig Jahre waren sie in treuer Gattenliebe mit einander verbunden.

Geistig noch ungemein regsam und frisch, freilich fast an jeder Bewegung durch die Lähmung seiner Füße gehindert, verbrachte der Herzog Maximilian, der Vater der Kaiserin, die Tage des Festes in seinem Palais in München. Herzog Max von Bayern war, wie wir dies schon im Eingange unserer Schilderung erzählten, ein echter Sohn der Berge. Auch als Schriftsteller war er in seinen jungen Jahren unter dem angenommenen Namen „Phantasus" hervorgetreten und hatte Schauspiele und Erzählungen veröffentlicht. Vor allem war er ein wirklicher Virtuos auf der Zither. Wie oft war er in grauer Lodenjoppe, in Kniehosen und Wadenstrümpfen, den Gemsbart auf dem Hute, in die Berge gezogen und hatte beim „Spanlicht" in irgend einer einsamen Almhütte den Burschen und Mädchen frische Weisen auf seiner Zither, seiner treuen Begleiterin, vorgespielt.

Herzogin Ludovica, seine erlauchte Gemahlin, begieng am 30. August des Jahres 1888 ihr achtzigstes Wiegenfest. Sie glänzt durch die stillen Tugenden der edelsten Wohlthätigkeit.

Kaiser Franz Josef reiste aus diesem festlichen Anlasse über Tegernsee nach Bad Kreuth in Bayern, woselbst die greise Herzogin sich damals aufhielt. Ihre Töchter und Schwiegersöhne waren alle dort eingetroffen, vor allem unsere Kaiserin, die mit innigster Liebe an ihren hochbetagten Eltern hieng, ferner die Königin von Neapel, Maria, die „Heldin von Gaëta", der Herzog und die Herzogin von Alençon, Fürst und Fürstin Thurn und Taxis sowie der Prinz von Hohenzollern und seine Gemahlin Prinzessin Helene. Es war ein rührend schönes Familienfest, welches damals im Bayerlande gefeiert wurde. Es war dem Vater unserer Kaiserin nicht vergönnt, sein achtzigstes Geburtsfest zu erleben; er verschied am 15. November 1888 in München, von seiner erlauchten Tochter, unserer geliebten Kaiserin, innig und tief betrauert.

Herzog Max war am 4. December 1808 als Sohn des Herzogs Pius in Bamberg geboren. Einer seiner Söhne ist der als Augenarzt berühmte Herzog Karl Theodor in Bayern, der, eine Leuchte der medicinischen Wissenschaft, zugleich ein barmherziger Helfer und Tröster der Armen ist.

Von dem schönen Familienfeste langte unser Kaiser am 31. August früh mit dem Courierzuge der Westbahn wieder in Wien an und legte neuerdings eine Probe seiner außerordentlichen Ausdauer und Pflichttreue ab, indem er bereits am nächsten Vormittage in Gmunden eintraf, um die russische Kaiserin, welche damals in dem lieblichen oberösterreichischen Städtchen weilte, in ritterlicher Weise zu begrüßen.

Nicht ganz dritthalb Stunden währte des Kaisers Aufenthalt in Gmunden, und schon riefen ihn andere Pflichten aus dem glänzenden Kreise, der die russische Kaiserin umgab. Der Kaiser eilte nämlich nach Böhmen, um den dortigen großen Truppenmanövern, die um Pisek stattfinden sollten, beizuwohnen. Von Pisek war der Kaiser nach Budweis im südlichen Böhmen gereist, als er von dem schweren Unglücke vernommen hatte, von welchem dieses freundliche Städtchen durch furchtbare Überschwemmungen betroffen worden war. Mit Gefahr seines Lebens betrat hier der Monarch die am ärgsten beschädigten Wohngebäude und spendete, soweit es in seiner Macht stand, sogleich werkthätige Hilfe.

Von dort reiste der Kaiser unverzüglich zu den großen militärischen Übungen, die bei Wieselburg in Niederösterreich abgehalten wurden. Nicht lange darnach begab sich der Monarch nach Belovar in Croatien, woselbst gleichfalls großartige Manöver stattfanden.

Wegen der Abwesenheit des Kaisers von Wien konnte die glänzende Huldigung, welche die österreichischen Schützen dem Monarchen in der Burg seiner Väter zu Wien darbringen wollten, nur von dem Erben des Thrones, dem Kronprinzen Rudolf, entgegengenommen und dem Kaiser übermittelt werden.

Es war dies gewissermaßen eine den eigentlichen festlichen Veranstaltungen des Jubeljahres vorauseilende Kundgebnng, welche sich am 1. September 1888 in der Wiener Hofburg abspielte.

Der Wiener Schützenverein hatte nämlich Einladungen an alle Schützenverbände unseres Vaterlandes ergehen lassen, so dass das fünfte niederösterreichische Landesschießen sich besonders prächtig gestaltete und zu einer machtvollen Kundgebung der Kaisertreue und Vaterlandsliebe Veranlassung bot. Der Kaiser hatte gestattet, dass der Schützenzug seinen Weg durch die Burg nehmen und hier seine huldigende Begrüßung zum Ausdrucke bringen dürfe.

So bewegte sich denn am Vormittage des 1. September der Festzug aller Schützen vom Wiener Rathhause über die Ringstraße zur kaiserlichen Burg; inmitten des Zuges schritt Wiens Bürgermeister Eduard Uhl, geschmückt mit der goldenen Ehrenkette und gefolgt von den Räthen der Stadt. Im inneren Burghofe erwartete der Kronprinz, der auf den Balkon herausgetreten war, die Theilnehmer des Festzuges. Nunmehr hielt der Schützenmeister eine markige, schwungvolle Ansprache, die in den Worten gipfelte, dass nicht bloß in den Herzen der versammelten Schützenbrüder, sondern in denen aller Österreicher nur ein Wunsch sich rege: Gott erhalte, Gott schirme unseren gütigsten Kaiser noch viele Jahre, zum Segen Österreichs, zur Wohlfahrt seiner Bewohner!

Die Herren wurden nunmehr eingeladen, sich in die kaiserlichen Gemächer zu begeben, und hier erwiderte der Kronprinz: „Se. Majestät der Kaiser lässt durch mich herzlich danken für die Huldignng und war sehr erfreut, dass sein Jubiläum in solch erhebender Weise auch bei den Schützen gefeiert wird."

Es war eine Scene von begeisternder Wärme, als nun die Musik die Volkshymne intonierte, die Spielleute der Hofburgwache den Generalmarsch schlugen und bliesen, der Commandant den Säbel senkte und ein stämmiger

Tiroler Schütze die schwere Schützenfahne kunstvoll schwenkte. Bis der letzte Tact der Hymne verklungen war, verharrte alles in lautlosem Schweigen und brach dann in begeisterte Jubelrufe aus, die der Kronprinz salutierend erwiderte. Den Gabentempel auf dem Schießplatze in Prater schmückte als schönes Best die überaus kostbare Spende, welche der Kaiser aus diesem Anlasse geschenkt hatte.

So war diese Huldigung, die dem vierzigjährigen Herrscherwalten unseres Kaisers von den strammen und wehrhaften Schützen seines Reiches dargebracht wurde, ein schönes und erhebendes Vorspiel der kommenden Feste, welche der Abschluss des Jubeljahres mit sich brachte.

Anlässlich der am 30. September 1888 erfolgten Eröffnung des neu angelegten Parks auf der Türkenschanze, auf so erinnerungsreichem Boden, geruhte Se. Majestät auf die huldigende Ansprache, welche Hofrath Exner, der Obmann des veranstaltenden Comités, an ihn hielt, jene denkwürdigen, für Wien so verheißungsvollen Worte zu erwidern, die einen wahren Sturm der Begeisterung in den Herzen der Wiener entfesselten, weil sie einen neuen, mächtigen Aufschwung der Residenz in Aussicht stellten.

„Ich wünsche herzlichst," so lautete die betreffende Stelle in der Erwiderung des Kaisers, „mit dem Blühen und Gedeihen dieses jungen Gartens auch den erfreulichen Aufschwung der Vororte, welche, sobald dies möglich sein wird, auch keine physische Grenze von der alten Mutterstadt scheiden soll."

Auf das Machtgebot des Kaisers fielen einst die Wälle, welche die innere Stadt umzingelten; jetzt wurden auch die einengenden Fesseln beseitigt, welche es dem Körper der Weltstadt bisher verwehrten, sich frei nach allen Seiten auszustrecken.

Am 3. October 1888 traf der jugendliche deutsche Kaiser Wilhelm II. in Wien ein. Die überaus herzliche Begrüßung, welche ihm von Seite des Kaisers Franz Josef und des kaiserlichen Hofes zutheil wurde, sowie der enthusiastische Empfang, den ihm die Bevölkerung Wiens bereitete, bestätigten aufs neue die Festigkeit des Bündnisses, welches unseren Staat mit dem mächtigen Nachbarreiche vereint.

Bei dem Galadiner in den Redoutensälen der Hofburg sprach unser Kaiser mit warmer, ausdruckvollster Betonung nachfolgenden Trinkspruch:

„Ich gebe der innigen Freude und dem Danke Ausdruck, dass es Mir vergönnt ist, Se. Majestät den Kaiser Wilhelm in unserer Mitte zu begrüßen. Mit den Gefühlen jener herzlichen, treuen und unauflöslichen Freundschaft und Bundesgenossenschaft, welche uns zum besten unserer Völker vereint, trinke Ich auf das Wohl unseres kaiserlichen Gastes. Der Allmächtige geleite ihn auf der Bahn, die er mit jugendlicher Kraft, mit männlicher Weisheit und Entschiedenheit betreten hat. Se. Majestät der deutsche Kaiser und König von Preußen, Ihre Majestät die Kaiserin und Königin und das königliche Haus leben hoch!"

Möge dieser Bund, der zwei große blühende Reiche mit einander verknüpft, dem Frieden des Welttheils und dem Ruhme und der Machtstellung unseres Staates für alle Zeiten dienen!

Dank den hochherzigen Absichten des Herrschers, der Äußerungen echter Wohlthätigkeit stets dem leeren Glanze und Prunke vorzieht, wurde das Gedenkfest seiner vierzigjährigen Regierung nicht mit rauschender Pracht gefeiert, sondern durch viele Kundgebungen des Gemeinsinns und der Menschenliebe verewigt.

So beschloss der Gemeinderath der Haupt- und Residenzstadt Wien eine Stiftung für unverschuldet in Noth gerathene Gewerbsleute in der Höhe von 100.000 Gulden ins Werk zu setzen, und ward so den Wünschen des Kaisers gerecht, von dem es in der vom Wiener Gemeinderathe herausgegebenen Gedenkschrift („Wien 1848—1888") heißt: „Der Kaiser wolle nicht vorübergehende glanzvolle Feste, nicht demuthsvolle Adressen, nicht schwungvolle Worte der Unterwürfigkeit, sondern die Ausführung nützlicher bleibender Werke."

Zu diesen Unternehmungen, die zeigten, was die Schaffenskraft des Bürgers im Wettstreite der Arbeit zu leisten vermöge, und daher von dauerndem Werte waren, gehört vor allem auch die Gewerbeausstellung, welche im Sommer des Jubiläumsjahres in Wien stattfand und unter dem Protectorate des Bruders des Kaisers, Erzherzogs Karl Ludwig, stand, der zu allen gemeinnützigen Werken stets bereit war. Den patriotischen Eifer des Erzherzogs lohnte des Kaisers Allergnädigstes Handschreiben vom 28. November 1888.

Trotzdem der Kaiser den eigentlichen Festtag, den 2. December, in stiller Zurückgezogenheit in Miramar verbrachte und alle feierlichen Glückwunschkundgebungen vermeiden wollte, trafen dort von allen Höfen und Potentaten Gratulationen ein; auch von außereuropäischen Herrschern wurde dieses Tages festlich gedacht. Der deutsche Kaiser Wilhelm II., unseres Kaisers Freund und Bundesgenosse, telegraphierte: „Es ist mir ein aufrichtiges Herzensbedürfnis, Dir nochmals meine wärmsten und innigsten Glückwünsche zum heutigen Tage auszusprechen. In herzlichster Dankbarkeit gedenke ich der treuen Freundschaft, die Du mir stets bewiesen. Gott erhalte Dich, unseren beiden Völkern zum Heile und dem europäischen Frieden zum Nutzen, noch recht lange. Tausend Grüße der Kaiserin. Wilhelm."

Dass auch die Wissenschaft, die dem Monarchen so viel zu danken hatte, die Tage patriotischen Jubels nicht unbeachtet verrauschen ließ, versteht sich wohl von selbst. An der Wiener Universität gab die Aufstellung des Standbildes unseres Kaisers in der Aula den Anlass zu einem schönen Feste. Bei dem Commerse, der aus diesem Anlasse am 15. December stattfand, schloss der Rector seine zündende Rede mit den Worten: „Es lebe der Kaiser! So grüßt ihn das Vaterland, dessen Blüte die Universität! Vivat!" In Graz wurde die neuerrichtete technische Hochschule am 12. December bei wahrhaft prächtigem Kaiserwetter durch den Monarchen selbst eröffnet.

Beide Häuser des österreichischen Reichsrathes gedachten des vierzigsten Gedenktages der Thronbesteigung des geliebten Herrschers in erhebend patriotischer Weise. Die Rede, welche Präsident Graf Trauttmansdorff im Herrenhause hielt, klang in die schönen Worte aus: „Wenn wir zurückblicken auf all das Große und Schöne, was in dieser ereignisvollen Zeit für Österreich geschaffen wurde, auf all das Gute, was wir der weisen Fürsorge Seiner Majestät, unseres allergnädigsten Herrn, verdanken, können wir heute nur aus dem Grunde unseres Herzens sagen: die Liebe seiner Unterthanen, der Dank seiner Völker ruht auf ihm."

Auch die Rede, welche Präsident Dr. Smolka im Abgeordnetenhause hielt, brachte die Gesinnung aller treuen Unterthanen zu ebenso formvollendetem als überzeugendem Ausdrucke. Sie enthielt unter anderem folgende schöne und bezeichnende Stelle: „Auch den Höchstgestellten, auch den Mächtigsten leuchtet nicht immer ungetrübter Sonnenschein, auch sie sind den Stürmen des Lebens, auch sie sind den unausweichlichen Wechselfällen menschlichen Geschickes ausgesetzt, aber das Entscheidende ist und bleibt: das Erlittene zu überwinden, das Errungene festzuhalten und zu verstehen, dasselbe zum Wohle der Völker und des Reiches auszugestalten. In diesem Sinne kann unser allergnädigster Kaiser und Herr wahrlich mit Stolz und Freude auf seine zurückgelegte vierzigjährige Herrscherlaufbahn zurückblicken: an der Spitze eines Reiches, welches achtunggebietender denn je dasteht, als Bundesgenosse gesucht, als starker, zuverlässiger, treuer Verbündeter geschätzt, Frieden verheißend, Gefahren nicht fürchtend, getragen von der unbegrenzten Liebe seiner Völker, welche, zu allen Opfern bereit, ihrem kaiserlichen Herrn zum morgigen Gedenktage mit Begeisterung zujubeln."

Auch die gesammte Presse, die des Auslandes nicht ausgenommen, brachte dem verehrten Monarchen die gleiche begeisterte Liebe und Bewunderung entgegen. Wir wollen nur eine der zahllosen Stimmen vernehmen, die aus Anlass der Jubelfeier sich äußerten. So schrieb der Pariser „Temps":

„Niemand hat die Lehren der Geschichte besser begriffen und loyaler befolgt, als Kaiser Franz Josef. Darin, wie in seinem Pflichtgefühl und seiner Herzensgüte liegt das Geheimnis der unvergleichlichen Popularität des Kaisers und jenes innigen Verhältnisses, welches die Völker jeden Stammes und jeder Sprache im Reiche mit dem Herrscherhause unauflöslich verbindet."

So rief in unserem ganzen weiten Reiche dies- und jenseits der Leitha der vierzigste Gedenktag der Thronbesteigung unseres Kaisers nicht sowohl rauschende Festlichkeiten als vielmehr stille, innige Freude und eine Reihe schöner, segensreicher Thaten hervor. Mochte der Monarch auch ferne der Kaiserburg, am Strande der blauen Adria, im Feenschlosse seines verstorbenen Bruders den hochbedeutsamen Tag verleben, im Geiste fühlte er sich eins mit allen seinen Unterthanen, die ihm ihre huldigenden Grüße darbrachten und lohnte aus der Tiefe seines Herzens all die Treue und Liebe, die ihm bezeugt wurde. Beweis dessen auch das in so innigen Worten abgefasste Allerhöchste Handschreiben an den damaligen Ministerpräsidenten Grafen Taaffe:

„Für die Mir kundgegebene Liebe und Treue Meiner Völker, die Ich Meinerseits alle mit der gleichen Liebe umfasse, spreche ich den Landes-, Bezirks- und Gemeindevertretungen, sowie den betheiligten Körperschaften, Instituten, Vereinen und Einzelpersonen, allen insgesammt und jedem einzelnen insbesonders, aus tiefgerührtem Herzen Meinen kaiserlichen Dank aus."

„Hiebei gedenke Ich mit dem neuerlichen Ausdruck der vollsten Anerkennung jener glänzenden Ausstellungen, welche Mich durch die Darstellung der mächtigen Fortschritte von Wissenschaft und Kunst, Gewerbefleiß und Bodencultur in Österreich während der vierzig Jahre Meiner Regierung mit freudigem Stolze erfüllt haben."

„Ich beauftrage Sie, dies öffentlich bekannt zu geben."

„Miramar, 2. December 1888.

Franz Josef."

XIII.

Tage der Trauer im Kaiserhause.

Noch zitterte der letzte Wiederhall der Freude, welche die Tage der Feste wachgerufen hatten, in aller Herzen nach, als wie ein jäher, furchtbarer Schreck die Kunde erscholl: Des Reiches Hoffnung, der Liebling seiner kaiserlichen Eltern, die stolze Freude aller, die ihn kannten, auf ihn bauten, Kronprinz Rudolf weilt nicht mehr unter den Lebenden.

Es war am 30. Jänner 1888 um die Mittagsstunde, als sich in der Kaiserstadt Wien plötzlich das Gerücht verbreitete, den Kronprinzen habe in seinem Jagdschlosse Mayerling in der Nähe Wiens ein schwerer Unfall betroffen. Die Wahrheit überbot das Gerücht, an das anfangs niemand glauben wollte. Der unerforschliche Rathschluss der Vorsehung hatte das theure Leben des Thronfolgers in seiner schönsten Blüte geknickt; dem furchtbaren Verhängnisse war Kronprinz Rudolf am 30. Jänner zwischen sieben und acht Uhr früh in Mayerling bei Baden erlegen.

Wir haben in einem früheren Abschnitt erzählt, mit welcher Liebe der Kaiser an seinem Sohne hieng, mit welcher Sorgfalt die Erziehung und der Unterricht des Thronfolgers geleitet wurden.

Charlotte, Baronin von Welden, eine Dame voll Anmuth des Herzens und Reichthum des Geistes, leitete die ersten Schritte des Kindes; der Kronprinz bewahrte seiner Aja stets die dankbarste Liebe. Kurz nach seiner Vermählung, im December 1882, besuchte er die würdige Matrone, die damals in der inneren Stadt wohnte, mit seiner jungen Frau, die er ihr voll glücklicher Freude vorstellte.

Als der Kronprinz vier Jahre alt geworden war, wurde Oberlieutenant R. von Spindler mit dem Amte eines Erziehers betraut. Jeder alte Wiener erinnert sich noch mit wehmüthiger Freude daran, wie der frisch heranblühende aufgeweckte Kaiserspross gewissermaßen an der Erweiterung der Wiener Stadt mitgewirkt hat. Es wurde eben an der Demolierung der Löwel-Bastei und des „Paradeisgartels" gearbeitet, als ein alter Herr und ein Officier, zwischen denen ein lebhafter munterer Knabe einhergieng, sich von der Burg her der Gruppe der Arbeiter näherten; plötzlich riss sich der Knabe von seinen Begleitern los, drängte sich durch das Publicum, ergriff rasch eine Schaufel und begann mit allem Eifer einen leer stehenden Schubkarren mit Erde anzufüllen. Als ein Herr aus der Gruppe der Zuschauer, die mit Interesse das reizende Bild betrachteten, den Knaben fragte, wie er heiße, antwortete er, ohne sich stören zu lassen: „Papa heißt mich Rudi, die Mama nennt mich Bubi, die anderen kaiserliche Hoheit." Man kann sich denken, wie rasch die Zahl der Umstehenden wuchs, die den Kronprinzen, dessen Incognito nunmehr gelüftet war, der nun aber auch von den beiden Begleitern eiligst hinweggeführt wurde, ehrerbietigst begrüßten.

Kronprinz Erzherzog Rudolf.
Nach einer Photographie von Angerer, Wien.

In seinem sechsten Lebensjahre erhielt der Kronprinz einen neuen Erzieher in der Person des Grafen Leopold von Gondrecourt, und im Jahre 1865 übertrug Seine Majestät die Oberleitung der Erziehung dem Feldmarschall-Lieutenant Josef von Latour. Eine Reihe der bewährtesten und trefflichsten Lehrer vereinigte sich, um den bildsamen und wissbegierigen Geist des Thronfolgers mit den reichsten Kenntnissen zu erfüllen und die Keime des Guten und Schönen, die nirgends auf fruchtbareren Boden fielen, in sein Herz zu senken. Wir haben schon oben berichtet, wie warm und herzlich der Dank des kaiserlichen Vaters sich äußerte, als die Erziehung des Kronprinzen mit seiner Großjährigkeitserklärung ihren Abschluss gefunden hatte.

Man wird nicht viele belesenere und kenntnisreichere Männer finden, als der verblichene Kronprinz war. Das Wort, das er einst zu einem seiner Lehrer sagte: „Ich will alles wissen" war bezeichnend für seine lebhafte Begierde, sich auf allen Gebieten menschlichen Wissens zu orientieren und unbefangen der Wahrheit nachzuforschen. Es war nur ein Act der Gerechtigkeit, dass die philosophische Facultät der Wiener Universität im April 1884 den einstimmigen Beschluss fasste, den Kronprinzen Rudolf „wegen seiner Verdienste um die Wissenschaft zum Ehrendoctor der Wiener Universität zu ernennen."

Gegen alle seine Lehrer war Kronprinz Rudolf stets voll dankbarer Erkenntlichkeit; den meisten Professoren überreichte er, als sie aus ihrer Stellung schieden, seine Photographie mit der eigenhändigen Unterschrift: „Ihr dankbarer Rudolf". Als Hofrath von Keller, der spätere Vicepräsident des Oberlandesgerichtes, den Unterrichtsgang bei dem Kronprinzen abgeschlossen hatte, händigte ihm dieser voll Freude selbst den Leopoldsorden ein, den Seine Majestät dem hochverdienten gelehrten Richter verliehen hatte. Bezeichnend für Rudolfs dankbares Herz war es, dass er, als seine Vermählung mit Prinzessin Stephanie bevorstand, seine sämmtlichen Lehrer empfieng und auf die beglückwünschende Ansprache, die der Burgpfarrer Mayer an ihn richtete, die schönen Worte erwiderte: „Meine Herren! Unter den zahlreichen Glückwünschen, welche ich aus diesem Anlasse von so vielen Seiten empfange, stehen meinem Herzen keine näher, als diejenigen, die mir von Seite meiner ehemaligen Lehrer dargebracht werden, deren Bemühungen um meine Bildung ich so viel verdanke. Nehmen Sie diese Versicherung entgegen von Ihrem ewig dankbaren Schüler."

Am 24. Juni 1877 wurde Kronprinz Rudolf vom Kaiser für großjährig erklärt und ihm Graf Karl Bombelles als Obersthofmeister an die Seite gestellt. Im September ernannte Se. Majestät den Kronprinzen zum Generalmajor und gleichzeitig zum Contreadmiral. Im Jahre 1881 wurde der Erzherzog Commandant der 18. Infanterie-Brigade, 1883 Feldmarschall-Lieutenant, 1888 General-Inspector der Infanterie. In allen diesen militärischen Stellungen hat sich Kronprinz Rudolf durch strengste Pünktlichkeit im Dienste, aber auch treue Kameradschaft und eifrige Sorge für Hebung des gesammten Heerwesens ausgezeichnet.

Die letzte militärische Arbeit des Kronprinzen war eine sehr umfangreiche Denkschrift, Vorschläge und Verbesserungen enthaltend, zu denen ihm seine zahlreichen militärischen Inspectionsreisen Anlass geboten hatten. Die Denkschrift wurde beim Neujahrsrapport in Gegenwart des Kaisers und des Erzherzogs Albrecht, sowie zahlreicher Generale, die sich auf verschiedenen Schlachtfeldern mit Ruhm bedeckt hatten, vorgelesen und machte auf den Kaiser und alle anderen Anwesenden den nachhaltigsten Eindruck.

Von dem kameradschaftlichen Geiste, den der Kronprinz als Soldat stets zur Schau trug, gibt es Zeugnis, dass er, von Sr. Majestät zur Truppendienstleistung nach Prag commandiert, nicht in der Königsburg auf dem Hradschin, wo er seinen Aufenthalt nahm, sondern inmitten der Officiere in der allgemeinen Officiersmenage Mittagstafel hielt und dem Regimente, bei dem er als Oberst eingetreten war, einen Fonds von 18.000 fl. spendete, damit auch den Officiers-Stellvertretern die Theilnahme an der Officiersmenage ermöglicht werde. Als er von dem Regimente schied, um nach Wien zurückzukehren, verabschiedete er sich von dem Officierscorps mit folgenden Worten: „Meine Herren! Die Zeit, welche ich in Ihrer Mitte bei diesem schönen und braven Regimente verlebt, wird mir immer unvergesslich bleiben. Wenn ich auch jetzt aus Ihrem engeren Verbande scheide — im Geiste und im Herzen bleibe ich unter Ihnen. Bewahren auch Sie mir eine herzliche Erinnerung, und wenn ich jemandem von Ihnen im Leben nützlich sein kann, so wenden Sie sich an mich. Sie werden an mir immer einen alten Kameraden finden."

Wie sein erlauchter kaiserlicher Vater war auch der Kronprinz Soldat mit Leib und Seele und äußerte auch öfters zu seiner Umgebung: „Am liebsten möchte ich in der Schlacht sterben." Aber Kronprinz Rudolf war auch ein großer Freund der Gelehrten und selbst ein feinsinniger, gedankenreicher Schriftsteller und trefflicher Redner. Der verstorbene Dichter Josef von Weilen, den der Kronprinz seiner huldreichen Freundschaft würdigte, hatte Recht, wenn er sagte: „Man bewunderte und verehrte in dem Kronprinzen Rudolf nicht bloß den erlauchten Thronerben und edlen Spross des erhabenen Kaiserhauses, sondern auch den ersten Schriftsteller Österreichs."

Im Jahre 1881 erschien die Schrift des Kronprinzen: „Fünfzehn Tage auf der Donau", die Frucht eines Jagdausfluges auf der unteren Donau, den der Kronprinz in Gesellschaft des Naturforschers Brehm und des deutschen Ornithologen Homeyer unternommen hatte.

Im Februar 1881 trat Kronprinz Rudolf eine Reise nach dem Osten an, die er in dem farbenprächtigen Buche: „Eine Orientreise" schilderte, von dem rasch nacheinander eine englische und französische Übersetzung erschien. Wir können es uns nicht versagen, die Charakterzeichnung, welche der bekannte Maler Pausinger anlässlich dieser Reise in den Orient von dem Kronprinzen entwarf, hieher zu setzen.

„Sein entzückendes und herzgewinnendes Wesen lässt sich nicht beschreiben. Ich war sein Begleiter auf der wundervollen Reise durch den Orient. Um eine richtige Vorstellung von dem Kronprinzen sich zu bilden, musste man ihn überhaupt auf der Reise gesehen haben. Wie gierig seine Seele die Eindrücke aufnahm, wie sein Auge in den Schönheiten der Natur schwelgte und wie er förmlich lechzte, seine Kenntnisse zu erweitern! Nichts entgieng seinen Blicken. Eine schön geformte Hügelkette zog ihn an. Die Gletscherwelt begeisterte ihn, und wenn sein Fuß den Wald betrat, da wurde ihm träumerisch zu Muthe. Er war eine Dichternatur, die aber auch einen scharfen Blick für die Eigenthümlichkeiten der Menschen hatte. An mancher Specialität giengen wir achtlos vorüber, auf deren Sonderbarkeit der Kronprinz uns aufmerksam machte. Wiederholt überraschte er seine Umgebung durch treffende Bemerkungen, welche den Nagel auf den Kopf trafen. Er verfügte über einen Schatz des Wissens und über einen selten vornehmen Geschmack. Auf seinen Reisen durch ferne Lande kam er immer gerne auf Österreich und Wien zu sprechen. Und wenn wir heimkehrten und der Kronprinz die Thürme der Residenz auftauchen sah . . . da kam über sein Wesen eine so anmuthsvolle Fröhlichkeit, dass wir alle davon angesteckt wurden. Vielleicht hat es noch keinen Menschen gegeben, der Wien so glühend geliebt hat, wie es der Kronprinz Rudolf that. Wenn von Wien und den Wienern die Rede war . . da gieng ihm das Herz auf, und wenn er den Wiener Dialect hörte, mit seinen einschmeichelnden, warmen Lauten, da begannen seine Augen zu leuchten. Er war ein herrlicher Mensch!"

Nicht bloß Wien liebte der Kronprinz über alles, sein Herz hieng mit glühender Liebe an dem ganzen herrlichen Doppelreiche, über welches das Scepter seines kaiserlichen Vaters gebietet. Daher beschäftigte ihn nichts angelegentlicher als das großartig angelegte Werk: „Die österreichisch-ungarische Monarchie in Wort und Bild," mit dessen Herausgabe im Jahre 1885 der Anfang gemacht wurde. Die schwungvolle Einleitung, welche die Absichten des erlauchten Herausgebers klar legte, stammt aus der Feder des Kronprinzen selbst und ist ein beredtes Zeugnis der innigen Vaterlandsliebe sowie der glänzenden schriftstellerischen Begabung des Kronprinzen.

Und dieses reiche Leben endete jäh und unvermuthet der unergründliche Wille der göttlichen Vorsehung. Wir können und wollen den Schmerz der kaiserlichen Eltern nicht schildern. Mochte des Kaisers Herz auch noch so sehr bluten, er fand Trost in seiner tiefen Religiosität, in seinem unerschütterlichen Pflichtgefühl, in dem Bewusstsein, dass alle seine Völker den Schmerz mit ihm theilten und des verblichenen Sohnes in Liebe gedachten.

Folgendes Allerhöchstes Handschreiben, welches die „Wiener Zeitung" vom 7. Februar 1889 mittheilte, drückte in herzgewinnender, schlichter und doch so würdiger Fassung des Herrschers Empfindungen aus:

„Lieber Graf Taaffe!"

„Es ist Mir ein wahres Herzensbedürfnis, Mich noch in den Tagen schmerzlichster Trauer an Meine geliebten Völker zu wenden und ihnen für die zahllosen Beweise von rührender Anhänglichkeit und pietätvoller Treue Meinen innigsten, unversiegbaren Dank zu erkennen zu geben. Zu dem Ende erhalten Sie in der Anlage diese Meine Ansprache, deren zweckentsprechende Verlautbarung Sie veranlassen wollen."

„An Meine Völker!"

„Der schwerste Schlag, welcher Mein Vaterherz treffen konnte, der unersetzliche Verlust Meines theuren einzigen Sohnes hat Mich, Mein Haus und Meine getreuen Völker mit tiefster Trauer erfüllt."

„Im Innersten erschüttert beuge Ich Mein Haupt in Demuth vor dem unerforschlichen Rathschlusse der göttlichen Vorsehung, und flehe mit Meinen Völkern zu dem Allmächtigen, dass er Mir die Kraft verleihen möge, in der gewissenhaften Erfüllung Meiner Regentenpflichten nicht zu erlahmen, sondern, dieselbe Richtung im Auge, deren unveränderte Festhaltung nach wie vor für die Zukunft gesichert ist, muthig und zuverlässig auszuharren in den unablässigen Bemühungen für das allgemeine Wohl und die Erhaltung der Segnungen des Friedens."

„Es hat Mir Trost gewährt, Mich in diesen Tagen des herbsten Seelenschmerzes von der allzeit bewährten herzlichen Theilnahme Meiner Völker umgeben zu wissen und von allen Seiten, aus allen Kreisen, von nah und fern, von Stadt und Land die mannigfachsten und rührendsten Kundgebungen dieser Theilnahme zu empfangen."

„Mit inniger Erkenntlichkeit empfinde Ich es, wie das Band gegenseitiger Liebe und Treue, welches Mich und Mein Haus mit allen Völkern Meiner Monarchie verbindet, in Stunden so schwerer Heimsuchung nur an Stärke und Festigkeit gewinnt, und so ist es Mir ein Bedürfnis, in Meinem Namen und im Namen der Kaiserin und Königin, Meiner heißgeliebten Gemahlin, dann im Namen Meiner tiefgebeugten Schwiegertochter für alle diese Kundgebungen liebevollen Antheils an Unserer Trauer aus vollem Herzen zu danken."

„Mit diesem tiefempfundenen Danke rufe Ich mit Meinen treuen Völkern Gottes gnädigen Beistand an zu fernerem Zusammenwirken mit vereinten Kräften zum Heile des Vaterlandes!"

Der gleiche Ausdruck wahrster Gottergebung, edelster Fassung und aufopferungsvollsten Pflichtgefühls tönt uns aus den Worten des Armee- und Flottenbefehls entgegen, den der Kaiser am 6. Februar 1889 erließ:

„Es hat Meinem tiefbetrübten Herzen unendlich wohl gethan, in den Tagen der schweren Prüfung, welche die göttliche Vorsehung Mir auferlegte, von Meinem Heere, Meiner Kriegsmarine und Meinen beiden Landwehren neue Beweise unverbrüchlicher Treue, rührender Anhänglichkeit und pietätvoller Hingebung empfangen zu haben."

„Ich entbiete hiefür allen Meinen innigsten Dank. Nach wie vor schlägt Mein Herz warm für jeden einzelnen Meiner bewaffneten Macht, mit Stolz blicke Ich auf sie herab, und auch in Zukunft bleibt ihr Meine ganze Liebe und Fürsorge geweiht."

„Wien, 6. Februar 1889. Franz Josef."

Welche Stütze in diesen leidvollen Tagen dem Kaiser seine erlauchte Gemahlin gewesen, wie sie, den eigenen Schmerz zurückdrängend, nur Trost und Beruhigung in die Seele ihres kaiserlichen Gatten zu flößen bestrebt war, erfuhr das Vaterland aus dem Munde des Herrschers selbst, als der Präsident des österreichischen Abgeordnetenhauses in feierlicher Audienz dem Monarchen das ehrfurchtsvollste Beileid ausdrückte.

Se. Majestät geruhte bei diesem Anlasse Folgendes zu erwidern:

„Ich danke dem Abgeordnetenhause auf das Innigste und Herzlichste für die warme Theilnahme, die dasselbe anlässlich des Hinscheidens Meines theueren Sohnes bekundet hat."

„Wie viel Ich in diesen schweren Tagen Meiner innigst geliebten Frau, der Kaiserin, zu danken habe, welche große Stütze sie Mir gewesen ist, kann Ich nicht beschreiben, nicht warm genug aussprechen; Ich kann dem Himmel nicht genug danken, dass er Mir solch eine Lebensgefährtin gegeben hat."

„Sagen Sie das nur weiter, je mehr Sie es verbreiten, umsomehr werde Ich Ihnen danken."

Am 5. Februar 1889 senkte man, was an dem verblichenen Kaisersohne sterblich war, in die Gruft seiner Väter; mit düsterem Gepränge wurde die irdische Hülle des Kronprinzen Rudolf in der Kapuziner-Kirche eingesegnet. Unter der Fülle von Kränzen, welche den Sarg des hohen Dahingeschiedenen bedeckten, war auch einer, dessen Bänder die Aufschrift trugen: „Seinem unvergesslichen Freunde in treuem Gedenken. Wilhelm, Deutscher Kaiser, König von Preußen.“

Unser Kaiser hatte gleich nach dem Dahinscheiden des Kronprinzen dessen treuestem Freunde Kaiser Wilhelm II. die Todesnachricht mit den Worten telegraphiert: „Dein geliebter Freund, Mein geliebter Sohn Rudolf ist heute verschieden! Dein Franz Josef.“ Zum letztenmale waren sich die beiden erlauchten Freunde im October 1888 in der herrlichen Alpenwelt, im Jagdrevier von Neuberg in Steiermark, begegnet, wo sich Kaiser Wilhelm mit warmem Händedruck und Bruderkuss vom Kronprinzen verabschiedete. — Nur die dringende Bitte des Kaisers Franz Josef, welcher jede Betheiligung auswärtiger Potentaten am Leichenbegängnisse seines unglücklichen Sohnes dankend ablehnte, konnte Kaiser Wilhelm abhalten, sogleich nach Wien zu eilen, um seinem erlauchten Freunde das letzte Geleite zu geben; niemals aber versäumte es der deutsche Herrscher, so oft er in die Residenz seines erhabenen Bundesgenossen, Kaisers Franz Josef, kommt, am Sarge seines in der Blüte des Lebens dahingeschiedenen Freundes ein stilles Gebet zu verrichten und eine Blumenspende zum Zeichen der Erinnerung zu hinterlegen.

Kaum waren einige Jahre seit dem Ableben des Kronprinzen verstrichen, und die Zeit hatte eben begonnen, ihren lindernden Balsam in das Herz des schwergeprüften Kaisers zu träufeln, als neues Leid die kaum vernarbten Wunden aufriss. Der unerbittliche Tod holte sich zahlreiche Opfer aus dem erlauchten Erz-Hause. Am 4. Mai 1889 starb in Arco der durchlauchtigste Erzherzog Rainer Salvator, Neffe des Großherzogs Ferdinand IV. von Toscana, Ende November 1891 verschieden an unmittelbar aufeinander folgenden Tagen Erzherzog Heinrich und seine Gemahlin Freifrau von Waideck, geb. Leopoldine Hoffmann; kurze Zeit darauf schloss Erzherzog Sigismund, der Bruder des Erzherzogs Heinrich, sein Leben. Wenige Wochen später verschied Erzherzog Karl Salvator, der Schwiegervater der Erzherzogin Marie Valerie. Besonders schmerzlich aber berührte den Kaiser der Tod des Erzherzogs Wilhelm, der am 29. Juli 1894 in Baden bei Wien infolge eines tödlichen Sturzes von dem scheu gewordenen Pferde aus dem Leben schied.

Der Kaiser erließ anläßlich dieses Todesfalles nachstehenden Armeebefehl:

„Jäh und unerwartet ist Mein Herr Vetter, General-Artillerie-Inspector, Feldzeugmeister Erzherzog Wilhelm, aus dem Leben geschieden und durch den Rathschluss der göttlichen Vorsehung mitten aus seiner schaffensfreudigen Thätigkeit abberufen worden.

Tief erschüttert beklage Ich und mit Mir die Angehörigen Meines Heeres den schmerzlichen Verlust des edlen, ritterlichen Soldaten, des Vorbildes aller militärischen Tugenden, und trauernd steht vor allem Meine Artillerie heute an der Bahre des Generals, welcher seit dreißig Jahren an ihrer Spitze glänzte.

Möge der Geist des Dahingeschiedenen fortleben in der Waffe, für die sein Herz in väterlicher Fürsorge so warm geschlagen, und welcher er in nie ermüdendem Wirken die Bahnen stetiger Vervollkommnung wies.

Vertrauensvoll lege Ich dieses Vermächtnis ihres Inspectors in die Hände Meiner Artillerie, möge sie sein leuchtendes Andenken noch in den fernsten Zeiten ehren und bewahren.

Um Meiner unwandelbaren Dankbarkeit dauernden Ausdruck zu verleihen und Meinem Heere die Erinnerung an die hohen Verdienste des Verewigten zu erhalten, finde Ich zu bestimmen, dass Mein Corps-Artillerie-Regiment Erzherzog Wilhelm Nr. 3 den Namen seines nun in Gott ruhenden Inhabers für immerwährende Zeiten zu führen habe.

Schönbrunn, 2. August 1894. Franz Josef."

Erzherzog Wilhelm, der jüngste Sohn des Siegers von Aspern, Bruder des Feldmarschalls Erzherzogs Albrecht, war auch Hochmeister des Deutschen Ritterordens gewesen; er war bei der Bevölkerung außerordentlich beliebt, und der damalige Bürgermeister von Wien, Dr. Grübl, konnte mit vollem Rechte in der Gedenkrede, die er dem Verblichenen im Wiener Gemeinderathe hielt, sagen:

„Ein tapferer Soldat, der auf dem Felde der Ehre für das Vaterland geblutet, ein vornehmer Förderer von Kunst und Wissenschaft, ein edler Wohlthäter der Armen und Dürftigen ist mit Erzherzog Wilhelm dahingeschieden."

„Sein humanes Wesen, seine Leutseligkeit und viele andere Eigenschaften eines vortrefflichen Herzens haben dem allseits verehrten Erzherzog ein treues Andenken in der Wiener Bevölkerung gesichert."

Im Februar des Jahres 1895 war der Kaiser nach dem lieblichen Mentone an der französischen Mittelmeerküste gereist, um in diesem paradiesisch schön gelegenen Orte an der Seite seiner erlauchten Gemahlin Erholung von den Sorgen des Herrscherberufes zu finden.

Doch des Kaisers „Ferien" sollten diesmal ein rasches und trauriges Ende nehmen. Über das Befinden des Erzherzogs Albrecht, des ruhmvollen Siegers von Custozza, waren trübe Nachrichten in dem Hotel Cap Martin, welches der Kaiser in Mentone bewohnte, eingelaufen; der Kaiser war entschlossen, an das Krankenlager seines theuren Ohms zu eilen; alle Zurüstungen zur Abreise nach Arco waren bereits getroffen, da langte die telegraphische Meldung von dem Hinscheiden des Feldmarschalls in Cap Martin ein. Der Kaiser zögerte keinen Augenblick, seinen Aufenthalt in Mentone abzubrechen, um nach Wien zurückzukehren. Es war nicht viel mehr als eine Stunde seit dem Einlangen der Todesnachricht verstrichen, und schon stand in der Bahnhofhalle von Mentone der Separatzug bereit, welcher den Kaiser wieder nach Wien zurückführen sollte.

Auf dem Bahnhofe wendete sich der Kaiser zu dem Commissär, der von der französischen Regierung zum Dienste bei Sr. Majestät bestellt war, und nahm den Ausdruck des tiefsten Beileides, den der französische Beamte darzubringen sich gestattete, mit den Worten entgegen: „Ich habe einen großen, schmerzlichen Verlust erlitten; ich verlor einen Freund, das Vaterland einen ausgezeichneten Soldaten."

Wir haben der glorreichen Waffenthaten des Erzherzogs Albrecht auf den Blättern dieses Buches wiederholt gedacht. Wir berichteten auch von den Ehren, die dem greisen, doch bis nahe an sein Lebensende rüstigen, ruhmgekrönten Feldherrn anläßlich seines fünfzigjährigen Dienstjubiläums von seinem kaiserlichen Herrn sowie von der ganzen Armee erwiesen wurden.

Der Tod des Erzherzogs Albrecht bedeutete einen unersetzlichen Verlust für das Heerwesen unseres Reiches; dem Kaiser wurde ein treuer, vielerprobter Berather, dem reiche, gediegene militärische Erfahrung zu Gebote stand, entrissen, dem Heere ein leuchtendes Vorbild geraubt, zu dem es allzeit mit nacheifernder Bewunderung emporblicken konnte.

Die volle Größe des Verlustes fühlte niemand tiefer als der oberste Kriegsherr selbst, wie sich dies in dem schwungvollen Allerhöchsten Armeebefehl aussprach, den der Kaiser am 26. Februar 1895 erließ:

„Unsere Fahnen senken sich, der letzte Gruß der Geschütze ertönt für den General-Inspector des Heeres, Feldmarschall Erzherzog Albrecht."

„In schmerzerfüllter Trauer beugen sich die gesammte Wehrkraft und das Vaterland mit Mir und Meinem Hause vor dem unersetzlichen Verluste, welchen der Wille des Allmächtigen Uns beschieden."

„Die Bewunderung eines mit erleuchtetem Geiste und warmfühlendem Herzen, ganz und voll dem Heere gewidmeten inhaltreichen Lebens; die Begeisterung für den edlen Prinzen, der, getreu sich selbst, in Stürmen und Gefahren niemals wankte, der — ein siegreicher Feldherr — die Zierde und der Stolz Meines Heeres war: alle Gefühle, welche jetzt nach Ausdruck ringen, sie verklären sich in tiefempfundener Dankbarkeit für den Herrn der Heerscharen, welcher den greisen Feldmarschall als einen seiner Auserlesensten bis nahe der Grenze irdischen Daseins in aller Thatkraft erhalten hatte."

„Erzherzog Albrechts unvergängliches Andenken bleibt, wie der Lorbeerkranz, welcher den Helden von Novara und Custozza schmückt, Meinem Heere, Meinen beiden Landwehren und Meiner Kriegsmarine ein Palladium der Treue, Standhaftigkeit und Siegeszuversicht."

„Ich bestimme: das Infanterieregiment Nr. 44, das Dragonerregiment Nr. 9 und das Corps-Artillerieregiment Nr. 5 haben fortan und auf immerwährende Zeiten den Namen Feldmarschall Erzherzog Albrecht zu führen."

Der Tod des Feldmarschalls Erzherzogs Albrecht war am 18. Februar 1894 in Arco in Südtirol erfolgt. In den Wintermonaten des genannten Jahres fühlte sich der bisher trotz seines hohen Alters stets rüstige und selbst noch anstrengenderen Strapazen gewachsene Erzherzog nicht ganz wohl; der Tod seines

Bruders, des Erzherzogs Wilhelm, hatte ihn tief erschüttert, und er suchte daher in dem lieblichen Arco, das auch im Winter lindere Lüfte durchstreichen und warmer Sonnenschein durchflutet, Erquickung und Erholung. Das schöne Arco schien auch beides spenden zu wollen, als aber des Erzherzogs langjähriger Freund, der Schwager des Kaisers und der Kaiserin, der ehemalige König beider Sicilien, Franz II., in Arco verschied, erkältete sich der Erzherzog, welcher der Übertragung der Leiche des Königs aus dem „Hotel Arco" in die St. Annenkirche beiwohnte, und erlag am 18. Februar der Lungenentzündung, einer Folge seiner Erkältung.

Am 23. Februar erfolgte die Überführung der entseelten Hülle des sieggekrönten Feldmarschalls von Arco nach Wien, und am 26. Februar fand das feierliche Leichenbegängnis des Helden in Wien statt. Hinter dem Sarge schritten die beiden befreundeten Herrscher, die Kaiser von Österreich und Deutschland, denn Kaiser Wilhelm II. hatte es sich nicht nehmen lassen, von seiner Residenzstadt Berlin nach Wien zu eilen, um den verblichenen österreichischen Feldherrn, den er schon zu Lebzeiten mit hohen Ehren ausgezeichnet hatte, auch auf dem letzten Gange zu ehren.

Kaiser Wilhelm II. hatte auf die Nachricht von dem Tode des Feldmarschalls Erzherzogs Albrecht auch folgenden Armeebefehl erlassen, der nicht bloß dem verewigten siegreichen Heerführer, sondern dem ganzen österreichischen Heere zur Ehre gereichte:

„Mein Heer hat mit mir einen neuen, schweren Verlust zu beklagen. Aus der Zahl seiner General-Feldmarschälle schied durch den Tod zu meinem großen Schmerze mein treuer Freund, Se. k. u. k. Hoheit, Erzherzog Albrecht von Österreich, Chef des 2. ostpreußischen Grenadier-Regiments König Friedrich Wilhelm I. Nr. 3."

„Mit ihm ist ein ruhmreicher, auf vielen Schlachtfeldern erprobter Führer und Held, ein leuchtendes Vorbild aller soldatischen Tugenden, ein treuer Pfleger der Waffenbrüderschaft zwischen der österreichisch-ungarischen und meiner Armee dahingegangen, den wir mit Stolz zu den unsrigen zählen durften."

Nichts lag dem verblichenen Feldmarschall mehr am Herzen, als die Verwirklichung des Gedankens, dass seinem unsterblichen Lehrmeister und Vorbilde auf dem Felde der Ehre, dem österreichischen „Marschall Vorwärts", Vater Radetzky, in der Kaiserstadt Wien ein Denkmal gesetzt werde. Als daher durch die hochherzige Initiative des Kaisers Franz Josef I. die Errichtung des Denkmals beschlossen wurde, stellte sich Erzherzog Albrecht selbst an die Spitze des Comités, das die Vorarbeiten leiten sollte, und präsidierte unverdrossen den zahllosen Sitzungen des Ausschusses. Aber auch große materielle Opfer brachte der Erzherzog in dieser Herzenssache; so hatten beispielsweise nicht weniger als achttausend Veteranen aus der Zeit Radetzkys ihre Theilnahme an der Feier der Denkmalsenthüllung angemeldet, doch die meisten kamen aus weiter Ferne und konnten die Kosten der Reise und des Aufenthaltes in Wien nicht bestreiten. Da befahl Erzherzog Albrecht, alles auf seine Kosten zu bestreiten und fügte die wirklich edelherzigen Worte hinzu: „Ja, wozu wäre denn mein Vermögen da? Nehmen Sie von mir, was Sie brauchen, aber sagen Sie nichts davon, dass man nichts erfährt."

Am 24. April 1892 fand in Gegenwart des Kaisers die feierliche Enthüllung des auf dem Platze „Am Hof" aufgestellten Radetzky-Monumentes statt. Es ist ein Werk des Meisters Caspar von Zumbusch und reiht sich würdig den großartigen Denkmälern an, mit denen unseres Kaisers großmüthiges und kunstsinniges Herrscherwalten seine Residenzstadt Wien geschmückt hatte.

Das Radetzky-Denkmal in Wien.

Das Monument stellt den Feldmarschall zu Pferde sitzend dar, wie er mit ausgestreckter Rechten aufs Schlachtfeld wies. Die schönen Reliefs des Sockels versinnlichen einen Kriegsrath unter dem Vorsitze Radetzkys und die Jubelscene in Mailand, in der Villa reale, wo Radetzky wohnte, als im Frühlinge 1849 der Waffenstillstand vom Könige von Sardinien gekündigt worden war. Mit vollem Rechte prangt Grillparzers berühmter Vers: „In deinem Lager ist Österreich!" auf dem Denkmal. Erhebt sich nunmehr in Wien zu Ehren des großen Schlachtenmeisters ein so würdiges Denkmal, so wird bald auch dem Andenken seines großen Schülers, Erzherzogs Albrecht, ein schönes Monument geweiht sein und auf dem Platze vor dem Albrecht-Palais emporragen.

Auch bei dem Tode des Erzherzogs Albrecht war die Theilnahme der Bevölkerung tief und aufrichtig, und der Kaiser war hievon, wie das Allerhöchste Handschreiben an den damaligen Ministerpräsidenten, Fürsten Windisch-Graetz, vom 27. Februar 1895 kundgibt, sehr gerührt. „Gleichwie", heißt es darin, „dem Verblichenen seine unvergänglichen Verdienste um die Armee, sein stets warm fühlender Patriotismus, musterhaft voranleuchtender Pflichteifer und unerschöpflicher Wohlthätigkeitssinn in allen Ländern und allen Schichten der Bevölkerung ein ruhm- und ehrenvolles Andenken für alle Zeiten sichern, ebenso ehrend sind diese Kundgebungen aufrichtiger Trauer auch für alle, die sich daran betheiligten.

Am 26. Februar 1895 war Erzherzog Albrecht in der Kaisergruft zwischen den Särgen seiner Mutter, Erzherzogin Henriette, und seiner Gemahlin Hildegarde zur ewigen Ruhe bestattet worden, und wieder brachte der Frühling des nächsten Jahres der kaiserlichen Familie einen neuen schweren Verlust, wieder fiel ein Zweig vom alten edlen Stamme des Kaiserhauses geknickt zur Erde.

Erzherzog Karl Ludwig, des Kaisers ältester Bruder und, nach dem Tode des Kronprinzen, der Thronfolger, war am 19. Mai 1896 um sieben Uhr morgens in seinem Wiener Palais verschieden.

Der verblichene Erzherzog war mit dem Leben der Residenz auf das Innigste verwachsen; kein Wiener wird so leicht die hohe Gestalt des Verblichenen in der Oberstenuniform der Uhlanen, das freundliche, vom weißen Bart umrahmte Antlitz vergessen. In den letzten Jahren betraute Se. Majestät seinen Bruder Erzherzog Karl Ludwig mit seiner Vertretung bei den meisten gewerblichen, industriellen oder künstlerischen Veranstaltungen, welche des besonderen kaiserlichen Schutzes und der hohen Fürsorge des Monarchen gewürdigt wurden.

Die Anzahl der gemeinnützigen Institute, Vereine oder Körperschaften, deren Protector der verblichene Erzherzog war, ist unglaublich groß; stets spendete er mit vollen Händen, um gemeinnützige Anstalten zu fördern, und niemand gieng ungetröstet von seiner Schwelle; mit nie ermüdender Leutseligkeit und Freundlichkeit empfieng der Erzherzog alle Abordnungen von Vereinen oder Körperschaften, welche sich die fördernde Fürsorge des erlauchten Protectors erbeten hatten. In seiner Mildthätigkeit und dem unablässig regen Pflichteifer glich er ganz dem erhabenen Vorbilde seines kaiserlichen Bruders.

Der dahingeschiedene Erzherzog war am 30. Juli 1833 zu Schönbrunn geboren; im Jahre 1848 wurde er Oberstinhaber des damaligen Chevauxlegers-Regimentes Nr. 2; zwanzig Jahre alt begab er sich nach Galizien, um die Geschäfte der politischen Verwaltung kennen zu lernen, und wurde im Juli 1855 von Sr. Majestät zum Statthalter in Tirol ernannt. Die erste Ehe des Erzherzogs mit der jugendlich anmuthigen Prinzessin Margareta, der Tochter des Königs Johann von Sachsen, trennte schon nach kaum zwei Jahren der Tod der Gattin. Im Jahre 1862 vermählte sich Erzherzog Karl Ludwig zum zweitenmale, mit der Prinzessin Maria Annunciata von Bourbon; dieser Ehe entsprossen vier Kinder, die Erzherzoge: Franz Ferdinand von Österreich-Este, Otto, Ferdinand Karl und die Erzherzogin Margarete Sophie, welche sich im Jahre 1893 mit dem Herzog Albrecht von Württemberg vermählte. — Nach dem am 4. Mai 1871 erfolgten Tode seiner zweiten Gemahlin schloss Erzherzog Karl Ludwig den Bund der Ehe mit Ihrer kaiserlichen Hoheit Marie Theresie, Prinzessin von Braganza, mit der er in dreiundzwanzigjähriger glücklicher und gesegneter Ehe lebte. Erzherzogin Marie Theresie weilte als Engel des Trostes bis zum letzten Augenblicke am Sterbelager des Verblichenen.

Dem dritten Ehebunde des Erzherzogs entstammten die Prinzessinnen Maria Annunciata und Elisabeth.

Erzherzog Karl Ludwig war seit 1884 General der Cavallerie; er war ferner Oberst-Inhaber des k. u. k. Uhlanenregimentes Nr. 7, des kaiserlich-russischen Dragonerregimentes Nr. 21 und des königlich preußischen Uhlanenregimentes Nr. 8. Der verblichene Erzherzog war Ehrenmitglied der kaiserlichen Akademie der Wissenschaften in Wien, Protector der Kaiser Franz Josef-Akademie der Wissenschaften in Prag, der kaiserlichen Akademie der Wissenschaften in Krakau, des k. k. österreichischen Handelsmuseums, des niederösterreichischen Gewerbevereins, der Genossenschaft der bildenden Künstler Wiens, des Vereines zur Verbreitung naturwissenschaftlicher Kenntnisse, der k. k. Gartenbaugesellschaft, des österreichischen Touristenclubs, der österreichischen Gesellschaft vom Weißen Kreuz, Protector-Stellvertreter der Gesellschaft vom Rothen Kreuz, Protector des Wiener Kaufmännischen Vereines und noch vieler anderer Gesellschaften und Unternehmungen.

Erzherzog Karl Ludwig.

Nach einer Photographie von C. Scolik, Wien.

Den Keim zu seiner schweren Krankheit hatte sich der kaiserliche Prinz wohl auf der Reise geholt, die er auf Bitten seines Sohnes, des Erzherzogs Franz Ferdinand von Österreich-Este, der damals seines leidenden Zustandes wegen in Ägypten weilte und nach einem Wiedersehen mit den erlauchten Eltern Sehnsucht trug, unternahm. Auf der Rückreise besuchte der Erzherzog mit seiner Familie auch das heilige Land, und auf der anstrengenden Reise zum Todten Meer, die zu Pferde zurückgelegt werden musste, scheint der Erzherzog durch den Genuss schlechten Wassers seine tödtliche Erkrankung verursacht zu haben.

Als der Zustand des Erzherzogs in der Nacht vom 18. zum 19. Mai sich verschlimmerte, fuhr der Kaiser um zwei Uhr morgens vom Lainzer Schlosse, wo er damals Aufenthalt genommen hatte, beim Palais seines erlauchten Bruders vor und verweilte bis fünf Uhr am Sterbelager. Da die Ärzte den Eintritt der Katastrophe als nicht unmittelbar bevorstehend erklärten, gönnte sich der Kaiser kurze Ruhe, fuhr aber bereits um $^3/_4$8 Uhr wieder am Palais des durchlauchtigsten Erzherzogs vor, als die Meldung von dem Ableben erstattet worden war. Der Kaiser verrichtete am Bette seines verstorbenen Bruders ein Gebet und verließ tief erschüttert das Sterbegemach; Thränen glänzten in seinen Augen, als er den Wagen bestieg, um zur Hofburg zu fahren.

Die Leiche des Erzherzogs blieb bis zum 21. Mai im Sterbegemach aufgebahrt, das die trauernde Witwe und die Töchter des Verblichenen in einen wahren Blumengarten verwandelt hatten. Den ersten Kranz sendete Ihre Majestät die Kaiserin Elisabeth aus der Villa in Lainz; er wurde zu Häupten des Bettes angebracht und reichte mit seinen Palmblättern, seinen Orchideen und Rosen, welche zwei mächtige schwarze Schleifen verknüpften, fast bis an die Decke des Gemaches; der Kranz des tief erschütterten jüngsten Bruders des Erzherzogs, Ludwig Victor, ganz aus weißen und rothen Nelken gewunden, hieng an der Seitenwand; Kronprinzessin Stephanie und ihr Töchterchen, Erzherzogin Elisabeth, hatten gleichfalls prächtige Kranzgewinde als Zeichen innigster Trauer gespendet. Die weißen Seidenschleifen trugen die Inschrift: „In treuer Dankbarkeit — Stephanie — Elisabeth Marie." Aus all den Blumen, welche zitternde Hände auf Decke und Kissen des Sterbelagers gestreut hatten, blickte das bleiche, vom schneeweißen Bart umrahmte, gütige und milde, doch von einem Zug tiefen Schmerzes durchfurchte Antlitz des Todten ernst hervor. Der Kaiser erschien am Todestage gegen Mittag im Trauerhause, bald nach ihm die Kaiserin; beide Majestäten verweilten längere Zeit in andächtigem Gebete am Sterbelager.

Am 21. Mai, an einem Donnerstage, wurde die Leiche nach der Hofburgkapelle überführt, und am 22. fand das Leichenbegängnis des verblichenen Erzherzogs in der Kapuzinerkirche statt, mit all jenem ernsten und ergreifenden Prunke und jenen düsteren Ceremonien, wie sie im Kaiserhause bei solchen Anlässen vorgeschrieben sind.

Im Folgenden geben wir der Schilderung eines Augenzeugen Raum, der dem ernsten, weihevollen Acte beigewohnt hatte.

„Der Kaiser stand während des ganzen Trauergottesdienstes mit gesenktem Haupt da, und ernste und traurige Gedanken waren in seinen betrübten Mienen zu lesen. Erzherzog Otto erschien gefaßt, während sein jüngerer Bruder, Erzherzog Ferdinand Karl, sehr geröthete Augen und Wangen hatte, die Spuren reichlich vergossener Thränen aufwiesen. Am meisten gab sich Erzherzog Ludwig Victor seinem Schmerze hin. Er weinte schon, als er die Kirche betrat, und seine Augen wurden nicht trocken, bis er zum Wegfahren seinen Wagen bestieg. Der Prinz-Regent von Bayern schien an der Trauer des verwandten Kaiserhauses den innigsten Antheil zu nehmen, ebenso die Vertreter der verschiedenen deutschen Fürsten, unter denen die stattliche Gestalt des Prinzen Albrecht von Preußen, des Regenten Braunschweigs, hervorragte. In tiefe Andacht und Trauer versunken waren auch der Großherzog von Toscana und Erzherzog Josef."

„Die hellen Stimmen der Chorknaben, welche das „Libera" sangen, nahmen etwas von der düsteren Stimmung, welche sich allmählich der überfüllten Kirche bemächtigt hatte, hinweg, und als eine mächtige Stimme das „Kyrie-Eleison" intonierte, wurde die Weihe des Augenblicks von allen Anwesenden empfunden."

„Nachdem Cardinal Fürst-Erzbischof Gruscha die Einsegnung beendigt hatte, trat Prinz Rudolf zu Liechtenstein, den langen weißen Stab des Obersthofmeisters in der Hand, vor den Kaiser und machte ihm die Meldung, dass der Sarg nun in die Gruft getragen werde. Der Kaiser, gefolgt von seinem Bruder Erzherzog Ludwig Victor und von den beiden jüngeren Söhnen des Verstorbenen, den Erzherzogen Otto und Ferdinand Karl, trat zum Hochaltar, worauf zwölf Hoflakaien in langen grauen Überröcken, den Federhut auf dem Kopfe, die Handhaben des Sarges ergriffen und denselben in die Gruft trugen. Die Geistlichkeit schritt voran, die Kapuziner Kerzen tragend und Weihrauchfässer schwenkend, dann folgte der Sarg, und hinter diesem schritt gebeugten Hauptes der Kaiser, dem seine zwei Neffen folgten, hinter welchen der seinem Schmerze freien Lauf lassende Erzherzog Ludwig Victor gieng. In die Gruft begaben sich außerdem nur der Obersthofmeister des Verstorbenen, Graf Pejacsevich, und die beiden Dienstkämmerer. Tiefes Schweigen herrschte in der Kirche, wo alles auf den Plätzen geblieben war und gespannt der Rückkehr des Kaisers harrte, der seinen Bruder zur letzten Ruhestätte begleitet hatte. In der Mitte des freigelassenen Durchganges, unter dem großen Luster, dessen hundert Wachskerzen ein goldig flimmerndes Licht verbreiteten, stand der Ober-Ceremonienmeister Graf Hunyady unbeweglich, die Verkörperung des durch vielhundertjährigen Gebrauch ehrwürdig gewordenen Hofceremoniels."

„Das Wiedereintreten des Kaisers, seines Bruders und der Söhne des Verstorbenen in die Kirche brachte den Verlust, den das Kaiserhaus mit dem Tode des Erzherzogs Karl Ludwig erlitten, erst recht deutlich zum Ausdruck. Der Kaiser trat auf den Prinz-Regenten von Bayern zu und verließ mit ihm, gefolgt vom langen Zuge der Prinzen und Prinzessinnen, die Kirche."

Erzherzog Franz Ferdinand, der älteste Sohn des erlauchten Verblichenen, war seines noch leidenden Zustandes wegen der Begräbnisfeier ferngeblieben. Er hatte auch den Vater nicht mehr am Leben getroffen, wenige Stunden nach dessen Ableben war er aus dem fernen Süden schmerzerfüllt ans Sterbelager des Vaters geeilt, um die letzten Küsse auf den erkalteten Mund zu drücken.

Erzherzog Karl Ludwig war zu seinen Vätern versammelt worden.

Der Präsident des österreichischen Abgeordnetenhauses hatte der allgemeinen Stimmung wahren Ausdruck verliehen, wenn er sagte:

„Unermesslich ist der Schmerz der tiefgebeugten Witwe, welche den besten Gatten, der tieftrauernden Söhne und Töchter, welche den besten Vater verloren; unermesslich der Schmerz des ganzen Allerhöchsten Kaiserhauses. Wir empfinden diesen Schmerz innigst mit, wir wissen insbesondere, was unser innigst geliebter

Kaiser leidet, dem die unerforschlichen Wege der Vorsehung kein menschliches Weh vorenthalten haben. Wir tragen diesen Schmerz mit ihm in stummer Ergebung, mit tiefstem, innigstem Mitgefühl."

Noch erwähnen wir des wahrhaft tragischen Todes, den Erzherzog Ladislaus, Sohn Sr. k. und k. Hoheit des Erzherzogs Josef, im Lenze seines Lebens fand. Er hatte bei einer in Kis-Jenö in Ungarn auf der Besitzung seines Vaters abgehaltenen Treibjagd, als er eine Wildkatze verfolgte, durch zufällige Entladung seines eigenen Gewehres eine schwere Verletzung im rechten Oberschenkel erhalten, der er wenige Tage später erlag.

So war im fünften Jahrzehnt der Regierung unseres Herrschers die Trauer ein häufigerer Gast in der altehrwürdigen Kaiserburg als die Freude. Nur die innigste Frömmigkeit und das heißeste, regste Gefühl für Pflicht und Gesetz vermochten den Kaiser aufrecht zu halten und ihm stets von neuem den freudigen Muth einzuflößen, ganz der Wohlfahrt und dem Heile seiner Völker zu leben.

Von auswärtigen Fürstlichkeiten, die in diesem Zeitraum starben, nennen wir vor allem Kaiser Alexander III. von Russland, der am 1. November 1894 verschied, und die edle Kaiserin Augusta, die Großmutter des regierenden deutschen Kaisers Wilhelm II.; sie starb am 7. Jänner 1890. Kaiserin Augusta liebte unseren Kaiser von ganzem Herzen, und es wird erzählt, dass, als sie bei einem Besuche unseres Kaisers am Berliner Hofe gerade in Babelsberg weilte, und zwar schon in ziemlich leidendem Zustande, sie nichtsdestoweniger dringend verlangte, nach Berlin zu übersiedeln. Als die Ärzte dies der Kaiserin auszureden suchten, sagte sie entschieden: „Nein, wenn Kaiser Franz Josef nach Berlin kommt, muss ich auch dabei sein. Wenn ich Franz Josef wiedersehe, bin ich gesund."

In diesen Zeitraum der Regierung unseres Kaisers fällt auch das furchtbare Unglück, von dem die freundliche Hauptstadt Krains, Laibach, durch das Erdbeben in der Ostersonntagsnacht 1895 betroffen wurde. Der Kaiser eilte alsbald an die Stätte, wo blinde Naturgewalten so grausam gewüthet hatten, und spendete nach allen Seiten Trost und Hilfe. „Den Laibachern muss ausgiebige Hilfe zutheil werden, sie verdienen es", so lautete das Kaiserwort, als Se. Majestät tiefergriffen die Stätten grausiger Verwüstung besichtigte.

Gewiss nahm auch der Kaiser schmerzlichen Antheil an den vielen edlen Opfern, die sich der Tod in dem Abschnitte von 1888 bis 1898 aus den Reihen der Staatsmänner, Dichter und Künstler unseres Vaterlandes geholt hatte.

Wir nennen unter den Verstorbenen dieses Zeitraumes den Dichter Josef von Weilen, den Redacteur des Kronprinzenwerkes: „Die österreichisch-ungarische Monarchie in Wort und Bild", der am 4. Juli 1889 verschied, ferner Robert Hamerling, den Dichter von „Sinnen und Minnen", „Ahasver in Rom" und „König von Sion", der mit glühender Einbildungskraft dem Ideal des Schönen nachstrebte; er starb nach langem Siechthum am 13. Juli 1889. Ihm folgte im Tode der treue Belauscher der Volksseele, der Dichter ergreifender Volksdramen, Ludwig Anzengruber, gestorben am 10. December desselben

Jahres; am 9. August 1890 starb Eduard von Bauernfeld, und am 12. März 1894 schied der Nestor der österreichischen Dichter, Ludwig August Frankl, aus den Reihen der Lebenden. Am 17. Februar 1891 starb der berühmte Architekt Theophil Hansen, der Erbauer des Heinrichshofes, des Musikvereinsgebäudes, der Akademie der bildenden Künste und Schöpfer des Parlamentsgebäudes in Wien. Am 25. Juni 1892 verschied Eduard Herbst, das einstige Mitglied des Bürgerministeriums, der eifrige Vertheidiger constitutioneller Freiheiten in unserem Vaterlande.

Am 18. Februar 1890 starb zu Volosca im ungarischen Küstenlande Graf Julius Andrássy, von dem die Berliner „Kreuzzeitung" äußerte: „In Andrássy verlor sein Heimatland Ungarn einen seiner größten Staatsmänner, Kaiser Franz Josef einen einsichtigen Berather, das deutsche Volk einen aufrichtigen Freund." Der Kaiser und König Franz Josef I. wohnte der Leichenfeier seines treuen Dieners im Vestibule des Budapester Akademiegebäudes an der Seite der Frau Erzherzogin Clotilde bei, und in ergreifenden Worten sprach der Kronhüter Szlávy dem Monarchen für diesen Beweis huldvoller Gnade den Dank der ungarischen Nation aus.

Bald folgte dem ungarischen Staatsmann der langjährige treue Berather des Kaisers, Graf Eduard Taaffe, im Tode nach, der auf seinem Schlosse Ellischau in Böhmen am 29. November 1895 verschied. Der Kaiser richtete an die Gräfin-Witwe folgendes Telegramm, welches von der Dankbarkeit Zeugnis gibt, die der Kaiser jederzeit für geleistete Dienste im Herzen trägt: „Obschon auf das äußerste gefasst, ergreift Mich die Trauernachricht von dem Hinscheiden Ihres Gemahls auf das Schmerzlichste. Durch diesen Todesfall erleiden nicht Sie allein und Ihre Familie einen unersetzlichen Verlust. In dem Verewigten verliere Ich den vielbewährten Freund, das Vaterland einen seiner treuesten Söhne und der Staat, mit dessen jüngster Geschichte sein Name eng verwachsen ist, einen mit aufopfernder Hingebung thätigen Diener. Gott verleihe Ihnen Trost und Stärke.

Franz Josef."

Auch der Tod seines ersten Obersthofmeisters, des Prinzen Constantin zu Hohenlohe-Schillingsfürst, der dem Kaiser viele Jahre treu zur Seite gestanden war und am 14. Februar 1896 verschied, versetzte unseren Herrscher in aufrichtige Trauer.

Die Zierden der medicinischen Wissenschaft, Josef Hyrtel (gestorben 1894) und Theodor Billroth (gestorben am 6. Februar 1893) wurden ebenfalls in diesem Zeitabschnitte dem Leben und der Wissenschaft, der sie unsterbliche Dienste geleistet hatten, entrissen. — Am 30. Juli 1897 verschied in Wien der edle Patriot und Erforscher der österreichischen Geschichte, Präsident der Akademie der Wissenschaften, Alfred Ritter von Arneth, in hohem Alter. Seine Majestät der Kaiser ließ durch seinen Generaladjutanten Grafen Paar ein in den wärmsten Ausdrücken abgefasstes Beileidschreiben an die hinterbliebene Tochter des Verewigten richten. Ebenso innig condolierte Erzherzog Rainer, der Curator der

Akademie der Wissenschaften, der auch an dem Leichenbegängnisse theilnahm. Mit Arneth, der im Jahre 1819 in Wien geboren worden, war ein echter Österreicher aus dem Leben geschieden. Seine großen Werke über Prinz Eugen und die Kaiserin Maria Theresia sind unvergängliche Denkmäler der Gelehrsamkeit und Vaterlandsliebe.

Von hohen Militärs, deren in jüngster Zeit erfolgtes Ableben das Herz des obersten Kriegsherrn tief bewegte, nennen wir den Admiral Freiherrn von Sterneck (gestorben am 5. December 1897) und den General-Truppen-Inspector, Freiherrn Anton von Schönfeld, welcher am 7. Jänner 1898 verschied. Ersterer brachte, auf den ruhmreichen Überlieferungen Tegetthoffs fortbauend, die vaterländische Kriegsflotte auf eine stolze Höhe; letzterer, ein hochbegabter, edeldenkender Feldherr, widmete sein ganzes thatenreiches Leben der Vervollkommnung des Heeres. Sein Tod wurde auch von dem hohen Waffenbruder unseres Monarchen, Kaiser Wilhelm II., schmerzlich empfunden.

So hielt der Tod in dem fünften Jahrzehnte der Herrscherthätigkeit unseres Kaisers reiche Ernte, und seine Knochenhand entriss den Häuptern erlauchter Prinzen und rastlos schaffender Männer der Kunst und Wissenschaft Kronen und Ruhmeskränze, die ihnen die dankbare Mitwelt geflochten hatte. Doch der Fleiß der Bürger schuf auch in dieser Periode neue schöne Werke, und manch frohes Ereignis zerstreute die tiefen Schatten, welche der Tod so vieler erlauchter und berühmter Persönlichkeiten über unser Vaterland gebreitet hatte.

Die beiden letzten Abschnitte unseres Buches sollen uns nun im Fluge die bedeutsamsten Ereignisse vorführen, die sich im letztverflossenen Decennium der Regierung unseres Kaisers in unserem Doppelstaate zugetragen hatten.

XIV.

Ein halbes Jahrhundert auf dem Throne.

Ein Strahl echter Freude durchleuchtete das Vaterherz des Kaisers, als am Weihnachtsabende des Jahres 1889 seine geliebte jüngste Tochter, Erzherzogin Marie Valerie, vor ihn hintrat und sich den Segen des Vaters und Kaisers zu dem Herzensbunde erbat, den sie mit Erzherzog Franz Salvator von Toscana geschlossen hatte. Tief bewegt legte der kaiserliche Vater die Hand der Erzherzogin in die Hände ihres Bräutigams und sagte: „Ich wusste es ja längst! Werdet so glücklich, als es Menschen zu sein vermögen.“ Innig schloss hierauf die Erzherzogin den Kaiser und ihre Mutter, die alle Schritte des theuren Kindes mit ängstlicher Liebe behütet hatte, in ihre Arme. „O Mama!“ sagte sie, „wie glücklich bin ich darüber, dass ich nicht fort muss, dass wir auch ferner vereint bleiben können.“

Als im Schoße der kaiserlichen Familie wegen Einrichtung eines eigenen Palais in Wien für das Brautpaar gesprochen wurde, soll die Erzherzogin Valerie in der bescheidenen Güte ihres Herzens sich geäußert haben: „Ich heirate einen Soldaten, der als solcher oft die Garnison wechseln muss. Ich werde aber immer dort sein, wohin meinen künftigen Mann die Pflicht ruft. Wenn wir jedoch nach Wien kommen, hoffen wir immer in der Hofburg ein Plätzchen zu finden, das uns wertvoller sein wird als ein eigenes Heim.“ — Auch in Bezug auf die Heiratsausstattung bewies die Erzherzogin-Braut ihren einfachen und zugleich vaterländischen Sinn. Sie wünschte ausdrücklich, dass ja alles nur aus Österreich oder Ungarn beschafft werden möge. So wurde denn auch beispielsweise im Auftrag der Kaiserin der reiche Bedarf an Spitzen bei einem Spitzenfabrikanten in Graslitz im böhmischen Erzgebirge bestellt.

Erzherzogin Valerie, die nun bald das Elternhaus verlassen sollte, um ihrem erlauchten Gatten zu folgen, hatte ihren kaiserlichen Eltern, besonders der Kaiserin, an deren Seite sie fast immer weilte, durch die reichen Gaben ihres Geistes und Herzens die innigste und reinste Freude bereitet.

Ihren Lehrern, so dem edlen, hochgebildeten Bischof Hyacinth Ronay, der den ersten Unterricht der Prinzessin leitete, bewahrte sie die unauslöschlichste Dankbarkeit. Nach ihrer Verlobung sandte sie eine der ersten Photographien, welche sie an der Seite ihres erlauchten Bräutigams darstellten, mit eigenhändiger Widmung an ihren einstigen Erzieher, den sie auch, als er in aller Stille sein vierzigjähriges Priesterjubiläum feierte, durch eine sinnige Gabe überraschte.

Es ist wohl allgemein bekannt, wie reich und schön sich das poetische Talent der Erzherzogin entfaltete; nicht minder kunstreich weiß sie Stift und Pinsel zu führen, und so sind denn die Gemächer der kaiserlichen Eltern, besonders die Jagdschlösser des Kaisers mit mancher sinnigen Gabe, poetischen Grüßen und Bildern, geschmückt, die dem zarten Herzen und der geschickten Hand der Erzherzogin entstammen. So hängt im kaiserlichen Jagdschloss zu Mürzsteg über dem Bette, in dem der Kaiser auszuruhen pflegt, eingefasst in einem schlichten Holzrahmen, eine Zeichnung, begleitet von einem Gedichte der Erzherzogin, welches sich auf Schloss Possenhofen und die geliebte Mutter bezieht.

Erzherzogin Marie Valerie.
Nach einer Photographie von C. Pietzner, Wien.

Als die Kaiserin einst in der Nähe Mürzstegs in einer wilden Thalschlucht in Lebensgefahr schwebte, indem eine morsche Holzbrücke unter ihrem Pferde durchbrach, wurde auf Wunsch der Erzherzogin in die Felswand ein Bild eingefügt, welches den heiligen Georg darstellt; unter dem Bilde stehen folgende von der Erzherzogin gedichtete Verse:

Heiliger Georg, Reitersmann,
Der vor Gefahr uns schützen kann,
Der meine Mutter oft beschützt,
Wo keines Menschen Hilfe nützt,
Ich bitte Dich mit Zuversicht,
Verweiger' mir die Bitte nicht,
Beschütze stets das theure Leben,
Das mir das Licht der Welt gegeben.

Zur Erinnerung an den 26. August 1883. Marie Valerie.

Wie warm und schwungvoll ist jenes Gedicht, welches die Erzherzogin anläßlich der Enthüllung einer Gedenktafel für den Dichter Josef Victor von Scheffel an der Falkensteinwand, hoch über dem Spiegel des Wolfgangsees verfaßte. Scheffel hat in seinen „Bergpsalmen" die Falkensteinwand und den Wolfgangsee verherrlicht. Dafür widmete die Kaisertochter dem schwäbischen Poeten folgenden

Dank an Scheffel.

Dank dir, du Edler, dass du es gesungen,
Was unserer Heimat Wald dir zugerauscht,
Was in der Wellen Murmeln dir erklungen
Und du der frommen Sage abgelauscht.
Neunhundertjährige Erinnerungen
Hast du zu Wirklichkeit uns umgetauscht;
Im holden Sang, den uns dein Geist gegeben,
Lieh'st du dem heil'gen Klausner neues Leben.

Und weil du so den Sagenschatz gehoben,
Der tief in unserer Heimat Bergen ruht,
Weil du der Dichtung Glorienschein gewoben
Um unseres Wolfgangsees grüne Flut:
D'rum wollen Östreichs Söhne Dank geloben
Auf ewig dir, du schwäbisch Dichterblut!
O, mögen deinem Geist sich Jünger finden,
Gleich dir der Heimat Sagenwelt zu künden!

Im Jahre 1884 überraschte die Erzherzogin ihre heißgeliebte Mutter zum Namensfeste mit einer überaus sinnreichen Spende, die dem Mutterherzen innige Freude bereitete. In einer reichen Sammtenveloppe lagen neun Blätter; auf jedes derselben hatte die Erzherzogin ein von ihr verfasstes Gedicht geschrieben, die Anfangsbuchstaben der einzelnen Gedichte setzten den Namen Elisabeth zusammen.

Am liebsten hatte die Erzherzogin von all ihren Prunkgemächern das Bibliothekszimmer, welches zugleich ihr Arbeitszimmer war; hier unter ihren geliebten Büchern oder im Gespräche mit der theueren Mutter, der Kaiserin, die gleichfalls hier ihr Lieblingsplätzchen hatte, verflossen die schönsten Stunden der Erzherzogin, solange sie Mädchen war.

Eine neue Welt des Glückes erblühte ihr, als sie an der Seite des von ihr innigst geliebten Bräutigams zum Traualtar schritt.

Erzherzog Franz Salvator ist der zweitgeborene Sohn des Erzherzogs Karl Salvator und der Prinzessin Maria Immaculata von Neapel und somit Neffe des Großherzogs Ferdinand IV. von Toscana; er wurde am 21. August 1866 geboren und in der altehrwürdigen Kirche zu Altmünster bei Gmunden getauft. Im Jahre 1885 trat der Erzherzog in die Kriegsschule ein und wurde bald darauf Oberlieutenant im Dragonerregimente Nr. 12. Die Vermählung des hohen Brautpaares fand am 31. Juli 1890 in der Pfarrkirche zu Ischl statt; der Bischof von Linz, Dr. Doppelbauer, nahm die Trauung vor.

Am Vorabende des Festes erglänzte ganz Ischl in einem Meer von Licht. Von der Franz Josefs-Warte auf dem Siriuskogel flammte ein gewaltiges, von der Kaiserkrone überragtes Monogramm auf, welches aus den Initialen des hohen Brautpaares gebildet war. Mächtige Höhenfeuer, die auf den Bergen ringsum brannten, verbreiteten taghellen Glanz; unvergleichlich schön waren besonders die Zimmitz und das Ramsauer Gebirge, von denen jedes vier Feuer trug. Am Vorabende der Vermählung fand im Ischler Theater eine Festvorstellung statt; den Prolog, welcher den sinnigen Gedanken durchführte, dass die Kaisertochter überall im Reiche geborgen ist, denn sie ist nirgends in der Fremde, weil ja ganz Österreich ein Haus ist, legte der Dichter der Stammmutter des Habsburg-lothringischen Hauses, der großen Maria Theresia, in den Mund.

Erzherzog Franz Salvator.
Nach einer Photographie von A. Red, Linz.

Die hohe Freude des Kaisers über das Glück der Neuvermählten, die im Schlosse Lichtenegg bei Wels ihren Aufenthalt nahmen, spiegelt sich in dem Allerhöchsten Handschreiben wieder, welches Se. Majestät von Ischl aus an den Ministerpräsidenten richtete:

„Mit tiefbewegtem Herzen habe Ich bei dem freudigen Anlasse der Vermählung Meiner geliebten Tochter, der Erzherzogin Marie Valerie, in Glückwünschen und Huldigungen aus allen Theilen der Monarchie die erhebendsten Beweise jener liebevollen Theilnahme erhalten, mit welcher Meine getreuen Völker seit jeher die Geschicke Meines Hauses begleiten."

„Indem Ich für diese Kundgebungen unwandelbarer Treue und Anhänglichkeit allen daran betheiligten Körperschaften und einzelnen Persönlichkeiten Meinen, der Kaiserin und Meiner geliebten Kinder innigsten Dank ausspreche, gereicht es Mir zur besonderen Befriedigung, auch diesmal, wie schon bei früheren Anlässen, eine Reihe von Stiftungen und Widmungen aller Art an ein Freudenfest Meines Hauses geknüpft zu sehen und dem Vermählungstage Meiner Tochter durch Werke der Wohlthätigkeit und Nächstenliebe, welche hinfort ihren Namen tragen sollen, für alle Zeiten ein gesegnetes Andenken gesichert zu wissen. Ich beauftrage Sie, diesen Unseren Dank zur allgemeinen Kenntnis zu bringen."

Das erste Kind, das dem Ehebunde der Erzherzogin Valerie entstammte, war ein Mädchen; die Taufe der Erzherzogin, die am 27. Jänner 1892 geboren wurde, fand in der Hofburg zu Wien statt; das Enkelkind erhielt den Namen seiner hohen Pathin und Großmutter, der Kaiserin Elisabeth. Am 17. Februar 1893 erfolgte die Geburt eines Prinzen, der in der Taufe den Namen Franz Karl Salvator erhielt. Der Kaiser reiste selbst nach Schloss Lichtenegg, um sein Enkelkind aus der Taufe zu heben. Dem Ehebunde der Erzherzogin Valerie entsprossten noch Erzherzog Hubert Salvator und Erzherzogin Hedwig.

Am 24. Jänner 1893 fand in der Hofburgpfarrkirche die Vermählung der Nichte des Kaisers, der Erzherzogin Margarete Sophie, Tochter des Erzherzogs Karl Ludwig, mit dem Herzoge Albrecht von Württemberg statt. Bei dem Galadiner in der Hofburg erhob sich Seine Majestät zu einem Trinkspruche auf das hohe Brautpaar, der mit dem Wunsche schloss: „Glück und Segen dem theueren Brautpaar!"

Bald darauf reiste der Kaiser nach München, um der Vermählung seiner Enkelin, der Prinzessin Auguste von Bayern mit dem Erzherzoge Josef Augustin, dem ältesten Sohne des Erzherzogs Josef, beizuwohnen. Dem gütigen Mittlerworte des kaiserlichen Großvaters hatte es auch die älteste Enkelin Seiner Majestät, Prinzessin Elisabeth von Bayern, zu danken, dass sie mit dem Erkorenen ihres Herzens, dem Freiherrn Otto von Seefried, an den Traualtar treten durfte.

Der erste Urenkel, der dem Kaiser geboren wurde, erblickte am 28. März 1895 das Licht der Welt; Erzherzog Josef Franz ist ein Kind aus der Ehe des Erzherzogs Josef Augustin und der Prinzessin Auguste.

Am 18. August 1890 war des Kaisers sechzigstes Geburtsfest in allen Theilen des weiten Reiches gefeiert worden; aus aller Herzen war der heiße Wunsch zu Gott emporgestiegen, der Herr der Heerscharen schenke dem geliebten Fürsten noch viele, viele Jahre ungetrübten Glückes und ungebrochener körperlicher und geistiger Frische. Wirklich erfreut sich auch Seine Majestät, der im Jubeljahre 1898 das achtundsechzigste Jahr seines thatenreichen Lebens zurücklegen wird, einer seltenen Rüstigkeit und Ausdauer im Ertragen von Mühen und Beschwerden, denen sich oft die Jugend ungern unterwirft.

Beweis davon sind die zahlreichen, sehr anstrengenden militärischen Excursionen und Manöver, die bald in Oberösterreich, bald in Galizien, Böhmen, Mähren oder Ungarn stattfinden und an die Kraft und Ausdauer aller daran Theilnehmenden die größten Anforderungen stellen. So machte der Kaiser im September 1891 die außerordentlich beschwerlichen Manöver im oberösterreichischen Waldviertel mit, und ein Augenzeuge erklärte: „Seine Majestät bot wieder zur Freude aller, die das Glück hatten, ihn zu sehen, in Gestalt und Bewegung das gewohnte Bild bewundernswerter Frische und Elasticität." — An diesen Manövern nahmen als Gäste Seiner Majestät auch der Deutsche Kaiser Wilhelm II. und der König Albert von Sachsen theil.

Es war gewiss kein Ausdruck leerer Höflichkeit, wenn der deutsche Kaiser Wilhelm II., unseres Herrschers ritterlicher Freund und Bundesgenosse, bei dem Besuche, mit welchem er im Frühlinge 1896 das seinen Namen tragende Husarenregiment Nr. 7 in Wien beehrte, die Ansprache des Regimentsobersten mit einer Rede erwiderte, deren Schluss folgendermaßen lautete: „Ich bin überzeugt, der Dolmetsch der Gefühle aller zu sein, welche hier bei Tische sind und heute bei der Parade Gelegenheit hatten, die herrliche, frische Erscheinung des Kaisers Franz Josef zu bewundern, wenn ich freudig bewegten Herzens ausrufe: Kaiser Franz Josef und seine Armee leben hoch, hoch, hoch! Eljen, Eljen, Eljen!"

Auch die vielen Reisen, denen sich der Kaiser nach wie vor ohne die geringste Spur von Ermüdung und Erschöpfung unterzieht, sind ein Beweis der seltenen Frische und Rüstigkeit, deren sich unser geliebter Herrscher auch in den vorgerückten Jahren seines Lebens erfreut.

In den Tagen vom 26. September bis 2. October 1891 weilte der Kaiser n Böhmen; besonders warm und innig waren die Kundgebungen der Freude, die ihm in Prag und Reichenberg umrauschten; glänzend war der Fackelzug, der am 29. September im altehrwürdigen Prag zu Ehren Seiner Majestät abgehalten wurde. Bei der Rückkehr nach Wien empfieng den geliebten Monarchen auch in seiner treuen Residenzstadt, die Festesschmuck angelegt hatte, freudiger Jubel der Bevölkerung, so dass Seine Majestät froh bewegt zum damaligen Bürgermeister Dr. Prix äußerte: „Ich bin herzlichst erfreut über den Beweis der Anhänglichkeit, den Ich bei Meiner Rückkehr in Mein geliebtes Wien erfahre und danke herzlich für diese Ovation."

Am 27. September 1893 reiste der Kaiser nach Innsbruck zur Enthüllung des Andreas Hofer-Denkmals auf dem Iselberge. Ergreifend und durch die herrliche Scenerie der Alpenwelt besonders prachtvoll gestalteten sich die Tiroler Festtage. Vor dem Denkmal, dessen Hülle durch des Kaisers Machtgebot fallen sollte, stand ein reichgeschmückter Altar, rückwärts waren die Schützencompagnien von Passeyer und die Veteranen vom Jahre 1848 aufgestellt, zu Füßen des Denkmals standen je zwei Südtiroler und zwei Nordtiroler in ihren malerischen Volkstrachten. Bei der Eröffnung der Tiroler Landesausstellung sprach der Kaiser die schönen Worte:

„Nicht mühelos werden hier die Gaben der Natur errungen, erhöht sind die Forderungen an des Menschen Thatkraft und Scharfsinn, erhöht ist aber auch der Wert der menschlichen Arbeit, wenn sie sich erproben muss im steten Kampfe mit der Macht der Elemente."

„Die Landesausstellung möge zum Ausgangspunkte eines friedlichen Wettbewerbes auf dem Felde der Arbeit und des Fortschrittes und zur Quelle vermehrten Wohlstandes werden."

An die Enthüllung des Hofer-Denkmals schloss sich auch die Eröffnung des neuen Tiroler Landes-Hauptschießstandes, an der Straße zwischen Innsbruck und Hall in romantisch reizvoller Lage erbaut. Auf die Ansprache des Oberschützenmeisters An der Lan an Seine Majestät erwiderte der Kaiser Folgendes:

„Halten Sie Ihren neuen Hauptschießstand hoch in Ehren als Pflegestätte des Gemeinsinns sowie der kriegerischen Tüchtigkeit und des von Ihren Vätern ererbten Patriotismus. Meine Fürsorge und Unterstützung wird Ihnen bei diesem Streben gewiss nicht fehlen."

Das Andreas Hofer-Denkmal auf dem Iselberge.

„In Tagen der Gefahr aber erwarte Ich von den Tiroler und Vorarlberger Schützen zuversichtlich, dass sie nach Vätersitte unerschrocken und opferwillig Gut und Blut einsetzen werden für Thron und Vaterland."

Unbeschreiblicher Jubel erscholl nach diesen kaiserlichen Worten.

An dem Kaiser scheint das Alter spurlos vorüberzugehen. Als im verflossenen Sommer (1897) viele Theile des Kaiserstaates und auch das liebliche Ischl, wo damals die kaiserliche Familie weilte, von schrecklicher Wassersnoth bedrängt wurden, war der Kaiser den ganzen Tag in den Straßen von Ischl zu sehen und ordnete selbst die Rettungsarbeiten an. — Auf Wunsch der Kaiserin wurde damals der Park der Kaiservilla dem Publicum eröffnet und das Erträgnis eines Concertes, das auf Befehl des Kaisers im Parke abgehalten wurde, den durch die Wasserkatastrophe arg betroffenen Bewohnern zugewendet. Der Kaiser erschien bei diesem Feste, das einen wahrhaft herzlichen Charakter zur Schau trug, eines seiner Enkelkinder an der Hand, inmitten der Besucher, von denen er viele besonderer Ansprache würdigte. Sobald der Bahnverkehr, der einige Zeit unterbrochen war, wieder aufgenommen werden konnte, eilte der Kaiser von Ischl nach

Wien, um die furchtbaren Verwüstungen, die der Donaustrom verursacht hatte, mit eigenen Augen zu besichtigen, und wo irgend möglich, sofort Abhilfe und Linderung der dringendsten Noth zu veranlassen. Der Kaiser fuhr damals nach Nußdorf, besuchte Kaiser-Ebersdorf und Albern und spendete den braven Arbeitern, vor allem den wackeren Pionnieren, die Tag und Nacht den größten Gefahren ausgesetzt waren, warmes Lob. Der Kaiser äußerte damals: „Man hat also der Donauregulierung doch sehr viel zu danken. Wenn diese Arbeit nicht ausgeführt worden wäre — wie hätte es da in Wien ausgesehen! Übrigens hat sich auch das Sperrschiff wieder bewährt.“

So sehen wir den Kaiser unermüdlich und rastlos thätig, wenn es gilt, das Wohl seiner Unterthanen zu fördern, ihr Glück und ihre Feste durch seine Theilnahme zu verschönern, ihr Ungemach und ihre Leiden durch seine hochherzige Fürsorge abzuwehren oder zu lindern. — Er war und ist stets ein wahrer Fürst des Friedens.

XV.

Ein Fürst des Friedens.

Wir nähern uns dem Ende unseres Buches, das sich zur Aufgabe gestellt hat, in schlichten Worten die Geschichte des Lebens und der Regierung unseres geliebten Kaisers zu erzählen.

Wir glaubten, dem letzten Abschnitte dieses Werkes keinen bezeichnenderen Titel geben zu können als den: „Ein Fürst des Friedens.“ Denn als Friedensfürst muss Franz Josef I. vor allem verherrlicht werden. Musste er auch oftmals zum Schwerte greifen, so that er dies doch nie aus bloßer Begierde nach den blutigen Lorbeeren des Krieges; denn nicht als Eroberer wollte er glänzen, sondern als Förderer der Werke des Friedens. Die Segnungen desselben seinen Ländern zu bewahren und auch im Concerte der europäischen Staaten sein hohes Ansehen in diesem Sinne geltend zu machen, darauf war vor allem sein Bestreben gerichtet.

Insbesondere waren es zwei Reisen, die diesen Absichten unseres Kaisers dienten und die in die jüngst verflossene Zeit fallen, der Besuch am rumänischen Königshofe anlässlich der Eröffnung des neuen Schiffahrtscanals am eisernen Thore bei Orsova und die Reise nach St. Petersburg zum Besuche des Kaisers Nikolaus II. von Russland im April des Jahres 1897.

Eines der großartigsten Werke, auf dessen Vollendung unser Staat mit vollem Rechte stolz sein kann, war die Regulierung jener Stromenge des Donauthals zwischen Orsova und Turn-Severin, welche unter dem Namen des eisernen Thores bekannt und gefürchtet war. Dieser enge Pass gestattete bei niedrigem Wasserstande den größeren Dampfschiffen keine Weiterfahrt. Jetzt, nachdem mächtige Felsen und Riffe gesprengt wurden, können auch die stattlichsten Handelsschiffe ruhig durch den breiten Strom dahingleiten.

Unseren Herrscher musste ein Gefühl stolzer Freude durchströmen, als das Schiff „Franz Josef“, auf welchem er und seine erlauchten Gäste, die Könige von Rumänien und Serbien sich befanden, zum erstenmale den Spiegel des neuen Strombettes durchschnitt. Seine Majestät gab dieser stolzen Freude auch Ausdruck in dem Trinkspruche, zu dem er nach der kirchlichen Weihe der neuen Wasserstraße den goldenen Pokal erhob:

„In diesem feierlichen Augenblicke, der Uns vereinigt, um ein großes Werk der öffentlichen Wohlfahrt zu feiern, bin Ich glücklich, den Willkommgruß den Souveränen zweier befreundeter Länder zu entbieten, deren von den Gewässern der Donau bespülte Ufer in ihrer gegenseitigen Nähe die Gemeinsamkeit unserer Interessen symbolisieren. Die Arbeiten, mit welchen Österreich-Ungarn durch den in Berlin versammelt gewesenen Areopag betraut worden war, sind beendet. Die letzten Hindernisse, welche dem freien Verkehre im Laufe des großen Stromes im Wege standen, sie sind beseitigt. Stolz auf die Mission, welche Uns zugefallen, erkläre Ich die neue Straße für eröffnet, und in der Überzeugung, dass dieselbe einen mächtigen und heilsamen Aufschwung der ebenso friedlichen, wie fruchtbringenden Entwickelung der internationalen Beziehungen geben wird, trinke Ich auf das Wohl und das Glück Unserer Völker!"

Die drei Monarchen stießen nun mit den Goldpokalen, welche die ungarische Regierung zu diesem Zwecke gewidmet hatte, aneinander, und in das Rauschen der Wogen, die der gefallenen Fesseln zu spotten schienen, mischte sich der dröhnende Donner der Geschütze und der tausendstimmige Jubel der Volksmenge, die dichtgedrängt die Ufer umsäumte.

In Herculesbad, wo, wie ein Berichterstatter schreibt, die heilkräftigen Quellen fließen, die vor alters dem Hercules, dem göttlich-menschlichen Urbilde gesunder Stärke, geweiht waren, hat der Drei-Fürsten-Tag seinen Abschluss gefunden. Von dem kleinen Thale, das die kraftspendenden Wasser umschließt, hat vor fast einem halben Jahrhundert ein österreichischer Poet geschrieben, hier habe die Natur die kühnsten Felsen, die duftigsten Berge, die üppigsten Pflanzen und Bäume, den klarsten Wildbach vereint, den blauesten Himmel habe sie über dieses Eden gespannt.

Im Curhause von Herculesbad, das einem schimmernden Palaste glich, fand die Hoftafel statt, bei der Seine Majestät der Kaiser auf seine erlauchten Gäste folgenden Trinkspruch ausbrachte:

„Ich trinke auf die Gesundheit Meiner erhabenen Gäste, Ihrer Majestäten des Königs von Rumänien und des Königs von Serbien. Indem Ich Ihnen dafür danke, dass Sie die Güte hatten, das Fest, das wir heute feiern, mit Ihrer Gegenwart zu beehren, wünsche Ich Ihnen Glück und Ihren Ländern Wohlergehen und Ich hoffe, dass die Bande aufrichtiger Freundschaft, die uns an Sie knüpfen, immerdar in den freundnachbarlichen Beziehungen unserer Staaten ihren treuen Ausdruck finden werden."

Unmittelbar an die feierliche Eröffnung des regulierten Donauschiffahrtscanals am eisernen Thor schloss sich der Besuch unseres Kaisers am rumänischen Königshofe, der eine Fülle innigster Herzenskundgebungen in sich schloss, mit denen unser geliebter Herrscher überhäuft wurde.

Rumäniens Hauptstadt, Bukarest, hatte prangenden Festschmuck angelegt. Die Calea Victoriei — es ist die Bukarester Herrengasse und zugleich das Quartier der reichen Leute — glich, wie Egon Zweig erzählt, der die Reise als Berichterstatter mitmachte, einem wogenden Meer in Farben, aus welchen nur von Zeit zu Zeit das blanke Gelb der Häuserfronten emportauchte. Die Straße war wie überwallt von dem frohen Bunt der Fahnen. Quer über den Fahrweg waren Reisiggewinde und Draperien gespannt. Ein wahrer Farbenjubel. Fenster und Balkone waren mit kostbaren Stoffen geschmückt. Da war kein Haus, das nicht Festgewand angelegt hätte. Firmaschilder und Gascandelaber trugen Guirlanden- und Farbenzier. Willkommgrüße, Wappen, Embleme, Teppiche überall.

Selbst der letzte rumänische Bauer verstand und würdigte die Ehre, die seinem Lande durch den Besuch des ältesten Monarchen des Continents widerfuhr.

Der Kaiser trug, als er in Bukarest anlangte, den weißen Marschallsrock mit dem rothblauen Bande des „Sterns von Rumänien". Er schwang sich rasch vom Trittbrette des Waggons hinab und begrüßte ehrfurchtsvoll mit Kuss auf Hand und Wange die Königin Elisabeth, die als Dichterin gefeierte Carmen Sylva.

Die Königin sah, wie derselbe Augenzeuge erzählt, blühend aus. Unter dem grauen Hütchen, das sie trug, drängte sich in ungeberdigen Ringeln das weiße Haar hervor. „Es ist wie Schnee im Morgenlicht. Denn darunter erblickt man ein frisches, heiteres Antlitz mit einem unendlich feinen und gemüthvollen Zug um Lippen und Augen."

Mit einem Feuergruße endete die Königsstadt an der Dimbowitza den Tag, der einen Mächtigen und Geliebten in ihre Mauern gebracht. Die Siegesstraße war ihrer ganzen Länge nach überwölbt von Flammenguirlanden, welche die beiden Häuserreihen verbanden.

Bei dem Galadiner, welches zu Ehren des Kaisers veranstaltet wurde, flossen Worte herzlicher Freundschaft von den fürstlichen Lippen. „Ich fühle Mich glücklich" — so erwiderte unser Kaiser den Gruß des Königs Carol — „Euerer Majestät die Versicherung Meiner aufrichtigen und unveränderlichen Freundschaft im Herzen dieses schönen und reichen Landes selbst erneuern zu können, welches die hohe Weisheit Euerer Majestät auf die Bahn des Fortschrittes geführt und dessen Bedeutung unter den Staaten Europas Sie gesichert haben."

Auch Schloss Pelesch im waldumrauschten Sinaia, die Schöpfung der Königin Elisabeth, hatte die Ehre, Seine Majestät den Kaiser als erlauchten Gast begrüßen zu dürfen. Als sich der Kaiser, der von der lieblichen, an wechselvollen Reizen überreichen Umgebung des Schlosses entzückt war, im Spiegelsaale von der Königin verabschiedet hatte und die große Treppe hinabgeschritten war, „ergoss sich", wie der oben genannte Theilnehmer der Feste erzählt, „mit einemmale ein Feuerzauber von unbeschreiblicher Pracht über die bewaldeten Höhen. Durch Rauch und Gluten nahmen die Wagen ihren Weg. Schloss Pelesch sah mit strahlenden Augen in die Nacht hinaus, einem schimmernden Feenpalaste gleich.

Das staunende, geblendete Auge sah nur mehr einen riesigen Lichtocean, der in mächtigen Feuerwellen von den Hügeln zu Thale flutete."

„So unter lohenden Flammengrüßen hat unser Kaiser Abschied genommen von dem lieblichen Fleck Erde, der Sinaia heißt. Als sich der Hofzug in Gang setzte, ergriff eine mächtige, tiefgehende Bewegung alle, die dem hohen Gaste das Geleite gegeben, und die ganze vornehme Versammlung brachte dem Scheidenden eine spontane, begeisterte Huldigung dar. Minister, Generale und Diplomaten schwenkten die Hüte, und in den Hurrah-Ruf der Ehrenwache mischte sich ihr brausendes Hoch."

„Vom Franz Josef-Felsen flammte mächtiger Glanz durch die Nacht: ein strahlendes Erinnerungsmal."

Ebenso reich an Kundgebungen festlicher Freude wie der Aufenthalt Seiner Majestät am rumänischen Königshofe gestaltete sich auch des Kaisers Reise nach St. Petersburg zum Besuche des russischen Kaiserpaares.

Kaiser Alexander III. von Russland war am 1. November 1894 zu Livadia in Südrussland verschieden, sein Nachfolger Kaiser Nikolaus II. hatte bald nach seiner Thronbesteigung im Sommer 1896 mit seiner erlauchten Gemahlin, Alexandra Feodorowna, unserem Kaiserhofe einen Besuch abgestattet, und die Reise Seiner Majestät des Kaisers Franz Josef nach St. Petersburg war als Erwiderung des russischen Kaiserbesuches aufzufassen, sie galt aber auch der Sicherung des europäischen Friedens, dessen Bestand durch den im Frühlinge des Jahres 1897 zwischen der Türkei und Griechenland ausgebrochenen Krieg *) schwer bedroht worden war. Der Besuch unseres Kaisers am russischen Hofe befestigte das herzliche Einvernehmen, welches zwischen unserem Staate und der russischen Monarchie besteht, und sicherte die Einmüthigkeit der beiden durch die Ereignisse im Osten zunächst bedrohten Reiche in allen Fragen, die sich auf die Verhältnisse der Balkanhalbinsel bezogen.

Der herzliche Freundschaftsbund, welchen die beiden erhabenen Monarchen geknüpft hatten, kam auch in warmer Weise in den Trinksprüchen zum Ausdrucke, welche bei dem in dem prachtvollen Nikolaisaale des kaiserlichen Winterpalais am 27. April abgehaltenen glänzenden Galadiner von den beiden Herrschern von Österreich-Ungarn und Russland gewechselt wurden.

Der Trinkspruch des russischen Kaisers Nikolaus II. lautete folgendermaßen:

„Glücklich über die Anwesenheit Euerer Majestät unter uns, lege ich Wert darauf, Ihr für diesen neuen Beweis aufrichtiger Freundschaft, die uns vereinigt, zu danken. Diese Freundschaft ist gefestigt durch eine Gemeinsamkeit der Ansichten und Principien, welche dahin zielen, unseren Völkern die Wohlthaten des Friedens zu sichern. Euer Majestät kennen die herzlichen Gefühle, die mich für Ihre Person beseelen, und den ganz besonderen Wert, welchen ich auf eine vollständige Solidarität zwischen uns bezüglich des hohen Zieles, welches wir verfolgen,

*) Die Kriegserklärung der Türkei an Griechenland erfolgte am 7. April 1897.

lege. Ich trinke auf die Gesundheit Euerer Majestät, auf die Gesundheit Ihrer Majestät der Kaiserin und der ganzen kaiserlichen Familie."

Kaiser Franz Josef erwiderte wie folgt:

„Tief gerührt von dem liebevollen und herzlichen Empfang, welchen Euere Majestät so gütig waren, Mir zu bereiten, und von den vielfachen Aufmerksamkeiten, von denen Ich seit dem Augenblicke, wo Ich die Grenzen dieses Reiches überschritten habe, umgeben bin, liegt es Mir besonders am Herzen, Euerer Majestät Meine lebhafteste und aufrichtigste Dankbarkeit auszusprechen. Ich freue Mich, darin ein neues Unterpfand der engen Freundschaft zu erblicken, die uns vereint und die, auf den Gefühlen der gegenseitigen Achtung und Loyalität gegründet, für unsere Völker eine dauerhafte Garantie des Friedens und Wohlergehens bildet. In fester Hingebung an den Sieg dieser Sache werde Ich Mich stets glücklich schätzen, zu diesem Behufe auf die wertvolle Unterstützung Euerer Majestät rechnen zu können und überzeugt von dem unseren gemeinsamen Bestrebungen vorbehaltenen Erfolge trinke Ich auf das Wohl Euerer Majestät, auf dasjenige Ihrer Majestät der Kaiserin und der kaiserlichen Familie."

Kaiser Franz Josef war in Begleitung seines durchlauchtigsten Neffen, Erzherzogs Otto, am 27. April um zehn Uhr Vormittags in St. Petersburg eingetroffen und am Abende des 29. April reiste unser Herrscher von St. Petersburg ab, nachdem er sich in herzlichster Weise vom Kaiser Nikolaus verabschiedet hatte.

Der Aufenthalt in St. Petersburg stellte an den Kaiser Franz Josef die größten physischen Ansprüche, denen er mit seltener Frische gewachsen war.

Während der glänzenden Truppenparade, die auf dem sogenannten Marsfelde, fast im Herzen der Stadt St. Petersburg, stattfand, kam der Kaiser durch mehr als drei Stunden nicht aus dem Sattel. Die Heerschau bot einen großartigen Anblick. Besonders prächtig nahmen sich die Garde-Kürassiere aus mit ihren Adlerhelmen, ihren blitzenden Kürassen und den flatternden Lanzenfahnen; einen glänzenden Eindruck machten auch die Husaren der Garde mit den weißen Pelzen, den rothen Dolmans und den hohen Pelzmützen. Nach der Revue fand großer diplomatischer Empfang und nach dem Familiendiner im russischen Kaiserpalaste große Galavorstellung im Marientheater statt. Beim Erscheinen des Kaisers, der die Uniform des Kexholm'schen Leibgardegrenadier-Regiments trug, intonierte die Kapelle die österreichische Volkshymne, und das Publicum brach in minutenlange, stürmische Hurrahrufe aus.

Nicht bloß diese Reise unseres Kaisers nach St. Petersburg hat wesentlich beigetragen, den europäischen Frieden zu kräftigen, sondern der Kaiser hat auch, als Griechenland durch die Siege der Türkei niedergeworfen worden war, Anlass genommen, durch ein eigenes Handschreiben an Sultan Abdul Hamid diesen nachgiebiger zu stimmen, so dass der Waffenstillstand, der zwischen Griechenland und der Türkei abgeschlossen wurde, sich rascher, als man bei der Uneinigkeit der Großmächte denken mochte, in einen dauernden Frieden verwandelt hat, wodurch unserem durch die Ereignisse im Osten erschütterten Welttheile wieder ruhige Entfaltung seiner Kräfte vergönnt sein wird. So bewährte sich unser Kaiser als Hort und Wächter des Friedens, und seine rathende und mahnende Stimme vernimmt Europa stets mit aufmerksamer Ehrerbietung.

Als das britische Inselreich die seltene Feier der sechzigjährigen Regierung der Königin Victoria begieng, war Kaiser Franz Josef einer der ersten Herrscher, der den jubelnden Glückwünschen des ganzen englischen Volkes auch seine herzliche Gratulation hinzufügte. Am 20. Juni 1897 begab sich der Kaiser in der Uniform des 1. großbritannischen Gardedragonerregiments, — rother Waffenrock, eng anliegende weiße Hosen, Stulpenstiefel, goldener Helm mit rothem Rosshaarbusche — begleitet von seinem Flügeladjutanten in das Gebäude der englischen Botschaft in Wien, um dem Botschafter, Sir Horace Rumbold, persönlich seine Glückwünsche für die Königin Victoria darzubringen; der Kaiser verweilte zwanzig Minuten im Botschaftsgebäude und kehrte dann in die Hofburg zurück.

Welche Hochachtung und Verehrung unser Kaiser selbst im fernen Oriente genießt, davon liefern nicht nur die Reisen einzelner Mitglieder unseres Kaiserhauses, so die Weltreise des Erzherzogs Franz Ferdinand von Österreich-Este (October 1892 bis December 1893), mit ihren herzlichen Empfängen an den orientalischen Fürstenhöfen unwiderlegliche Beweise, sondern auch die Besuche ausländischer Fürstlichkeiten, unter denen der des Königs von Siam, Chulalongkorn, im Sommer 1897, wohl einer der interessantesten war.

Wenden wir unseren Blick, der weit über die Grenzen unseres Reiches geschweift war, wieder dem eigenen Staate und dessen inneren Zuständen zu, so begegnen wir wie in allen früheren Zeitabschnitten auch in diesem der innigsten Fürsorge des Monarchen für die Blüte und den Aufschwung seiner geliebten Kaiserresidenz an der Donau.

Am 15. Jänner 1891 veranlasste die Feier des hundertjährigen Geburtsfestes Grillparzers große Festlichkeiten in Wien. Der Kaiser besuchte am 17. Jänner die Grillparzer-Ausstellung im Wiener Rathhause, in der besonders das stimmungsvolle Grillparzerzimmer hohes Interesse erregte. Am 11. Jänner begann im Hofburgtheater ein Cyclus der herrlichen Dramen des großen Dichters, und am Vorabende des eigentlichen Festtages wurde im großen Musikvereinssaale die schöne Feier der „Grillparzer-Gesellschaft" abgehalten.

Am 17. October 1891 fand die Eröffnung des neuen kunsthistorischen Museums durch den Kaiser statt. Nunmehr sind die herrlichen Gebilde der Kunst, die prachtvollen Schätze, die das Kaiserhaus angesammelt, in Räumen untergebracht, die man als wahre Tempel der Kunst bezeichnen darf.

Als sich Wien mit den prächtigen Gebäuden der Ringstraße zu schmücken begann, dachte der Kaiser zuletzt an sich und sein eigenes Haus; der neue Burgflügel, der hinter dem Reiterstandbilde des Prinzen Eugen auf dem äußeren Burgplatze sich erhebt, geht der Vollendung entgegen, und im Jahre 1893 wurde der Bau der neuen Burgfaçade beendigt, die sich in strahlender Pracht dem

Michaelerplatze zuwendet und im Vereine mit den neuen stilvollen Gebäuden, die dort erstehen, diesen früher so düsteren und winkeligen Platz zu einem der schönsten der Residenz gestalten wird. Zwei Monumentalbrunnen, deren allegorische Figuren die Macht zu Lande und die Herrschaft zur See darstellen, gereichen der herrlichen neuen Façade zu wirkungsvollster Zierde. Der Plan des berühmten Fischer von Erlach, der den linken Flügel erbaut hatte, ist auf diese Weise der Vollendung entgegengeführt worden. Das Hauptportal trägt die unter dem Wappenschilde prangende Inschrift: „Franciscus Josephus I. vetus palatii opus a Carolo VI. inchoatum, a Maria Theresia et Josepho II continuatum perfecit a. D. MDCCCXCIII," zu Deutsch: „Franz Josef I. vollendete den alt-

Die kaiserliche Hofburg in Wien.

ehrwürdigen Bau des Palastes, den Karl VI. begonnen, Maria Theresia und Josef II. fortgesetzt haben, im Jahre des Heils 1893." Besonders schön sind die allegorischen Figuren im Octogon des Einganges, welche die Wahlsprüche des Kaisers Karl VI.: Constantia et fortitudine (mit Standhaftigkeit und Tapferkeit), Maria Theresias: Justitia et clementia (durch Gerechtigkeit und Milde), Josefs II.: Virtute et exemplo (durch Tugend und Beispiel) und des Kaisers Franz Josef: Viribus unitis versinnbildlichen.

Wien, das unserem Kaiser so viel zu danken hat, verknüpft mit seinem erlauchten Namen auch den Bau der Stadtbahn. — Am 18. Februar 1893 fand bei der Annagasse in Hernals der erste Spatenstich zum Bau der Stadtbahn statt, und am 3. August 1894 ertheilte Seine Majestät die Concessionsurkunde für die Anlegung der Localbahnlinien der Wiener Stadtbahn. Bald werden sich die eisernen Schienenstränge um den äußeren Gürtel der Stadt und durch das Thalbett des Wienflusses winden und im Fluge werden die Bewohner Wiens in all die lieblichen Orte gelangen, die an der Gemarkung der Residenz liegen.

Den Aufschwung und die Blüte Wiens bezeugten auch zwei Ausstellungen, die in dem geschilderten Jahrzehnt unter der schirmenden Ägide des Kaisers stattfanden: die Land- und forstwirtschaftliche Ausstellung vom Jahre

Das Schubert-Denkmal im Wiener Stadtpark.

1890 und die große internationale Ausstellung für Musik und Theaterwesen, die im Jahre 1894 stattfand und aufs neue den Beweis lieferte, dass die sangesfreudige Kaiserstadt an der Donau ein Hort der Tonkunst, eine Heimstätte holder Musik ist. Wien ist ja die Geburtsstadt Schuberts, dessen schönes Standbild, von Laub umgrünt und von Blumen umblüht, im Stadtpark sich erhebt, in Wien schufen Haydn und Beethoven ihre unsterblichen Werke. Die Musik- und Theaterausstellung lieferte aber auch den Beweis, welch aufmerksame Pflege die Musik in unserem erlauchten Kaiserhause selbst gefunden und wie viele fürstliche Persönlichkeiten dieses Hauses, componierend und ausübend, der edlen Tonkunst gehuldigt haben.

In dem Interieur „Habsburg-Lothringen“ in der Rotunde waren viele Reliquien und Erinnerungszeichen, die sich auf Mitglieder des Kaiserhauses bezogen, so: das Clavier, auf dem Kaiser Josef II., der auch ein leidenschaftlicher und ausgezeichneter Flötenspieler war, gespielt hatte, ferner die Harfe der unglücklichen Königin Marie Antoinette, ein Clavier der Kaiserin Carolina Augusta, der Gemahlin des Kaisers Franz I., und eine prachtvolle Zither, die der Kaiserin Elisabeth gehörte. In dieser Abtheilung der hochinteressanten

Das Mozart-Denkmal in Wien.

und ungemein reichhaltigen Ausstellung war auch die Partitur der Oper „Elisa“ vom Kapellmeister J. J. Fux zu sehen, die einst Kaiser Karl VI., der Vater der Maria Theresia, der ein vortrefflicher Musiker war, zu Ehren der Kaiserin in einem Concerte bei Hofe selbst dirigiert hatte; ferner befanden sich dort viele Tonstücke, geistlichen und weltlichen Inhalts, welche von den österreichischen Herrschern Ferdinand III., Leopold I. und Josef I. componiert worden waren.

Wie reichhaltig war überhaupt diese Ausstellung, welche vom Deutschen Reiche, von Frankreich, Italien, England, Spanien, Russland, Bulgarien und vielen Staaten Amerikas beschickt worden war! Aber im freundlichsten Andenken steht da jedem Besucher das reizende „Alt-Wien," welches den hohen Markt, wie er vor ungefähr 200 Jahren ausgesehen hat, in ungemein anschaulicher Weise wieder lebendig machte, mit der Schranne, dem „Narrenkotterl," der düsteren Prangersäule und dem lustigen Hanswurstltheater. Unvergeßlich war der Eindruck, wenn man des Abends durch dieses Alt-Wien wandelte und aus den kleinen Fensterchen der verfallenen giebeligen Häuser oder aus den lauschigen Erkerstübchen Lichter schimmerten, der Nachtwächter die Stunden ausrief und aus den niederen Schankstuben Spiel und Gesang der alten Harfenisten heraustönten.

Welch ein Gegensatz zwischen diesem Wien vor 200 Jahren, das uns die Kunst des Malers und Architekten in überraschender Treue hervorgezaubert hatte, und der Kaiserstadt von jetzt, welche der Huld Franz Josefs I. neuen, ungeahnten Glanz zu danken hat.

Wie Wien seine Tonheroen ehrt, bewies auch die Schubert-Ausstellung, welche zur Feier des hundertsten Geburtsfestes des großen Tonkünstlers im Künstlerhause in Wien veranstaltet wurde und eine Fülle der denkwürdigsten und wertvollsten Reliquien des großen Tonkünstlers zu pietätvoller Betrachtung darbot.

Auch dem Genius Mozarts, der in Wien seinen „Don Juan", seine „Zauberflöte," sein unsterbliches Requiem componiert hatte, trug Wien unter der Regierung unseres Kaisers seine verspätete Dankesschuld ab durch Errichtung der aus der Meisterhand Tilgners hervorgegangenen Statue, die den Platz an der Rückseite der Hofoper schmückt.

Auch der sogenannten „Congressausstellung", die am 15. Februar 1896 in den Räumen des Kunstgewerblichen Museums am Stubenring vom Kaiser eröffnet wurde, müssen wir hier gedenken. Sie versetzte uns in jene historisch so denkwürdige Zeit des Wiener Congresses nach den Napoleonischen Kriegen, durch den Wien der glänzende Mittelpunkt ernster Staatshandlungen und rauschender Feste wurde.

Die Erinnerung an diese Zeit leite uns aus dem heiteren Reich der Töne zur ernsten Kunst der Staatsverwaltung hinüber. Als das wichtigste Ereignis in der inneren Verwaltung unserer Reichshälfte in diesem Zeitabschnitte tritt uns die Demission des Ministeriums Taaffe entgegen, die im November 1893 erfolgte. Seine Majestät der Kaiser richtete aus diesem Anlasse ein ungemein gnädiges Handschreiben an den scheidenden Cabinetschef:

„Lieber Graf Taaffe! Mit Bedauern enthebe Ich Sie auf Ihr Ansuchen von dem Posten Meines Ministerpräsidenten und von der Leitung Meines Ministeriums des Innern."

„Ich vollziehe einen Act der Herzenspflicht, indem Ich Ihnen Meinen wärmsten und anerkennendsten Dank für die lange Reihe treuer und hervorragender Dienste ausspreche, welche Sie in allen Lagen, von den besten patriotischen Absichten geleitet, mit selbstlosem, hingebungsvollem Pflichteifer und mit wahrer Selbstaufopferung Mir und dem Staate geleistet haben."

„Seien Sie überzeugt, dass alles, was Sie und ein jedes Mitglied des enthobenen Ministeriums für den Staat Ersprießliches geschaffen, in Meiner dankbaren Erinnerung bewahrt bleiben wird."

In wärmster Weise dankte Se. Majestät auch in dem Handschreiben an den Unterrichtsminister Freiherrn von Gautsch diesem für die ausgezeichneten treuen Dienste, für die unermüdliche Thätigkeit, sowie für die großen Verdienste, welche sich der scheidende Minister um die Entwickelung und Hebung des Unterrichtswesens und um die Förderung der Interessen aller Confessionen erworben habe.

Freiherr von Gautsch, der sich um das Unterrichtswesen unserer Reichshälfte so große und bleibende Verdienste erwarb, trat übrigens auch in das Ministerium des Grafen Badeni ein, welches nach dem kurzen Bestande des sogenannten Coalitionsministeriums des Fürsten Alfred Windisch-Graetz von Seiner Majestät mit der Leitung der Staatsgeschäfte betraut wurde.

Freiherr von Gautsch war es auch, in dessen Hände Seine Majestät nach dem Rücktritte Badenis, welcher am 30. November 1897 erfolgte, die Bildung und Leitung des neuen Ministeriums legte.

Allein auch diesem Ministerium war infolge der schwierigen inneren Verhältnisse keine lange Dauer beschieden, und so berief Seine Majestät am 6. März 1898 den Grafen Franz von Thun-Hohenstein an die Spitze eines neuen Cabinets, dem das Vertrauen der Krone und das Entgegenkommen der Völker voraussichtlich ein längeres segensreiches Walten ermöglichen werden.

Wie in der österreichischen Reichshälfte im abgelaufenen fünften Jahrzehent der Regierung unseres allverehrten und geliebten Kaisers sich bei so vielen Anlässen und in so verschiedenartigen, mannigfaltigen Erscheinungsformen das stetige Emporblühen der Gewerbe und Künste und das Steigen der allgemeinen Wohlfahrt gezeigt haben, so offenbarte auch der Schwesterstaat jenseits der Leitha eine so glänzende Entfaltung seiner Kräfte, wie vielleicht noch in keinem anderen Stadium seiner reichen und ruhmvollen Geschichte. Den glänzendsten Beweis hiefür erbrachte wohl jene Ausstellung, welche zur Feier des tausendjährigen Bestandes Ungarns abgehalten wurde. Die feierliche Eröffnung der ungarischen Milleniumsausstellung in Budapest fand am 2. Mai 1896 statt, und die rauschenden Festlichkeiten, welche bei der Übernahme der Kroninsignien und Überführung der Krone des heiligen Stephan in die Krönungskirche stattfanden, lieferten den unwiderleglichsten Beweis der Treue und Liebe, mit der Arpads Stamm zu seinem gekrönten Könige Franz Josef I. hält.

Die Rede, mit welcher Seine Majestät der Kaiser und König die Ausstellung in Budapest für eröffnet erklärte und die mit brausenden Eljenrufen aufgenommen wurde, hatte folgenden Wortlaut:

„Von aufrichtiger Freude erfüllt, sind Wir zur Eröffnung dieser, einen geschichtlichen Zeitabschnitt bezeichnenden Ausstellung erschienen."

„Besonders aber erhöht diese Freude der Umstand, dass zur Verherrlichung des tausendjährigen Bestandes des ungarischen Staates in erster Reihe durch die Darstellung der Früchte nützlicher Arbeit so wie der vielhundertjährigen Entwicklung der geistigen und materiellen Schaffenskraft ein so eminentes Friedenswerk dient."

„Diese Ausstellung wird, wie Ich hoffe, vor aller Welt bezeugen, dass die ungarische Nation, indem sie diesen Staat ein Jahrtausend hindurch unter so manchen widrigen Umständen glorreich erhalten hat, nicht nur durch ihre Tapferkeit auf dem Schlachtfelde den Thron und das Vaterland jederzeit zu beschützen wusste, sondern auch auf dem Felde der Cultur einen würdigen Platz errungen hat und unter den civilisierten Völkern einnimmt."

„Sie wird ferner jenen Eifer und jene Opferwilligkeit bezeugen, womit das ganze Land um das Zustandekommen dieser Ausstellung sich bemühte, so wie auch jene zum Danke verpflichtende Bereitwilligkeit und Sympathie des Auslandes, welche dasselbe durch die Überlassung vieler wertvoller, vom Gesichtspunkte unserer Geschichte unschätzbarer Gegenstände für diese Ausstellung bethätigte. Und bezeugen wird sie endlich, dass, wenn auch auf dem politischen Kampfplatze viele zur Geltendmachung ihrer patriotischen Gefühle verschiedene, von einander abweichende Wege wählen, in der Treue zur heiligen ungarischen Krone, bei der nützlichen Arbeit, bei der Verbreitung der Wissenschaften und hiedurch bei der Förderung des Wohles und Ruhmes des Landes alle Bürger desselben vereint in voller Eintracht zu finden sind."

„Ich wünsche aufrichtig, dass dieser Einklang und diese brüderliche Einigkeit segenbringend sich auf all das ausdehnen möge, was zur Beglückung und zur Sicherung der Zukunft Meines geliebten Königreiches Ungarn dienen kann, und dass der bisher erreichte Erfolg, ohne jede Selbstüberschätzung, vielmehr ein mächtiger Ansporn zu weiterem Schaffen und Fortschreiten sein möge."

„Indem Wir Gott bitten, er möge Unser Flehen erhören und mit seinem Schutze und Segen diese Ausstellung begleiten, erkläre Ich sie hiemit als eröffnet."

Die Überführung der Kroninsignien aus der Krönungskirche in das Parlamentsgebäude und die feierliche Sitzung, welche daselbst anlässlich des Gedenktages der Krönung Seiner Majestät Franz Josefs I. zum Könige von Ungarn am 8. Juni 1896 in Budapest stattfand, gehörten wohl zu den glänzendsten Kundgebungen während der an erhebenden und prunkvollen Festlichkeiten so überaus reichen Ausstellungszeit.

Das tausendköpfige Banderium, welches von sämmtlichen Comitaten und Städten des Landes beigestellt wurde, bot dem Auge ein wunderbar fesselndes Bild. Die in altungarischer Gala gekleideten Mitglieder des Banderiums mit ihren Knappen, strotzend von Gold, Silber und Edelsteinen, bekleidet mit Gewändern aus kostbarsten Brocat-, Sammt- und Seidenstoffen, die herrlichen Pferde in glänzendstem Geschirr, die prachtvollen Galawagen, welche dem Banderium in unabsehbarer Reihe folgten, boten einen überwältigenden Anblick. Bei jedem von den Städten und Comitaten beigestellten Banderium trug ein Reiter die prächtig gestickte Fahne des betreffenden Municipiums.

Hell tönten die Trompeten, als die so überaus malerischen Reiterscharen in den Hof der Königsburg in Ofen einritten. An der Spitze des Zuges ritt der

Minister des Innern, Desider von Perczel, der in seiner blauen, mit Pelz besetzten Mente, seinem reihergeschmückten Kalpak, den Buzogány in der Hand, einen prächtigen Anblick darbot. Ihm folgte das Banderium der Hauptstadt, dann die der übrigen königlichen Freistädte; hierauf kamen die Vertreter der Comitate.

Die Mitglieder zahlreicher Comitats-Banderien hatten gleiche Costüme gewählt, andere wieder hatten von einander verschiedene Galakleider angelegt, welche in Bezug auf Farbenpracht und Reichthum des Schmuckes mit einander wetteiferten. Die herrlichen, mit Gold- und Silberstickereien und Verschnürungen geschmückten und mit Edelsteinen und kostbaren Knöpfen versehenen Galakleider boten in ihrer farbenreichen Zusammenstellung ein Bild, wie es fesselnder auch der phantasiereichste Maler kaum zu entwerfen vermocht hätte. Von edler Vornehmheit war das Banderium des Comitates Aba-Uj-Torna, dessen Mitglieder in dem prächtigen, aus mattrosafarbiger Seide verfertigten Galacostüm der adeligen Jünglinge aus der Zeit Maria Theresias mit ihren weißen Perücken einen prächtigen Anblick boten. Sehr hübsch präsentierte sich das Banderium des Comitates Csanád, dessen Theilnehmer die kleidsame Husaren-Uniform aus der Zeit Maria Theresias angelegt hatten. Ein kriegerisches Aussehen hatte die aus dem Graner Comitate entsendete Reiterschar. Jeder Reiter trug ein Panzerhemd und um den Hals eine goldene Ritterkette mit dem Wappen des Comitats. Durch den echt magyarischen Typus der Reiter fielen die Debrecziner auf, welche in der mit Astrachan verbrämten dunkelblauen Uniform der dortigen berittenen städtischen Soldaten erschienen waren. Sehr schön waren auch die Costüme aus der Zeit Maria Theresias der Reiter der Stadt Pressburg, und überaus vornehm nahmen sich die Mitglieder des Banderiums aus dem Pressburger Comitate aus, deren blauseidene Dolmans sich besonders vortheilhaft von der mit Wolfsfell geschmückten orangegelben Sammtmente abhoben. Eigenartig war die aus braunem Tuche verfertigte altsächsische Kleidung der Reiter des Comitates Szeben. Prächtig anzusehen waren die Mitglieder des Banderiums des Zipser Comitates, welche in der Uniform der alten Zipser Lanzenreiter im Drahthemd, Helm und Bärenfell mit ihrer aus dem vorigen Jahrhunderte stammenden Fahne und ihren mit langen Adlerfedern geschmückten Lanzen außerordentlich kriegerisch aussahen Den Schluss bildete die Gruppe der Stadt Fiume. Sämmtliche Fahnenträger senkten, vor dem mittleren Balkon der Hofburg angelangt, Ihren Majestäten huldigend, die Fahnen, worauf Ihre Majestät mit freundlichem Kopfnicken und Se. Majestät mit militärischem Gruße dankte.

Auf die von begeisterter Vaterlandsliebe durchdrungene Ansprache, welche der Präsident des ungarischen Abgeordnetenhauses Dr. v. Szilágyi an Seine Majestät hielt, erwiderte Kaiser und König Franz Josef I. mit Worten huldvollen Dankes und innigster Theilnahme an der Freude der Nation:

„Tausend Jahre“, so heißt es in der Erwiderung des Königs, „sind auch im Leben der Staaten eine lange Zeit. Während dieser Epoche hatte das Land glänzende Zeitperioden, aber auch viele Widerwärtigkeiten zu tragen, ja es brachen über dasselbe Katastrophen herein, welche den Bestand der Nation wiederholt mit dem Untergange bedrohten."

„Die glühende Vaterlands- und Freiheitsliebe der ungarischen Nation, ihre Tapferkeit und ihre im Missgeschicke bewiesene zähe Ausdauer besiegten stets mit Hilfe der göttlichen Vorsehung die Gefahren und gaben auf diese Weise einen glänzenden Beweis ihrer Lebenskraft und ihrer Fähigkeit, den Bestand des Staates zu erhalten."

„In diesem feierlichen Momente muss Ich mit Anerkennung dieser hervorragenden Eigenschaften der ungarischen Nation gedenken, und es ist mein inniger Wunsch, dass im unabsehbaren Laufe der kommenden Jahrhunderte die Nation in Übereinstimmung mit ihrem Könige stets von wahrer Vaterlandsliebe geleitet werden und auch inmitten der Segnungen des Friedens durch besonnene, den Umständen und bestehenden Verhältnissen Rechnung tragende Überlegung die ruhige Entwicklung und das Aufblühen des staatlichen Lebens sichern möge."

Mit vollem Rechte konnte daher der Kaiser und König Franz Josef I. bei der Feier der Enthüllung des Maria-Theresien-Denkmals in Pressburg am 16. Mai 1897 die schönen Worte sprechen:

„Vor allem sage Ich aus tiefstem Herzen dem Municipium und der Bürgerschaft der königlichen Freistadt Pressburg Dank für die patriotische Opferfreudigkeit, mit welcher sie aus Anlass der fünfundzwanzigsten Jahreswende Meiner Krönung das Andenken Meines ruhmreichen Vorfahren Maria Theresia auf dieser historisch denkwürdigen Stelle verewigten. Es ist dies ein Festtag der Nation, an welchem wir neuerlich den Tribut dankbarer Pietät für diese große Königin, die für die Nation lebte, für die jeder Sohn des Vaterlandes zu sterben bereit war und in der man in der ganzen Welt das Ideal der Herrschertugenden verehrte, zollen. Und jetzt falle die Hülle, auf dass wir mit der Pietät für die Vergangenheit und mit dem starken Glauben an die Zukunft dieses Denkmal begrüßen nicht nur als Symbol der treuen Anhänglichkeit und Liebe der patriotischen Bürgerschaft dieser alten Krönungsstadt zum Throne und Vaterlande, sondern auch gleichzeitig als Zeichen der segensreichen Harmonie zwischen dem Könige und der Nation sowie des nie schwindenden Dankes der Nachwelt."

Wie innig das Band ist, welches die beiden Staatengebilde dies- und jenseits der Leitha mit einander verknüpft, davon lieferte auch einen vollgiltigen Beweis der glänzende Empfang, den Ungarns Hauptstadt dem erhabenen Bundesgenossen unseres Herrschers, Kaiser Wilhelm II., bereitete.

Seitdem ein Gesetzartikel vom Jahre 1872 die königlichen Freistädte Ofen und Pest, den Marktflecken Altofen und die Margareteninsel unter dem Namen Budapest zu einem Gerichtsbezirk vereinigt hatte, nahm Ungarns Hauptstadt einen zauberhaft schnellen, glänzenden Aufschwung. Herrliche Gebäude, wie das Hauptzollamt, der Burggartenbazar, das Opernhaus, die Palais der Grafen Karolyi und Festetics, jenes im Stile der französischen Renaissance, dieses im Barockstil, ferner die gräflich Ludwig Batthyany'sche Villa in der Andrássy-

Budapest.

straße, der Palast des Grafen Friedrich Wenckheim, das schöne Thonet'sche Haus in der Waitznergasse mit seiner blendenden Majolikafaçade u. v. a. entstanden in rascher Aufeinanderfolge.

Auch prächtige Kirchen, wie die Leopoldstädter Pfarrkirche, erstanden damals, und als Krönung des schönen Stadtbildes, das sich in die uferlose Ebene des Alföld verliert, thront auf dem ehemaligen Festungsberge die Königsburg, deren Ausbau noch unvollendet ist. Aus den Fluten der Donau erhebt sich die liebliche Margareteninsel, ein „Stück Paradies", wie Maurus Jókai sie nennt, und an das weißschimmernde Häusermeer schmiegt sich das Grün des Stadtwäldchens an, in welchem sich das Volksleben Budapests, wie in einem Brennpunkte, sammelt.

Der Deutsche Kaiser hielt unter dem unbeschreiblichen Jubel der Bevölkerung im September 1897 seinen Einzug in Budapest. Die reiche Fülle von Blumen und Fahnen ließ fast die Häuser der Straßen verschwinden. Man warf Blumen aus den Fenstern, und als wirklich eine Rose in den Wagen, in welchem die beiden Kaiser saßen, fiel, hob sie Seine Majestät unser Herrscher auf und reichte sie lächelnd seinem hohen Gaste.

Kaiser Wilhelm äußerte sich bald nach seiner Ankunft zu einem Würdenträger folgendermaßen: „Ich glaubte, ich werde Pest noch kennen, aber es ist eine andere Stadt geworden, und Kaiser Franz Josef bemerkte mir, dass es auch ihm so gienge und dass er, so oft er nach Pest käme, neue Schöpfungen sehe, welche das Bild der Stadt verändern."

Jubelnde Begeisterung aber rief bei dem feurigen Volke der Magyaren der Trinkspruch Kaiser Wilhelms in der Ofener Hofburg hervor, mit dem er den herzlichen Gruß unseres Kaisers erwiderte. Kaiser Franz Josef gab in seinem Toaste bei dem Galadiner am 21. September seiner besonderen Genugthuung Ausdruck, den Deutschen Kaiser, „den treuen Freund und Bundesgenossen, den beharrlichen Mitarbeiter an dem großen Friedenswerke" in seiner ungarischen Haupt- und Residenzstadt willkommen zu heißen.

Die Antwort des Deutschen Kaisers war von dem edelsten Schwunge getragen und lautete folgendermaßen:

„Mit Gefühlen tiefsten Dankes nehme ich Euerer Majestät so herzlichen Willkommgruß entgegen. Dank der Einladung Euerer Majestät habe ich diese herrliche Stadt besuchen können, deren großartiger Empfang mich geradezu überwältigt hat. Mit sympathischem Interesse verfolgen wir daheim die Geschichte des ritterlichen Ungarvolkes, dessen Vaterlandsliebe sprichwörtlich geworden ist, das in seiner kampfesreichen Vergangenheit Gut und Blut für die Vertheidigung des Kreuzes zu opfern nicht gezögert hat. Namen, wie Zrinyi und Sziget, lassen noch heute die Herzen eines jeden deutschen Jünglings höher schlagen. Mit sympathischer Bewunderung haben wir die Feier des tausendjährigen Geburtstages begleitet, den das getreue Ungarvolk, um seinen geliebten König geschart, in überraschender Herrlichkeit gefeiert hat. Die stolzen Baudenkmäler geben Zeugnis von seinem Kunstsinne, während die Sprengung der Fesseln des Eisernen Thores dem Handel und Verkehre neue Wege eröffnete und Ungarn als gleichberechtigt unter die großen Culturvölker einreihte. Was mir aber während meines Aufenthaltes in Ungarn und zumal bei meinem Empfange in Budapest den tiefsten Eindruck macht, das ist die begeisterte Hingabe der Ungarn an Euerer Majestät erhabene Person. Aber nicht nur hier, sondern in Europa und vor allem bei meinem Volke, erglüht dieselbe Begeisterung für Euere Majestät, deren auch ich mich theilhaftig zu nennen erkühne, indem ich nach Sohnesart zu Euerer Majestät als meinem väterlichen Freunde aufblicke. Dank Euerer Majestät Weisheit besteht unser Bund, zum Heile unserer Völker geschlossen, fest und unauflöslich und hat Europa den Frieden schon lange bewahrt und wird es auch fernerhin thun. Die begeisterte Hingebung für Euere Majestät, des bin ich gewiss, lodert auch heute in den Herzen der Söhne Arpads, wie damals, als sie Euerer Majestät großer Ahnherrin „Moriamur pro rege nostro!“ zuriefen. Diesen Gefühlen Ausdruck gebend, wollen wir alles, was wir für Euere Majestät zu fühlen, denken und bitten vermögen, in den Ruf zusammenfassen, den jeder Ungar bis zum letzten Athemzuge ausruft: Éljen a király.“

Diese Worte, die aus dem Herzen des erlauchten Gastes in Ungarns königlicher Residenz gedrungen waren, fanden auch den Weg zu jedem Ungarherzen, mochte es im einsamen Heidegehöft der Pussta, in einer Hütte der Karpaten oder im glänzenden Palaste der in junger Schönheit erblühenden Hauptstadt schlagen.

So gaben alle diese Ereignisse und Kundgebungen in unserem Nachbarstaate Zeugnis dafür, dass die beiden Staatengebilde diesseits und jenseits der Leitha nicht nur durch die Bande todter Gesetze, sondern durch die lebendige dankbare Liebe für den glorreichen Herrscher, Kaiser und König Franz Josef I. fest und unzerreißbar mit einander verknüpft sind unter dem Scepter des allgeliebten Fürsten, dessen mildes und segensreiches Walten die Blätter dieses Buches zu schildern versucht haben.

Schluss.

Hiemit wollen wir, herrlicher Tage aus der Geschichte des Kaisers gedenkend, diese Schilderung abschließen, die in schmuckloser Form unseres Herrschers Leben und Wirken in Erinnerung rufen wollte, ein schlichtes Denkmal glorreicher und unvergesslicher Thaten. Wir versuchten das Lebensbild eines Fürsten zu entwerfen, welches ebensowohl von dem Lorbeerkranze ritterlicher Tapferkeit wie von dem Eichenlaube mannhafter Treue und den Rosenguirlanden der Liebe umflochten ist.

Wir begleiteten des Kaisers Leben von der Wiege bis zur Sonnenhöhe fürstlicher Größe; wir sahen Leid und Glück, erschütterndes Unheil und rauschenden Jubel ihn umfluten; wir nahmen seine unablässige Sorge für die Wohlfahrt seiner Völker, seine glühende Liebe für des Vaterlandes Ruhm und Ehre wahr; wir erkannten ihn als tapferen Helden, als gütigen Wohlthäter, als zärtlich besorgten Vater, als hochsinnigen Förderer von Kunst und Wissenschaft. Wohl mögen wir zum Schlusse ersehen, dass an des Monarchen ritterlichen Tugenden, seiner Thatkraft und Arbeitslust, seiner Gerechtigkeitsliebe und seinem edlen Sinne für Kunst und Wissenschaft der sinnende Gelehrte wie der fleißige Bürger, der feurige Krieger wie der schaffende Künstler, der Jüngling, der den Studien lebt wie der Diener des Staates, der Recht und Gesetz hütet, in gleicher Weise ein hehres, nachahmungswürdiges Vorbild vor Augen haben.

Vergegenwärtigen wir uns noch einmal rückschauend den langen Zeitraum, der seit dem Regierungsantritte unseres allgeliebten Herrschers verstrichen ist.

In welchen Gefahren schwebte unser Staat, als der jugendliche Kaiser den Thron seiner Ahnen bestieg! Welche Stürme umtobten das Reich! Fast alle Theile desselben hatten die revolutionären Bewegungen des Jahres 1848 ergriffen. In Oberitalien war ein gefährlicher Krieg ausgebrochen, den das Heldenschwert Radetzkys siegreich beendete. Ungarn war in vollem Aufstand. Da bestieg in einem Alter, in welchem andere hochgeborene Sterbliche nur dem Frohsinn und Genusse der Jugend leben, unser Kaiser den von Kampf und Aufruhr umbrandeten Thron. Er brachte ein schweres Opfer, aber der

Segen des gütigen Kaisers Ferdinand, dem die Last der Krone zu drückend geworden war, ruhte auf ihm.

Von unerschütterlichem Pflichtgefühl und dem vollen Bewusstsein seines verantwortungsvollen erhabenen Herrscherberufes geleitet, lenkte Franz Josef mit fester und sicherer Hand das Schiff des Staates durch die sturmgepeitschten Wogen und brachte seinen Völkern die Segnungen des Friedens und der Freiheit.

Durch die hochherzige Gewährung einer freiheitlichen Verfassung und constitutioneller Rechte an alle Staatsbürger hat sich der moderne Rechtsstaat entwickelt und, gestützt auf eine zu einem Volksheer umgeschaffene tapfere Armee und eine glänzend sich entfaltende Marine, eine achtunggebietende Stellung unter den Reichen Europas errungen.

Und mochten auch im Laufe seiner einen so langen Zeitraum umspannenden Regententhätigkeit noch gar oft schwere Wolken am Horizonte unseres Staates sich zusammenballen, immer wusste die Weisheit des Monarchen sie zu zerstreuen und die von allen Volksstämmen seines weiten Reiches dankbar anerkannte Liebe zu seinen Unterthanen den schwerbedrohten inneren Frieden aufs neue zu kräftigen. Immer glänzte wieder die Sonne hervor aus den drohenden Wolken und beleuchtete ein zu seinem Monarchen dankbar aufblickendes glückliches Gemeinwesen.

Möge unser Kaiser, wenn die Jubeltage des Jahres 1898 verrauscht sind, noch viele Jahre schirmend über die Lande des Kaiserstaates und der heiligen Stephanskrone walten! Unser Vaterland aber blühe und gedeihe wie bisher unter seinem mächtigen Schutze!

„Man vergleicht zuweilen," sagte Freiherr von Hübner in einer seiner Reden, „die Staaten mit einer Gruppe von Bäumen verschiedener Gattung. Nun, in diesem Staatenhain ist unser Österreich die alte Königseiche; mit hundert Stürmen hat sie gekämpft und gerungen, sie hat geseufzt, sie hat gestöhnt, sie hat hier Laub gelassen, dort einen Ast verloren, aber wenn der Orkan vorübergerauscht ist, steht die Eiche wieder da, und so groß ist die Fülle ihrer Kraft, dass in der kürzesten Zeit die Schäden geschwunden sind, dass wieder gut sein ist in ihrem Schatten."

Wir können es uns nicht versagen, die schönen Worte, welche die „Wiener Abendpost" anlässlich des 67. Geburtsfestes unseres Kaisers niederschrieb, wiederzugeben. Drücken sie doch in edler überzeugender Form die Empfindungen aus, welche die Herzen aller Unterthanen beseelen, wenn ihre Blicke sich dem Throne zuwenden, den nun schon ein halbes Jahrhundert der gütigste und verehrungswürdigste aller Herrscher einnimmt.

„Die mannigfachen Gegensätze politischer und socialer Natur, die im öffentlichen Leben unseres Staates nach Bethätigung und Geltung ringen, lösen sich in freudiger Harmonie, wo es gilt, der geheiligten Person des Monarchen zu huldigen, dessen Ernst in der Erfüllung seiner Herrscherpflicht und dessen milde, menschenfreundliche Gesinnung nach dem Worte eines Historikers unserer Tage das Dauernde sind im Wechsel der Ereignisse seiner langen Regierung. Schon rüsten Österreichs getreue Völker zu dem Feste, welches der Erinnerung an den Beginn dieser Regierung geweiht sein wird, ein Fest, das der edle Fürst in seiner schlichten Sinnesart und seiner segensvollen Fürsorge, durch Werke des Wohlthuns und der Barmherzigkeit gefeiert wissen will. Das Reis der Liebe, das Kaiser Franz Josef dereinst in die Herzen seiner Völker gepflanzt, ist zum mächtigen Stamme erstarkt, der immer neue köstliche Blüten treibt und Jahr um Jahr neue Ringe ansetzt. Nirgends auf dem weiten Erdenrund ist das Empfinden, dass Fürst und Volk zusammengehören, stärker, inniger, echter als bei uns in Österreich. So hat das schöne Wort, das Kaiser Franz Josef kurz nach seiner Thronbesteigung zu einer Abordnung des mährischen Landtages sprach, glorreiche Erfüllung und Verwirklichung gefunden: „Welcher Sprache sich die Völker dieses großen Reiches bedienen mögen, Ich vertraue, dass sich alle als treue Söhne des Gesammtvaterlandes bekennen und bewähren werden.""

Und so wird es gewiss immerdar sein. Unserem Kaiser folgend, von dem dies Buch erzählte, werden alle Bürger des Staates ohne Unterschied des Standes und Ranges, alle Stämme des großen, herrlichen Vaterlandes ohne Unterschied der Sprache und Sitte unter dem Schutze des Friedens und, wenn es Gottes Wille sein sollte, auf dem blutigen Felde der Ehre, unablässig für das Wohl und den Ruhm des großen Ganzen Opfer bringen und rastlos im Dienste des Staates thätig sein, mit vereinten Kräften, wie des Kaisers erhabener Wahlspruch lautet: Viribus unitis!

Inhaltsverzeichnis.

Anmerkung. Die Illustrationen auf Seite 16, 74, 76, 82 und 84 sind Nachbildungen der in der k. u. k. Fideicommiss-Bibliothek befindlichen Originale.